# 사진과 함께 읽는
# 삼국유사

일연
리상호 옮김
조운찬 교열

강운구 사진

까치

사진 / 강운구(姜運求)
경북대학교 문리과대학 영문학과 졸업
「조선일보」 및 「동아일보」 기자, 「뿌리 깊은 나무」의 편집위원 역임
1983년부터 지금까지 프리랜서로 활동중
개인전 : "우연 또는 필연"(1994), "모든 앙금"(1998), "마을 삼부작"(2001)
사진집 : 「내설악 너와집」(1978), 「경주남산」(1987), 「우연 또는 필연」
　　　　(1994), 「모든 앙금」(1998), 「강운구」(2004)
사진과 함께한 산문집 : 「시간의 빛」(2004), 「자연기행」(2008)
공저 : 「능으로 가는 길」(2000), 「한국 악기」(2001) 등이 있음.

교열자 / 조운찬(趙雲贊)
서울대학교 인문대학 국사학과 졸업
「경향신문」 기자 역임
성균관대학교 대학원 한문학과 재학
현재 민족문화추진회 교정위원



사진 ⓒ 1999 강운구

## 사진과 함께 읽는 삼국유사

저자 / 일연
역자 / 리상호
교열자 / 조운찬
사진 / 강운구
발행처 / 까치글방
발행인 / 박후영
주소 / 서울시 용산구 서빙고로 67, 파크타워 103동 1003호
전화 / 02 · 735 · 8998, 736 · 7768
팩시밀리 / 02 · 723 · 4591
홈페이지 / www.kachibooks.co.kr
전자우편 / kachibooks@gmail.com
등록번호 / 1-528
등록일 / 1977. 8. 5
초판 1쇄 발행일 / 1999. 5. 10
　　22쇄 발행일 / 2023. 11. 30

값 / 뒤표지에 쓰여 있음

ISBN 89-7291-225-5　03910

## 감사의 말

「삼국유사」는 역사서이되, 그것만으로서의 자리매김으로는 충족될 수 없는 문학적인 것이 엄존한다. 역사와 신화가 뒤섞이면서 대하장강의 서사시적인 면모를 보여주기도 하는「삼국유사」의 번역은 일반 역사서의 그것과는 달리 문학의 손길이 필요할 것이다. 우리가 리상호 선생의 역주본을 감히 택한 것은 그것이 1950년대의, 따라서 남한의 어문 생활과는 거리가 거의 없었던 때의 북한의 번역으로서 이러한 문학적인 차별화가 있었기 때문이다. 그리고 조운찬 씨의 각고의 노력이 40년이 훨씬 넘는 시간적 간격을 뛰어넘는 교열의 어려움을 감당할 수 있었기 때문이다.

리상호 선생의 훌륭한 역문을 뒷받침하는 강운구 선생의 꼬박 4년 동안의 노력의 결정은 우리가 보는 바와 같이 고증에 충실하면서도 아름다운 사진으로 나타났다. 그의 눈에 의하여 너럭바위의 풍화된 천기백 년 전의 선각이 음영을 되찾아서 마애불로 의젓하게 모습을 드러내듯이, 신화에서 역사를 반추할 수 있게 되었다. 조운찬 씨와 강운구 선생의 믿음이 두텁고 생각이 든든하지 않았다면, 이 책의 작업은 언감생심 엄두도 내지 못했을 것이다. 두 분의 노고에, 특히 경주는 물론 남도 가는 길을 사계절마다 몇번씩이나 마다 않은 강운구 선생의 항심에 깊이 감사 드린다.

리상호 선생에게 어떤 허락도 받지 않고 선생의 번역을 무단으로 쓴 깃을 깊이 유감으로 생각하면서, 인세가 징성직으로 지불될 수 있는, 물론 1999년 5월 10일 발행의 제1쇄의 인세도 소급해서 지불할 수 있는 남북관계가 열리는 날이 너무 늦지 않기를 기원한다. 그리고 그 기원과 더불어 북녘 땅의 옛 고구려 흔적이 생생하게 담긴 개정판이 상재되는 날이 오기를 또한 기원한다.

1999년 4월 발행인  박종만

까치글방은 이 책의 판권 소유자인 조선민주주의인민공화국 사회과학원 민족고전연구소와 2000년 10월 20일 날짜로 계약을 체결하고 소정의 저작권료를 대한민국에서의 이 책의 출판 발행일인 1999년 5월 10일까지 소급하여 지불하였습니다.

# 차례

감사의 말 · 3
일러두기 · 12
해제 · 13

### 권 제1

### 왕력(王曆) 제1 · 27

### 기이(紀異) 제2 · 50

머리말 · 50 / 고조선 · 51 / 위만조선 · 53 / 마한 · 55 / 2부 · 56 / 78국 · 57 / 낙랑국 · 57 / 북대방 · 58 / 남대방 · 58 / 말갈과 발해 · 58 / 이서국 · 60 / 5가야 · 61 / 북부여 · 61 / 동부여 · 62 / 고구려 · 62 / 변한과 백제 · 64 / 진한 · 65 / 사철 놀이 택 · 66 / 신라 시조 혁거세왕 · 66 / 제2대 남해왕 · 73 / 제3대 노례왕 · 77 / 제4대 탈해왕 · 77 / 김알지 · 85 / 연오랑과 세오녀 · 88 / 미추왕과 댓잎 군사 · 89 / 내물왕과 김제상 · 95 / 제18대 실성왕 · 102 / 거문고집을 쏘다 · 102 / 지철로왕 · 103 / 진흥왕 · 106 / 도화녀와 비형랑 · 107 / 하늘이 준 옥대 · 110 / 선덕여왕이 세 가지 일을 미리 알다 · 112 / 진덕여왕 · 116 / 김유신 · 121 / 태종 춘추공 · 124 / 장춘랑과 파랑 · 142

### 권 제2

문무왕 법민 · 147 / 거센 물결을 잠재우는 잣대 · 154 / 효소왕 시대의 죽지랑 · 157 / 성덕왕 · 161 / 수로부인 · 161 / 효성왕 · 162 / 경덕왕, 충담 스님, 표훈 스님 · 163 / 혜공왕 · 168 / 원성대왕 · 169 / 이른 눈 · 174 / 흥덕왕과 앵무새 · 174 / 신무대왕, 염장, 궁파 · 175 / 제48대 경문대왕 · 176 / 처용랑과 망해사 · 179 / 진성여대왕과 거타지 · 182 / 효공왕 · 185 / 경명왕 · 185 / 경애왕 · 185 / 김부대왕 · 186 / 남부여, 전백제, 북부여 · 194 / 무왕 · 199 / 후백제와 견훤 · 203 / 가락국기 · 218

### 권 제3

## 흥법(興法) 제3 · 243

순도가 고구려에 불교를 처음 전파하다 · 243 / 난타가 백제의 불교를 개척하다 · 244 / 아도가 신라 불교의 기초를 닦다 · 245 / 원종이 불교를 진흥시키고 염촉이 몸을 희생하다 · 254 / 법왕이 살생을 금하다 · 261 / 보장왕이 도교를 신봉하자 보덕이 절을 옮기다 · 262 / 동경 흥륜사 금당의 열 분 성인 · 266

## 탑과 불상 제4 · 267

가섭불의 연좌석 · 267 / 요동성의 육왕탑 · 269 / 금관성의 파사 석탑 · 271 / 고구려의 영탑사 · 273 / 황룡사의 장륙 부처 · 274 / 황룡사의 구층탑 · 276 / 황룡사의 종, 분황사의 약사 부처, 봉덕사의 종 · 279 / 영묘사의 장륙 부처 · 280 / 사불산, 굴불산, 만불산 · 280 / 생의사의 돌미륵 · 285 / 흥륜사 벽에 그린 보현보살 · 285 / 삼소 관음과 중생사 · 286 / 백률사 · 289 / 민장사 · 291 / 앞뒤에 가지고 온 사리 · 292 / 미륵선화, 미시랑, 진자사 · 300 / 남백월의 두 성인 노힐부득과 달달박박 · 303 / 분황사의 천수보살과 눈을 뜨게 된 맹아 · 310 / 낙산의 두 성인 관음, 정취와 조신 · 311 / 어산의 부처 그림자 · 319 / 오대산의 5만 부처의 산 형체 · 325 / 명주 오대산의 보질도 태자 전기 · 333 / 오대산 월정사와 오류 성중 · 336 / 남월산 · 337 / 천룡사 · 339 / 무장사의 미타전 · 341 / 백엄사 석탑의 사리 · 342 / 영취사 · 344 / 유덕사 · 344 / 오대산 문수사의 석탑기 · 345

### 권 제4

## 의해(義解) 제5 · 349

원광의 서방 유학 · 349 / 보양과 배나무 · 358 / 양지가 지팡이를 부리다 · 361 / 천축에 갔던 여러 스님들 · 363 / 혜숙과 혜공이 속세에 들어가 민중을 교화하다 · 364 / 자장이 계율을 정하다 · 368 / 원효의 대담성 · 375 / 의상의 불교 전도 · 380 / 말 않는 사복 · 383 / 진표가 패쪽을 전하다 · 385 / 관동 풍악 발연수 돌에 새긴 기록 · 390 / 승전과 머리 해골 · 396 / 심지가 유업을 계승하다 · 397 / 대현의 유가와 법해의 화엄 · 400

## 권 제5

### 신주(神呪) 제6 · 407

밀본이 사특한 도를 부수다 · 407 / 혜통이 용을 굴복시키다 · 409 / 명랑과 신인종 · 412

### 감통(感通) 제7 · 416

선도 성모가 불교 행사를 좋아하다 · 416 / 계집종 욱면이 염불을 하여 극락으로 가다 · 420 / 광덕과 엄장 · 422 / 경흥이 성인을 만나다 · 423 / 부처의 산 형체가 공양을 받다 · 425 / 월명사의 도솔가 · 428 / 선율이 다시 살아나다 · 430 / 김현이 범을 감동시키다 · 431 / 융천사의 혜성가 · 435 / 정수사가 추위에 언 여인을 구원하다 · 436

### 피은(避隱) 제8 · 437

낭지가 구름을 탄 사실과 보현보살 나무 · 437 / 공명을 피하던 연회와 문수점 · 440 / 혜현이 정적을 구하다 · 441 / 신충이 벼슬을 그만두다 · 442 / 포산의 두 성인 · 445 / 영재가 도적을 만나다 · 449 / 물계자 · 450 / 영여사 · 451 / 포천산의 다섯 중 · 452 / 염불사 · 452

### 효도와 선행 제9 · 453

진정사의 효도와 선행 · 453 / 대성이 두 세상 부모에게 효도하다 · 454 / 향득 사지가 다리살을 베어 아버지를 공양하다 · 456 / 손순이 아이를 묻다 · 457 / 가난한 여자가 어머니를 봉양하다 · 458

발문 · 459

교열을 마치고 · 460
사진을 마치고 · 463

## 사진 차례

인각사 · 10
정조탑과 비각 · 10
보각국존비 · 11
표암봉 · 67
나정 · 70
알영정 · 72
창림사 터 · 73
사릉 · 74
토함산 · 78
반월성 · 82
탈해왕릉 · 83
시림 · 86
영일만 (1) · 90
영일만 (2) · 92
김유신 장군의 무덤 · 94
김유신 장군 무덤의 부분 · 95
망덕사 터와 장사 · 99
치술령의 망부석 · 100
서출지로 짐작되는 양기못 · 104
황천 · 108
신원사 터 · 109
황룡사 터 · 111
여근곡 · 113
선덕여왕릉 · 114

사천왕사 터 · 116
첨성대 · 118
금강산에서 내려다본 경주 시내 · 120
내림 · 122
태종무열왕의 능 · 126
태종무열왕지비 · 127
기벌포 · 128
왕흥사 터 · 132
황산벌 · 136
계백 장군의 무덤 · 137
타사암 · 140
망덕사 터 · 152
대왕암 · 153
삼은사 터 · 156
기림사 · 157
부산성 · 160
남산 · 164
김주원의 무덤 · 172
분황사의 우물 · 173
청해진 · 176
망해사 터 · 180
새로 지은 망해사 · 181
포석정 · 188
호암사 터 · 196

정사암 · 197
온돌석 · 198
남지 · 200
미륵사 터 · 204
구지봉의 구지암 · 220
허황후의 능 · 228
김수로왕 능 · 229
장유암 · 232
장유사 터 · 233
구형왕릉 · 236
모례정 · 244
도리사 · 245
분황사의 탑 · 248
홍륜사 터 · 253
남간사 터의 당간지주 · 256
자추사 · 260
황룡사 터 옆의 옛 절터 · 269
파사 석탑 · 272
굴불사 터의 사방불 · 281
사불산 · 282
백월산 · 306
관음굴 위에 지은 홍련암 · 314
낙산사 · 319

만어산 너덜지대의 바위들 · 322
수다사 터 · 330
오대산 · 334
월정사 · 338
무장사 터 · 342
아미타조상 사적비의 이수와 귀부 · 343
원광법사의 부도 · 357
오어사 · 364
혜공과 원효스님이 고기를 잡던 개천 · 365
수마노 탑 · 372
문천교의 석재들 · 376
남천 · 377
고선사 터 · 384
금산사 · 386
변산반도 일대의 저녁 풍경 · 394
용장사 터의 관세음보살 · 402
원원사 터 · 414
선도산의 마애삼존불 · 418
망덕사 터의 당간지주 · 426
단속사 터의 당간지주 · 442
단속사 터의 삼층석탑 · 443
도성암 · 446

사진과 함께 읽는
삼국유사

일연 스님이 만년에 머물면서 「삼국유사」를 썼던 **인각사**는 경북 군위군 고로면 화북리에 있다. 그때는 깊은 산골이었을 터이나 지금은 그 바로 옆으로 포장된 908번 지방도로가 지나간다.

오른쪽에 있는 부도가 일연 스님의 부도인 **정조탑**이다. 그 왼쪽 뒤로 보이는 **비각** 안에 일연 스님의 업적을 새긴 **보각국존비**가 있다. 부도는 본디 이 절에서 동쪽으로 2킬로미터쯤 떨어진 곳에 있던 것이다.

점판암으로 된 **보각국존비**는 훼손이 심해서 겨우 몇 부분에만 글씨가 남아 있다. 글씨는 왕희지의 것을 집자한 것이라고 한다. 사진은 비석 앞 면의 위쪽 가운데께이다.

## 일러두기

1. 이 책은 1960년 북한 과학원 고전연구실에서 번역 출간한 「삼국유사」(리상호 옮김)를 대본으로 삼았다.

2. 사진과 사진설명은 모두 강운구의 것이다.

3. 전반적인 책의 체재는 북한본을 그대로 따랐으나, 북한본에 실려 있던 원문과 권말의 원문 교감표 및 색인은 생략하였다.

4. 번역문은 최대한 북한본을 존중하였으나, 원문을 대조하고 다른 번역본을 참조하면서 오역과 오기가 확실하다고 생각될 때에는 바로잡았다.

5. 생소한 북한말, 현재 쓰이지 않는 고어투의 말은 독자들의 이해를 돕기 위하여 남한의 현대어로 극소수 바꾸어 사용하였다. 이와 함께 「삼국유사」의 정확한 의미 전달이 필요하다고 생각될 때에는 [ ] 안에 원문의 한자를 병기하였다.

6. 지명, 인명, 관직명 등을 비롯한 모든 한자 어휘들의 표음은 현재 통용되는 한자음으로 통일하였다.

7. 번역문의 괄호 속에 실린 한자는 약자나 속자를 피하고 정자(正字)를 쓰는 것을 원칙으로 삼았다.

8. 본문 중에 나오는 향가 14편의 번역은 북한의 국어학자 홍기문의 『향가연구』로부터 옮겨 온 것이다. 그러나 이 책에서는 「한국고전시가선」(임형택・고미숙 공편, 창작과 비평사, 1997)에 실린 향가 번역을 교열자가 병기함으로써 큰 편차를 보이고 있는 남북한의 향가 해석을 비교할 수 있도록 하였다.

9. 1) 2) 3)……의 각주는 원저자 일연의 것이고, 1) 2) 3)……의 각주와 *, **……의 주는 역자 리상호의 것이다.

10. 지명의 경우, 일연이 주를 단 당대의 지명 옆에 괄호를 만들어 그 속에 현재의 지명을 병기하였다. 또한 역자의 주가 명백하게 잘못되었거나 행정구역상 소속이 바뀌었거나 지명 자체가 바뀌었을 때에는 별도의 언급 없이 교열자가 수정하였다.

11. 이 책에서 사용한 부호는 다음과 같이 설정하였다.

( ) : 의미가 혼동되기 쉬운 한자어에 해당하는 한자를 넣을 경우.

[ ] : 번역문에서 특별한 한자 어휘를 의역하였을 경우와 정확한 의미 전달이 필요하다고 생각되어 한자를 넣을 경우.

" " : 인용 부분과 대화 부분. 또는 책의 편수를 표시할 경우.

' ' : 인용 부분과 대화 부분 속에 나오는 인용구.

「 」: 책이름.

□ : 원문의 빠진 글자를 표시할 경우.

# 해제

「삼국유사(三國遺事)」는 13세기 고려의 저명한 불교 승려 일연(一然, 1206-1289)의 저작으로 5권 9편으로 된 역사 서적이다. 이 책은 「삼국사기(三國史記)」와 아울러 우리나라에서 가장 오래되고 귀중한 역사 고전으로 손꼽히고 있다.

「삼국유사」의 내용은 고조선의 건국신화로부터 시작하여 주로 고구려, 백제, 신라 삼국의 역사 사실을 수록하였으나 부분적으로 제목에 따라서는 그와 관련된 사실이 고려 중엽에까지 미치고 있다.

「삼국유사」는 그 표제가 보여주는 바와 같이 봉건시대의 역사 서적을 유별(類別)하는 표준에서 볼 때에 소위 정사(正史)가 아니요 야사(野史)의 일종이기 때문에 그 대상 자료, 편찬 체계, 서술 방향 등에서 일정한 특징들을 가지고 있다. 우리는 주로 이와 같은 특징들로부터 이 문헌이 가지는 장점과 결함을 찾을 수 있을 것이다.

우선 이 책은 정사의 경우와 같이 그 편찬에서 지정된 집필 제강이나 전통적인 편찬 절차나 고전적 편집 양식에 제약됨이 없이 비교적 자유로운 입장에서 많은 경우 정사가 대상으로 삼지 않고 남겨둔 자료들을, 바로 이 책의 명칭이 말하는 "유사들"을 추려 모아 그 대상으로 삼은 개인 저작이라는 점에서 이 문헌이 가지는 일반적 특징으로서의 장점들을 찾게 된다. 그것은 오늘 우리가 이와 같은 역사 고전들로부터 추구하는 중심 목표가 결코 해당 문헌이 가지는 형식적 편집체제나 화려한 문장이나 저자의 역사관에 있음이 아니라 어디까지라도 자료적 가치 측면에서 평가되어야 하기 때문이다. 그러므로 이 책은 이보다 거의 한 세기 반 가까이 앞서 편찬되었으며 그 대상 사료가 똑같은 삼국시대로 된, 소위 정사로서의 「삼국사기」와 대비해볼 때에 그 구체적인 특징들을 쉽게 발견할 수 있을 것이다.

「삼국사기」가 유교문화를 교조주의적으로 떠받들던 봉건왕조로서 반드시 갖추어야 할 도식적인 제도의 산물이라면, 다시 말하여 그것의 편찬 목적, 절차, 양식, 자료의 선별 표준, 문장 표현의 체식에 이르기까지 일정한 전통적 규범에 따르는 것을 편집 제강으로 삼았던 문헌이라면, 「삼국유사」는 저자의 주관적 의도와는 별개 문제로 이와 같은 까다로운 제약들로부터 해방된 입장에서 일정한 교양을 가진 불교 승려인 저자가 노년기에 자신의 정력을 다하여 삼국 시대의 "유사들"을 들추어 "정사"의 입장에서 본다면 "무책임"하게 집필하였다는 점이 바로 오늘에 와서 이 문헌의 사료적 가치를 보다 높이는 조건이 되고 있다.

「삼국유사」에는 저자가 이 책을 편술할 때의 자신의 의도를 밝힌 통권 서문은 없으나 저자가 명명한 책의 명칭에서 이미 여기에 수록할 자료의 성격이 시사되어 있고, 한편으로 본문 서두에 실린 "기이(紀異)"편의 머리말에는 귀신, 도깨비 이야기 같은 허탄스러운 이적 기사에 관한 이야기라도 그것이 역사적 진실이라면 써서 괴이할 것이 없다는 의미로 저자는 기사 취급의 방향을 표명하고 있는바 이 점이 또한 「삼국유사」의 사료적 내용을 보다 풍부하게 만든 다른 조건이 될 것이다.

이상과 같은 저자의 "우연" 같은 의도에 의하여 이 책에는 아득한 원시시대를 포함한 우리 선조들의 고대 사회, 경제, 문화, 사상, 생활의 단면들을 보여주는 여러 가지 소박한 신화와 전설들을 비롯해 오늘날까지도 직접 우리들의 생활문화 속에 그 흔적이 남아 있는 유서 깊은 민속적 자료들이 풍부하게 실려 있다. 이와 같은 기록들은 우선 오늘날 우리나라의 고대 사회경제사 연구를 비롯한 원시고고학, 원시사상사, 민속학 등의 연구사업에서 가장 귀중한 문헌적 자료를 제공하고 있다.

그뿐만 아니라 「삼국유사」에는 통칭 향가라고 불리는 우리말로 된 신라 시대의 노래 14편이 실려 있다. 이 노래들은 한자의 음을 이용하여 우리나라 말을 적은 이른바 이두체(吏讀體) 글로 쓰여 있다. 「삼국사기」 이래로 많은 우리나라 고전의 저자들이 완미한 한문 지상주의 입장에서 그것이 한문으로 기술된 자료가 아닐 경우에는 "사리부재(詞俚不載)"라는 낙인 아래 이와 같은 종류의 글은 취급 대상으로 삼을 생각조차 하지 않았으나, 여기에서는 삼국 시대의 유사들을 되도록 알뜰하게 수록하겠다는 저자의 의도와 함께 이 노래들의 많은 부분이 저자의 신앙과 관련된 불교 관계가 많다는 인연에서 "사설이 비속[詞俚]"함에도 불구하고 그대로 수록하였던 것이 오늘에 와서는 우리나라 문학사상에 빛난 자리를 차지하는 귀중한 자료를 남겨주고 있다.

이밖에도 「삼국유사」는 수많은 우리나라 지명의 고호, 속명들과 함께 그 연기(緣起)를 밝히고 있으며, 향가에 사용된 고어 이외에도 왕력에 나오는 인명들의 속칭을 중심으로 우리나라 고어 연구에 참고가 될 수 있는 자료들을 풍부히 제공함으로써 우리나라 언어사 또는 고대지리학 연구에서도 얻기 어려운 문헌적 자료가 되고 있다.

「삼국유사」는 저자가 불교 승려인 만큼 종래 신라 관계 불교 사적의 그릇되게 전한 부분을 시정한다는 목적에서 전편의 절반이나 되는 부분을 여기에 돌리고 있다. 그러나 저자의 의도와는 달리 이 부분의 기사들도 다행히 불교의 교리를 해설하는 불경 주석 따위가 아니라 주로 우리나라의 저명한 사찰들의 사적과 이름난 중들의 행적 등에 관한 사료이다. 이 때문에 여기에는 우리나라 명승 고적에 관한 설화와 함께 고대의 미술, 조각, 건축에 관한 자료며 당시 새로 수입된 외래 불교사상과 원주민들의 사상 생활과의 모순 또는 동화 과정을 보여주는 사상사적 자료들이 풍부히 실려 있다. 많은 불교 설화들도 흔히는 전래되던 이 땅의 고유 신화들과 융합된 형태를 보여주고 있으므로 이것을 일괄적으로 불교 설화로만 간과하거나 배제할 수는 없을 것이다.

여기서 「삼국유사」가 통사를 목적으로 한 역사 서적이 아님은 더 말할 것도 없다. 그것은 표제가 보여줌과 같이 삼국시대를 대상으로 한 단대사(斷代史)의 일종이기 때문이다. 그럼에도 불구하고 저자는 고조선으로부터 시작하여 삼국시대 이전까지의 문헌적 공적을 책의 머리 부분에서 주의 깊게 보충함으로써 삼국의 역사적 전통을 뚜렷이 밝히고 있을 뿐더러 오늘날 유존되고 있는 문헌의 범위 내에서 우리나라 사람의 손으로 집필된 이 시기 역사의 첫 기록을 남기고 있다. 바로 이 점은 같은 시대를 대상으로 삼은 「삼국사기」의 경우와 엄격히 구별하여 평가되어야 할 것이다. 물론 이 부분의 기록은 많은 경우 중국문헌들로부터 그 사료를 인용하고 있으나 저자는 가능한 한 손을 뻗쳐 우리나라 전래 고기(古記)들의 남은 끝을 한쪽이라도 이용할 대로 이용하였고, 선배들의 편언척구라도 해당 편목에 따서 보충하였으며, 인용한 중국 문헌까지도 되도록 우리나라 고기들이 인용한 전거(典據)를 밝혀 재인용하는 형식을 취함으로써 역사 문헌으로서의 주체성을 살리고 있다. 이와 같이 「삼국유사」의 편찬 체계에서 저자는 고조선을 후일에 통일된 단일민족국가의 최고 기원으로 규정하고 이로부터 삼국 이전까지 흥망을 거듭한, 나라라는 명목을 붙인 수많은 종족들의 역사까지 빈약한 사료로써나마 시대순 또는 지역 단위로 일괄 나열하여 서두에 붙임으로써 삼국 형성까지의 우리나라 역사 전통을 밝히고 있다. 「삼국유사」는 분명히 저자의 의도 여하를 불문하고 현존 문헌 중 후일 단일민족국가 전통의 역사적 개념을 확립하는 데에 커다란 영향을 끼쳤음을 부인할 수 없을 것이다. 저자는 고조선을 조선족이 창건한 최초의 국가로 인식하는 자신의 역사 전통관과 아울러 고조선과 병립 또는 이를 계승한 여러 나라들을 소개하면서, 더러는 이 나라들의 건국설화를 통하여 혈연관계를 고증하고, 더러는 "조선 유민"이라는 유대로 묶인 이 나라들의 전통과 종족 이동 관계를 간명하게 밝히고 있다. 이와 같은 저자가 가진 단일민족의식으로서의 "조선족" 의식은 결코 저자의 창견이나 구상에서 나온 것이 아닐 것이요, 그것은 조선 인민들이 가지고 내려오던 오랜 사회의식에 기초한 저자의 인식일 것이며, 저자의 시대까지 남아 있던 여러 가지 문헌들의 고증으로부터 얻어진 견해일 것이다. 이리하여 저자는 대륙 깊이 동북방의 넓은 지역으로부터 반도지역의 최남단에 이르기까지의 광활한 공간과 이에 따르는 유구한 시간을 조선족의 역사 무대로 고증하여 자기 저서의 편찬 체계에 의해서까지 이를 밝힘으로써 후대에 편찬된 여러 종류의 통사 편찬에까지 하나의 표준과 전통을 지어놓았다고 볼 수 있을 것이다. 우리는 「삼국유사」나 「제왕운기(帝王韻紀)」의 인용문들을 통하여 이미 실전된 「구삼국사(舊三國史)」 "본기(本紀)"에도 단군, 동명 등 이 기간의 사료들이 실렸을 것을 추측할 수는 있으나 그것이 어떤 편찬 체계로, 또 어느 정도로 실렸는지 알 길이 없는 오늘에 있어서 이 부분의 사료를 남긴 공적은 마땅히 「삼국유사」가 지녀야 할 것이다.

「삼국사기」 이래 우리나라의 많은 역사 문헌들의 저술은 소위 "괴력난신(怪力亂神)"을 입에 담지 않고 "황탄(荒誕)"과 "비리(鄙俚)"를 극력 배척하는 유교 세계관과 아울러 사대(事大)와 존화(尊華)의 정치도덕에 충실하였던 유학자들의 전업이요 독무대가 되어 왔다.「삼국유사」보다 거의 한 세기 반 앞서 나온「삼국사기」의 저자는 충실한 사료들을 무시 또는 간과하는 한편 자기 나라의 역사 전통을 밝히는 데에 관심이 적었으며, 이와 같은 경향은 장래 유교의 일색화와 함께 더욱 그것의 강화를 지향하고 있었다. 이러한 시기에 그들과 사상적 입장을 달리하는 일개 "이단(異端)"의 집필로 된「삼국유사」의 출현은 우리나라 역사학계에 극히 중요한 의의를 부여하게 되었다. 이로 인하여「삼국유사」보다 몇 해 뒤에 저작된 이승휴(李承休, 1224-1300)의「제왕운기」는 접어둔다고 하더라도 조선 초기의 저명한 유학자 권근(權近)의「동국사략(東國史略)」도 황탄과 비리에도 불구하고 대체로「삼국유사」의 편찬 체계를 답습하게 되었으며, 1484년에 편찬된 서거정(徐居正)의「동국통감(東國通鑑)」도 비록 구차스럽게 "외기(外紀)"라는 편목을 따로 붙여 이 부분의 기사를 별도로 취급하는 형식을 취하기는 하였으나, 그것 역시 삼국 이전의 역사 전통을「삼국유사」의 편차에 준하여 기술하였을 뿐만 아니라 많은 기사들을「삼국유사」로부터 인용하고 있다.

근세에 와서 우리나라의 주체성을 살리려는 선진적 특징을 가진 학파인 실학자들도 그들의 학문적 토대에 이르러는 유교적 세계관에 많은 제약을 받고 있었던 만큼 그들의「삼국유사」에 대한 태도는 어디까지나 부정적이었으며 방법론적 관점에서 대립을 보이고 있었다. 그렇기 때문에 성호(星湖) 이익(李瀷, 1681-1763)과 같은 학자는 그의「사설(僿說)」에서 "맹랑한 속설들을 취급한 우리나라 역사가들의 견식이 고루하다"는 의미로「삼국유사」와 아울러 이 책의 기사를 인용한 사가들을 규탄한 바 있으며, 바로 그의 제자인 18세기의 저명한 역사학자 순암(順庵) 안정복(安鼎福, 1712-1780)도 자신의 저서「동사강목(東史綱目)」범례에서 이 책을 "이단허탄지설(異端虛誕之說)"로 가볍게 평가하고 말았다. 물론 여기에는 비현실적인 것, 관념적인 것을 배격하는 실학의 입장에서 그가 "고이(考異)", "괴설변(怪說辯)" 등 부록까지 첨부하여 이를 변박하기에 노력한 다른 긍정적 측면을 우리는 잘 이해하고 있다. 그러나 그는 자신의 저서에서 그의 유교적인 정치도덕적 관점으로부터 출발한 역사 방법론으로서 소위 "정윤론(正閏論)"에 철저히 입각하여 기자조선(箕子朝鮮)을 조선족의 정통 국가 기원으로 내세운다. 그러나 그가 이렇게 유교적 역사 방법론에 철저 하였음에도 불구하고 그의 저서 "기자 조선"조 말미에는 단군 설화를 간 단히라도 첨가하지 않을 수 없었으며 「삼국유사」로부터 수많은 기사들을 인용하게 되었다. 그뿐만 아니라 그가 공개한 저서에서는 유교적 명분론 에 서지 않을 수 없었으나 자기가 가졌던 수택본(手澤本)「삼국유사」권두 공백에 자필로 쓴 감상문에는 "곤륜산의 옥돌 조각이 티끌 속에 묻힌 셈" 이라고까지 이 문헌의 가치를 찬양하고 있다. 이는 역시 「삼국유사」가 가 진 사료적 권위가 후대 학계에까지 미치고 있는 커다란 영향력으로 보아 야 할 것이다.

이와 같이 「삼국유사」는 그 저자가 이단이건 그 내용이 허탄하건 그 자 체가 갖춘바 일정한 역사 전통관에 입각한 편찬 체계나 그 내용이 가지는 사료적 가치와 아울러 후대에 편찬된 역사 고전들에 준 영향은 막대하다 고 보아야 할 것이다.

「삼국유사」가 가진 다른 중요한 특징의 하나는 이상에서 열거한 많은 종류의 사료들이 저자 자신의 기억이나 지식으로 소화된 자료들을 주관적 으로 엮어 서술된 것이 아니라, 이 책의 많은 부분에 해당하는 분량이 당 시의 국내외 고전 문헌들로부터 광범위하게 인용되고 있다는 점이다. 더 구나 이 자료들을 인용한 국내외 고전들 대부분이 오늘날에 와서 실전 또 는 인멸된 문헌이라는 사실은 이 책의 문헌적 가치를 더욱 높이는 조건이 되고 있다. 이 책이 인용하는 중국 고전만 하더라도 27종에 달하며 우리 나라 고전은 역사 서적, 불교 서적, 문집류를 합하여 책명이 확실한 것만 하더라도 실로 50여 종에 미치고 있고 이외에 고기(古記), 향기(鄕記) 등 약칭, 범칭으로 표시한 문헌도 무수하다. 이밖에도 비문(碑文)과 고문서 등으로부터 인용한 것이 20여 종이요, 일정한 출전이 없이 개인의 말이나 시를 인용한 것도 적지 않다. 이와 같이 「삼국유사」는 오늘날에 와서 이미 인멸되고 없어진 수많은 문헌들을 인용함으로써 고증과 소개의 풍부한 면 을 보여줄 뿐만 아니라 이 문헌들의 인용된 편린들을 통하여 귀중한 우리 나라 "고기", "향전"들을 더듬으면서 많은 전고(典故) 자료와 아울러 문화 사적 자료들을 딴 몫으로 찾게 된다.

다른 일례로 우리 나라에서 가장 오랜 고전인 「삼국사기」보다도 반세기 이상 앞서 저작되어 이미 실전된 지 오래인 「가락국기(駕洛國記)」와 같은 귀중한 문헌도 요약은 하였으나 그 전모를 남기고 있음은 풍부한 인용을 특징으로 삼은 이 책이 아니고는 기대하기 어려운 일일 것이다. 이와 같이 「삼국유사」는 역사, 지리, 문학, 미술, 언어, 고고, 민속, 사상, 종교 등 각 분야를 통하여 이 책이 없었더라면 영구히 얻어볼 수 없는 단벌 자료들을 집중적으로 보유하고 있는 문헌임은 더 말할 것도 없다. 여기에서 한 가지 고려되어야 할 점은 「삼국유사」가 가진 이와 같은 허다한 장점들을 저자의 주관적 기도나 의식적 노력으로부터 전적으로 분리하여 생각할 수는 없다는 것이다. 저자는 저명한 불교 승려이면서도 한편 유교적 정치도덕을 어느 정도 정확히 비판할 수 있는 높은 수준의 유학지식을 가지고 있었으며, 다른 한편으로 그의 사상은 삼한(三韓), 해동(海東) 등 개념의 연장으로 되는 오늘 개념에서의 "조선 사람" 의식에 튼튼히 섰다고 볼 수 있다. 그런 만큼 그는 유학자의 손으로 편찬된 「삼국사기」를 어디까지나 비판적으로 대하였으며 그 결함을 "유사"의 명목으로 보충하는 데에 의식적인 노력을 기울였다고 보아야 할 것이다. 이리하여 그는 「삼국사기」의 결함으로 보이는 역사의 전통과 주체성을 보충하였으며 "해동적"이고 "삼한적"인 자료는 그것이 속되든지 허황되든지를 불문하고 이를 배제하지 않고 힘써 수록하기에 노력하였다고 할 것이다.

「삼국유사」가 이와 같은 장점을 많이 가졌다고 하여 이 책에 결함이 없다는 것을 의미함은 결코 아니다. 이 책은 역대 유학자와 역사가들이 논평한 바와 같이 허탄한 기사가 많은 것도 사실이요, 그것이 장점의 조건이 될 수 있는 반면에 결함이 되고 있음도 사실이다. 따라서 이 책이 가지는 개개의 특징들은 그 평가에서 상반되는 두 개의 측면을 가지고 있다. 우리 나라 역사학계에서 희귀하게도 저자가 불교 승려라는 특징은 유교주의 역사관에서 해방될 수 있는 장점이 되는 동시에 한편으로는 이 책의 절반을 불교 관계 "유사"로 채운 결함을 가져왔으며, 때로는 저자의 신앙심으로부터 나온 강한 주관에서 우리 나라의 고유한 전래 설화를 불교 색채로 윤색함으로써 그 원형을 왜곡한 폐단도 없지 않다. 그리고 이 책은 역사 전문가가 아닌 한 선승(禪僧)의 손으로 집필된 만큼 사료의 정리 측면에서 연대의 착오와 인용 기사의 소루한 점 등 직업적 책임성의 결여에서 나온 결함들이 가끔 있다. 그 일례로 분명히 오간이 아닌 범위에서 첫편 "왕력(王曆)"에서만 보더라도 전한(前漢) 지황(地皇) 원년 "경진"이 "병진"으로 오기되었으며, 송(宋) 경평(景平) 원년은 "계해"인데 "계유"로 되었으며, 백제 무령왕(武寧王) 조의 융(隆)은 의자왕(義慈王)의 태자인데 고구려 보장왕(寶藏王)의 태자로 기술되는 등 이와 같은 착오는 다른 편에서도 가끔 발견된다.

그뿐만 아니라 그 취급 기사의 범위에서는「삼국사기」의 그것보다도 더 심하게 신라의 사적에 편중하고 있다. 이 결함은「삼국사기」와 함께 문헌의 제약으로부터 오는 공통된 원인이기도 하거니와 더욱이 저자는 경주 장산현(獐山縣: 지금의 경산) 사람으로 그 생애의 대부분을 경상도 일원에서 시종하였으므로, 그의 관심이나 견문에서 오는 제약은 저절로 이 지역을 중심으로 한 자료에 편중함을 면치 못하게 되었던 것이다. 따라서 저자가 자기 저서의 표제를 "삼국"으로 내세운 것도 어떤 과업으로부터 지정된 표제가 아닐 것이며, 삼국의 "유사" 자료에 대하여 그 어떤 균형을 고려해 볼 책임조차 없었던 것이다.

그렇기 때문에 이 책의 내용은 그 자료 문헌의 제약을 별개 문제로 하더라도 저자의 취미나 편향된 지식에 기초하여 편찬된 것으로 추정되는 부분이 적지 않다. 그 결과로 이 책이 오늘날에 와서도 때로는 신라 중심의 유사 또는 불교 중심의 유사라는 평을 받게 된다.

여기에서 저자의 이력을 간단히 소개하면, 그는 1206년(고려 희종 2년) 6월 11일 경주 장산현의 한 평민 가정에서 출생하였다. 그의 성은 김(金)이요 이름은 견명(見明)이었는데 뒤에 일연(一然)으로 개명하였으며, 자(字)는 회연(晦然)이요 불교식 이름은 보각(普覺)이며 그의 아버지는 김언필(金彦弼)이다. 그는 9세에 중이 되어 20세에 벌써 불교 국가 시험에 최우등으로 합격해 이름을 날렸으며 그후로 여러 절에서 선(禪) 공부를 전문하여 많은 제자를 두었으며 76세에는 당시의 충렬왕(忠烈王)이 충조(沖照)라는 호를 그에게 주어 국가적으로 최고 승적인 국존(國尊)으로 책봉하였다. 그는 1289년 7월 8일 84세를 일기로 경북 의흥군(義興郡: 지금의 군위군) 인각사(麟角寺)에서 별세하였다. 이곳에는 지금도 그의 행적을 새긴 비석이 있다. 이 비문에 의하면 그는 어릴 적부터 총명하였으며 다만 불경 공부에만 심오하였을 뿐만 아니라 유교 서적도 광범히 섭렵하였으며 제자 백가(諸子百家)의 학설에 능통하였다고 한다. 그의 저서로서는 불교 관계 서적 100여 종이 있었다고 한다. 그러나 이 저서들은 현품은 고사하고 책 이름마저 전하는 것도 몇 종 못 되는 터에 이 비문에서도 소개되지 않은 「삼국유사」 한 종이 오늘날까지 전존하였다는 사실은 실로 다행한 일이 아닐 수 없다.

저자가 「삼국유사」를 쓴 연대는 정확히 밝힌 기록이 없으나 이 책의 내용 기사와 관련된 최종 연대가 고려 충렬왕 신사(1281년), 즉 저자의 76세에 해당한 부분이 있으며 저자는 84세에 사망하였으므로 이 책의 최종 탈고는 이 사이 7-8년간으로 추정될 뿐이다.

「삼국유사」가 일연의 저작임은 의심할 바 없으나 이 책의 기사 중에는 한두 군데 저자의 제자 손으로 보충한 곳이 있다. 그것은 권3의 "전후소장사리(前後所將舍利)" 제목과 권4의 "관동풍악발연수석(關東楓岳鉢淵藪石)"이라는 제목 기사 끝에 "무극기(無極記)"라고 표시한 기사 토막이 있다. 이 무극이라는 인물은 바로 일연의 제자인 보감국사(寶鑑國師) 혼구(混丘)의 별호로서 한 군데는 부록으로 한 군데는 안설(按說)로 보충하고 있다.

「삼국유사」의 편성 내용을 고간본 정덕본(正德本)에 의하여 살펴보면 전편을 5권 2분책으로 나누어 1-2권이 상권이 되고 3-5권이 하권이 되었으며, 다시 이것을 "왕력", "기이", "흥법" 등 9개의 편목으로 나누고 있다. 첫 장의 머리 제목으로는 권차의 표시가 없이 다만 첫 장부터 판심(版心)에만 "삼국유사 제1"이라는 난외 목록이 있을 뿐 "삼국유사 왕력 제1"이라는 첫 편목을 제호로 달았으며 이 편의 내용은 삼국과 가락국의 왕대와 연호를 횡간식(橫看式)으로 편찬하였다. 다음 편차는 권차와 편목을 혼동하여 "기이 권 제1"이라는 애매한 제목을 붙이고, 그 내용은 고조선 이하 상고 여러 나라들의 사적과 아울러 신라 각 왕대의 기사 등 36편을 채록하고 있다. 다음으로 "권 제2"라는 제목 다음에는 편목을 따로 붙이지 않고 앞서 권의 기사를 계속하여 신라 말대 왕까지의 사적과 백제, 후백제, 가락국기를 합하여 23편의 기사로 되어 있다. 권 제3의 내용은 "흥법 제3"을 편목으로 하고 순도(順道)가 고구려에 처음으로 불교를 전파한 사적을 비롯하여 신라를 중심으로 한 저명한 불탑과 불상에 관한 기사 37편을 수록하였다. 권 제4에는 편목을 한편 뛰어넘어 "의해 제5"를 실었는데 여기에는 신라시대 저명한 승려들의 전기 14편을 수록하였다. 권 제5는 "신주 제6", "감통 제7", "피은 제8", "효선 제9" 등 네 개의 편목으로 나뉘었는데 "신주"편에는 밀교 승려들의 사적 3편, "피은"편에는 고승들의 사적 등 10편, "효선"편에는 불교계와 속계의 효행과 과보(果報)에 관한 미담 5편이 실렸다.

이상과 같이 정덕본의 편차는 서두에 권목으로 제1의 표시가 없이 "삼국유사 왕력 제1"이라는 편목을 붙였고 다음 편에는 "기이 권 제1"이라는 편목을 붙였으나, 여기에 책명이 붙지 않은 것으로 보아 "기이"는 권목이 아니라 "왕력"과 함께 편목이었는데 "기이"편부터 줄글이 되었으므로 간각자가 "기이"를 권수처럼 편차를 잘못 집어넣은 것이 분명하며 다음 편목이 "흥법 제3"으로 된 것을 보아 "기이 권 제1"은 "기이 제2"의 오간으로 보아야 할 것이다. 또 이 정덕본에는 제4 편목이 누락되어 있으나 흥법 제3의 "동경 흥륜사 금당 십성(東京興輪寺金堂十聖)"제목 기사 끝 줄과 다음 기사 제목 "가섭불 연좌석(迦葉佛宴坐石)"이라는 글줄 사이에는 "탑상(塔像)"이라는 두 글자가 연문처럼 끼여 있고 그 다음 31편 기사가 모두 불탑과 불상에 관한 기사임을 미루어 보아 이 "탑상"은 편목의 명칭이요 이 아래 붙을 "제4"라는 편차 글자가 결자로 된 것이 분명하다. 따라서 이 번역본에서는 이상의 견해대로 편차를 바로 잡았다.

「삼국유사」의 간행은 이 책이 저작된 이후 조선 초기 이래 많은 역사 서적들이 저마다 인용하였을 뿐 아니라「동국여지승람(東國輿地勝覽)」,「대동운부군옥(大東韻府群玉)」 등 권위 있는 타부문의 서적들에서도 많이 이용한 것에서 보듯이 저자가 저명한 불교의 고승이었고 이 책을 일종의 불교 서적으로 중시하였던 만큼 응당 일찍부터 관판(官版)이나 사판(寺版)으로 간행되어 유전되었음을 추측하기 어렵지 않다. 그러나 현존 고간본으로는 근세에 발견된 정덕본으로 이르는 1512년에 간각된 경주판이 있을 뿐이다.

현존 고간본으로서의 정덕본은 중간자인 이계복(李繼福)의 발문이 있을 뿐 초간 당시의 서 발문이나 내용 목차도 없으며 저자의 서명조차 권 제5의 편두 한 군데에 간신히 표시되었을 뿐이며, 판각은 자획이 틀린 것, 떨어진 것, 변이 바뀐 것, "今-슈, 于-干, 持-特, 民-氏, 妾-姜, 失-夫, 斥-斥, 改-攻, 幻-幼, 典-曲" 등 무수한 오자와 아울러 글줄이 바뀐 것, 본문과 주각이 뒤섞인 것, 때로 나오는 결자 등등 각판의 어지러움은 이루 다 말할 수 없다. 그뿐만 아니라 편차와 편목도 탈락과 불비가 있어서 정확한 편차조차 불분명하다. 그러나 이 정덕본은 고간본으로는 유일한 것으로서 이것을 대본으로 삼은 영인본이 현재도 유일한 고간본의 면모로 유통되고 있다.

근대에 복각된 유통본들로서는 다음과 같은 판본들이 있다.

1. 日本 東京文科大學 史誌叢書 活字本　　1907년
2. 京都帝國大學 文部叢書 影印本　　　　　1921년
3. 京城 啓明俱樂部刊「啓明」第18號 特輯　1927년
4. 朝鮮史學會 活字本　　　　　　　　　　1928년
5. 京城 古典刊行會 影印本　　　　　　　　1932년
6. 京城 三中堂 活字本　　　　　　　　　　1944년

이상과 같이 근년에 와서 이 책은 국내외에서 회를 거듭하여 중간을 보게 되었으나 현재에 와서는 일반 연구자들이나 독자들이 구득하기 어려운 책이 되었다. 따라서 본 고전연구실은 이 책의 원문과 함께 연구본을 편찬하기로 하여 고간본인 정덕본을 대본으로 삼고 삼중당본과 사학회본을 참고로 세심한 교감을 실시하고 원문의 구두점을 정리한 기초 위에서 번역 주해본을 편찬하게 되었다.

우리나라 기본 고전 중의 하나요 가장 중요한 역사 문헌으로 손꼽아온 「삼국유사」 전권 역주본을 오늘 우리 손으로 발간하게 되었다는 것은 언제나 우리나라 고전문화의 계승 발전을 위하여 심심한 배려를 돌리고 있는 조선노동당의 정확한 과학문화 정책에서만 이루어질 수 있는 성과임을 다시 한번 인식하게 된다.

　　　　　　　　　　　　　　　　　1959년 11월 10일 역자 씀

# 권제 1

# 권 제1

## 왕력(王曆) 제1

| 중 국 | 신 라 | 고 구 려 | 백 제 | 가 락 |
|---|---|---|---|---|
| 前漢 宣帝<br>五鳳 갑자 4<br>甘露 무진 4<br>黃龍 임신 1<br><br>元帝<br>初元 계유 5<br>永光 무인 5<br>建昭 계미 6<br><br>成帝<br>建始 기축 4<br>河平 계사 4<br>陽朔 정유 4<br>鴻嘉 신축 4 | 제1 赫居世<br>성은 朴씨요 알에서 났다. 나이 열세 살인 갑자년에 즉위하여 60년간 나라를 다스렸다. 왕비는 娥伊英 또는 娥英이라 하고 나라 이름은 徐羅伐 또는 徐伐 혹은 斯盧 혹은 雞林이라고도 한다. 일설에는 脫解王 때에 이르러 처음으로 계림이라는 칭호를 두었다고 한다. 갑신년에 金城을 쌓았다. | 제1 東明王<br>갑신년에 왕위에 올라 18년간 나라를 다스렸다. 성은 高씨요 이름은 朱蒙이다. 鄒蒙이라고도 하는데 단군의 아들이다. | | |

| 중 국 | 신 라 | 고 구 려 | 백 제 | 가 락 |
|---|---|---|---|---|
| 永始 을사 4 | | 제2 瑠璃王<br>한편 累利라고도 하고 또 孺留로도 쓰니 동명왕의 아들이다.<br>임인년에 왕위에 올라 36년간 나라를 다스렸으니 성은 解씨이다. | 제1 溫祚王<br>동명왕의 셋째 아들인데 둘째 아들이라고도 한다. 계묘년에 왕위에 올라 45년간 왕위에 있었다. 慰禮城에 도읍하니 일명은 蛇川이라고도 하며 지금의 稷山이다.<br>병진년에 漢山으로 도읍을 옮기니 지금의 廣州이다. | |
| 元延 기유 4 | | | | |
| 哀帝 2 | | | | |
| 哀帝 | | | | |
| 建平 을묘 4 | | | | |
| 元壽 기미 2 | | | | |
| 平帝 | | | | |
| 元始 신유 7 | | | | |
| 孺子 | 제2 南解-次-次雄<br>아버지는 혁거세요 어머니는 閼英이다. 성은 朴씨요 왕비는 雲帝부인이다. 갑자년에 왕위에 올라 20년 동안 나라를 다스렸으니 이 임금의 왕위도 역시 居西干이라고 일렀다. | 계해년에 도읍을 國內城으로 옮기니 不耐城이라고도 하였다. | | |
| 初始 무진 1 | | | | |
| 新室 | | | | |
| 建國 기사 5 | | | | |
| 天鳳 갑술 6 | | 제3 太武神王<br>이름은 無恤이니 味留라고도 하며 성은 解씨요 유리왕의 셋째 아들이다. 무인년에 왕위에 올라 26년 동안 나라를 다스렸다. | | |

| 중국 | 신라 | 고구려 | 백제 | 가락 |
|---|---|---|---|---|
| 地皇 경진 3<br>淮陽王<br>更始 계미 2<br><br>後漢 光武帝<br>建武 을유 31 | 제3 弩禮尼叱今<br>아버지는 남해왕이요 어머니는 운제부인이요 왕비는 辭要王의 딸 金씨이다. 갑신년에 왕위에 올라 33년간 나라를 다스렸다. 尼叱今을 더러는 尼師今으로 쓰기도 한다. | 제4 閔中王<br>이름은 色朱요 성은 해씨니 대무신왕의 아들이다. 갑진년에 왕위에 올라 4년 동안 나라를 다스렸다.<br>제5 慕本王<br>민중왕의 형이다. 이름은 愛留이니 憂라고도 한다. 무신년에 왕위에 올라 5년 동안 나라를 다스렸다. | 제2 多婁王<br>온조왕의 둘째 아들이니 무자년에 왕위에 올라 49년간 나라를 다스렸다. | 駕洛國<br>伽耶라고도 하는데 지금의 金州이다.<br><br>首露王<br>임인년 3월에 알에서 나서 이 달에 즉위하여 158년간 나라를 다스렸다. 금알 속에서 났으므로 성을 金씨라고 하니 「開皇曆」에 실렸다. |
| 中元 병진 2<br><br>明帝<br>永平 무오 17<br><br><br><br><br><br><br><br><br><br><br><br><br><br><br>章帝 | 제4 脫解(吐解)<br>尼叱今<br>성은 昔씨이다. 아버지는 玩夏國 合達婆王이니 花夏國王이라고도 한다. 어머니는 積女國 왕의 딸이요 왕비는 남해왕의 딸 阿老부인이다.<br>정사년에 왕위에 올라 23년 동안 나라를 다스렸다. 왕이 죽으매 未召疏井의 구령 속에 장사하였다가 뼈로 塑像을 만들어 東岳에 모시니 지금의 東岳大王이다. | 제6 國祖王<br>이름은 宮이니 또한 太祖王이라고도 한다.<br>계축년에 왕위에 올라 93년 동안 나라를 다스렸다. 「後漢書」에 이르기를 처음에 나서 눈을 뜨고 볼 줄 알았다고 한다.<br>뒤에 동복 동생 次大王에게 왕위를 물려주었다. | | |

| 중 국 | 신 라 | 고 구 려 | 백 제 | 가 락 |
|---|---|---|---|---|
| 建初 병<br>　　　자 18<br><br>元和 갑<br>　　　신 3<br><br>章和 정<br>　　　해 2<br><br>和帝<br>永元 기<br>　　　축 17<br><br>元興 을<br>　　　사<br><br>殤帝<br>延平 병<br>　　　오<br><br>安帝<br>永初 정<br>　　　미 7<br><br>元初 갑<br>　　　인 6<br><br>永寧 경<br>　　　신<br><br>建光 신<br>　　　유<br><br>延光 임<br>　　　진 4<br><br>順帝<br>永建 병<br>　　　인 6<br><br>陽嘉 임<br>　　　신 4<br><br>永和 병<br>　　　자 6 | 제5 婆娑尼叱今<br>성은 박씨니 아버지는 노례왕이요 어머니는 辭要王의 딸이요 왕비는 史肖부인이다.<br>경진년에 왕위에 올라 32년 동안 나라를 다스렸다.<br><br><br><br><br>제6 祗磨尼叱今<br>祗味라고도 하니 성은 박씨이다. 아버지는 파사왕이요 어머니는 사초부인이요 왕비는 磨帝國王의 딸 □禮부인이니 愛禮부인이라고도 하는 김씨이다. 임자년에 왕위에 올라 23년 동안 나라를 다스렸다. 이 임금 때에 音質國을 멸망시키니 지금의 安康이요 押梁國도 멸망시키니 지금의 梁山이다.<br><br><br>제7 逸聖尼叱今<br>아버지는 노례왕의 형이니 혹은 祗磨王이라고도 한다. | | 제3 己婁王<br>다루왕의 아들이니 정축년에 왕위에 올라 55년 동안 나라를 다스렸다.<br><br><br><br><br><br><br><br><br><br><br><br><br><br><br><br><br><br><br><br><br><br>제4 蓋婁王<br>기루왕의 아들이다. 무진년에 왕위에 올라 38년 동안 나라를 다스렸다. | |

| 중 국 | 신 라 | 고구려 | 백 제 | 가 락 |
|---|---|---|---|---|
| 漢安 임오2<br>建康 갑신<br>沖帝 永嘉 을유<br>質帝<br>本初 병술<br>桓帝<br>建和 정해3<br>和平 경인<br>元嘉 신묘2<br>永興 계사2<br>永壽 을미3 | 왕비는 □禮부인이요 日知葛文王의 딸이다. □□禮부인은 지마왕의 딸이요 어머니는 伊刊生부인이니 □□王 부인이라고도 하는 박씨이다. 갑술년에 왕위에 올라 20년 동안 나라를 다스렸다.<br><br>제8 阿達羅尼叱今 (결자 미상) 또 倭國과 더불어(결자) 嶺 (결자) 立峴은 지금의 彌勒大院 東嶺이다. | 제7 次大王 이름은 遂이니 國祖王의 동복 아우이다. 병술년에 왕위에 올라 19년 동안 나라를 다스렸다.<br><br>을사년에 국조왕의 나이가 119세였는데 형제 두 왕이 모두 새 왕에게 피살되었다. | | |
| 延熹 무술9<br>永康 정미<br>靈帝<br>建寧 무신4<br>熹平 임자6<br>光和 무오6<br>中平 갑자5<br>洪農 또는<br>獻帝<br>永漢 기사<br>初平 경오4<br>興平 갑술2 | 제9 伐休尼叱今 | 제8 新大王 이름은 伯固이니 伯句라고도 한다. 을사년에 왕위에 올라 14년 동안 나라를 다스렸다.<br><br>제9 故國川王 이름은 南武이니 혹은 夷謨라고도 한다. 기미년에 왕위에 올라 20년 동안 나라를 다스렸다. 國川을 또한 國壤이라고도 하는데 바로 장사한 지명이다. | 제5 肖古王 素古라고도 하니 개루왕의 아들이다. 병오년에 왕위에 올라 50년 동안 나라를 다스렸다. | |

| 중 국 | 신 라 | 고 구 려 | 백 제 | 가 락 |
|---|---|---|---|---|
| 建安 병자 | 제10 奈解尼叱今 | 제10 山上王 | 제6 仇首王 貴須라고도 하니 초고왕의 아들이다. 갑오년에 왕위에 올라 21년 동안 나라를 다스렸다. | 제2 居登王 수로왕의 아들이니 어머니는 許황후이다. 기묘년에 왕위에 올라 55년 동안 나라를 다스리니 성은 김씨이다. |
| 曹魏文帝 黃初 경자 7 明帝 太和 정미 6 青龍 계축 4 景初 정사 3 | 제11 助賁尼叱今 | 제11 東川王 | 제7 沙泮王 沙□□이라고도 하니 구수왕의 아들로서 왕위에 올랐다가 곧 폐위되었다. | |
| 齊王 正始 경신 9 嘉平 기사 5 高貴鄉公 正元 갑술 2 甘露 병자 4 陳留王 景元 경진 4 西晉 武帝 泰始 을유 10 咸寧 을미 5 | 제12 理解尼叱今 沾解尼叱今이라고도 하니 성은 昔씨요 조분왕의 동복 아우이다. 정묘년에 왕위에 올라 15년 동안 나라를 다스렸다. 처음으로 고구려와 외교관계를 맺었다. 제13 未鄒尼叱今 味炤라고도 하며 未祖 또는 未召라고도 한다. 성은 김씨로서 김씨 성으로는 처음으로 왕위에 올랐다. 아버지는 仇道 갈문왕이요 어머니는 生乎니 述禮부인으로도 불린다. 伊非 갈문왕의 딸로서 성은 박씨요 왕비는 諸賁王의 딸 光明娘이다. 임오년에 왕위에 올라 22년 동안 나라를 다스렸다. | 제12 中川王 제13 西川王 이름은 藥盧 또는 若友라고도 한다. 경인년에 왕위에 올라 20년 동안 나라를 다스렸다. | 제8 古爾王 초고의 동복 아우이다. 갑인년에 왕위에 올라 52년 동안 나라를 다스렸다. | 제3 麻品王 아버지는 居登王이요 어머니는 泉府卿 申輔의 딸 慕貞부인이니 기묘년에 왕위에 올라 32년 동안 나라를 다스렸다. |

| 중 국 | 신 라 | 고구려 | 백 제 | 가 락 |
|---|---|---|---|---|
| 太康 경<br>자 11<br>惠帝<br>元康 신<br>해 9 | 제14 儒禮尼叱今 世里智王이라고도 한다. 성은 석씨요 아버지는 제분왕이요 어머니는 □召부인 박씨이다. 갑진년에 왕위에 올라 15년 동안 나라를 다스렸다. 月城을 수축하였다. | 제14 烽上王 雉葛王이라고도 하니 이름은 相夫이다. 임자년에 왕위에 올라 8년 동안 나라를 다스렸다. | 제9 責稽王 고이왕의 아들이니 靑替라고도 하나 그릇된 것이다. 병오년에 왕위에 올라 12년 동안 나라를 다스렸다. | |
| 永寧 경<br>신 2<br>大安 임<br>술 2<br>永興 갑<br>자 3<br>光熙 병<br>인 | 제15 基臨尼叱今 基立王이라고도 하니 성은 석씨요 제분왕의 둘째 아들이요 어머니는 阿爾兮부인이다. 무오년에 왕위에 올라 12년 동안 나라를 다스렸다. 정묘년에 국호를 新羅로 결정하니 新은 국가사업이 날로 새롭다는 뜻이요 羅는 사방의 백성들을 망라한다는 뜻이라고 하였다. 혹은 智證王, 法興王 시대의 일이라고도 한다. | 제15 美川王 好壤이라고도 하니 이름은 乙弗 또는 憂弗이라고도 한다. 경신년에 왕위에 올라 31년 동안 나라를 다스렸다. | 제10 汾西王 책계왕의 아들이니 무오년에 왕위에 올라 6년 동안 나라를 다스렸다.<br><br>제11 比流王 구수왕의 둘째 아들로서 사반왕의 아우이다. 갑자년에 왕위에 올라 40년 동안 나라를 다스렸다. | 제4 居叱彌王 今勿王이라고도 하니 아버지는 마품왕이요 어머니는 好仇이다. 신해년에 왕위에 올라 55년 동안 나라를 다스렸다. |
| 懷帝<br>永嘉 정<br>묘 6<br>愍帝<br>建興 계<br>유 4<br>東晉 元帝<br>建武 정<br>축<br>大興 무<br>인 4 | 제16 乞解尼叱今 성은 석씨요 아버지는 于老音 角干이니 내해왕의 둘째 아들이다. 경오년에 왕위에 올라 46년 동안 나라를 다스렸다. | | | |

| 중 국 | 신 라 | 고 구 려 | 백 제 | 가 락 |
|---|---|---|---|---|
| 明帝<br>永昌 임오<br>大寧 계미 3 | 이 왕 때에 백제가 처음으로 와서 침범하였다. | | | |
| 顯宗<br>咸和 병술 9 | 기축년에 처음으로 碧骨堤를 쌓았다. 주위가 17,026보요 □□가 166보요 논이 14,070 □이다. | 제16 國原王<br>이름은 釗이니 또 斯由라고도 하고 혹은 岡上王이라고도 한다. 신묘년에 왕위에 올라 40년 동안 나라를 다스렸다. 갑오년에 平壤城을 증축하였다. 임인년 8월에 安市城에 도읍을 옮기니, 즉 丸都城이다. | 제12 契王<br>분서왕의 맏아들이다. 갑진년에 왕위에 올라 20년 동안 나라를 다스렸다. | |
| 咸康 을미 8 | | | | |
| 康帝<br>建元 계묘 2 | | | | |
| 孝宗<br>永和 을사 12 | 제17 奈勿麻立干 □□왕이라고도 하니 성은 김씨이다. 아버지는 구도 갈문왕이니 또는 미소왕의 아우 未仇 각간이라기도 한다. 어머니는 休禮부인이니 성은 김씨이다. 병진년에 왕위에 올라 46년 동안 나라를 다스렸다.<br><br>왕릉은 占星臺 서남쪽에 있다. | | 제13 近肖古王<br>비류왕의 둘째 아들이다. 병오년에 왕위에 올라 20년 동안 나라를 다스렸다. | 제5 伊品王<br>아버지는 거질미왕이요 어머니는 阿志이다. 병오년에 왕위에 올라 60년 동안 나라를 다스렸다. |
| 昇平 정사 5 | | | | |
| 哀帝<br>隆和 임술 | | | | |
| 興寧 계해 3 | | | | |
| 廢帝<br>大和 병인 5 | | | | |
| 簡文帝<br>咸安 신미 2 | | 제17 小獸林王<br>이름은 丘夫이다. 신미년에 왕위에 올라 13년 동안 나라를 다스렸다. | 신미년에 北漢山으로 도읍을 옮겼다.<br><br>제14 近仇首王<br>근초고왕의 아들이다. 을해년에 왕위에 올라 9년 동안 나라를 다스렸다. | |
| 孝武帝<br>寧康 계유 3 | | | | |

| 중 국 | 신 라 | 고 구 려 | 백 제 | 가 락 |
|---|---|---|---|---|
| 太元 병자21 | | 제18 國壤王 이름은 伊速이니 또 於只支라고도 한다. 갑신년에 왕위에 올라 8년 동안 나라를 다스렸다. | 제15 枕流王 근구수왕의 아들이다. 갑신년에 왕위에 올랐다. | |
| 安帝 隆安 정유5 | | 제19 廣開土王 이름은 談德이다. 임진년에 왕위에 올라 21년 동안 나라를 다스렸다. | 제16 辰斯王 침류왕의 아우이다. 을유년에 왕위에 올라 7년 동안 나라를 다스렸다. | |
| | | | 제17 阿莘王 阿芳王이라고도 하니 진사왕의 아들이다. 임진년에 왕위에 올라 13년 동안 나라를 다스렸다. | |
| 元興 임인3 | 제18 實聖麻立干 實主王이라고도 하고 또 寶金이라고도 하니, 아비지는 미추왕의 아우 大西知 각간이요 어머니는 禮生부인 昔씨, 登也 아간의 딸이다. 왕비는 阿留부인이다. 임인년에 왕위에 올라 15년 동안 나라를 다스렸다. 왕은 즉 瑪述의 아버지이다. | | 제18 腆支王 眞支王이라고도 하니 이름은 映이요 아신왕의 아들이다. 을사년에 왕위에 올라 15년 동안 나라를 다스렸다. | |

왕력(王曆) 제1  35

| 중 국 | 신 라 | 고 구 려 | 백 제 | 가 락 |
|---|---|---|---|---|
| 義熙 을<br>사 14<br><br>恭帝<br><br>元熙 기<br>미<br><br>宋 武帝 | 제19 訥祇麻立干 內只王이라고도 하니 성은 김씨이다. 아버지는 내물왕이요 어머니는 內禮希부인 김씨니 미추왕의 딸이다. 정사년에 왕위에 올라 41년 동안 나라를 다스렸다. | 제20 長壽王 이름은 臣連이다. 계축년에 왕위에 올라 79년 동안 나라를 다스렸다. | | 제6 坐知王 金吐王이라고도 하니 아버지는 伊品王이요 어머니는 貞信이다. 정미년에 왕위에 올라 14년 동안 나라를 다스렸다. |
| 永初 경<br>신 3<br>小帝<br>景平 계<br>유<br><br>文帝<br>元嘉 갑<br>자 29 | | | 제19 久爾辛王 전지왕의 아들이니 경신년에 왕위에 올라 7년 동안 나라를 다스렸다. | 제7 吹希王 金喜라고도 하니 아버지는 좌지왕이요 어머니는 福壽이다. 신유년에 왕위에 올라 30년 동안 나라를 다스렸다. |
| | | 정묘년에 도읍을 평양성으로 옮겼다. | | |
| 世祖 계<br>사 太初<br><br>孝建 갑<br>오 3 | | | 제20 毗有王 구이신왕의 아들이니 정묘년에 왕위에 올라 28년 동안 나라를 다스렸다. | 제8 銍知王 金銍이라고도 한다. 아버지는 吹希王이요 어머니는 仁德이다. 신묘년에 왕위에 올라 36년 동안 나라를 다스렸다. |
| 大明 정<br>유 8<br>明帝<br>泰始 을<br>사 8 | 제20 慈悲麻立干 성은 김씨이다. 아버지는 눌지요 어머니는 阿老부인이니 次老부인이라고도 하며 실성왕의 딸이다. 무술년에 왕위에 올라 21년 동안 나라를 다스렸다. 왕비 | | 제21 蓋鹵王 혹은 近蓋鹵王이라고도 하니 이름은 慶司이다. 을미년에 왕위에 올라 20년 동안 나라를 다스렸다. | |

| 중 국 | 신 라 | 고 구 려 | 백 제 | 가 락 |
|---|---|---|---|---|
| 後廢帝<br>元徽 계축4<br>順帝<br>昇明 정사2 | 는 巴胡 갈문왕 또는 未叱希 각간의 딸이라고도 하고 또 未斯欣 각간의 딸이라고도 한다. 처음으로 吳國과 통래하였다. 기미년에 왜국 군사가 침노하므로 처음으로 明活城을 쌓고 들어가 피하였더니 梁州의 두 성을 포위하였다가 이기지 못하고 돌아갔다. | | 제22 文周王<br>文州라고도 쓴다. 개로왕의 아들이다. 을묘년에 왕위에 올라 熊川으로 도읍을 옮기고 2년 동안 나라를 다스렸다.<br><br>제23 三斤王<br>三乞王이라고도 하니 문주왕의 아들이다. 정사년에 왕위에 올라 2년 동안 나라를 다스렸다. | |
| 齊 太祖<br>建元 기미4<br>無帝<br>永明 계해11<br>廢帝<br>明帝<br>建武 갑술4 | 제21 毗處麻立干<br>炤知王이라고도 하니 성은 김씨이다. 자비왕의 셋째 아들이요 어머니는 미사흔 각간의 딸이다. 기미년에 왕위에 올라 21년 동안 나라를 다스렸다. 왕비는 期寶 갈문왕의 딸이다. | 제21 文咨明王<br>이름은 明理好이니 또는 介雲, 高雲이라고도 한다. 임신년에 왕위에 올라 27년 동안 나라를 다스렸다. | 제24 東城王<br>이름은 牟大이다. 또는 麻帝라고도 하고 餘大라고도 한다. 삼근왕의 당제로서 기미년에 왕위에 올라 22년 동안 나라를 다스렸다. | 제9 鉗知王<br>아버지는 질지왕이요 어머니는 邦媛이다. 임신년에 왕위에 올라 29년 동안 나라를 다스렸다. |

왕력(王曆) 제1   37

| 중국 | 신라 | 고구려 | 백제 | 가락 |
|---|---|---|---|---|
| 永泰 무인<br>東昏侯<br>永元 기묘 2<br>和帝<br>中興 신사 1 | 제22 智訂麻立干<br>智哲老 또는 智度路王이라고도 하니 성은 김씨이다. 아버지는 눌지왕의 아우 기보 갈문왕이요 어머니는 烏生부인이니 눌지왕의 딸이요 왕비는 迎帝부인이니 儉攬代漢只登許 또는 □□각간의 딸이다. 경진년에 왕위에 올라 14년 동안 나라를 다스렸다. | | 제25 武寧王<br>이름은 斯摩이니 즉 동성왕의 둘째 아들이다. 신사년에 왕위에 올라 22년 동안 나라를 다스렸다. 「南史」에 이르기를 이름을 扶餘隆이라 하였으나 잘못이다. 隆은 바로 義慈王의 태자이니 「唐史」에 자세히 실렸다. | |
| 梁 高祖 | 이상을 上古로 삼고 이하를 中古로 삼는다. | | | |
| 天監 임오 18<br>普通 경자 7<br>大通 정미 2<br>中大通 기유 6 | 제23 法興王<br>이름은 原宗이요 성은 김씨다 「册府元龜」에는 성은 募씨요 이름은 秦이라고 하였다. 아버지는 智訂이요 어머니는 영제부인이다. 법흥은 시호로서 시호가 이때부터 처음 생겼다. 갑오년에 왕위에 올라 26년 동안 나라를 다스렸다. 왕릉은 哀公寺 북쪽에 있다. 왕비는 巴刀부인이니 중이 된 | 제22 安藏王<br>이름은 興安이니 기해년에 왕위에 올라 12년 동안 나라를 다스렸다.<br><br>제23 安原王<br>이름은 寶迎이니 신해년에 왕위에 올라 14년 동안 나라를 다스렸다. | 제26 聖王<br>이름은 明穠이니 무녕왕의 아들이다. 계사년에 왕위에 올라 31년 동안 나라를 다스렸다. | 제10 仇衡王<br>겸지왕의 아들이니 어머니는 □女이다. 신축년에 왕위에 올라 43년 동안 나라를 다스렸다. 중대통 4년 임자년에 국토를 바치고 신라에 항복하였다. 수로왕 임인년으로부터 임자년까지 도합 490년이다. |

| 중국 | 신라 | 고구려 | 백제 | 가락 |
|---|---|---|---|---|
| | 후의 이름은 法流로서 永興寺에 살았다. 처음으로 律令을 시행하고 처음으로 十齋日을 시행하여 살생을 금하였으며 사람들에게 도첩을 주어 승려가 되게 하였다. 建元 병진 이 해에 처음 설정하여 연호가 이로부터 시작되었다. | | | |
| 大同 을묘 11 | 제24 眞興王 이름은 彡麥宗이니 深麥宗이라고도 하며 성은 김씨이다. 법흥왕의 동생인 아버지는 바로 立宗 갈문왕이요 어머니는 只召부인이니 또는 息道부인이라고도 하여 성은 박씨로서 牟梁里 英失 각간의 딸이다. 임종할 때에 역시 머리를 깎고 죽었다. 경신년에 왕위에 올라 37년 동안 나라를 다스렸다. | 제24 陽原王 陽崗昂이라고도 하니 이름은 平成이다. 을축년에 왕위에 올라 14년 동안 나라를 다스렸다. | 무오년에 도읍을 泗沘批로 옮겨 南扶餘라고 불렀다. | 나라가 없어졌다. |
| 中大同 병인 | | | | |
| 太淸 정묘 3 | | | | |
| 簡文帝 | | | | |
| 大寶 경오 | | | | |
| 侯景 | | | | |
| 大始 신미 | 開國 신미 17 | | | |

| 중 국 | 신 라 | 고 구 려 | 백 제 |
|---|---|---|---|
| 承聖 임신 4<br>敬帝<br>紹泰 을해 병자<br>太平 1<br>陳高祖<br>永定 정축 3<br>文帝<br>天嘉 경진 6<br>臨海王<br>天康 병술 정해<br>光大 2<br>宣帝 | | | 제27 威德王<br>이름은 昌 또는 명이라고도 한다. 갑술년에 왕위에 올라 44년 동안 나라를 다스렸다. |
| | | 제25 平原王<br>平岡王이라고도 하니 이름은 陽城이다.「南史」에는 高陽이라고 하였다. 기묘년에 왕위에 올라 31년 동안 나라를 다스렸다. | |
| 太建 기축 14 | 大昌 무자 4<br>鴻濟 임진 12<br>제25 眞智王<br>이름은 舍輪 또는 金輪이라고도 하는데 성은 김씨이다. 아버지는 진흥왕이요 어머니는 박영실 각간의 딸 息途 또는 色刀부인 박씨이다. 왕비는 知刀부인이니 起烏公의 딸 박씨이다. 병신년에 왕위에 올라 4년 동안 나라를 다스렸다. 무덤은 哀公寺 북쪽에 있다. | | |
| 後主<br>至德 계모 4 | 제26 眞平王<br>이름은 白淨이다. 아버지는 銅輪이니 東輪태자라고도 한다. 어머니는 입종 갈문왕의 딸 萬呼니 萬寧부인이라고도 하여 이름은 行義이다. 이전 왕비는 麻耶부인 김씨니 이름은 福肹口요 뒤의 왕비는 僧滿부인 孫씨이다. 기해년에 왕위에 올랐다. | | |
| 禎明 정미 3 | | | |

| 중 국 | 신 라 | 고 구 려 | 백 제 |
|---|---|---|---|
| 隋 文帝<br>開皇 신축 11<br>仁壽 신유 4<br><br>煬帝<br><br>大業 을축 12<br><br>恭帝<br>義寧 정축<br><br>唐 高祖<br>武德 무인 9<br><br>太宗<br><br>貞觀 정해 23<br><br><br><br><br><br><br><br>高宗<br><br>永徽 경술 6 | 建福 갑진 50<br><br><br><br><br><br><br><br><br><br><br><br><br><br><br><br><br><br><br><br><br><br>제27 善德女王<br>이름은 德曼이다. 아버지는 진평왕이요 어머니는 마야부인 김씨이다. 聖骨의 남자가 없었으므로 여왕이 왕위에 올랐다. 왕의 배필은 飮 갈문왕이다. 仁平 갑오년에 왕위에 올라 14년 동안 나라를 다스렸다.<br><br>제28 眞德女王<br>이름은 勝曼이요 성은 김씨이다. 아버지는 진평왕의 아우 國其安 갈문왕이요 어머니는 阿尼부인 박씨니 奴追□□□ 갈문왕의 딸이다. 더러는 月明 | 제26 嬰陽王<br>平陽王이라고도 한다. 이름은 元 또는 大元이라고도 한다. 경술년에 왕위에 올라 38년 동안 나라를 다스렸다.<br><br><br><br><br><br><br><br><br><br><br><br><br><br><br>제27 榮留王<br>이름은 □□ 또는 建武라고 한다. 무인년에 왕위에 올라 24년 동안 나라를 다스렸다.<br><br><br>제28 寶藏王<br>임인년에 왕위에 올라 27년 동안 나라를 다스렸다. | 제28 惠王<br>이름은 季 또는 獻王이라고도 이르니 위덕왕의 아들이다. 무오년에 왕위에 올랐다.<br><br>제29 法王<br>이름은 孝順 또는 宣이라고도 하니 혜왕의 아들이다. 기미년에 왕위에 올랐다.<br><br>제30 武王<br>혹은 武康이라고도 하고 獻丙이라고도 하며 혹 아명을 一耆篩德이라고도 한다. 경신년에 왕위에 올라 41년 동안 나라를 다스렸다.<br><br><br><br>제31 義慈王<br>무왕의 아들이다. 신축년에 왕위에 올라 20년 동안 나라를 다스렸다. |

| 중 국 | 신 라 | 고 구 려 | 백 제 |
|---|---|---|---|
| | 이라고 하나 잘못이다. 정미년에 왕위에 올라 7년 동안 나라를 다스렸다.<br><br>太和 무신 6<br><br>이상을 中古라고 하며 聖骨이요, 이하는 下古라고 하여 眞骨이다. | | |
| 顯慶 병진 5<br>龍朔 신유 3 | 제29 太宗武烈王<br>이름은 春秋요 성은 김씨이다. 진지왕의 아들 龍春 卓文興 갈문왕의 아들이니 용춘을 龍樹라고도 한다. 어머니는 天明부인이니 시호는 文貞태후요 진평왕의 딸이다. 왕비는 訓帝부인이니 시호는 文明왕후요 金庾信의 누이로서 아명은 文熙이다. 갑인년에 왕위에 올라 7년 동안 나라를 다스렸다. | | 경신년에 나라가 없어졌다.<br>온조왕 계묘년으로부터 경신년까지 678년 동안이다. |
| 麟德 갑자 2<br>乾封 병인 2 | 제30 文武王<br>이름은 法敏이요 태종의 아들이다. 어머니는 訓帝부인이요, 왕비는 慈義니 訥王后라고도 하며 善品海干의 딸이다. 신유년에 왕위에 올라 20년 동안 나라를 다스렸다. 왕릉은 感恩寺이니 동해 가운데 있다. | | |
| 總章 무진 2<br>咸亨 경오 4<br>上元 갑술 2<br>儀鳳 병자 3 | | 무진년에 나라가 없어졌다.<br>동명왕 갑신년으로부터 무진년까지 도합 705년이다. | |

| 중 국 | 신 라 |
|---|---|
| 調露 기묘<br>永隆 경진<br>開耀 신사<br>永淳 임오<br>武后<br>洪道 계미<br>文明 갑신<br>垂拱 을유 4<br>永昌 을축 1<br>周<br>天授 경인 2<br>長壽 계사 2<br>延載 갑오<br>天冊 을미<br>通天 병신<br>神功 정유<br>聖曆 구술 2<br>久視 경자<br>長安 신축 4<br>中宗<br>神龍 을사 2<br>景龍 정미 3<br>睿宗<br>景雲 경술 2<br>玄宗<br>先天 임자 | 제31 神文王<br>성은 김씨요 이름은 政明이요 자는 日炤이다. 아버지는 문무왕이요 어머니는 자눌왕후요 왕비는 神穆왕후니 金運公의 딸이다. 신사년에 왕위에 올라 11년 동안 나라를 다스렸다.<br><br>제32 孝昭王<br>이름은 理恭이니 理洪이라고도 하며 성은 김씨니 아버지는 신문왕이요 어머니는 신목왕후이다. 임진년에 왕위에 올라 10년 동안 나라를 다스렸다. 왕릉은 望德寺 동쪽에 있다.<br><br>제33 聖德王<br>이름은 興光이요 본명은 隆基이니 효소왕의 동복 아우이다. 첫번째 왕비는 陪昭왕후로서 시호는 嚴貞이니 元大 아간의 딸이다. 두번째 왕비는 占勿왕후이니 시호는 炤德으로서 順元 각간의 딸이다. 임인년에 왕위에 올라 35년 동안 나라를 다스렸다. 왕릉은 동촌 남쪽에 있는데 楊長谷이라고 한다. |

| 중 국 | 신 라 |
|---|---|
| 開元 계축 29 | 제34 孝成王<br>성은 김씨요 이름은 承慶이다. 아버지는 성덕왕이요 어머니는 소덕태후요 왕비는 惠明왕후이니 眞宗 각간의 딸이다. 정축년에 왕위에 올라 5년 동안 나라를 다스렸다. 법류사에서 화장하여 뼈는 동해에 뿌렸다. |
| 天寶 임오 14<br>肅宗<br>至德 병신 2<br>乾元 무술 2<br>上元 경자 2<br>寶應 임인 1<br>代宗<br>廣德 계묘 2 | 제35 景德王<br>성은 김씨요 이름은 憲英이다. 아버지는 성덕왕이요 어머니는 소덕태후이다. 첫번째 왕비는 三毛부인이니 왕궁으로부터 쫓겨나 자식이 없고, 두번째 왕비는 滿月부인이니 시호가 景垂왕후인데 또는 景穆이라고도 하니 依忠 각간의 딸이다. 임오년에 왕위에 올라 23년 동안 나라를 다스렸다. 처음에 頃只寺 서쪽 봉우리에 장사를 하여 돌을 깎아 능을 만들었더니, 뒤에 양장곡 가운데로 옮겨 장사하였다. |
| 永泰 을사 | 제36 惠恭王<br>성은 김씨요 이름은 乾運이며 아버지는 경덕이요 어머니는 만월왕후이다. 첫번째 왕비는 神巴부인이니 魏正 각간의 딸이요, 두번째 왕비는 昌昌부인이니 金將 각간의 딸이다. 을사년에 왕위에 올라 15년 동안 나라를 다스렸다. |
| 大曆 병오 14<br>德宗<br>建中 경신 4<br>興元 갑자 4 | 제37 宣德王<br>성은 김씨요 이름은 亮相이다. 아버지는 孝方 해간이니 開聖대왕으로 추봉한 바로 元訓 각간의 아들이다. 어머니는 四召부인이니 시호는 貞懿태후로서 성덕왕의 딸이다. 왕비는 具足왕후이니 狼品 각간의 딸이다. 경신년에 왕위에 올라 5년 동안 나라를 다스렸다. |
| 貞元 을축 20 | 제38 元聖王<br>성은 김씨요 이름은 敬愼이니 愼을 信으로도 쓴다.「唐書」에 敬則이라고 일렀다. 아버지는 孝讓 대아간이니 明德大王으로 추봉하였고 어머니는 仁□이니 일명 知烏부인이다. 시호는 昭文왕후이니 昌近伊己의 딸이다. 왕비는 淑貞부인이니 神述 각간의 딸이다. 을축년에 왕위에 올라 14년 동안 나라를 다스렸다. 왕릉은 鵠寺에 있으니 지금의 崇福寺로서 崔致遠이 □한 비석도 있다. |

| 중 국 | 신 라 |
|---|---|
| 順宗 | 제39 昭聖王<br>소성의 聖을 成으로도 쓰니 성은 김씨요 이름은 俊邕이다. 아버지는 惠忠태자요 어머니는 聖穆태후이다. 왕비는 桂花왕후이니 夙明公의 딸이다. 기묘년에 왕위에 올랐다가 죽었다. |
| 永貞 을유 | 제40 哀莊王<br>성은 김씨요 이름은 重熙니 일명 淸明이라고도 한다. 아버지는 소성왕이요 어머니는 계화왕후이다. 신묘년에 왕위에 올라 10년 동안 나라를 다스리다가, 元和 4년 기축 7월 19일 왕의 숙부인 憲德, 興德 두 이간에게 살해되었다. |
| 憲宗 | |
| 元和 병술 15 | 제41 憲德王<br>성은 김씨요 이름은 彦升이니 소성왕의 동복 아우이다. 왕비는 貴勝娘이니 시호는 皇娥왕후요 忠恭 각간의 딸이다. 기축년에 왕위에 올라 19년 동안 나라를 다스렸다. 왕릉은 泉林村 북쪽에 있다. |
| 穆宗 | |
| 長慶 신축 4 | |
| 敬宗 | 제42 興德王<br>성은 김씨요 이름은 景暉이니 헌덕왕의 동복 아우이다. 왕비는 昌花부인이니 시호는 定穆왕후요 소성왕의 딸이다. 병오년에 왕위에 올라 10년 동안 나라를 다스렸다. 왕릉은 安康 북쪽 比火壤에 있으니 왕비 창화부인과 합장하였다. |
| 寶曆 을사 2 | |
| 文宗 | |
| 太和 정미 9 | 제43 僖康王<br>성은 김씨요 이름은 愷隆이니 일명 悌顒이라고도 한다. 아버지는 憲貞 각간이니 시호는 興聖대왕이요 혹은 翼成이라고도 하여 禮英 잡간의 아들이다. 어머니는 美道부인이니 혹은 深乃부인이라고도 하고 또는 巴利부인이라고도 일러 시호는 順成태후이니 忠衍 대아간의 딸이다. 왕비는 文穆왕후이니 忠孝 각간의 딸인데 혹은 충효 각간을 重恭 각간이라고도 한다. 병진년에 왕위에 올라 2년 동안 나라를 다스렸다. |
| 開成 병진 5 | |
| | 제44 閔哀王(閔을 敏이라고도 쓴다)<br>성은 김씨요 이름은 明이다. 아버지는 충공 각간이니 宣康대왕으로 추봉하였으며 어머니는 추봉한 惠忠王의 딸 貴巴 부인이니 시호는 宣懿왕후이다. 왕비는 无容황후이니 永公 각간의 딸이다. 무오년에 왕위에 올라 기미년 정월 22일에 이르러 죽었다. |

| 중 국 | 신 라 |
|---|---|
| | 제45 神武王<br>성은 김씨요 이름은 佑徵이다. 아버지는 均貞 각간이니 성덕대왕으로 추봉하였으며 어머니는 貞矯부인이니 그의 할아버지 禮英을 추봉하여 惠康대왕으로 삼았다. 왕비는 貞從이니 혹은 繼大后라고도 하여 明海□의 딸이다. 기미년 4월에 왕위에 올라 12월 23일에 이르러 죽었다. |
| 武宗<br>會昌 신유6<br>宣宗<br>大中 정묘13 | 제46 文聖王<br>성은 김씨요 이름은 慶膺이다. 아버지는 신무왕이요 어머니는 정종태후이며 왕비는 炤明왕후이다. 기미년 11월에 왕위에 올라 19년 동안 나라를 다스렸다. |
| | 제47 憲安王<br>성은 김씨요 이름은 誼靖이니 신무왕의 아우이며 어머니는 昕明부인이다. 무인년에 왕위에 올라 3년 동안 나라를 다스렸다. |
| 懿宗<br>咸通 경진14 | 제48 景文王<br>성은 김씨요 이름은 膺廉이다. 아버지는 啓明 각간인데 추봉한 義恭(義를 懿로도 쓴다) 대왕이니 곧 회강왕의 아들이다. 어머니는 신무왕의 딸 光和부인이요 왕비는 文資황후이니 헌안왕의 딸이다. 신사년에 왕위에 올라 14년 동안 나라를 다스렸다. |
| 乾符 갑오6<br>廣明 경자<br>廣明 경자 | 제49 憲康王<br>성은 김씨요 이름은 晸이다. 아버지는 경문왕이요 어머니는 문자황후이다. 왕비는 懿明부인이니 혹은 義明왕후라고도 이른다. 을미년에 왕위에 올라 11년 동안 나라를 다스렸다. |
| 中和 신축4 | 제50 定康王<br>성은 김씨요 이름은 晃이니 민애왕의 동복 아우이다. 병오년에 왕위에 올랐다가 죽었다. |
| 光啓 을사3<br>文德 무신<br>昭宗<br>龍紀 기유 | 제51 眞聖女王<br>성은 김씨요 이름은 曼憲이니 바로 정강왕의 동복 누이이다. 왕의 배필은 魏弘 대각간, 추봉한 惠成 대왕이다. 정미년에 왕위에 올라 10년 동안 나라를 다스렸다. 정사년에 왕위를 작은 아들 효공왕에게 물려주고 12월에 죽었다. 화장에 부쳐 뼈를 车梁 西岳에 흩었으니 이 산을 未黃山이라고도 한다. |

46 권 제1

| 중 국 | 신 라 | 후고구려 | 후백제 |
|---|---|---|---|
| 大順 경술2<br>景福 임자2<br>乾寧 갑인4<br>光化 무오3<br><br>天復 신유3<br>哀帝<br>天祐 갑자3<br><br><br>朱梁太祖<br>開平 정묘4<br>乾化 신미4<br><br><br><br><br><br><br><br><br><br><br><br><br><br><br><br>末帝 | 제52 孝恭王<br>성은 김씨요 이름은 嶢이다. 아버지는 헌강왕이요 어머니는 문자왕후이니 정사년에 왕위에 올라 15년 동안 나라를 다스렸다. 師子寺 북쪽에서 화장하고 뼈는 仇知 제방 동쪽 산 옆구리에 간직하였다.<br><br>제53 神德王<br>성은 박씨요 이름은 景徽니 본명은 秀宗이다. 어머니는 貞花부인이니 부인의 아버지는 順弘 각간으로 추증한 시호가 成武대왕이며 부인의 할아버지는 元弘 각간이니 바로 阿達羅王의 후손이다. 아버지는 文元 이간이니 추봉한 興廉대왕이며 할아버지는 文官 해간이요 義父는 銳謙 각간이니 추봉한 宣成대왕이다. 왕비는 資成왕후이니 혹은 懿成이라고도 하고 또 孝資라고도 한다. 임신년에 왕위에 올라 5년 동안 나라를 다스렸다. 죽은 뒤에 화장하였고 뼈는 箴峴 남쪽에 간직하였다. | 弓裔<br>大順 경술년에 처음으로 北原의 도적 良吉의 집단에 의탁하였다. 병진년에 鐵圓城에 도읍하고(지금의 東州) 정사년에 松岳郡으로 도읍을 옮겼다. 신유년에 고려라 일컬었다. 갑자년에 국호를 고쳐 摩震이라 하고 연호를 창설하여 武泰라 하였다.<br><br><br><br><br><br><br><br><br><br><br><br><br><br><br><br><br><br><br><br>갑술년에 鐵原으로 돌아왔다. | 甄萱<br>임자년에 처음으로 光州에 도읍하였다. |

| 중 국 | 신 라 | 후고구려 | 후백제 |
|---|---|---|---|
| 貞明 을해 6<br><br>龍德 신사 2<br><br><br><br><br><br><br><br>後唐 莊宗<br>同光 계미 3<br><br><br><br><br>明宗<br>天成 병술 4<br>長興 경인 4<br>閔帝 末帝<br>淸泰 갑오 2<br><br><br><br><br><br><br><br><br><br>石晉 高祖<br><br>天福 병신 8 | 제54 景明王<br>성은 박씨요 이름은 昇英이며 아버지는 神德이요 어머니는 자성이다. 왕비는 長沙宅이니 大尊 각간, 즉 추봉한 聖僖대왕의 딸로서 대존은 水宗이간의 아들이다. 정축년에 왕위에 올라 7년 동안 나라를 다스렸다. 皇福寺에서 화장하여 뼈는 省等仍山 서쪽에 흩었다.<br>제55 景哀王<br>성은 박씨요 이름은 魏膺이니 경명의 동복 아우이며 어머니는 자성왕후이다. 갑신년에 왕위에 올라 2년 동안 나라를 다스렸다.<br>제56 敬順王<br>성은 김씨요 이름은 傅이다. 아버지는 효종 이간이니 추봉한 신흥 대왕이요 할아버지는 官□ 각간이니 추봉한 懿興대왕이며 어머니는 桂娥태후이니 헌강왕의 딸이다. 정해년에 왕위에 올라 8년 동안 나라를 다스리다가 을미년에 국토를 바치고 태조에게 귀순하였다가 太平興國 3년 무인년에 죽었다. 왕릉은 □□ 東向洞에 있다.<br>五鳳 갑자년으로부터 을미년까지 도합 992년이다. | 太祖<br>무인년 6월에 궁예가 죽고 태조가 철원 서울에서 즉위하였다. 기묘년에 도읍을 송악군으로 옮기니 이 해에 法往, 慈雲, 王輪, 內帝釋, 舍那 등의 절을 세우고 또 大禪院(즉 普濟寺) 新興, 文殊, 圓通, 地藏 등의 절을 세웠다. 이상 10개의 큰 절을 모두 이 해에 세운 것이다. 경진년에 乳岩 아래 油市를 세웠는데 이 때문에 지금도 항간에서 利市를 乳下라고도 한다. 10월에 대흥사를 세우니 혹은 임오년에 세웠다고도 한다.<br><br><br><br><br><br>임오년에 또 日月寺를 세우니 혹은 신사년이라고도 한다. 갑신년에는 外帝釋, 神衆院, 興國寺를 세우고 정해년에 妙□寺를 세우고 기축년에 龜山寺를 세우고 경인년에는 安(이하 결문)<br>병신년에 삼한을 통일하였다. | <br><br><br><br><br><br><br><br><br><br><br><br><br><br><br><br><br><br><br><br><br><br><br><br><br><br><br><br>을미년에 견훤의 아들 신검이 아버지의 왕위를 빼앗아 자신이 왕위에 올랐다.<br>이 해에 나라가 없어졌다.<br>임자년으로부터 이 때까지 44년 만에 망하였다. |

48 권 제1

## 중국 역대 왕조와 계보

**前漢**  高祖, 惠帝, 小帝, 文帝, 景帝, 武帝, 昭帝, 宣帝, 元帝, 成帝, 哀帝, 平帝, 孺子〔嬰〕

**後漢**  光武帝, 明帝, 章帝, 和帝, 殤帝, 安帝, 順帝, 沖帝, 質帝, 桓帝, 靈帝, 弘農王, 憲帝

**魏, 晉, 宋, 齊, 梁, 陳, 隋**

**李唐**  高祖, 太宗, 高宗, 則天武后, 中宗, 睿宗, 玄宗, 肅宗, 代宗, 德宗, 順宗, 憲宗, 穆宗, 敬宗, 文宗, 武宗, 宣宗, 懿宗, 僖宗, 昭宗, 景宗

**朱梁, 後唐, 石晉, 劉漢, 郭周**
**大宋**

# 기이(紀異) 제2

## 머리말

무릇 옛날 성인이 바야흐로 문화[禮樂]로써 나라를 창건하여 도덕[仁義]으로써 교화를 베풀 때에 괴변이나 폭력이나 도깨비 이야기는 어디에서고 말하지 않았다. 그러나 제왕이 일어나려고 할 때는 부명(符命)¹⁾을 받는다, 도록(圖籙)²⁾을 받는다 하여 반드시 여느 사람과 다른 데가 있은 후에야 능히 큰 사변을 이용하여 정권을 잡고 큰 사업을 성취하였다. 그러므로 황하(黃河)에서 그림[河圖]³⁾이 나오고 낙수(洛水)에서 글[洛書]⁴⁾이 나오면서 성인이 나타나게 되었으며, 무지개가 신모(神母)⁵⁾를 둘러싸서 희(羲)⁶⁾를 낳고, 용이 여등(女登)⁷⁾과 관계하여 염(炎)⁸⁾을 낳고, 황아(皇娥)⁹⁾가 궁상(窮桑)이라는 들에서 놀다가 자칭 백제(白帝)¹⁰⁾의 아들이라는 신동(神童)과 관계하여 소호(少昊)¹¹⁾를 낳고, 간적(簡狄)¹²⁾이 알을 삼키고서 설(契)¹³⁾을 낳고, 강원(姜嫄)¹⁴⁾은 거인의 발자국을 밟고서 기(棄)¹⁵⁾를 낳았으며, 요(堯)¹⁶⁾의 어머니는 잉태한 지 열넉 달 만에 요를 낳았고, 패공(沛公)¹⁷⁾의 어머니는 용과 큰 못에서 교접하여 패공을 낳기에 이르렀다.

그 뒤에 일어난 이와 같은 일을 어찌 이루 다 기록하랴! 이렇게 본즉 삼국의 시조가 모두 신비스러운 기적으로부터 태어났다는 것도 무엇이 그리 괴이하다고 하랴! 이것이 신비로운 기적 이야기를 이 책의 첫머리에 싣게 된 까닭이며 그 의도도 바로 여기에 있다.

---

1) 하늘이 천자가 될 자에게 준다는 신비로운 표적.
2) 미래를 점쳐두었다는 예언집.
3) 하도 : 중국의 전설적 군주인 복희(伏羲) 시대에 황하에서 나왔다는 팔괘 그림.
4) 낙서 : 중국 상고 우(禹) 시대에 낙수에서 나왔다는 글.
5)-16) 중국 고대의 전설적 제왕들인 소위 삼황 오제를 중심으로 한 인물들.
17) 중국 한(漢)나라의 창건자.

## 고조선(古朝鮮)[18]

「위서(魏書)」[19]에 이르기를, "지난 2,000년 전에 단군왕검(壇君王儉)이라는 이가 있어 도읍을 아사달(阿斯達)[20]에 정하고[21] 나라를 창건하여 이름을 조선이라고 하니 요[22] 임금과 같은 시대이다"라고 하였다.

「고기(古記)」[23]에 이르기를, "옛날 환인(桓因)에게 지차 아들[庶子] 환웅(桓雄)[24]이라는 이가 있어 자주 나라를 가져볼 뜻을 두고 인간 세상을 지망하였다. 그 아버지가 아들의 뜻을 알고 아래로 삼위 태백(三危太伯)[25] 땅을 내려다보니 인간들에게 크나큰 이익을 줌직한지라 이에 아들에게 천부인(天符印)[26] 세 개를 주어 보내어 이곳을 다스리게 하였다. 환웅은 무리[27] 3,000명을 거느리고 태백산[28] 꼭대기 신단수(神壇樹) 아래로 내려와 여기를 신시(神市)라고 이르니, 이가 환웅 천왕(天王)이다. 그는 바람 맡은 어른

---

18) 왕검조선(王儉朝鮮).
19) 현존 중국의 24사(史)의 일부인 「삼국지」 "위서"에는 이런 기사가 없는바, 같은 서적이 아닌 듯하다.
20) 황해도 구월산으로 지목하는 옛 지명(「동국여지승람」).
21) 경*에는 무엽산(無葉山)이라고 일렀고 백악(白岳)**이라고도 일렀으니 백주(白州)*** 땅에 있다. 혹은 개성 동쪽에 있다고도 하니 지금의 백악궁****이 이것이다.
    \* 중국의 고대 지리 서적인 「산해경」을 말한다.
    \*\* 황해도 구월산을 지목하나, 우리나라 지역내의 여러 곳에 있는 산 이름.
    \*\*\* 황해도 배천의 옛 이름.
    \*\*\*\* 경기도 장단 지방에 있던 고려시대 궁전.
22) 원문에는 "高"로 되어 있는데 이것은 고려 정종의 이름 글자 "堯"를 피한 것이다.
23) 신라의 고문헌들인 「해동고기」, 「삼한고기」, 「신라고기」 등 고유한 서적을 가리키는 것인지 그저 일반 용어인지 미상인데, 이 기사는 「구삼국사」 "본기"에도 있음을 「제왕운기」에서 지적하였다.
24) 제석*을 가리킨다.
    \* 불교에서 말하는 33천의 주재신.
25) 황해도 구월산을 가리킨다(「동국여지승람」).
26) 하늘이 임금될 자에게 준다는 표적.
27) 원문 "奉徒"의 '徒'와 '神壇樹'의 '壇'을 「제왕운기」에는 "鬼"와 "檀"으로 썼으며 기사 내용도 약간 다르다.
28) 태백은 지금의 묘향산이다.

[風伯], 비 맡은 어른[雨師], 구름 맡은 어른[雲師]을 거느리고 농사, 생명, 질병, 형벌, 선악 등 인간살이의 360여 가지 일을 주관하여 세상에 살면서 정치와 교화를 베풀었다.

때마침 곰 한 마리와 범 한 마리가 같은 굴에 살았는데, 항상 신령스러운 환웅에게 사람이 되게 해달라고 빌었다. 이때에 환웅이 영험 있는 쑥 한 타래와 마늘 스무 개를 주면서 말하기를, '너희들이 이것을 먹고 백 일 동안 햇빛을 보지 않으면 쉽사리 사람의 형체가 될 수 있으리라'고 하였다. 곰과 범은 이것을 얻어 먹었다. 곰은 스무하루 동안 기(忌)를 하여 여자의 몸이 되고 범은 기를 못해서 사람의 몸이 되지 못하였다. 여자가 된 곰은 혼인할 자리가 없었으므로 매양 신단수 아래서 어린애를 갖게 해달라고 빌었다. 환웅은 잠시 사람으로 화하여 그와 혼인하여 아들을 낳으니 이름을 단군왕검이라고 하였다.

그는 당(唐)나라 요(堯) 임금이 즉위한 50년인 경인(庚寅)[29]에 평양성[30]에 도읍하고 비로소 조선이라고 일컬었다. 또 도읍을 백악산 아사달로 옮겼는데 그곳을 또 궁홀산(弓忽山)[31]이라고도 하고 또 금미달(今彌達)[32]이라고도 하니, 여기에서 1,500년 동안 나라를 다스렸다. 주(周)나라 무왕(武王)[33]이 즉위한 기묘(기원전 1122년)에 무왕이 기자(箕子)를 조선에 봉하니, 단군은 곧 장당경(藏唐京)으로 옮아갔다가 뒤에 돌아와 아사달에 숨어서 산신이 되었으니 수가 1,908세였다 한다"라고 하였다.

당나라 「배구전(裵矩傳)」[34]에 이르기를, "고려[35]는 본래 고죽국(孤竹國)[36]인데 주나라가 기자를 봉함으로써 조선이라고 하였다. 한(漢)나라가 이를 나누어 3군(郡)을 설치하여 현도(玄菟), 낙랑(樂浪), 대방(帶方)[37]이라고 불렀다" 하였다.

---

**29)** 당나라 임금이 즉위한 첫해는 무진년인즉 50년은 정사년이요, 경인년이 아니다. 확실한 지 여부가 의심스럽다.
**30)** 서경(西京 : 지금의 平壤).
**31), 32)** 유음 계통인 구월산의 별칭. 궁홀산의 궁(弓)을 방(方)으로도 쓴다.
**33)** 원문의 "虎王"은 고려 혜종의 이름 글자 "武"를 피하여 쓴 글자.
**34)** 「당서」"열전"에 실린 당나라 창건 초기의 학자 배구의 전기.
**35)** 고려는 고구려를 말한다.
**36)** 해주(海州).
**37)** 북대방.

「통전(通典)」[38]에도 역시 이 설명과 같다.[39]

## 위만조선(魏滿朝鮮)

「전한서(前漢書)」 "조선전"에 이르기를, "처음 연(燕)[40]나라 때부터 진번, 조선[41]을 빼앗아 거기에 관리를 두고 보루를 쌓았다. 진(秦)나라가 연나라를 멸망시키고 진번, 조선을 요동의 변경 지역에 소속시켰다. 한나라가 일어나자 이 땅이 멀어서 지키기 어렵다 하여 다시 요동의 옛 보루를 수리하고 패수(浿水)까지 경계를 삼아[42] 연나라에 소속시켰다. 연나라 임금 노관(盧綰)이 배반하여 흉노(匈奴)에게로 들어가매 연나라 사람 위만[43]이 망명하여 1,000여 명의 도당을 모아서 동쪽으로 국경을 빠져나와 패수를 건너 진나라 빈 땅의 위아래 보루에 와서 살면서 진번, 조선의 오랑캐들과 예전 연나라, 제(齊)나라의 망명자들을 차츰 복속시키고 이곳의 임금이 되어 왕검[44]에 도읍을 정했다. 위만이 무력으로써 이 근방의 작은 고을들을 침범하여 항복시키니 진번, 임둔이 모두 와서 항복하여 붙어 지방이 수천 리나 되었다. 그의 아들을 거쳐 손자 우거(右渠)[45]에 이르러 진번(眞番), 진국(辰國)이 한나라에 글을 올려 천자를 뵙고자 하였으나 우거가 길을 막아 통하지 못하였다.[46]

---

38) 당나라의 두우(杜佑)가 저작한 유서(類書).
39) 「한서」에는 진번, 임둔, 낙랑, 현도 4군으로 되어 있는데 여기에서는 3군이라 하고 이름도 같지 않으니 무슨 까닭일까?
40) 「사기」와 「후한서」 "동이전" 주해 부분에는 원문 "燕"자 위에 "全" 자가 더 있으니 "全燕"이라 함이 문장상으로 원만해진다.
41) 안사고(顔師古)*가 말하기를 전국 시대에 연나라**가 이 땅을 처음으로 빼앗아 얻었다고 하였다.
  * 당나라 초기의 학자로 「한서」의 주해자.
  ** 원문의 "時" 아래 결자를 "燕"으로 보며 그 다음 글자는 "國"의 오기인 듯하다.
42) 안사고가 말하기를 패수는 낙랑군에 있다고 하였다.
43) 「한서」에는 "滿"으로만 쓰였고 「위략(魏略)」에는 "魏"를 "衛"로 썼다.
44) 이기(李奇)*는 말하기를 땅 이름이라 하였고, 신찬(臣瓚)은 왕검성이 낙랑군 패수의 동쪽에 있다고 하였다.
  * 「한서」의 주석자.
45) 안사고가 말하기를 손자의 이름이 우거라고 하였다.
46) 안사고가 말하기를 진은 진한이라고 하였다.

원봉(元封)⁴⁷⁾ 2년(기원전 109)에 한나라에서 섭하(涉何)를 시켜 우거를 타일렀으나 끝내 그는 천자의 명령을 받들기를 거부하였다. 섭하가 돌아가면서 국경까지 와서 패수에 이르자 그는 마부를 시켜 자기를 바래다준 조선의 비왕(裨王)⁴⁸⁾ 장(長)⁴⁹⁾을 찔러죽이고 곧 패수를 건너 국경 안으로 말을 달려 들어와 드디어 보고를 하였다. 천자는 섭하를 요동의 동부도위⁵⁰⁾로 임명하였다. 조선은 섭하를 원망하여 그를 습격하여 죽였다.

천자가 누선장군(樓船將軍)⁵¹⁾ 양복(楊僕)을 보내어 제(齊) 땅으로부터 발해를 건너게 하니 군사가 5만이요, 좌장군 순체(荀彘)는 요동으로 나와 우거를 치니 우거는 군사를 풀어 험지에서 막았다. 누선장군은 제나라 지방 군대 7,000명을 거느리고 먼저 왕검에 도착하였다. 우거는 성을 지키면서 누선장군의 군대가 적은 것을 탐지하고 곧 나가서 누선장군을 치니 그가 패하여 달아났다. 누선장군 양복은 군사들을 잃어버리고 산중으로 도망하여 붙들리지는 않았다. 좌장군은 조선의 패수 서쪽 군사를 습격하였으나 이를 물리칠 수 없었다. 천자는 두 장군이 불리하였기 때문에 곧 위산(衛山)을 시켜 무력시위에 의하여 가서 우거를 타이르니 우거가 항복을 청하고 태자를 보내어 천자에게 말을 바치기로 하였다. 군중 1만여 명이 무기를 들고 막 패수를 건너려 하자 위산과 좌장군은 변고가 있을까 하여 태자에게 말하기를, '이미 항복을 하였을 바엔 병기는 가질 필요가 없다'고 하였다. 태자도 역시 위산이 속일까 하여 드디어 패수를 건너지 않고 되돌아갔다. 위산이 천자에게 이 일을 보고하니 천자가 위산의 목을 베었다. 좌장군은 패수 부근에 있던 군사를 물리치고 나아가 성 밑까지 이르러 그 서북쪽을 둘러쌌다. 누선장군도 역시 와서 왕성 남쪽에 모였다. 우거는 성을 굳게 지켰으므로 몇 달을 두고 항복시킬 수 없었다.

천자가 오랫동안 싸움의 결판을 낼 수 없었기 때문에 제남(濟南) 태수 공손수(公孫遂)를 시켜 가서 치도록 하였는데, 그에게는 사건을 알아서 처

---
47) 한나라 무제의 연호.
48) 임금을 보좌하던 관직명으로 추정된다.
**49)** 안사고가 말하기를 섭하를 바래다준 자의 이름이라고 하였다.
50) 원문의 "之"는 안정복의 수택본에 "東"으로 정정되어 있다.
51) 누선은 전투목적의 큰 다락배이며 누선장군은 수군(水軍)의 장수이다.

리할 전권이 부여되었다. 공손수는 도착하자 곧 누선장군을 체포하고 그의 군대를 병합하여 좌장군과 함께 조선을 급격히 쳤다. 조선의 상(相) 노인(路人), 상 한도(韓陶), 이계(尼谿)의 상 참(參), 장군 왕협(王峽)[52]이 서로 의논하고 항복코자 하였으나 왕이 이를 거부하였다. 한도, 왕협, 노인은 모두 도망하여 한나라에 항복하였는데 노인은 도중에서 죽었다.

　원봉 3년(기원전 108) 여름에 이계의 상 참은 사람을 시켜 왕 우거를 죽이고 와서 항복하였으나 왕검성은 함락되지 않았다. 게다가 우거의 대신 성기(成己)가 또 한나라를 배반하였으므로 좌장군 순체는 우거의 아들 장(長)과 노인의 아들 최(最)를 시켜 백성들을 타일러 성기를 모살케 하였다. 그리하여 드디어 조선을 평정하고 진번, 임둔, 낙랑, 현도 4군으로 만들었다"고 하였다.

마한(馬韓)

「위지(魏志)」에 이르기를, "위만이 조선을 치니 조선왕 준(準)이 궁중에 딸린 사람들과 측근자들을 데리고 바다를 건너 남으로 한(韓) 땅에 이르러 나라를 창건하고 이름을 마한이라고 하였다"고 하였다. 견훤(甄萱)[53]이 태조[54]에게 올린 글에는 일렀으되, "옛날에 마한이 먼저 일어나고 혁거세(赫居世)가 일어나자 이에 백제가 금마산(金馬山)[55]에서 나라를 창건하였다"라고 하였다.

　최치원(崔致遠)[56]은 말하기를, "마한은 고구려요 진한은 신라[57]요 사이

---

52) 안사고가 말하기를 이계는 땅 이름이요, 노인, 한도, 참, 왕협은 사람 이름이라 하였다.
53) 후백제의 시조왕.
54) 고려의 창건자.
55) 지금의 전북 익산 소재.
56) 신라 말기의 문호.
57) 「삼국사기」"본기"에 의하면, 즉 신라가 먼저 갑자년에 일어나고 고구려가 그후 갑신년에 일어났다고 하였는데, 이렇게 말하는 것은 조선왕 준을 두고 말한 것이다. 이로써 동명왕(東明王)*이 일어날 때 이미 마한을 병합하였음을 알 수 있다. 그래서 고구려를 일컬어 마한이라고 한 것이다. 요즘 사람들이 더러는 금마산을 두고 마한이 백제가 되었다고 하지만 이는 대체로 종작없는 착오이다. 고구려 땅에는 본래 마읍산(馬邑山)**이 있었으므로 이름을 마한이라고 하였다.
　＊ 고구려의 시조왕.
　＊＊ 원문의 "邑山"은 "馬邑山"의 결자.

(四夷)⁵⁸⁾는 구이(九夷)·구한(九韓)·예(穢)·맥(貊)이다"라고 하였으며, 「주례(周禮)」⁵⁹⁾에 직방씨(職方氏)가 사이(四夷)와 구맥(九貊)을 주관하였다고 한 것은 동이(東夷)의 종족으로, 즉 구이(九夷)이다.

「삼국사기」에는 "명주(溟州)⁶⁰⁾는 옛날 예국(穢國)이다. 농부가 밭을 갈다가 예왕의 인장을 얻어 나라에 바쳤다"라고 하였고, 또 이르기를 "춘주(春州)는 옛날의 우수주(牛首州)인데 옛적의 맥국이다"라고 하였다. 또 혹자는 이르기를 "지금의 삭주(朔州)⁶¹⁾는 맥국이요 혹은 평양성이 맥이다"고 하였다.

「회남자(淮南子)」⁶²⁾ 주석에는 "동방의 오랑캐는 아홉 종족이 있다"라고 하였으며, 「논어정의(論語正義)」에는 "아홉 오랑캐는 현도(玄菟), 낙랑(樂浪), 고려(高麗), 만식(滿飾), 부유(鳧臾), 소가(素家), 동도(東都), 왜인(倭人), 천비(天鄙)이다"라고 하였고, 「해동안홍기(海東安弘記)」에는 "구한(九韓)은 일본(日本), 중화(中華), 오월(吳越), 탁라(乇羅), 응유(鷹遊), 말갈(靺鞨), 단국(丹國), 여진(女眞), 예맥(穢貊)이다"라고 하였다.

## 2부(府)

「전한서」에는 "소제(昭帝) 시원(始元)⁶³⁾ 5년 기해(기원전 82)에 두 외부(外府)⁶⁴⁾를 두었다"고 하였는데 조선의 옛 땅으로 이르는 평나(平那)와 현도군 등이 평주도독부가 되고 임둔, 낙랑 등 두 군 지역에 동부도위부를 둔 것을 말함이다.⁶⁵⁾

---

58) 중국이 자기네 기준으로 말하는 네 가지 오랑캐 종족.
59) 주나라의 관제를 기록한 서적.
60) 지금의 강릉 지방.
61) 평북 삭주 지방.
62) 한나라의 유안(劉安)이 저술한 서적.
63) 전한 소제의 연호.
64) 변속된 지방의 행정구역 또는 관청.
65) 내 생각으로는 이 책 "조선전"에는 진번, 현도, 임둔, 낙랑 4군으로 되어 있는데 지금 여기에는 평나가 있고 진번이 없으니 아마 같은 지방의 두 이름일 것이다.

## 78⁶⁶⁾국(國)

「통전(通典)」에 이르기를, "조선의 유민들이 나뉘어 70여 국이 되었으니 지역은 모두가 사방 100리씩이나 되었다"고 하였으며, 「후한서」에는 "서한(西漢)⁶⁷⁾은 조선의 옛 지역에 처음에는 4군을 두었다가 뒤에는 2부를 두었더니 법령이 점차 번거로워지면서 갈라져 78국이 되었으니 각각 1만 호씩이다"라고 하였다.⁶⁸⁾

## 낙랑국(樂浪國)

전한 때에 처음으로 낙랑국을 설치하였으니 응소(應邵)는 말하기를 "고조선국"이라고 하였다. 「신당서」 주석에는 "평양성은 옛날 한나라의 낙랑군이다"라고 하였다.

「국사(國史)」⁶⁹⁾는 일렀으되, "혁거세 30년(기원전 28)에 낙랑 사람들이 항복해왔다"고 하였고, 또 "제3대 노례왕(弩禮王) 4년⁷⁰⁾(27)에 고구려의 제3대 무휼왕(無恤王)⁷¹⁾이 낙랑을 쳐서 이를 멸망시키니 그 나라 사람들이 대방⁷²⁾과 함께 신라에 귀순하였다"고 하였으며, 또 "무휼왕 27년(44)에 광무제(光武帝)⁷³⁾가 사람을 보내어 낙랑을 정벌하고 그 땅을 빼앗아 군과 현을 만들었으니 살수(薩水) 이남이 한나라에 속하였다"라고 하였다.⁷⁴⁾

---

66) 원문의 "七十二"는 "七十八"의 오기.
67) 전한의 별칭.
68) 마한은 서쪽에 있어 54개의 작은 고을들이 모두 나라로 일컬었고, 진한은 동쪽에 있어 12개의 작은 고을들이 각각 나라로 일컬었으며, 변한은 남쪽에 있어 12개의 작은 고을들이 각각 나라로 일컬었다.
69) 「삼국사」의 약칭.
70) 「삼국사기」에는 유리왕 4년이다.
71) 대무신왕(大武神王)의 다른 이름.
72) 북대방이다.
73) 원문 "光虎帝"의 '虎'는 고려 혜종의 이름 글자 '武'를 피하여 쓴 글자이다.
74) 이상의 여러 가지 글에 의하면 낙랑이 즉 평양성이라는 말이 옳다. 혹은 말하기를 낙랑은 중두산(中頭山) 밑 말갈의 지역이라고 한다. 살수는 오늘의 대동강이니 어느 편이 옳은지 자세하지 않다.

또 백제 온조(溫祚)의 말에, "동쪽으로 낙랑이 있고 북쪽으로 말갈이 있다"라고 하였은즉 아마 한나라 때 낙랑군에 속하였던 현의 땅일 것이다. 신라 사람도 역시 낙랑이라고 불렀으므로 지금 고려에도 여기에 준하여 낙랑군 부인[75]이라는 말이 있고 또 태조가 김부(金傅)[76]에게 딸을 시집보내고 역시 낙랑공주라고 하였다.

### 북대방(北帶方)

북대방은 본래 죽담성(竹覃城)이다. 신라 노례왕 4년에 대방 사람이 낙랑 사람과 함께 신라로 귀순해왔다.[77]

### 남대방(南帶方)

조조(曹操)가 창건한 위(魏)나라 시대에 처음으로 남대방군[78]을 두었기 때문에 남대방이라고 하였다. 대방 남쪽 1,000리 어간의 바닷물을 한해(澣海)라고 한다.[79]

### 말갈(靺鞨)[80]과 발해(渤海)

「통전」에 이르기를, "발해는 본래 속말(粟末)[81] 말갈로서 그 추장 조영

---

75) 지위 높은 여자의 봉호로 쓰던 경칭.
76) 신라 말대 경순왕의 이름.
77) 이것은 모두 전한(前漢)이 두었던 2군의 이름으로 그 후 참람스럽게 나라로 일컫다가 이 때에 항복해왔다.
78) 남대방은 위나라가 설치한 것이 아니라 당나라가 백제를 멸하고 두었던 행정구역으로, 지금의 남원(南原)이다.
79) 후한 건안(建安)* 연간에 마한 남쪽의 황무지를 대방군으로 삼으니 왜(倭)와 한(韓)이 여기에 속하였다는 것이 바로 이것이다.
  * 후한 헌제(189-220)의 연호.
80) 물길(勿吉)이라고도 한다.
81) 원문의 "粟"이 「통전」에는 "栗"로 되어 있고 「당서」에는 "粟"으로 되어 있다.

(祚榮)에 이르러 나라를 창건하고 자칭 진단(震旦)이라고 부르더니 선천(先天) 연간(712)[82]에 비로소 말갈이라는 이름을 버리고 발해로만 불렀다. 개원[83] 7년 기미(719)에 조영이 죽으니 시호를 고왕(高王)이라 하였다. 세자가 이어서 왕위에 오르니 명황(明皇)이 왕위 계승의 책문을 내리고 왕위를 계승케 하였던바 사사로이 연호를 고치고 마침내 해동(海東) 지역의 강국이 되어 이 지역에 5경 15부 62주를 두었다. 후당 천성(天成) 초년에 거란(契丹)이 이 나라를 쳐부수었는데, 그후에는 거란이 지배를 하게 되었다"고 하였다.[84]

가탐(賈耽)[85]의 「군국지(郡國志)」에 이르기를, "발해국의 압록(鴨綠), 남해(南海), 부여(扶餘), 추성(橻城) 네 고을은 모두 함께 고려의 옛 땅이니 신라의 천정군(泉井郡)[86]에서 추성부까지는 39역(驛)이 있다"고 하였다. 또 「삼국사」에는 "백제 말년에 발해와 말갈, 신라가 백제의 땅을 갈랐다"고 하였다.[87]

신라 사람들이 말하기를, "북쪽에는 말갈이 있고 남쪽에는 왜인이 있고 서쪽에는 백제가 있으니 이야말로 나라의 해악이요, 말갈의 땅은 아슬라주(阿瑟羅州)[88]에 접하였다"고 하였다.

---

82) 현종(玄宗) 임자년.
83) 당나라 현종의 연호.
84) 「삼국사」에는 이르기를, "의봉(儀鳳)* 3년 고종 무인(678)에 고려의 남은 자손들이 한데 모여 북쪽으로 태백산 밑을 의지삼아 나라 이름을 발해라고 하였다. 개원** 20년 중에 명황이 장수를 보내어 이를 토벌하였다"고 하였으며, 또 "성덕왕 32년 현종 갑술(734)에 발해, 말갈이 바다를 건너 당나라 동주를 침범하였으므로 현종이 이를 토벌하였다"고 하였다. 「신라고기」에 이르기를, "고려의 옛 장수 조영의 성은 대씨니 남은 군사를 모아 태백산 남쪽에서 나라를 세우고 나라 이름을 발해라고 하였다" 한다. 이상의 여러 가지 글을 참고해보면 발해는 말갈의 별종으로 다만 그 창건과 병합이 같지 않을 뿐이다. 「지장도(指掌圖)」를 보면 발해는 만리장성 동북쪽 모서리 밖에 있다.
  * 당나라 고종의 연호.
  ** 당나라 현종의 초기 연호.
85) 당나라 시대의 학자이며 「군국지」는 지리 서적이다.
86) 지리지에는 삭주에 소속된 고을로 천정군이 있으니 지금의 용주(湧州)이다.
87) 이 기록에 따르면 말갈과 발해가 갈라져 두 나라가 된 셈이다.
88) 지금의 강릉 지방.

또 「동명기(東明記)」[89]에 이르기를, "졸본성(卒本城)은 땅이 말갈[90]에 연접하고 있다. 신라 제6대 지마왕(祗麻王) 14년 을축(125)에는 말갈 군사가 북쪽 국경으로 크게 몰려와서 대령(大嶺)의 목책을 습격하고 이하(泥河)를 건넜다"고 하였다.

「후위서(後魏書)」[91]에는 말갈을 물길(勿吉)로 썼으며, 「지장도」[92]에는 이르기를 "읍루(挹屢)는 물길과 함께 모두 숙신(肅愼)이다"라고 하였으며, 흑수(黑水)와 옥저(沃沮)는 동파(東坡)의 「지장도」를 보면 "진한의 북쪽에 남북 흑수가 있다"고 하였다.

상고하건대 동명제(東明帝) 즉위 10년에는 북옥저를 멸망시켰으며, 온조왕(溫祚王) 42년[93]에는 남옥저의 20여 가호가 신라[94]로 귀순해왔으며, 또 혁거세 53년에는 동옥저가 와서 좋은 말을 바쳤다고 하였은즉 동옥저도 있었던 것이다. 「지장도」에는 "흑수는 만리장성 북쪽에 있고 옥저는 만리장성 남쪽에 있다"고 하였다.

### 이서국(伊西國)

노례왕 14년에 이서국 사람이 와서 금성(金城)[95]을 쳤다.

운문사(雲門寺)에 예로부터 전해오는 여러 절의 납전기(納田記)[96]에 보면 "정관(貞觀)[97] 6년 임진(632) 이서군 금오촌(今郚村) 영미사(零味寺) 납전"이라는 구절이 있다. 금오촌은 바로 지금의 청도(淸道) 땅이며 청도군은 옛날 이서군이다.

---

89) 고구려 시조 동명왕의 기록.
90) 혹은 이르기를 지금의 동진(東眞)이라고도 한다.
91), 92) 「후위서」는 북제(北齊)의 위수(魏收)가 지은 위나라의 역사서이며, 「지장도」는 지리 서적이다.
93), 94) 「삼국사기」 "백제본기"에는 43년이며, 신라로 귀순한 것이 아니라 백제로 귀순한 것으로 되어 있다.
95) 지금의 경주.
96) 절에 시주한 토지를 기록한 문건.
97) 당나라 태종의 연호.

## 5가야(伽耶)[98]

5가야는 아라(阿羅)[99]가야,[100] 고령(古寧)가야,[101] 대가야,[102] 성산(星山)가야,[103] 소가야[104]요, 또 본조의 「사략」에는 일렀으되 "태조 천복[105] 5년 경자(940)에 5가야의 이름을 고치니 첫째는 금관[106]이요, 둘째는 고령[107]이요, 셋째는 비화[108]요, 나머지는 아라와 성산[109]이다"라고 하였다.

## 북부여(北扶餘)

「고기(古記)」[110]에 이르기를, "전한[111] 선제 신작(神爵) 3년 임술(기원전 59) 4월 8일 천제가 다섯 마리 용이 끄는 수레를 타고 흘승골성(訖升骨城)[112]에 내려와서 도읍을 정하고 왕으로 일컬어 나라 이름을 북부여라고 하고 자칭 이름을 해모수(解慕漱)라고 하였다. 아들을 낳아 이름을 부루(扶婁)라고 하고 '해(解)'로써 성을 삼았다. 그후 왕은 상제의 명령에 따라 동부여로 옮기게 되고 동명제가 북부여를 이어 일어나 졸본주에 도읍을 세우

---

98) 가락기찬(駕洛記贊) 글에 의하면 한 가닥 자줏빛 노끈이 드리워 여섯 개의 둥근 알을 내리니 다섯 개는 여러 고을로 뿔뿔이 돌아가고 한 개가 이 성 중에 남았다고 하였다. 즉 한 개는 수로왕이 되고 남은 다섯 개는 각각 다섯 가야의 주장이 되었다는 것이다. 금관국(金官國)을 다섯 주자에 꼽지 않는 것은 당연하다. 본조의 「사략」에 금관국도 함께 꼽아 창녕이라고 기록한 것은 잘못이다.
99) "羅"를 "耶"로도 쓴다.
100) 지금의 함안.
101) 함녕(咸寧).
102) 고령.
103) 경산(京山)이니 혹은 벽진(碧珍)이라고도 한다.
104) 지금의 고성.
105) 후진(後晉) 고조의 연호.
106) 김해부가 되었다.
107) 가리현이 되었다.
108) 지금의 창녕이라는 것은 아마도 고령의 잘못인 것 같다.
109) 앞의 주해와 같이 성산은 벽진가야라고도 한다.
110) 「제왕운기」 주해 부분에 보이는 이 기사는 「구삼국사」 "본기"에서 인용하였다고 한다.
111) 원문 "前漢書"의 '書'는 연문으로 보고 번역하였다. 「전한서」에는 이 기사가 없다.
112) 대요(大遼) 의주(醫州) 지역에 있다.

고 졸본부여가 되었으니 곧 고구려의 시조이다"라고 하였다.

## 동부여(東扶餘)

　북부여 왕 해부루의 신하 아란불(阿蘭弗)의 꿈에 천제가 내려와서 말하기를, "장차 나의 자손으로 하여금 이곳에 나라를 세우려고 하니 너는 이곳을 피하라.[113] 동해 해변에 가섭원(迦葉原)이라는 땅이 있어 토지가 기름지니 왕도(王都)를 둘 만하니라"고 하였다. 아란불이 왕에게 권하여 도읍을 그곳으로 옮기도록 하고 나라 이름을 동부여라고 하였다.
　부루가 늙어서 자식이 없으매 하루는 산천에 제사를 지내어 뒤를 이을 아들을 구하더니 부루가 탄 말이 곤연(鯤淵)에 이르러 큰 돌을 보고 마주 향하여 눈물을 흘리는지라 왕이 이것을 괴상히 여겨 사람을 시켜 그 돌을 굴리니 금빛 개구리 형상의 어린아이가 있었다.
　왕이 기뻐서 말하기를, "이는 하늘이 나에게 주시는 아들인가 보다" 하고 곧 이것을 거두어 기르고 이름을 "금와(金蛙)"라고 하였다. 그가 자라매 태자로 삼고 부루가 죽자 금와가 왕위를 이어서 왕이 되었다. 다음에 왕위를 태자 대소(帶素)에게 전하였던바 지황(地皇)[114] 3년 임오(22)에 이르러 고구려왕 무휼이 이를 치고 왕 대소를 죽이니 나라가 없어졌다.

## 고구려(高句麗)

　고구려는 곧 졸본부여이다. 더러는 말하기를 지금의 화주(和州)[115] 또는 성주(成州)[116]라고들 하나 모두 잘못이다. 졸본주는 요동 지역에 있다. 「국사」 "고구려본기"에 이르기를, "시조 동명성제의 성은 고씨(高氏)요 이름은 주몽(朱蒙)이다. 처음에 북부여왕 해부루가 동부여로 자리를 피하고 나서 부루가 죽으매 금와가 왕위를 이었다. 이때에 왕이 태백산 남쪽 우발수

---
**113)** 동명이 장차 왕이 될 조짐을 이른다.
**114)** 한나라 왕망(王莽)의 연호.
**115)** 지금의 함남 영흥 지방.
**116)** 지금의 평남 성천 지방.

(優渤水)에서 한 여자를 만나서 사정을 물었더니 그녀는 말하기를, '나는 본시 하백(河伯)[117]의 딸로서 이름은 유화(柳花)인데 여러 아우들과 함께 나와 놀던 중 때마침 웬 사나이가 있어 천제의 아들 해모수라고 자칭하면서 나를 유인하여 웅신산(熊神山) 밑 압록강변의 방 속에서 알게 되고는 가서 돌아오지 않았습니다.[118] 부모는 내가 중매도 없이 남의 말을 들었다고 꾸짖고는, 마침내 이곳으로 귀양보냈습니다'라고 하였다. 금와가 이를 이상히 여겨 방 속에 깊이 가두었더니 햇빛이 그녀를 비추었다. 그녀는 몸을 끌어 이를 피하였으나 햇빛은 또 쫓아와 비추곤 하였다. 그로 인해 태기가 있어 알 한 개를 낳으니 크기가 다섯 되들이는 되었다. 왕이 이것을 버려 개와 돼지에게 주니 모두 먹지 않았다. 다시 이것을 길바닥에 버렸더니 소와 말이 피해갔다. 이것을 들에 버렸더니 새와 짐승이 덮어주었다. 왕이 이것을 쪼개려 하여도 깨뜨릴 수가 없어 그만 그 어미에게 돌려주었다. 어미는 이것을 물건으로 싸서 따뜻한 곳에 두었더니 아이 하나가 껍질을 깨고서 나왔는데 골격이나 외양이 영특하고 신기롭게 생겼다. 나이 겨우 일곱 살에 뛰어나게 숙성하여 제 손으로 활과 화살을 만들어 백 번 쏘면 백 번 다 맞혔다. 이 나라 풍속에 활 잘 쏘는 자를 주몽이라고 하므로 이로써 이름을 지었다.

금와에게 아들 일곱이 있어 언제나 주몽과 함께 노는데 재주가 그를 따를 수 없었다. 맏아들 대소(帶素)가 왕에게 말하기를, '주몽은 사람의 소생이 아니니 만일 빨리 처치하지 않는다면 아마도 후환이 있을 것이외다'라고 하였으나 왕은 이 말을 듣지 않았다. 왕이 그를 시켜 말을 먹이게 하였더니 주몽은 그중에 날쌘 놈을 알아서 먹이를 덜 주어 여위게 만들고 굼뜬 놈은 잘 먹여서 살찌게 하였다. 왕은 살진 놈을 자신이 타고 여윈 놈을 주몽에게 주었다. 여러 왕자들과 여러 신하들이 장차 그를 모해코자 하는 것을 주몽의 어머니가 알고 그에게 일러 말하기를, '이 나라 사람들이 장차

---

117) 강물의 신(神).
118) 「단군기」에 일렀으되 "단군이 서하(西河) 하백의 딸과 관계하여 아들을 낳으니 이름을 부루라고 하였다"고 하였는데, 지금 이 기록을 보면 해모수가 하백의 딸과 관계하여 뒤에 주몽을 낳았다고 하였다. 「단군기」에는 "아들을 낳으니 이름은 부루이다"라고 하였으니 부루와 주몽은 이복 형제일 것이다.

너를 해치려고 하는데 너 같은 재주를 가지고 어디로 간들 못 살 것인가? 빨리 손을 쓰는 것이 좋을 것이다'라고 하였다. 이에 주몽은 오이(烏伊) 등 세 사람과 동무가 되어 엄수(淹水)[119]까지 가서 물에게 말하기를, '나는 천제의 아들이요 하백의 손자인데 오늘 도망을 가는 길에 뒤따르는 자가 쫓아 닥치니 이 일을 어쩔 것인가?'라고 하였다. 이때에 고기와 자라들이 나와 다리가 되어 물을 건너게 하고 나서 곧 흩어지니 추격하던 말탄 자들은 물을 건널 수가 없었다. 주몽은 졸본주[120]까지 와서 드디어 여기에 초막을 짓고 살면서 나라 이름을 고구려라 하고 나라 이름을 따라서 고씨로써 성을 삼으니[121] 당시의 나이가 열두 살이요 한나라 효원제(孝元帝) 건소(建昭) 2년 갑신(기원전 37)에 즉위하고 왕으로 일컬었다. 고구려의 전성 시대에는 21만508호였다"[122]고 하였다.

「주림전(珠琳傳)」[123] 제21권에 쓰였으되, "옛날 영품리왕(寧稟離王)의 몸종이 태기가 있어 점쟁이가 점을 쳐 말하기를, '아이를 낳으면 귀히 되어 반드시 왕이 되다' 하니 왕이 말하기를, '내 자식이 아니니 마땅히 죽어야 한다'고 하였다. 몸종이 말하기를, '하늘로부터 기운이 뻗쳐 내렸으므로 내가 아이를 밴 것이외다'고 하였다. 그녀가 아들을 낳으매 상서롭지 못하다 하여 돼지우리에 버렸던바 돼지가 입김을 불어 덥히고 마구간에 버린즉 말이 젖을 먹여서 죽지 않고 마침내 부여왕이 되었다"고 하였다.[124]

### 변한(卞韓)과 백제(百濟)[125]

신라의 시조 혁거세가 즉위한 지 19년 임오(기원전 39)에 변한 사람이 나라를 바치면서 항복해왔다.「신당서」와「구당서」에 이르기를, "변한의

---

119) 지금은 어디인지 자세하지 않다.
120) 현도군의 지역이다.
121) 본래의 성은 해씨였는데 천제의 아들로서 햇빛을 받고 태어났다 하여 스스로 높을 고(高) 자로 성을 삼았다.
122) 고구려가 망할 당시 5부 69만여 호임을「삼국사기」에는 밝혔다.
123) 불교 서적인「법원주림(法苑珠琳)」의 약칭.
124) 이것은 동명제가 졸본부여의 왕이 된 것을 말함이다. 이 졸본부여는 역시 북부여의 별개 도읍지이므로 부여왕이라 한 것이다. 영품리는 부루왕의 다른 칭호이다.
125) 남부여라고도 하는바 즉 사비성이다.

후손들이 낙랑 땅에서 살았다"고 하였으며, 「후한서」에는 이르기를, "변한은 남쪽에 있고 마한은 서쪽에 있고 진한은 동쪽에 있었다"고 하였다. 최치원은 말하기를 "변한은 백제이다"라고 하였다.

「본기」를 보면 온조가 일어난 것은 홍가(鴻嘉) 4년[126] 갑진(기원전 17)이라 하였은즉 혁거세나 동명보다도 40여 년이 뒤떨어진다. 그런데 「당서」에서 "변한의 후손들이 낙랑 땅에 살았다"고 한 것은 온조의 계통이 동명에서 나왔기 때문에 이렇게 말한 것이다. 아마 낙랑 땅에서 어떤 인물이 나서 변한에 나라를 세우고 마한 등과 함께 대치한 것은 온조의 전에 있었던 일인 모양이요 그 도읍한 곳이 낙랑 북쪽에 있었다는 것은 아니다. 혹자는 구룡산(九龍山)[127]을 또 함부로 변나산(卞那山)이라고 한 까닭으로 고구려를 변한이라고 하는 자가 있는데 대체로 잘못이다. 마땅히 옛날 어른들의 말을 옳다 해야 할 것이다. 백제 땅에는 원래 변산(卞山)[128]이 있었으므로 변한이라고 한 것이다. 백제 전성시대에는 호수가 15만2,300호[129]였다.

### 진한(辰韓)[130]

「후한서」에 일렀으되, "진한의 늙은이들이 직접 말하기를 '진(秦)나라 망명자들이 한국(韓國)으로 오매 마한이 동쪽 지역의 땅을 떼어 주었더니 패거리[徒]가 되어 서로 부르는 소리가 진나라 말과 비슷하였으므로 혹은 진한(秦韓)으로 이름하였다'라고 하였다. 열두 개의 작은 나라가 있어 각각 1만 호로써 나라라고 일컬었다"라고 하였다.

또 최치원이 말하기를, "진한은 본래 연나라 사람으로서 노피해 온 자들이므로 탁수(涿水)의 이름을 따서 그들이 사는 고을과 동리 이름을 사돌[沙涿], 점돌[漸涿] 등[131]으로 불렀다"고 하였다.

---

126) 홍가는 한나라 성제(成帝)의 연호이며 「삼국사기」 "백제본기"에는 홍가 3년으로 되어 있다.
127) 평양 대성산의 옛 이름.
128) 지금의 전북 부안 소재.
129) 「구당서」와 「신당서」 백제전에는 백제 멸망 시의 호수를 76만으로 썼다.
130) "辰"을 "秦"으로도 쓴다.
131) 신라 사람들의 방언에 탁(涿)자를 읽을 때에 발음을 돌[道]이라고 한다. 그러므로 지금도 혹 사돌[沙梁]로도 쓰는바 양(梁) 자 역시 돌[道]로 읽는다.

신라의 전성시대에 서울 안의 호수가 17만8,936호에 1,360동리[坊]요 주위가 55리였다. 서울 안에 35개 큰 저택[金入宅][132]이 있었으니 남택(南宅), 북택(北宅), 우비소택(于比所宅), 본피택(本彼宅), 양택(梁宅), 지상택(池上宅 : 본피부에 있음), 재매정택(財買井宅 : 김유신 공의 조상집), 북유택(北維宅), 남유택(南維宅 : 반향사 아랫동리), 대택(隊宅), 빈지택(賓支宅 : 반향사 북쪽), 장사택(長沙宅), 상앵택(上櫻宅), 하앵택(下櫻宅), 수망택(水望宅), 천택(泉宅), 양상택(楊上宅 : 돌창 남쪽), 한기택(漢岐宅 : 법류사 남쪽), 비혈택(鼻穴宅 : 법류사 남쪽), 판적택(板積宅 : 분황사 윗동리), 별교택(別敎宅 : 개천 북쪽), 아남택(衙南宅), 김양종택(金楊宗宅 : 양관사 남쪽), 곡수택(曲水宅 : 개천 북쪽), 유야택(柳也宅), 사하택(寺下宅), 사량택(沙梁宅), 정상택(井上宅), 이남택(里南宅 : 우소택), 사내곡택(思內曲宅), 지택(池宅), 사상택(寺上宅 : 대숙택), 임상택(林上宅 : 청룡사 동쪽에 못이 있음), 교남택(橋南宅), 항질택(巷叱宅 : 본피부에 있음), 누상택(樓上宅), 이상택(里上宅), 명남택(椧南宅), 정하택(井下宅)이다.

### 사철 놀이택[133]

  봄에는 동야택(同野宅)이요, 여름에는 곡량택(谷良宅)이요, 가을은 구지택(仇知宅)이요, 겨울은 가이택(加伊宅)이다.
  제49대 헌강대왕 때에는 성중에 초가집은 하나도 없었으며 추녀가 맞붙고 담장이 연닿고 노래와 풍류 소리가 길에 가득 차서 밤낮 그치지 않았다.

### 신라 시조 혁거세왕(赫居世王)

  진한 땅에는 옛날에 여섯 마을이 있었다. 첫째는 알천(閼川) 양산촌(楊山村)이니 그 남쪽이 지금의 담엄사(曇嚴寺)이다. 마을 어른은 알평(謁平)이라 하니 처음에 표암봉(瓢嚴峯)에 내려왔다. 이가 급량부(及梁部) 이씨(李氏)의 조상이 되었다. 노례왕[134] 9년(32)에 부를 두어 이름을 급량부라

---

**132)** 금입택 : 부잣집 큰 저택을 말한다.
**133)** 철을 따라 유흥하던 귀족들의 별장.
**134)** 원문에는 "弩禮王" 이하 "東村屬焉" 까지가 주석으로 되어 있으나 그 아래의 문투로 보

▲ 표암봉은 분황사 쪽에서 포항으로 이어지는 7번 국도로 가는 길가인 경주시 동천동의 금강산 자락에 있는 작은 봉우리이다. 적어도 이씨 문중에서는 비석으로 표시한 그곳을 표암봉이라고 믿는다. 그 오른쪽 아래에 석탈해왕릉이 있다.

하였으니 태조[135] 천복 5년 경자(940)에 이름을 고쳐 중흥부(中興部)라 하였다. 파잠(波潛), 동산(東山), 피상(彼上), 동촌(東村)이 여기에 속한다.

둘째는 돌산(突山) 고허촌(高墟村)이니 마을 어른은 소벌도리(蘇伐都利)이다. 처음에 형산(兄山)에 내려왔으니 이가 사량부(沙梁部)[136] 정씨(鄭氏)의 조상이 되었다. 지금은 일러서 남산부(南山部)라 하니 구량벌(仇良伐), 마등오(麻等烏), 도북(道北), 회덕(廻德) 등 남쪽 마을들이 여기에 속한다.[137]

셋째는 무산(茂山) 대수촌(大樹村)이니 마을 어른은 구례마(俱禮馬)[138]이다. 처음에 이산(伊山)[139]에 내려왔으니 이가 점량부(漸梁部)[140] 또는 모량

---

아 대문이므로 여기서는 고쳤다.
135) 고려의 초대왕.
136) "梁"을 "돌"로 읽고 혹은 "涿"으로 쓰니 음은 역시 "돌"이다.
137) "지금은 일러서"라고 말한 것은 태조 때 설치함을 말함이다. 아래도 마찬가지이다.
138) "俱"를 "仇"로도 쓴다.
139) 개비산이라고도 한다.
140) "梁"을 "涿"으로도 쓴다.

부(車梁部) 손씨(孫氏)의 조상이 되었다. 지금은 일러서 장복부(長福部)라고 하니 박곡촌(朴谷村) 같은 서쪽 마을들이 여기에 속한다.

넷째는 취산(觜山) 진지촌(珍支村)[141]이니 마을 어른은 지백호(智伯虎)이다. 처음에 화산(花山)에 내려왔으니 이가 본피부(本彼部) 최씨(崔氏)의 조상이 되었다. 지금은 일러서 통선부(通仙部)라고 하니 시파(柴巴)와 같은 동남쪽 마을들이 여기에 속하였다. 최치원은 즉 본피부 사람이니 지금도 황룡사 남쪽 미탄사(味呑寺) 앞에 옛날 집터가 있어 이것이 최씨의 옛 집이라고 이르는바 아마도 명백한 것 같다.

다섯째는 금산(金山) 가리촌(加利村)[142]이니 마을 어른은 지타(祇沱)[143]이다. 처음에 명활산(明活山)에 내려왔으니 이가 한기부(漢岐部) 또는 한기부(韓岐部) 배씨(裵氏)의 조상이 되었다. 지금은 일러서 가덕부(加德部)라고 하니 상서지(上西知), 하서지(下西知), 내아(乃兒) 같은 동쪽 마을들이 여기에 속한다.

여섯째는 명활산(明活山) 고야촌(高耶村)이니 마을 어른은 호진(虎珍)이다. 처음에 금강산에 내려왔으니 이가 습비부(習比部) 설씨(薛氏)의 조상이 되었다. 지금은 일러서 임천부(臨川部)라고 하니 물이촌(勿伊村), 잉구진촌(仍仇珍村), 궐곡(闕谷)[144] 같은 동북쪽 마을들이 여기에 속한다.

위에 쓴 글로 보건대 이 6부의 조상들이 모두 하늘에서 내려온 모양이다. 노례왕 9년(32)에 처음으로 6부의 이름을 고치고 또 여섯가지 성(姓)을 주었으니 지금 풍속에서 중흥부(中興部)를 어머니로 삼고 장복부(長福部)를 아버지로 삼고 임천부(臨川部)를 아들로 삼고 가덕부(加德部)를 딸로 삼으니 그 까닭은 자세하지 않다.

전한(前漢) 지절(地節)[145] 원년 임자(기원전 69)[146] 3월 초하룻날 6부의 조

---

**141)** 빈지 또는 빈자, 빙지라고도 한다.
**142)** 금강산(경주 북방에 있는 산) 백률사 북쪽 산이다.
**143)** "只他"라고도 쓴다.
**144)** 갈곡(葛谷)이라고도 한다.
**145)** 전한 선제의 연호.
**146)** 옛 책에 일러서 건무* 원년이니 건원 3년이니 한 것들은 다 잘못이다.
　　* 후한 광무제의 연호로서 원문에 "建虎"로 쓴 것은 고려 혜종의 이름 "武"를 피하기 위한 것이다.

상들이 각각 자제들을 데리고 다 함께 알천 둑 위에 모여 의논하기를, "우리들이 위로 백성들을 다스릴 만한 임금을 가지지 못하고 보매 백성들이 모두 방종하여 제멋대로 놀고 있으니 어째서 덕이 있는 사람을 찾아내어 그를 임금으로 삼아 나라를 창건하고 도읍을 정하지 않을 것이랴!" 하였다.

이때야 모두 높은 곳에 올라가 남쪽을 바라보니 양산(楊山) 밑 나정(蘿井) 곁에 이상한 기운이 번개처럼 땅에 드리우더니 웬 흰 말 한 마리가 무릎을 꿇고 절하는 시늉을 하고 있었다. 조금 있다가 거기를 살펴보니 보랏빛 알[147] 한 개가 있고 말은 사람을 보자 울음소리를 길게 뽑으면서 하늘로 올라갔다.

그 알을 쪼개니 형용이 단정하고 아름다운 사내아이가 있었다. 놀랍고도 이상하여 아이를 동천(東泉)[148]에서 목욕시키매 몸에는 광채가 나고 새와 짐승들이 모조리 춤을 추며 천지가 진동하고 해와 달이 맑고 밝았다. 따라서 이름을 혁거세왕[149]이라 하고 왕위의 칭호는 거슬한(居瑟邯)[150]이라 하였다. 당시 사람들이 다투어가면서 치하하여 말하기를, "이제 천자님이 이미 이 땅에 내려왔으니 마땅히 덕 있는 여자 임금을 찾아서 배필을 정해야 하겠다"고 하였다.

이날 사량리 알영정(閼英井)[151]에 계룡이 나타나서 왼쪽 옆구리로부터 계집아이[152]를 낳으니 자색이 뛰어나게 고왔다. 그러나 입술이 닭의 부리

---

▶경주 시내에서 언양 쪽으로 가는 35번 국도 옆인 탑정동에 **나정**이 있다. 사진의 왼쪽에 있는 솔밭 안에 나정과 그 내력을 새긴 비석(조선 순조 2년에 세운 것이다)과 그것을 보호하기 위한 비각이 있다.

147) 푸른빛 큰 알이라고도 한다.
148) 동천사(東泉寺)는 사뇌(詞腦) 벌 북쪽에 있다.
149) 아마도 속어일 것이다. 혹은 불구내왕(弗矩內王)이라고도 하는데 광명으로써 세상을 다스린다는 말이다. 해설하는 사람이 말하기를 "이는 서술성모(西述聖母)가 낳은 것이다. 그러므로 중국 사람이 선도성모(仙桃聖母)*를 찬미하는 글에 '어진 인물을 배어 나라를 창건하다'라는 구절이 있으니 이것을 두고 하는 말일 것이다"라고 하였는바 그러고 보니 계룡**이 상서를 나타내어 알영을 낳은 것까지 본다면 또한 서술성모의 현신이 아닌 줄을 어떻게 알 것인가!
　　* 이 책 제5권 "선도성모" 편 참조.
　　** 상서를 상징하는 상상의 동물.
150) 혹은 거서간이라고 하였는바 맨 처음 입을 열 때에 자신을 일컬어 말하기를 "알지거서간(閼智居西干)"이라 하고는 단번에 일어섰다. 그의 말에 따라 이렇게 불렀으니 이로부터 임금의 존칭이 되었다.
151) 아리영정(娥利英井)이라고도 한다.
152) 혹은 용이 나타나다가 죽으매 그 배를 가르고 얻었다고도 한다.

▲ 경주 탑정동 오릉 남쪽에 혁거세왕의 제향을 올리는 숭덕전이 있고 그 곁에 **알영정**이 있다. 담 안의 보호각 안에 그 샘이 있다.

같은지라 월성 북쪽 냇물에 가서 목욕을 시켰더니 그 부리가 퉁겨져[撥] 떨어졌으므로 그 냇물 이름을 발천(撥川)이라 하였다. 남산 서쪽 기슭[153]에 궁실을 짓고는 두 명의 신성한 아이를 모셔 길렀다. 사내아이는 알에서 나왔는지라, 알은 바가지같이 생겼고 우리나라 사람[鄕人]들이 바가지를 "박"이라 하므로 성을 박(朴)이라 하였다. 계집아이는 그가 나온 우물 이름으로써 이름을 지었다. 두 성인의 나이가 열세 살이 되자 오봉(五鳳)[154] 원년 갑자(기원전 57)에 남자는 즉위하여 왕이 되고 이어 여자로써 왕후를 삼았다. 나라 이름을 서라벌(徐羅伐) 또는 서벌(徐伐)[155]이라 하였다. 더러는 사라(斯羅) 또는 사로(斯盧)라고도 하며 처음에 왕이 계정(鷄井)에서 났으므로 혹은 일러서 계림국이라고도 하니 계룡이 상서를 보여주었기 때문이다. 일설에는 탈해왕 때에 김알지를 얻으면서 숲속에서 닭이 울었으므로

---

153) 창림사(昌林寺)이다.
154) 전한 선제의 연호.
155) 지금 "경(京)"자의 뜻을 우리말로 "서벌(서울)"이라고 하는 것은 이 때문이다.

▲남산 서쪽 기슭의 궁터는 **창림사 터**라고 알려져 있다. 경주에서 언양 쪽으로 가는 35번 국도 가까이의 서남산 자락인 배동에 있다. 그곳엔 남산 일대의 탑 중에서 가장 큰 삼층석탑과 그밖의 몇 가지 석물들이 남아 있다.

▶경주 탑정동에 있는데 흔히 오릉이라고 부른다. 신라의 많은 왕릉들이 그렇듯이 **사릉** 또한 너른 평지에 있다. 왼쪽 멀리로 선도산이 보인다.

나라 이름을 계림으로 고쳤다고 한다. 후세에 와서는 드디어 신라라고 이름을 정하였으며 나라를 다스린 지 61년 만에 왕이 하늘로 올라갔는데 이레 뒤에 유해가 땅에 흩어져 떨어졌으며 왕후도 역시 죽었다고 한다.

나라 사람들이 합장(合葬)을 하려고 하였더니 큰 뱀이 나와서 못 하도록 방해를 하므로 다섯 동강 난 몸뚱이를 다섯 능에 각각 장사하고 역시 이름을 사릉(蛇陵)이라 하니 담엄사 북쪽 왕릉이 바로 이것이다. 태자 남해왕이 왕위를 계승하였다.

## 제2대 남해왕(南解王)

남해 거서간(居西干)은 차차웅(次次雄)이라고도 한다. 이는 존장을 부르는 칭호이니 오직 이 임금만 이렇게 불렀다. 아버지는 혁거세요 어머니는 알영부인이요 왕비는 운제부인(雲帝夫人)[156]이다. 전한 평제(平帝) 원시

---

156) "帝"를 "梯"로도 쓰는바 지금 영일현(迎日縣) 서쪽에는 운제산 성모가 있어 가물 때에

4년 갑자(4)에 즉위하여 21년 동안 나라를 다스리다가 지황[157] 4년 갑신(24)에 죽으니 이 임금을 삼황의 아우 되는 한 사람으로 이른다.

「삼국사」에 보면 일렀으되, "신라에서는 왕을 거서간(居西干)이라고 불렀으니 진(辰)나라 말로는 왕이라는 뜻이며 혹은 귀인을 부르는 칭호라고도 한다. 혹은 차차웅 또는 자충(慈充)이라고도 한다. 김대문(金大問)은 말하기를, '차차웅은 우리말로 무당을 이름이다. 세상 사람들이 무당으로써 귀신을 섬기고 제사를 받들므로 이를 존경하다가 마침내 높은 어른을 자충이라 하였으며 혹은 이사금(尼師今)이라고도 하였으니 잇금[齒理]을 두고 하는 말이다'라고 하였다. 처음에 남해왕이 죽고 그 아들 노례가 왕위를 탈해에게 사양하니 탈해가 말하기를, '내가 들으매 갸륵하고 슬기로운 사람은 이가 많다더라'고 하면서 곧 떡을 씹어 시험해보았다. 예로부터 전하는 이야기가 이렇다. 혹은 또 마립간(麻立干)[158]이라고도 하니 김대문이 이르기를, '마립이라는 것은 방언에 말뚝이라는 말이다. 말뚝[159] 표는 직위에 맞추어 설치하므로 왕의 말뚝이 주장이 되고 신하의 말뚝은 아래로 벌여서게 되므로 이렇게 이름을 지은 것이다'라고 하였다.

역사 평론[史論]에 이르기를, '신라에서 거서간 또는 차차웅으로 부른 임금이 하나씩이요 이사금으로 부른 자가 열여섯이요 마립간으로 부른 자가 넷이다. 신라 말기의 이름난 선비 최치원이 지은「제왕연대력(帝王年代曆)」에는 모두 아무 왕[某王]이라 불렀고 거서간 등으로 부르지 않았으니 그 말이 어쩌면 야비하여 일컬을 나위가 못 된다고 생각해서일까. 여기에 신라의 사적을 기록할 때에 방언들을 모두 그대로 두는 것도 역시 옳은 일일 것이다. 신라 사람들이 모두 추봉자(追封者)를 갈문왕(葛文王)이라 일컬었으니 그 까닭을 모르겠다'고 하였다.

이 임금 시대에 낙랑국 사람들이 금성을 침노해왔다가 이기지 못하고 돌아갔다. 또 천봉 5년 무인(18)에는 고구려에 예속되었던 일곱 나라가 항복해왔다"고 하였다.

---

기도를 드리면 영험이 있다.
157) 한나라 왕망의 연호.
**158)** "立"을 "袖"라고도 쓴다.
159) 후세에 조회하는 뜰에 세우던 품계석과 유사한 것으로 추정된다.

## 제3대 노례왕(弩禮王)

박노례 잇금(尼叱今)[160]이다. 처음에 왕이 그의 매부인 탈해와 서로 왕위를 양보할 때에 탈해가 말하기를, "무릇 덕이 있는 자는 이가 많은 법이니 마땅히 잇금으로 시험을 해볼 것이다" 하고 곧 떡을 씹어 시험을 해보았더니 노례왕의 이가 많았으므로 먼저 왕위에 올랐다. 따라서 이름을 잇금이라 하니 잇금이라는 칭호가 이 임금으로부터 시작되었다. 유성공(劉聖公)[161] 경시(更始) 원년 계미(23)에 왕이 즉위하여[162] 6부의 칭호를 고쳐 정하고 이어 여섯 가지 성을 내렸으며 처음으로 "도솔가(兜率歌)"를 지으니 감탄하는 구절[嗟辭]과 사뇌격(詞腦格)[163]을 갖추었다. 또 보습을 만들고 얼음을 저장하는 빙고를 짓고 사람 타는 수레를 만들었다. 건무(建武) 18년(42)에 이서국(伊西國)을 쳐서 없앴다. 이 해에 고구려 군사가 와서 침범하였다.

## 제4대 탈해왕(脫解王)

탈해 잇금[164]이다. 남해왕 때에[165] 가락국 바다 가운데 웬 배가 와서 정박하였으므로 그 나라의 수로왕이 신하와 백성들과 함께 북을 울리면서 맞아서 머물도록 하려 하였더니 배는 그만 나는 듯이 달아나서 계림 동쪽의 하서지촌(下西知村) 아진포(阿珍浦)[166]에 닿았다. 이때에 갯가에는 한 노파가 있었는데 이름이 아진의선(阿珍義先)이라 하니 곧 혁거세왕의 배꾼의 어머니[海尺]였다.

---

160) 유례왕(儒禮王)이라고도 한다.
161) 후한의 창건자인 광무제.
162) 연표에는 갑신년에 즉위하였다고 하였다.
163) 향가의 격.
164) 토해(吐解) 이사금이라고도 한다.
165) 옛 책에 일렀으되 탈해가 임인년에 왔다는 것은 잘못이다. 가까운 임인년이라면 노례왕이 즉위한 때보다 뒤가 될 것이니 왕위 양도 사건도 있을 수 없을 것이요 그전의 임인년이라면 혁거세 시대일 것이므로 임인년이 아닌 것임을 알 수 있다.
166) 지금도 상서지촌, 하서지촌 등의 이름이 있다.

▶**토함산**은 고작 해발 745미터밖에 되지 않는 산이지만 그 품은 넉넉해서 큰 절을 품고 있다.

그녀는 바다를 바라보고 말하기를, "이 바다에는 원래 바윗돌이 없는데 어인 까닭으로 까치들이 몰려서 울꼬?" 하고는 배를 저어가서 찾아보니 웬 배 한 척 위에 까치들이 몰려 있었다. 배 가운데에는 궤짝이 한 개 있는데 길이가 20척이요 너비가 13척이었다.

  그녀는 배를 끌어다가 어떤 나무숲 아래 가져다두고 좋은 일인지 언짢은 일인지 알 수가 없어 하늘을 향하여 맹세를 하고 난 뒤 궤짝을 열어보니 단정하게 생긴 웬 사내아이가 들어 있고 겸하여 가지각색의 보물[七寶]과 노비들이 가득 실려 있었다. 그녀가 이레 동안 그 아이의 바라지를 하였더니 그제야 말하기를, "나는 본래 용성국(龍城國)[167] 사람이다. 우리 나라에는 일찍부터 28용왕이 있어 사람의 태로부터 나서 다섯 살, 여섯 살 적부터 왕위를 계승하여 만백성들에게 천품을 닦도록 교화하였으며 8품의 성골(姓骨)[168]이 있으나 차별을 두지 않고 모두가 임금 자리에 오르게 되었다. 당시 나의 부왕인 함달파(含達婆)가 적녀국(積女國) 왕녀에게 장가를 들어 왕비를 삼았는데 오랫동안 아들이 없어서 자식 낳기를 기도하였더니 7년 후에 커다란 알 한 개를 낳았다. 이에 부왕은 여러 신하들을 모으고 묻기를, '사람으로서 알을 낳는다는 것은 고금에 없는 일이니 아마도 좋은 일이 아닌가 보다' 하고 곧 궤짝을 만들어 나를 넣고 겸하여 가지각색의 보물과 노비들을 배에 싣고 바다에 띄우면서 빌기를, '인연 닿는 땅에 네 마음대로 닿아 나라를 세우고 가문을 만들라' 하였다. 때마침 붉은 용이 있어 배를 호위하면서 이곳까지 왔노라"고 하였다.

  말을 마치자 그 사내아이는 지팡이를 끌면서 두 종을 데리고 토함산(吐含山)[169] 위에 올라가서 돌무덤을 만들고 이레 동안 머물렀다. 그가 성 안의 살 만한 땅을 찾아보니 초승달처럼 생긴 산봉우리가 있음을 바라보고 그 지세가 오래 살 만한 자리인지라 곧 내려가 알아보았더니 이는 호공(瓠公)의 댁이었다. 그는 곧 꾀를 써서 남몰래 그 집 옆에 숫돌과 숯을 묻고는 이튿날 아침에 그 집 문앞에 와서 말하기를, "이 집은 우리 할아버지적 집

---

**167)** 또는 정명국(正明國)이라고도 하고 혹은 완하국(琓夏國) 또는 화하국(花夏國)이라고도 하니 용성은 왜국의 동쪽 1,000리 되는 곳에 있다.
168) 신라의 골품(骨品)과 유사한바 성으로써 위계를 정한 것.
169) 경주 동쪽 30리에 소재.

이다"라고 하니 호공은 그렇지 않다 하여 서로 시비를 따지다가 결판을 못 내고 결국 관가에 고발하였다.

관리가 말하기를, "무슨 증거가 있기에 이것을 너희 집이라고 하느냐?" 하니 그 아이가 대답하기를, "우리 조상은 본래 대장장이였는데 잠시 이웃 지방으로 나간 동안에 다른 사람이 빼앗아 여기에 살고 있는 것입니다. 땅을 파서 사실을 밝혀주소서" 하여 그 말대로 파보니 과연 숫돌과 숯이 나왔으므로 곧 빼앗아 살았다.[170]

이때에 남해왕이 탈해가 지혜 있는 사람인 줄을 알고 맏공주로써 아내를 삼게 하니 이가 바로 아니부인(阿尼夫人)이 되었다.

하루는 탈해가 동악(東岳)에 올라갔다가 돌아오는 길에 심부름하는 자[下人]를 시켜 물을 구하여 마시는데 심부름하는 자가 물을 길어서 오던 도중에 먼저 마시고 드리려 하니 물그릇이 입에 달라붙어 떨어지지 않았다. 그래서 나무랐더니 심부름하던 자가 맹세하여 말하기를, "다음에는 가깝고 멀고 간에 감히 먼저 마시지 않겠소이다" 하니 그제야 그만 그릇이 떨어졌다.

이로부터는 심부름하는 자가 감히 속이지 못하였다. 지금도 동악에는 우물 하나가 있는데 속칭 요내우물[遙乃井][171]이라 하는 것이 바로 이것이다.

노례왕이 죽자 광무제 중원(中元) 2년 정사(57) 6월에 탈해가 바로 왕위에 올랐다. 그가 "이것이 옛날[昔] 우리 집이오" 하면서 남의 집을 빼앗았다고 하여 성을 옛 서(昔)자로 하였다. 혹은 까치 때문에 궤짝을 열었으므로 까치 작(鵲) 자에서 새 조(鳥)를 떼어버리고 석씨로 하였다기도 하며 궤짝을 풀고[解] 알을 벗고[脫] 나왔으므로 이름을 탈해(脫解)라 하였다고도 한다. 임금 자리에 있은 지가 23년이요 건초(建初) 4년 기묘(79)에 죽어서 소천(疏川) 둔덕 가운데 장사하였다.

뒤에 탈해 신령의 명령이 있어 "내 뼈를 조심해 묻으라"고 하였다. 그의 해골 둘레가 3척 2촌이요, 몸뚱이뼈 길이가 9척 7촌이요, 이빨이 엉켜 있어 하나인 듯하고 뼈마디가 모두 연결되어 있었으니 소위 천하에 적수가

▶ 초승달처럼 생긴 봉우리는 **반월성**인데 그 위에 올라가보면 뜻밖으로 너른 평지가 있다.

---

170) 원문의 "居爲"는 "居焉"의 오간인 듯하다.
171) 요내정 : 이두로 적은 우물 이름인 듯하다.

기이(紀異) 제2 81

없을 장사의 뼈였다. 그 뼈를 부수어 그의 형상을 빚어 만들어 대궐 안에 모셨다. 탈해의 신령이 또 이르기를, "내 뼈를 동악(東岳)에 두라"고 하였으므로 그곳에 모셨다.[172]

### 김알지(金閼智) ── 탈해왕 시대

영평(永平) 3년 경신(60)[173] 8월 4일에 호공(瓠公)이 밤에 월성 서쪽 동리에 갔다가 시림(始林)[174] 속에서 환하게 밝은 빛이 나는 것을 보았다. 보랏빛 구름이 하늘로부터 땅에 드리우고 구름 속에는 황금 궤짝이 나뭇가지에 걸려 있었는데 그 궤짝에서 빛이 나오고 또 흰 닭이 나무 아래에서 울므로 이 사연을 왕께 보고하였다.

왕이 그 숲으로 거동하여 궤짝을 열어보니 사내아이가 들어 있어 누워 있다가 일어났다. 마치 혁거세의 옛 사적과 같았으므로 혁거세가 자신을 알지라고 한 그 말에 따라 알지(閼智)라고 이름을 지으니 알지는 우리말로 어린아이를 이르는 말이다. 그를 안고 대궐로 돌아오는데 새와 짐승들이 뒤따르면서 기뻐서 뛰며 너울너울 춤을 추었다. 왕이 좋은 날을 받아 그를 태자로 책봉[175]하였으나 알지는 뒤에 파사(婆娑)에게 왕위를 사양하고 오르지 않았다.

알지가 금 궤짝에서 나왔으므로 성을 김씨(金氏)라 하였으니 알지가 열한(熱漢)을 낳고 열한이 아도(阿都)를 낳고 아도가 수류(首留)를 낳았다. 수류가 욱부(郁部)를 낳고 욱부가 구도(俱道)[176]를 낳고 구도가 미주(未鄒)

◀ 경주시 동천동 금강산의 남쪽 길가에 **탈해왕릉**이 있다.

▶ 경주 김씨 시조의 신화가 깃들인 **시림**은 계림이라고 널리 알려져 있는 숲이다. 경주시 교동 첨성대에서 반월성으로 가는 길의 중간쯤에 있다.

172) 다른 말에는 그가 죽은 후 27대 문무왕* 때인 조로(調露)** 2년 경진(680) 3월 15일 신유 밤에 태종에게 현몽하여 얼굴이 무섭게 생긴 노인이 나타나 말하기를 "나는 탈해. 내 뼈를 소천 둔덕에서 파다가 소상을 만들어 토함산에 안치하라" 하였다. 왕은 이 말대로 좇았다. 이로부터 지금까지 나라에 제사가 끊이지 않았으니 이를 동악신이라고 한다.
  * 원문의 "文虎王"은 고려 혜종의 이름을 피하여 "武"를 "虎"로 썼다.
  ** 당나라 고종의 연호.
173) 혹은 중원(中元) 6년이라고도 하나 잘못이다. 중원은 2년까지뿐이다.
174) 구림(鳩林)이라고도 한다.
175) 원문의 "冊位"는 "冊立"의 오간인 듯하다.
176) "仇刀"로도 쓴다.

를 낳았다. 미추가 왕위에 오르게 됨으로써 신라의 김씨는 알지로부터 시작되었다.

## 연오랑(延烏郞)과 세오녀(細烏女)

제8대 아달라왕(阿達羅王)이 즉위한 지 4년 정유(157)에 동해 해변에 연오랑과 세오녀 부부가 살고 있었다. 어느날 연오랑이 바다에 나가 미역을 따는데 갑자기 웬 바윗돌[177]이 나타나면서 연오랑을 태우고 일본으로 갔다. 일본 사람들이 보고 말하기를, "이는 범상찮은 인물이다" 하고 올려 세워 왕으로 삼았다.[178]

세오는 남편이 돌아오지 않는 것을 괴이하게 여겨 나가서 찾다가 남편이 벗어놓은 신발을 보고 역시 바위 위에 올라갔더니 바윗돌은 또한 앞서처럼 그를 태우고 갔다. 그 나라 사람들이 놀랍고도 이상하여 왕께 아뢰어 바쳤더니 부부가 서로 만나 그녀를 귀비(貴妃)로 삼았다.

이때에 신라에서는 해와 달이 빛을 잃으매 천문을 맡은 관리[日官]가 아뢰되 "우리나라에 내려와 있던 해와 달의 정기가 지금은 일본으로 가버렸기 때문에 이런 괴변이 생겼사외다" 하였다.

왕이 사신을 보내어 두 사람을 찾았더니[179] 연오가 말하기를, "내가 이 나라에 온 것은 하늘이 시킨 것이다. 지금에 어찌 돌아갈 것이랴. 그러나 나의 왕비가 짠 생초 비단을 짠 것이 있으니 이것으로 하늘에 제사를 지내면 좋을 것이다" 하고 뒤이어 그 생초를 주었다.

심부름 갔던 사람이 신라로 돌아와 연유를 아뢰어 그의 말대로 제사를 지냈더니 이후에는 해와 달이 이전과 같았다. 그 생초 비단을 임금의 고방에 간직하여 국보로 삼고 그 고방을 귀비 고방[貴妃庫]이라 하고 하늘에 제사지낸 곳을 영일현(迎日縣)이라 하였으며 또 도기야(都祈野)라고도 하였다.

---

**177)** 혹은 고기라고도 한다.
**178)** 「일본제기(日本帝記)」를 보면 전이나 후나 신라 사람으로 왕이 된 자가 없다. 이는 변방 고을의 작은 왕이요, 진짜 왕은 아닌 것이다.
**179)** 원문의 "來"는 "求"의 오간.

## 미추왕(未鄒王)과 댓잎 군사

제13대 왕 미추[180] 잇금은 김알지의 7대손이다. 누대 귀족으로서 겸하여 갸륵한 덕이 있었으므로 점해(沾解)[181] 이사금으로부터 왕위를 물려받아 비로소 즉위하니[182] 왕위에 있은 지 23년 만에 죽었다. 왕릉은 흥륜사(興輪寺) 동쪽에 있다.

제14대 유리왕 시대에 이서국 사람이 와서 금성(金城)을 치매 신라측은 대부대 군사를 동원하여 막았으나 오래 저항할 수 없었다. 돌연히 이상한 군사들이 와서 돕는데 모두들 댓잎사귀를 귀에 꽂고 이편 군사들과 힘을 아울러 적을 물리쳤다.

적군이 물러간 후 그들은 어디로 갔는지 알 수 없고 다만 댓잎사귀들이 미추의 왕릉 앞에 쌓여 있음을 보고서야 비로소 선대 임금의 음덕의 공로인 것을 알게 되었다. 따라서 이 왕릉을 죽현릉(竹現陵)이라고 불렀다.

훨씬 지나서 제37대 혜공왕(惠恭王) 시대 대력(大曆)[183] 14년 기미[184] (779) 4월에 회오리바람이 갑자기 유신공의 무덤에서 일어났다. 회오리바람 속에 웬 사람 하나가 좋은 말을 탔는데 장군의 차림을 하였고 또한 갑옷 차림에 병장기를 가진 자 40여 명이 뒤를 따라오더니 죽현릉으로 들어갔다. 잠시 후 왕릉 속에서 와자지껄하고 울음소리 같은 소리가 나는데 혹은 하소연하는 소리처럼 들렸다.

그 말소리에 "제가 살아서는 정치를 돕고 환란을 구제하고 나라를 통일한 공로를 세웠으며 지금 혼백이 되어서도 나라를 수호하여 재앙을 물리치고 환란을 구제하고자 하는 마음은 잠시라도 변함이 없습니다. 그러나 지나간 경술년에 제 자손이 죄없이 사형을 당하였고 임금이나 신하들은 나의 공적을 생각하지 않으니 저는 멀리 다른 곳으로 옮겨가서 다시는 나라를 위하여 애써 근념(勤念)을 않겠습니다. 원컨대 왕은 허락하소서" 하였다.

▶영일만의 상당부분은 포항시가 되었다. 포항시 남구 도구동(동해라고도 한다)을 도기야라고 짐작하는 사람들이 많다. 포항제철이 가까이 있으나 아직은 해와 달이 밝은 곳이다.

▶영일만에서는 해 뜨는 것과 해지는 것이 다 잘 보인다.

---

180) 미조(未祖)라고도 하고 미고(未古)라고도 한다.
181) 원문의 "理解"는 "沾解"의 오간.
182) 지금 풍속에 임금의 능을 시조당(始祖堂)이라고 부르는 것은 김씨가 처음으로 왕위에 올랐던 까닭이다. 후대에 와서 김씨네 여러 임금들이 미추를 시조로 삼는 것은 당연하다.
183) 당나라 대종(代宗)의 연호.
184) 원문의 "己未"는 대력 15년이다.

▲ 경주시 충효동에 있는 **김유신 장군의 무덤**은 신라 때의 여러 왕릉들보다 크고 화려하다. 근처에는 해묵어서 거룩해 보이기조차 하던 솔숲이 울창했었으나 1996년 3월에 산불이 나서 흔적도 없이(사진에 보이는 모든 소나무들도) 다 타버렸다.

　미추왕이 대답하기를, "오직 나와 그대가 이 나라를 수호하지 않는다면 저 백성들을 어떻게 할 것인가? 그대는 이전과 다름없이 힘을 쓰오" 하였다. 유신공은 세 번을 청하였으나 미추왕이 모두 허락하지 않으니, 회오리바람은 그만 돌아갔다.

　혜공왕이 이 이야기를 듣고 겁이 나서 즉시 대신[185] 김경신(金敬信)을 보내어 김유신의 무덤에 가서 사과하고 공을 위하여 공덕보(功德寶)[186] 밑천으로 밭 30결(結)을 취선사(鷲仙寺)에 들여놓아 그의 명복을 빌었다. 이 절은 김공이 평양을 친 후에 복을 닦기 위하여 세웠던 것이기 때문이다. 미추의 영혼이 아니었더라면 김공의 노여움을 막을 수 없었을 것이니 왕이 나라를 보호하는 품은 크지 않다고 할 수 없을 것이다. 이리하여 나라 사람들이 그의 덕을 사모하여 삼산(三山)[187]과 함께 제사지내기를 끊이지 않

---

185) 원문의 "エ"은 "大"의 오기인 듯하다.
186) 누구의 공덕을 위하여 제사 밑천으로 절에 설치한 일종의 재단(財團).
187) 신라에서 가장 큰 제전(祭典)에 속하는 내림(奈臨), 골화(骨火), 혈례(穴禮) 등 세 곳의 제

▲김유신 장군 무덤의 부분. 산불이 무덤으로는 번지지 않도록 필사적인 노력을 기울였으므로 다행히 화를 면했다. 무덤 둘레는 십이지(十二支)를 새겨 아름다운 조각으로 장식되어 있다.

고 제사의 격위를 오릉(五陵)[188]의 위에 높여 대묘(大廟)라고 일컬었다.

### 내물왕(奈勿王)[189]과 김제상(金堤上)[190]

제17대 나밀왕(那密王)이 즉위한 지 36년 경인(390)에 왜왕(倭王)이 사신을 보내와서 말하기를, "저희 임금이 대왕이 신성하시다는 말씀을 듣고 저희들로 하여금 백제의 죄를 대왕에게 고해 바치도록 하였습니다. 원컨대 대왕은 왕자 한 명을 보내어 우리 임금에게 성의를 표해 주소서"라고 하였다.

이에 왕이 셋째 아들 미해(美海)[191]를 시켜 왜국에 예방케 하였다. 미해

---

  사 장소.
188) 혁거세왕, 남해왕, 유리왕, 탈해왕, 파사왕 등의 능.
189) 나밀왕(那密王)이라고도 한다.
190) 「삼국사기」에는 박제상으로 되어 있다.
191) 「삼국사기」에는 미사흔(未斯欣)이라고 하였다. 밋히(未叱喜)라고도 한다.

는 그때 나이가 열 살이라 말이나 행동이 아직 미숙하였기 때문에 내신(內臣)[192] 박사람(朴娑覽)을 부사로 삼아 보냈더니 왜왕이 붙잡아두고 30년 동안이나 보내지 않았다.

눌지왕(訥祇王) 즉위 3년 기미(419)에 이르러 고구려의 장수왕(長壽王)이 사신을 보내와서 말하기를, "저희 임금이 대왕의 아우님 되는 보해(寶海)[193]가 지혜와 재주가 특출하다는 말을 듣고 그와 서로 친하고 싶어 특히 저를 보내어 간청하는 바입니다"라고 하였다.

왕이 이 말을 듣고 이 일로 말미암아 두 나라가 화친하여 왕래함을 다행히 여겨 그 아우 보해를 시켜 고구려로 가게[194] 하면서 내신 김무알(金武謁)을 보좌로 삼아 보냈더니 장수왕도 억류하고 보내지 않았다.

10년 을축[195]에 이르러 왕이 여러 신하들과 국내의 호걸들을 불러 친히 잔치를 베풀었다. 술의 순배가 세번째 돌고 여러 가지 음악이 시작되자 왕이 눈물을 지으면서 여러 신하들에게 말하기를, "예전에 돌아가신 아버님께서 성심으로 백성들을 위하여 정사를 하셨기 때문에 사랑하는 아들을 동쪽의 왜국에 보냈다가 다시 만나보지 못하고 돌아가셨다. 또 내가 즉위한 이래로 이웃나라 군사들의 기세가 매우 드세어지고 전쟁이 끊이지 않았는데 유독 고구려가 친교를 맺자는 말이 있어 나는 그 말을 믿고 나의 친아우를 고구려에 사절로 보냈더니 고구려 역시 붙들어두고 보내지 않는다. 내가 비록 부귀는 누린다지만 아직 하루라도 잠시나마 이것을 잊어버리거나 울지 않을 때가 없었다. 만약 두 아우를 다시 만나게 되어 돌아가신 아버지의 사당에 참례라도 함께 하게 된다면 나라 사람들에게 은혜를 갚을 터이니 누가 이 일을 모책해서 성공할 수 있을까?" 하였다.

이때에 모든 관리들이 함께 아뢰기를, "이 일은 결코 쉬운 일이 아니외다. 반드시 지혜와 용기가 있어야만 될 것입니다. 저희들 생각에는 삽라군(歃羅郡)[196] 태수 제상(堤上)이 좋을 듯합니다"라고 하였다. 이에 왕이 제

---

192) 임금을 측근에서 시중하는 관리.
193) 「삼국사기」에는 복호(卜好)라 하였다(실성왕 11년 조 참조).
194) 원문 "道"는 "遣"의 오자인 듯하다.
195) 「삼국사기」 연표에 의하면 을축년은 눌지왕 9년이다.
196) 지금의 경남 양산 지방.

상을 불러서 물었다.

　제상이 공손히 절하고 말하기를, "제가 듣기에 임금이 걱정을 하게 되면 신하가 욕을 보게 되는 법이요, 임금이 욕을 보게 되면 신하는 죽어야만 하는 것입니다. 만약 어렵다느니 쉽다느니 논란을 한 뒤에 실행한다면 이를 불충이라 할 것이요, 죽고 사는 것을 따져본 뒤에 움직인다면 이를 용기가 없다고 해야 할 것입니다. 제가 비록 똑똑하지는 못하오나 명령을 받들어 실행하고 싶습니다" 하였다. 왕이 매우 가상히 여겨 술잔을 나누어 마시고 악수를 하면서 작별하였다.

　제상은 임금으로부터 직접 명령을 받고 북해(北海) 바닷길로 질러 달려 변복을 한 채 고구려로 들어갔다. 보해의 처소로 가서 함께 빠져나갈 기일을 짜고 제상은 먼저 5월 15일에 고성(高城) 포구에 돌아와 배를 대고 기다리기로 하였다. 약속한 날이 다가오자 보해는 병을 칭탈하고 며칠이나 조회에 참가하지 않다가 밤중에 도망쳐나와 고성 해변에 닿았다. 고구려 왕이 이것을 알고 수십 명의 사람을 시켜 그를 추격하여 고성에 이르러서야 따라잡았다. 그러나 보해가 고구려에 있을 때에 언제나 가깝게 상종하는 자들에게 은혜를 베풀었으므로 군사들이 그를 매우 동정하여 모두가 화살촉을 빼어버리고 활을 쏘았기 때문에 마침내 무사히 돌아왔다.

　왕이 보해를 만나고 보니 미해 생각이 더하여 한편으로는 기쁘고 한편으로는 슬픈지라 눈물을 흘리면서 측근자들에게 말하기를, "몸뚱이 하나에 한쪽 팔뿐이요 얼굴 하나에 한쪽 눈만 있는 것과 같구나. 동생 하나는 찾았지만 또 하나가 없으니 어찌 슬프지 않겠는가?"라고 하였다.

　제상이 이 말을 듣고 공손히 절하여 하직한 후에 말을 타고 집에 들르지도 않은 채 길을 떠나 곧장 율포(栗浦) 해변에 닿았다. 그의 아내가 이 소문을 듣고 말을 달려 율포에 이르러 보니 남편은 벌써 배에 오른 뒤였다. 그의 아내는 애타게 불렀으나 제상은 손만 흔들 뿐 멈추지 않았다.

　제상이 왜국에 도착하여 속임수로 말하기를, "계림의 왕이 아무 죄도 없는 나의 부형(父兄)을 죽였으므로 이곳까지 도망하여 왔노라" 하니 왜왕이 이 말을 믿고 집을 주어서 그를 편히 살게 하였다.

　이때에 제상은 늘 미해를 모시고 해변에 나가 놀면서 고기와 새들을 잡아 매번 잡은 것을 왜왕에게 바쳤더니 왕이 매우 기뻐하여 의심을 두지 않았다.

때마침 새벽안개가 자욱하게 끼어 캄캄하였다. 제상이 미해에게 말하기를, "떠나가실 만합니다" 하니 미해가 "그러면 함께 가자"라고 하였다.

제상이 말하기를, "만약 제가 간다면 왜인들이 알아채고 쫓아올까 염려되오니 저는 머물면서 저들이 추격을 못하게 하겠습니다" 하니 미해가 "오늘에 내가 그대를 부형이나 다름없이 여기는 터에 어찌 그대를 버리고 혼자 돌아갈 것인가?"라고 하였다.

제상이 말하기를, "저는 왕자님의 생명을 구해서 대왕님의 마음만 위로하게 된다면 그만이외다. 어찌 살기를 바라겠습니까?" 하고 술을 부어 미해에게 바쳤다.

이때에 계림 사람 강구려(康仇麗)가 왜국에 와 있었던바 그를 딸려 보냈다. 그런 다음 제상이 미해의 방에 들어가 있는데 이튿날 아침이 되어 측근자들이 방에 들어와보려 하매 제상이 나와서 그들을 말리면서 말하기를, "어제는 왕자님이 사냥을 하느라 쏘다니셨기 때문에 몹시 고단하시어 일어나시지 못한다"고 하였다.

해가 기울어질 무렵에 측근자들이 괴이하게 여겨 다시 물었더니 그는 대답하되, "미해는 벌써 떠나간 지가 오래다"라고 하였더니 그들이 달려가 왜왕에게 일러바쳤다.

왕이 말탄 군사들을 시켜 그를 쫓게 하였으나 따라잡지 못하였다. 이때야 제상을 가두고 묻기를, "네가 어째서 네 나라 왕자를 몰래 보냈느냐?" 하니 제상이 대답하여 "나는 계림의 신하이지 왜국의 신하가 아니다. 여기서 나는 우리 임금의 뜻을 성취코자 할 뿐이니 구태여 그대에게 무슨 말을 할 것이냐!"라고 하였다.

왜왕이 노하여 말하기를, "이제 네가 이미 나의 신하가 되었는데 그러고도 계림의 신하라고 하니 응당 갖은 형벌을 해야 하겠지만 만약 왜국의 신하라고만 말한다면 반드시 높은 벼슬과 상을 주리라"고 하니 제상은 대답하기를, "차라리 계림의 개, 돼지가 될망정 왜국의 신하는 될 수 없으며 차라리 계림의 매를 맞을지언정 왜국의 벼슬과 녹은 받을 수 없다"고 하였다. 왕은 노하여 제상의 발바닥 가죽을 벗기게 하고 갈대를 베고는 그 위로 달리라고 하였다.[197]

---

[197] 지금도 갈대 위에 피 흔적이 있는 것을 세상에서는 제상의 피라고 한다.

▲ 망덕사 터와 장사.
경주 시내에서 불국사로 가는 길가의 논 안에 망덕사 터가 있다. 그 남쪽은 모래밭이었을 터이나 지금은 논이다. 논 앞으로 보이는 둑 너머로 개울이 흐른다. 이 근처가 장사이며 벌지지일 것이다.

왜왕이 다시 물어 "너는 어느 나라 신하인가?"라고 하니 "계림의 신하이다"라고 하였다. 다시 그를 뜨겁게 달군 쇠 위에 서게 하고 "어느 나라 신하인가?"라고 물었다. 제상은 역시 "계림의 신하이다"라고 하였다. 왜왕은 그를 굴복시킬 수 없음을 알고 목도(木島)에서 그를 불에 태워 죽였다.

미해가 바다를 건너와서 강구려를 시켜 먼저 서울로 보고하게 하였더니 왕은 놀랄 듯이 기뻐 모든 관리들로 하여금 굴헐역(屈歇驛)에 나가 마중하도록 하였다. 왕은 그의 친아우 보해와 함께 남쪽 교외에 나가서 맞아 대궐로 들어와서 잔치를 베풀고 전국에 대사면령을 내리고 제상의 아내를 책봉하여 국대부인(國大夫人)으로 삼고 그의 딸로써 미해공의 부인을 삼게 하였다.

평하는 사람이 말하기를, "옛날 한나라 신하 주가(周苛)가 형양(榮陽)에 있다가 초나라 군사의 포로가 되었을 때 항우가 주가에게 말하기를, '네가 내 신하가 된다면 만종록을 주는 제후[萬戶侯]로 봉하겠다'라고 하였더니

주가가 욕을 퍼붓고 굴복하지 않다가 초나라 임금의 손에 죽었다. 제상의 열렬한 충성은 주가보다 못하지 아니할 것이다"라고 하였다.

처음에 제상이 떠나갈 때에 그 부인이 이 말을 듣고 쫓아갔으나 따라잡지 못하고 망덕사(望德寺) 문 남쪽 모래밭 위에 이르자 나가넘어져 길게 목놓아 울었다. 이 때문에 이 모래밭을 장사(長沙)라고 불렀다. 친척 두 사람이 그의 양쪽 겨드랑이를 부축하여 돌아오려는데 부인이 다리를 뻗치고 앉아 일어서지 않으므로 그 땅 이름을 벌지지(伐知旨)라고 하였다. 얼마 뒤에 부인은 못 견딜 만큼 남편을 사모하여 딸 셋을 데리고 치술령(鵄述嶺)에 올라가 왜국을 바라다보고 통곡하다가 죽었다. 이래서 치술 신모(神母)가 되었으니 지금도 이곳에는 당집[祠堂]이 있다.

## 제18대 실성왕(實聖王)

의희(義熙)[198] 9년 계축(423)에 평양주(平壤州)에 큰 다리가 완성되었다.[199]

왕이 전(前) 임금의 태자 눌지가 덕망이 있음을 꺼려서 장차 그를 죽이려 하여 고구려[200] 군사를 청하고 거짓으로 눌지를 맞는 체하니 고구려 사람들이 눌지를 만나 그의 행실이 착함을 보고 곧 창끝을 되돌려 왕을 죽이고 눌지를 올려세워[201] 왕을 삼아놓고 가버렸다.

## 거문고집[琴匣]을 쏘다

제21대 비처왕(毗處王)[202] 즉위 10년 무진(488)에 왕이 천천정(天泉亭)으로 거동하였더니 이때에 까마귀와 쥐가 와서 울었다. 쥐가 사람의 말로 말하기를, "이 까마귀가 가는 곳으로 따라가 보소서"라고 하였다.[203]

---

198) 동진(東晉) 안제(安帝)의 연호.
199) 남평양인 듯한데 지금의 양주(楊州)이다.
200) 「삼국사기」 기사와 약간 다르므로 눌지왕 조 참조.
201) 원문의 "乃"는 "仍"의 오자인 듯하다.
202) 소지왕(炤智王)이라고도 한다.
203) 혹은 말하기를 신덕왕이 흥륜사로 예불을 하러 가는데 길에서 여러 마리 쥐가 꼬리를 물고 가는 것을 보고 괴상하여 돌아와 점을 쳤더니 "내일 먼저 우는 까마귀를 따라가보라"고 하였다지만 이 이야기는 잘못된 것이다.

◀ 치술령의 망부석

경주시 외동면 녹동리에서 치술령으로 올라가는 길이 나온다. 해발 765미터인 그 꼭대기의 동쪽에 사진에 보이는 바위가 있다. 그 바위를 망부석이라고들 한다. 멀리 구름 띠 아래에 동해 바다가 있으며 오른쪽의 가장 흐린 곳이 울산만이다.

왕이 말탄 군사를 시켜 그 뒤를 밟아 좇아가 보게 하였다. 군사가 남쪽으로 피촌(避村)²⁰⁴⁾에 이르러 돼지 두 마리가 싸우는 것을 머뭇거리면서 구경하다가 그만 까마귀가 간 곳을 놓쳐버렸다. 길가에서 방황하고 있을 때에 마침 웬 노인이 못 가운데에서 나와 편지를 올렸다.

편지 겉봉에 쓰여 있기를, "떼어보면 둘이 죽고 떼어보지 않으면 한 사람이 죽는다"고 하였다. 심부름 갔던 군사가 돌아와 편지를 바치니 왕이 말하기를, "만약에 두 사람이 죽을 바에는 편지를 떼지 않고 한 사람만 죽는 것만 같지 못하다"고 하였다.

점치는 관리가 아뢰어 말하기를, "두 사람이라는 것은 일반 백성이요, 한 사람이라는 것은 임금님이외다"고 하니 왕이 그럴 성싶어 떼어보니 편지 속에 "사금갑(射琴匣 : 거문고집을 활로 쏘라!)"이라고 쓰여 있었다.

왕이 대궐로 돌아가 거문고집을 보고 쏘니 그 속에는 내전에서 불공 드리는 중과 궁주(宮主)²⁰⁵⁾가 몰래 만나서 간통을 하고 있는 판이라 두 사람을 처형하였다. 이로부터 나라 풍속에 매년 정월 첫 돼지날²⁰⁶⁾[上亥], 첫 쥐날[上子], 첫 말날[上午]에는 모든 일에 조심하고 기하여 함부로 출입을 하지 않으며 정월 보름날을 까마귀의 기일²⁰⁷⁾이라고 하여 찰밥을 지어 제사 지냈으니 지금까지 이 행사가 있다. 속담에 이를 달도(怛忉)라고 하니 이는 구슬프게 모든 일을 금기한다는 뜻이다. 편지가 나온 못을 서출지(書出池)라고 하였다.

## 지철로왕(智哲老王)

제22대 지철로왕의 성은 김씨요, 이름은 지대로(智大路) 또는 지도로(智度路)요, 시호는 지증(智證)이니 시호가 이때부터 시작되었다. 또 우리말로 왕을 불러 마립간이라고 하기는 이 임금 때부터 시작되었으니²⁰⁸⁾

▶서출지로 짐작되는 양기못. 이곳은 널리 알려진 이요당이 있는 서출지가 아니라 거기서부터 200미터쯤 남쪽에 있는 양기못이다. 이 못이 어쩌면 본디의 서출지일 것이라고 짐작하는 사람들도 있다.

---

204) 양피사촌(壤避寺村)이니 남산 동쪽 기슭에 있다.
205) 왕비 또는 왕의 친척, 기타 궁녀 등 여자에 대한 높은 위품의 봉작 명칭 중의 하나로, 시대에 따라 대상이 달랐다.
206) 육갑으로 꼽는 일진(日辰)의 이름.
207) 제삿날.
208) 「삼국사기」에는 왕력에나 기사에나 눌지왕부터 마립간으로 불렀다.

왕은 영원(永元)[209] 2년 경진(500)에 즉위하였다.[210]

  왕은 생식기의 길이가 1척 5촌이나 되매 좋은 배필을 얻을 수 없어 사람을 세 방면으로 보내어 배필을 구하였다. 사명을 맡은 자가 모량부(牟梁部) 동로수(冬老樹) 나무 아래까지 와서 보니 개 두 마리가 북만한 큰 똥덩이 한 개를 물었는데 두 끝을 서로 다투어가면서 깨물고 있었다.

  동리 사람에게 물어보았더니 웬 계집아이 하나가 나와서 말하기를, "이 마을 재상댁 따님이 여기에 와서 빨래를 하다가 숲속에 들어가 숨어서 눈 똥이외다"라고 하였다.

  그의 집을 찾아가 알아보니 여자의 키가 7척 5촌이나 되었다. 이 사실을 자세히 왕에게 아뢰었더니 왕이 수레를 보내어 궁중으로 맞아들여 왕후로 봉하니 여러 신하들이 모두 치하하였다.

  또 아슬라주[211] 동쪽 바다 가운데 순풍이면 뱃길로 이틀 걸리는 곳에 우릉도(于陵島)[212]라는 섬이 있는데 주위가 2만6,730보이다. 섬 오랑캐들은 물이 깊은 것을 믿고는 건방지게도 조공을 하지 않았다. 왕이 이찬(伊飡)[213] 박이종(朴伊宗)을 시켜 군사를 거느리고 가서 이를 토벌케 하였는데 이종이 나무 허수아비 사자를 만들어 큰 배 위에 싣고 그들을 위협해서 말하기를, "항복을 않는다면 이 짐승을 풀어놓을 터이다"라고 하였더니 섬 오랑캐가 무서워 항복하였다. 왕은 이종을 포상하여 고을의 관장으로 삼았다.

### 진흥왕(眞興王)

  제24대 진흥왕이 즉위하니 이때 나이가 열다섯 살[214]이었으므로 태후가 섭정을 하였다. 태후는 바로 법흥왕의 딸이요 입종[215]갈문왕(入宗葛文王)의 아내이다. 왕이 죽을 때는 머리를 깎고 중 복색을 한 채 세상을 떠났다.

---

209) 북위(北魏) 효문제의 연호.
210) 혹은 이르기를 신사년이라 하나 그러면 영원 3년이 된다.
211) 명주(溟州).
212) 지금은 "于"를 "羽"로 쓴다.
213) 신라 17관등에서 제2위의 칭호.
214) 「삼국사기」에는 일곱 살이라 하였다.
215) 법흥왕의 아우.

승성(承聖)[216] 3년(554) 9월에 백제 군사가 와서 진성(珍城)[217]을 침노하여 남녀 3만9,000명과 말 8,000필을 노략질해갔다. 이보다 앞서 백제가 신라와 군사를 합하여 고구려를 치려고 하였던바 진흥왕이 말하기를, "나라가 흥하고 망하는 것은 하늘에 달려 있다. 만약 하늘이 고구려를 미워하지 않는다면 내가 어찌 감히 성공을 바랄 것인가?"라고 하였더니 바로 이 말이 고구려에 전달되어 고구려가 이 말에 감복하고 신라와 우호를 맺었다. 그러나 백제는 신라를 원망하였으므로 이렇게 침범한 것이다.

### 도화녀(桃花女)와 비형랑(鼻荊郎)

제25대 사륜왕(舍輪王)의 시호는 진지대왕(眞智大王)이니 성은 김씨요 왕비는 기오공(起烏公)의 딸 지도부인(知刀夫人)이다. 대건(大建)[218] 8년 병신(576)[219]에 즉위하여 나라를 다스린 지 4년 만에 정치가 문란하고 종작없이 음탕하여 나라 사람들이 그를 임금 자리에서 몰아냈다.

이에 앞서 사량부 백성의 딸이 있어 자색이 곱고 아름다워 세상 사람들이 부르기를 도화랑(桃花娘 : 복숭아꽃 처녀)이라고 하였다. 왕이 소문을 듣고 궁중으로 불러들여 상관을 하려고 하니 여자가 말하기를, "여자가 지킬 도리는 두 남편을 섬기지 않는 것입니다. 남편이 있으면서 어찌 다른 데로 가오리까. 비록 천자의 위엄으로도 끝내 절조는 빼앗지 못하오리다"라고 하였다.

왕이 말하기를, "너를 죽이면 어쩌려느냐?"고 하니 여자가 말하기를, "차라리 저자 거리에서 목을 베어주소서. 다른 소원은 없습니다"고 하였다. 왕은 장난 말로 "남편이 없으면 될 수 있겠지?" 하니 여자가 좋다고 하였다.

왕이 그녀를 놓아보내었던바 이 해에 왕은 임금 자리에서 쫓겨나고 죽었다. 그후 2년 만에 그의 남편도 죽었다. 남편이 죽은 지 열흘 만에 갑자기 밤중에 왕이 평상시처럼 여자의 방에 들어와서 말하기를, "네가 예전에

---

216) 진(陳)나라 원제(元帝)의 연호.
217) 지금의 경남 단성(丹城) 지방.
218) 진(陳)나라 선제(宣帝)의 연호.
**219)** 옛 책에는 11년 기해라고 하였으나 이는 잘못이다.

▲ **황천**은 지금의 남천 하류이다. 둑의 중간에서 약간 오른쪽 너머에 신원사 터가 있다. 아마 이 근처에 귀신 다리가 있었을 것이다. 둑 너머 왼쪽으로 보이는 긴 산이 남산이다.

승낙을 하였고 지금은 네 남편이 없으니 내 말을 듣겠느냐?"고 하였다.

여자는 경솔히 승낙을 못하고 그의 부모에게 고하였더니 그 부모가 말하기를, "나랏님의 말씀인데 어떻게 어기겠느냐" 하고 그 딸을 방으로 들게 함으로써 이레 동안 왕이 머물게 되었는데 언제나 오색 구름이 지붕을 덮고 향기가 방에 가득 찼다.

이레가 지난 뒤에 왕은 홀연히 자취가 없어졌다. 여자는 이로 인하여 태기가 있어 달이 차자 해산을 하려는데 천지가 진동하면서 사내아이 하나를 낳으니 이름을 비형(鼻荊)이라 하였다.

진평대왕이 이 신기한 소문을 듣고 데려다가 궁중에서 길렀다. 나이 열다섯 살이 되어 집사 벼슬을 임명하였더니 그는 밤마다 멀리 도망나가 놀았다. 왕이 날랜 군사 50명을 시켜 지켰으나 매번 월성(月城)을 뛰어넘어 서쪽으로 황천(荒川)[220] 천변에 가서 뭇 귀신들을 데리고 놀았다. 군사들

---

[220] 서울의 서쪽에 있다.

▲신원사 터라고 알려진 곳에 남아 있는 탑의 일부이다. 신원사 터는 경주시 탑정동에 있는 수원지 울타리 안에 있으나 아무런 표지가 없어서 찾기가 어렵다.

이 숲속에 엎드려 엿보았더니 귀신들은 여러 절에서 새벽 종소리가 들리면 저마다 흩어지고 형랑도 돌아왔다.

군사들이 이 사실을 아뢰니 왕이 비형을 불러 말하기를, "네가 귀신들을 데리고 논다 하니 참말인가?" 하니 비형랑이 "그렇소이다"라고 하였다.

왕이 "그러면 네가 귀신들을 부려 신원사(神元寺) 북쪽 개천[221]에 다리를 놓으라"고 하였다. 형랑이 임금의 명령을 받들고 귀신 무리들을 부려 돌을 다듬어 하룻밤에 큰 다리를 다 놓았다. 이 때문에 이 다리를 귀신 다리[鬼橋]라고 하였다.

왕이 또 물어 "귀신들 중에 인간으로 현신하여 조정 정사를 도울 만한 자가 있는가?" 하니 비형은 "길달(吉達)이라는 자가 있어 나라 정사를 도울 만합니다"라고 하였다.

왕이 함께 오라고 하여 이튿날 비형과 함께 나타났다. 왕이 그에게 벼슬

---

221) 혹은 신중사(神衆寺)라고 하나 이는 잘못이요, 황천 동쪽의 깊은 개천이라고도 한다.

을 주어 일을 보게 하였더니 과연 충직하기 짝이 없었다. 이때에 각간(角干)²²²⁾ 임종(林宗)이 아들이 없었던바 왕이 그를 아들로 삼게 하였다. 임종이 길달을 시켜 흥륜사 남쪽에 다락문[樓門]을 세우게 하였더니 그는 매일 밤 그 문 위에 올라가 자므로 문 이름을 길달문(吉達門)이라 하였다.

하루는 길달이 여우로 변하여 도망을 가니 비형이 귀신을 시켜 잡아 죽였다. 이 때문에 귀신 무리들은 비형의 이름만 들어도 겁을 내어 달아났다. 당시 사람이 이를 두고 글을 지었으니

> 갸륵한 임금의 혼이 낳은 아들
> 비형랑의 방이 여기라오.
> 날고 뛰는 뭇 귀신들아,
> 이곳에는 머물지 못할지라.

하였다. 나라 풍속에 이 글을 써서 붙여 귀신을 쫓는다.

## 하늘이 준 옥대[天賜玉帶]²²³⁾

제26대 백정왕(白淨王)의 시호는 진평대왕이요 성은 김씨이다. 대건 11년 기해(579) 8월에 즉위하니 키가 11척이었다.

그가 내제석궁(內帝釋宮)²²⁴⁾에 거동하였을 때에 돌사다리를 밟으니 돌 세 개²²⁵⁾가 한목에 부러졌다. 왕이 측근자들에게 말하기를, "이 돌을 옮기지 말고 후대들에게 보여주라"고 하였으니, 즉 이 돌은 성중에 있는 움직이지 못하는 돌 다섯 개 중의 하나이다.

---

222) 신라의 17관등 중 제1위인 이벌찬(伊伐湌)의 별칭.
223) 청태(淸泰)* 4년 정유(937) 5월 정승** 김부(金傅)가 금과 옥으로 장식한 허리띠 한 벌을 태조에게 바치니 길이가 열 뺨[圍]***이요, 새겨 붙인 옥 장식이 62개였다. 이것을 일러 진평왕의 "하늘이 준 옥대"라고 하였다. 태조가 이것을 맡아 내전 고방에 간직하였다.
  * 후당 폐제(廢帝)의 연호.
  ** 신라 말대 왕 김부에게 고려가 봉작한 벼슬.
  *** 원문의 "圍"는 5촌 둘레 또는 한 아름을 말한다.
224) 다른 이름을 천주사(天柱寺)라고도 하는데 이 임금이 세운 절이다.
225) 원문의 "一"은 "三"자의 오간.

▲ 경주시 구황동에 **황룡사 터**가 있는데 1976년부터 7년 동안 발굴하고 조사되었다. 그때에 금당 자리에서 장륙존 불상이 서 있었던 대좌라고 짐작되는 유물이 나왔다. 사진 중간의 대좌가 그것이다. 그 앞의 약간 도드라진 곳이 구층목탑이 서 있던 자리이며 볼록 나와 있는 것이 그 심초석이다.

그가 즉위한 첫해에 천사가 대궐 마당에 내려와서 왕에게 말하기를, "하느님이 나를 시켜 옥대를 전해주노라" 하니 왕이 친히 무릎을 꿇고 받았다.

이후에 천사는 하늘로 올라갔으니 무릇 교외에 나가 지내는 제사 때나 종묘에 지내는 제사 때나 모두 왕이 이 옥대를 사용하였다.

그후 고구려왕이 신라를 치려고 계획하면서 말하기를, "신라에는 세 가지 보물이 있기 때문에 침범을 해서는 안 된다고 하니 무엇을 두고 하는 말일까?" 하였더니, 첫째는 황룡사 장륙존(丈六尊)[226] 불상이요, 둘째는 그 절의 구층탑이요, 셋째는 진평왕의 "하늘이 준 옥대"라고 하여 왕은 곧 계획을 중지하였다고 한다. 찬미하는 노래에 다음과 같이 일렀다.

     하늘이 옥대를 내리니,
     임금님 곤룡포에 어울리누나.

---

226) 높이 한 길 6척 규격의 부처 좌상을 장륙이라 하며, 존은 부처를 의미한다.

우리 임금 이로부터 몸 무거워져,
내일 아침 아마도 무쇠 섬돌 만들어야 하리.

## 선덕여왕(善德女王)이 세 가지 일을 미리 알다

제27대 왕 덕만(德曼)[227]의 시호는 선덕여왕이니 성은 김씨요, 아버지는 진평왕이다. 정관(貞觀) 6년 임진(632)에 즉위하여 나라를 다스린 지 16년 동안에 그가 미리 알아맞힌 일이 모두 세 가지나 되었다.

첫째는 당나라 태종이 붉은빛, 자줏빛, 흰빛의 세 가지 빛깔의 모란꽃 그림과 그 꽃씨 석 되를 보냈더니 왕이 꽃그림을 보고 말하기를, "이 꽃은 필시 향기가 없을 것이다"라고 하면서 이내 뜰에 심으라고 명령하고 그 꽃이 피고 떨어지는 것을 기다렸더니 과연 그의 말과 같았다.

둘째는 영묘사(靈廟寺)[228] 옥문지(玉門池)에서 겨울철에 뭇 개구리가 모여 3-4일을 두고 울었다. 나라 사람들이 이것을 괴상히 여겨 왕에게 물었더니 왕이 서둘러 각간 알천(閼川)과 필탄(弼呑) 등을 시켜 정병 2,000명을 뽑아[229] 빨리 서쪽 교외로 나가 여근곡(女根谷)[230]을 찾아가면 반드시 적병이 있을 터이니 그들을 습격하여 죽이라고 하였다.

두 명의 각간이 명령을 받은 후 각각 군사 1,000명씩을 데리고 서쪽 교외로 가서 물었더니 부산(富山) 밑에 과연 여근곡이 있었고 백제 군사 500명이 와서 그곳에 숨어 있었으므로 한꺼번에 잡아 죽였다. 백제 장군 우소(于召)라는 자는 남산 고개 바윗돌 위에 숨어 있었으므로 에워싸고 쏘아 죽였다. 또 후원해온 군사 1,200명도 역시 습격하여 한 명도 남기지 않고 다 죽였다.

셋째는 왕이 아무런 병도 앓지 않을 때에 여러 신하들에게 말하기를, "내가 아무 해 아무 달 아무 날 죽을 것이니 나를 도리천(忉利天)[231] 가운

---

227) "曼"을 "萬"으로도 쓴다.
228) 「삼국사기」에는 대궐 서쪽에 있다고 하였다.
229) 원문 "鍊"은 "揀"의 오기로 보고 번역하였다.
230) 「삼국사기」에는 옥문곡(玉門谷)이라 하였다.
231) 불교에서 말하는 제석천이 살고 있다는 하늘.

▲**여근곡**. 경주시 건천읍의 부산(富山) 자락에 있다. 그 가운데에는 옥문지라는 샘이 있다. 경부고속도로로 하행하면서 건천 인터체인지 가까이의 경주 터널을 통과하자마자 오른쪽으로 보인다.

▶사천왕사 터를 지나서 낭산으로 올라가면 울창한 솔숲으로 에워싸인 **선덕여왕릉**이 있다. 낭산은 높이가 몇십 미터밖에 되지 않는 나지막한 야산에 불과하다.

데 장사하라"고 하였다. 여러 신하들이 도리천이 어디인지 알 수 없어 어디냐고 물어 아뢰었더니 왕이 말하기를, "낭산(狼山) 남쪽이니라"고 하였다. 왕이 말하였던 그 달 그 날이 되자 과연 왕이 죽으매 여러 신하들이 낭산 남쪽에 장사하였다.

그후 10여 년 만에 문무대왕이 사천왕사(四天王寺)를 왕의 무덤 아래에 지었다. 불경(佛經)에 일렀으되, "사천왕 하늘 위에 도리천이 있다"고 하였으니 이로써 대왕의 신령스럽고 갸륵함을 알 수 있을 것이다.

당시의 여러 신하들이 왕에게 아뢰기를, "어떻게 하여 모란꽃과 개구리 사건이 그렇게 될 줄 알았습니까?" 하니 왕이 말하기를, "꽃을 그리면서 나비가 없으니 향기가 없다는 것을 알 수 있을 것이다. 이는 바로 당나라 황제가 내가 혼자 지냄을 조롱하는 것이다. 개구리는 성낸 꼴을 하고 있어 군사의 모습이요, 옥문은 여자의 생식기이다. 여자는 음이요 그 빛은 희니 흰빛은 곧 서쪽 방위이다. 그러므로 군사가 서쪽에 있다는 것을 알 수 있었다. 남자의 생식기가 여자의 생식기에 들어가면 결국은 죽는 것이니 그

▲ **사천왕사 터**는 경주시 배반동의, 경주 시내에서 불국사로 가는 7번 국도와 붙어 있다. 사진의 왼쪽 멀리 당간지주도 보이며 오른쪽 둔덕 위에 여러 석물들이 남아 있다.

래서 적병을 쉽게 잡을 줄 안 것이다"라고 하였다. 이때야 여러 신하들은 모두 그 갸륵한 지혜에 탄복하였다.

세 가지 빛깔의 꽃을 보낸 것은 혹 신라에 여왕 세 사람이 있을 것을 알아서 그러함일까? 선덕, 진덕, 진성이 곧 그들이니 당나라 황제도 어지러운 세상을 구원한 총명이 있었던 까닭이다.

선덕여왕이 영묘사를 창건한 내력은 양지(良志) 스님의 전기에 자세히 실려 있다. 다른 기록에는 이 임금 시대에 돌을 다듬어 첨성대(瞻星臺)를 쌓았다고 하였다.

### 진덕여왕(眞德女王)

제28대 진덕여왕이 즉위하자 자작으로 태평가(太平歌)[232]를 지어 이를

---

232), 233) 「삼국사기」에는 진덕왕 4년에 김춘추의 아들 법민을 시켜 이 시를 보냈다고 하였다.

116 권 제1

무늬로 놓아 비단을 짜서 사신[233]을 시켜 당나라에 바쳤다.[234] 당나라 황제가 가상히 여겨 이를 표창하여 왕을 계림국왕으로 고쳐서 봉하였다. 태평가의 가사는 다음과 같다.

> 위대한[235] 당나라가 왕업을 창건하매,
> 황제의 높은 포부 장하기도 하여라.
> 전쟁을 그치매[236] 군사들은 시름 놓고,
> 문치에 힘을 써서 대대로 이을세라.
> 하늘을 대신하여 베푼 은혜 장할시고,
> 만물을 다스려서 저마다 빛을 낸다.
> 그지없이 어진 덕행 해와 달과 조화되어,[237]
> 태평[238] 세월 지향하여 세상을 인도하네.
> 깃발은 어찌[239] 그리 빛나게 나부끼며,
> 군악 소리[240] 유달리도 우렁차게 들리누나.
> 황제 명령 거역하는 외방의 오랑캐는
> 한칼에 멸망하여 천벌을 받으리라.
> 밝고 어두운 데 없이[241] 순박한 풍속이요,
> 먼 곳 가까운 곳 없이 저마다 축하로다.

---

**234)** 다른 책에는 쓰기를 "춘추공*을 사신으로 삼아 당나라에 가서 이 참에 군사도 청하였더니 당 태종이 가상히 여겨 소정방을 보낼 것을 허락했다"라고 한 것은 모두 잘못된 말이다. 현경(現慶)** 이전에 춘추공은 벌써 왕위에 올랐고 현경 경신(660)은 태종 시대가 아니요, 바로 고종 시대이다. 정방이 신라에 온 때는 현경 경신년이므로 태평가 무늬로 비단을 짰다는 시기는 청병하던 시기가 아님을 알 수 있을 것이요, 그것은 진덕여왕 시대인 것이 합당할 것이니 대개 김흠순(金欽純)의 석방을 청하던 시기일 것이다.

* 신라 29대 왕 태종의 이름.
** 당나라 고종의 연호인데 원문의 "現"은 "顯"으로 쓴다.

235) 원문의 "大"가 「당서」에는 "巨"로 되어 있다.
236) 원문의 "威"를 「삼국사기」와 「문원영화(文苑英華)」에는 "衣"로 썼다.
237) 원문의 "諧"를 「구당서」에는 "偕"로 썼으며 원문의 "軍"은 "運"으로 썼다.
238) 원문의 "虞唐"을 「삼국사기」에는 "時康"이라 하고 「구당서」에는 "陶唐"이라 하였다.
239) 원문의 "何"를 「구당서」에는 "旣"로 썼다.
240) 원문의 "錚"을 「삼국사기」에는 "鉦"으로 썼다.
241) 원문의 "凝"을 「삼국사기」에는 "疑"로 썼다.

▶반월성에서 망원렌즈로 당겨서 본 **첨성대**이다. 오늘날은 천체 관측소를 대개 산꼭대기에 세우는데, 신라 때에는 평지에 세운 점이 특이하다.

▲ 금강산에서 내려다본 경주 시내. 대단하게 들리는 금강산은 경주 시내의 동천동에 있는 얕은 산이다. 그 산 꼭대기에서는 경주 시내가 잘 내려다보인다. 그 산에 굴불사 터와 백률사가 있다.

사철 비바람은 옥촉[242]처럼 고르고,
해와 달과 별들은 만방을 두루 돈다.
산[243] 신령은 어진 재상 점지하여주시고,
황제는 충량한 신하를 신임한다.
삼황과 오제의 덕이 한덩어리 되어,
어화! 우리 당나라 길이 비추리.

왕의 시대에 알천공(閼川公), 임종공(林宗公), 술종공(述宗公), 호림공(虎林公),[244] 염장공(廉長公), 유신공(庾信公)이 있어 남산 우지암(于知巖)에 모여 나라 일을 의논하는데, 때마침 큰 범 한 마리가 좌석에 뛰어들어왔다. 여러 공들이 깜짝 놀라서 일어나는데 알천공은 까딱하지 않고 천연

---
242) 기후가 조화되어 밝은 해와 달을 의미한다.
243) 「시경」대아(大雅)의 "惟嶽降神 生甫及申" 구절을 인용한 것.
**244)** 자장법사의 아버지이다.

스럽게 이야기를 하고 웃으면서 범의 꼬리를 붙잡아 땅에 동댕이쳐서 죽였다. 알천공의 근력이 이같이 세었으므로 윗자리를 차지하였지만 여러 공들은 유신의 위엄에 복종하였다.

신라에는 영험 있는 땅이 네 군데 있으니 큰 일을 의논할 때 대신들이 여기에 모여 의논을 하면 그 일이 꼭 성공하였다. 첫째로 동쪽에 있는 것은 청송산(靑松山)이라 하고, 둘째로 남쪽에는 우지산(于知山)이라 하고, 셋째로 서쪽에는 피전(皮田)이요, 넷째로 북쪽에는 금강산(金剛山)[245]이다. 이 임금 시대에 처음으로 신년 축하의식을 시행하고 또 처음으로 시랑(侍郎)[246]이라는 칭호를 썼다.

## 김유신(金庾信)

무력 이간(武力伊干)[247]의 아들인 서현 각간(舒玄角干)[248] 김씨의 맏아들을 유신이라 하고, 그 아우를 일러서 흠순(欽純)이라 하고, 누이들이 있어 맏이는 보희(寶姬)라 하니 아명(兒名)은 아해(阿海)요, 동생은 문희(文姬)이니 아명은 아지(阿之)였다.

유신공은 진평왕 17년 을묘(595)에 탄생하였다. 해와 달과 별들[七曜]의 정기를 타고났으므로 등에 7성(星)의 무늬가 있고 또 신기하고 이상한 일이 많았다. 그는 나이 열여덟 살 되던 임신년(612)에 이르러 검술 공부를 하여 국선(國仙)[249]이 되었다. 이 당시 백석(白石)이라는 자가 있어 어디에서 왔는지 내력은 알 수 없었는데 여러 해 동안 화랑의 무리에 속하여 있었다.

유신은 고구려와 백제를 정벌할 계획으로 밤낮 몰두하고 있었는데 백석이 그의 계획을 알고 유신에게 말하기를, "내가 당신과 함께 먼저 비밀히 저 나라들을 정탐한 후에 일을 착수하는 것이 어떻겠습니까?" 하니 유신이 기뻐서 친히 백석을 데리고 밤에 길을 떠났다. 고개 위에서 막 쉬는데

---

245) 여기서 말한 북쪽 금강산은 경주시 동천동에 있다.
246) 집사성(執事省) 병부(兵部)에 소속한 관직으로서 이찬까지의 인물이 할 수 있다.
247) 이간은 신라 17관등 중 제2위인 이찬의 별칭.
248) 「삼국사기」에는 서현의 작위가 소판, 즉 잡찬의 지위에 이르렀다고 한다.
249) 화랑의 다른 이름.

▲ **내림**은 낭산인데 그 꼭대기께에 앞에 서 본 선덕여왕릉이 있다. 사진의 가운데로 난 길을 따라 솔밭으로 들어가면 그 왕릉이 나온다.

웬 여자 둘이 나타나서 유신을 따라왔다. 골화천(骨火川)[250]에 와서 유숙하는데 또 한 여자가 홀연히 왔다. 유신공이 세 처녀들을 데리고 즐겁게 이야기를 할 때에 처녀들이 맛좋은 과자를 대접하니 유신이 이것을 받아 먹고 마음으로 서로 허락하여 가슴속에 품은 생각을 이야기하였다.

처녀들이 고하기를, "당신이 하시는 말씀은 잘 알아들었습니다. 바라옵건대 당신이 백석을 잠시 따돌리시고 함께 숲속으로 들어가시면 다시 사뢸 곡절이 있습니다"라고 하였다.

이에 그들과 함께 숲속으로 들어갔더니 처녀들은 금방 신령의 모습으로 변하여 나타나면서 말하기를, "우리들은 나라를 보위하는 내림(奈林), 혈례(穴禮), 골화(骨火)[251] 등 세 곳의 신령이외다. 지금 적국 사람이 당신을 유인하는데 당신은 이것을 알지 못하고 길을 가니 우리는 당신을 만류하고자 이곳까지 왔습니다" 하고는 말을 마치자 사라졌다.

---

250) 지금의 경주시 동천동 지방.
251) 내림은 경주의 낭산(狼山)이며, 혈례는 지금의 경주시 건천읍의 부산(富山)이며, 골화는 경주시 동천동의 금강산이다.

유신공이 이 말을 듣고 놀라 쓰러졌다가 공손히 절을 하고 나와 골화의 숙소에 묵으면서 백석에게 말하기를, "지금 타국으로 가면서 필요한 문서를 가지고 오지 않았으니 나와 함께 집으로 돌아가 가지고 오자" 하고 드디어 함께 집으로 돌아가서 백석을 결박해놓고 실정을 고문하였다.

그가 말하기를, "나는 본래 고구려 사람인데[252] 우리나라에서 여러 신하들이 말하기를 신라의 유신은 우리나라의 점치는 술객 추남(楸南)[253]이 환생하였다고 합니다. 나라 지경에 거슬러 흐르는 물이 있어[254] 그를 시켜 점을 쳤더니 그가 왕에게 아뢰되, '대왕의 부인께서 음양의 법칙을 거슬러서 이와 같은 조짐이 나타난 것이외다' 하니 왕은 놀라 괴상히 여기고 왕비는 크게 노하여 이를 요사스러운 말이라고 왕에게 고하여 다시 다른 일로써 시험해 물어보아 말이 틀리면 엄중한 형벌을 내리자고 하였습니다. 이리하여 쥐 한 마리를 함 속에 넣고 이것이 무슨 물건이냐고 물었더니 그가 말하기를, '이는 틀림없이 쥐요, 마리 수는 여덟이오'라고 하였습니다. 그 말이 틀렸다고 하여 바로 사형을 집행코자 하니 그가 맹세하여 말하기를, '내가 죽은 후에는 바라건대 대장이 되어 반드시 고구려를 멸망시킬 것이다'라고 하니 즉시 목을 베었습니다. 쥐를 잡아 배를 갈라본즉 새끼가 일곱 마리였습니다. 그제야 그의 말이 맞은 것을 알게 되었습니다. 그날 밤 왕의 꿈에 추남이 신라 서현공 부인의 품속으로 들어가는 것을 보고 왕이 여러 신하들에게 말하였더니 다들 말하기를, '추남이 발원을 하고 죽더니 과연 맞았나이다'라고 하였습니다. 이 때문에 나를 이곳까지 보내어 당신을 모해코자 한 것이외다"라고 하였다.

유신이 즉시 백석을 처형하고 갖은 음식을 갖추어 세 분 신령에게 제사하니 신령들이 모두 사람으로 현신하여 제사를 받았다.

김씨의 문중 어른인 재매부인(財買夫人)이 죽으매 청연(靑淵)의 윗골짜기에 장사하니 따라서 땅 이름도 재매곡이라 하였다. 매년 봄철이면 종중

---

**252)** 옛 책에 백제라고 한 것은 잘못이다. 추남(楸南)은 즉 고구려 사람이요, 또 음양이 역행한다는 것도 보장왕 때 일이다.
**253)** 옛 책에는 춘남(春南)이라고도 하였으나 잘못이다.
**254)** 혹은 말하기를 자웅(雌雄)이라 할 것을 웅자(雄雌)라 하였으니 거꾸로 되는 일을 조소하는 뜻이다.

(宗中)의 남녀들이 이 골짜기 남쪽 개울에 모여 잔치를 하는데 이때면 백화가 만발하고 송화(松花)가 골짜기 숲속에 가득 찼다. 동구에 초당을 짓고 이름도 경치에 따라서 송화방(松花房)이라고 하였으니 이것이 전해져 나중에 유신의 명복을 비는 절[願刹]이 되었다. 제54대 경명왕(景明王)[255] 때에 와서 유신공을 추모하여 흥무대왕(興武大王)[256]이라 하니 그의 무덤은 서산 모지사(毛只寺) 북쪽의 동쪽으로 뻗은 봉우리에 있다.

### 태종 춘추공(太宗春秋公)

제29대 태종대왕의 이름은 춘추요, 성은 김씨이니 용수 각간(龍樹角干)[257] 즉 추봉(追封)한 문흥대왕(文興大王)의 아들이다. 어머니는 진평대왕의 딸 천명부인(天明夫人)이요, 왕비는 문명왕후(文明王后) 문희이니, 즉 유신공의 막내 누이이다.

처음에 문희의 언니 되는 보희가 꿈에 서악(西岳)에 올라가 오줌을 누었더니 오줌이 서울 안에 가득 찼다. 아침에 동생을 데리고 꿈 이야기를 하였더니 문희가 듣고 말하기를, "내가 그 꿈을 사겠어요" 하여 언니가 말하기를, "무슨 물건을 주겠니?"라고 하였다.

문희가 "비단 치마면 어떻겠어요?" 하니 언니가 좋다고 하여 동생은 옷섶을 헤치고 받아들이는데 언니가 말하기를, "간밤의 꿈을 네게 물려준다"고 하니 동생은 비단 치마로 값을 치렀다.

한 열흘 뒤에 유신이 춘추공과 함께 정월 오기일(午忌日)[258]에 유신의 집 앞에서 공을 차다가[259] 일부러 춘추공의 옷자락을 밟아 옷끈을 떼었다.

유신이 청하기를, "우리 집에 들어가 꿰맵시다"라고 하니 춘추공은 그 말대로 좇았다.

유신이 아해(阿海)를 시켜 꿰매드리라고 하니 아해가 말하기를, "어떻

---
255) 「삼국사기」 "열전"에는 이 기사가 흥덕왕 10년으로 되어 있다.
256) 원문의 "興虎"는 "興武"를 대신한 글자.
257) 용춘(龍春)이라고도 한다.
258) 앞에 쓴 사금갑 이야기를 참고할 것이니 이것은 최치원의 말이다.
259) 신라 사람들은 공차는 것을 구슬을 가지고 논다[珠弄]고 하였다.

게 그런 하찮은 일로 함부로 귀공자를 가까이 하겠나이까" 하고 이를 사양하였다.[260] 그제야 아지(阿之)에게 명하였더니 춘추공이 유신의 뜻을 알고 드디어 그와 관계하여 이로부터는 자주 내왕하게 되었다.

유신이 그의 누이가 아이 밴 것을 알고 그를 나무라며 "네가 부모에게 말도 없이 아이를 배었으니 웬일이냐?" 하고는 곧 서울 안에 소문을 퍼뜨리고 그 누이를 태워 죽이려고 하였다.

하루는 선덕여왕이 남산에 놀러 나가는 틈을 타서 장작을 마당 가운데 쌓고 불을 질러 연기를 올렸다. 왕이 바라보고 무슨 연기냐고 물었다. 측근자들이 아뢰어 말하기를, "아마도 유신이 그 누이를 태워 죽이는 모양이외다"고 하였다. 왕이 그 까닭을 물었더니, "그 누이가 남편도 없이 아이를 배었던 까닭이라고 하나이다"라고 하였다. 왕이 "이것이 누구의 소행이냐?"고 물으니 이때 마침 춘추공이 왕을 측근에서 모시고 앞에 있다가 얼굴빛이 사뭇 달라졌다. 왕이 말하기를, "이것이 네 소행이로구나. 빨리 가서 구원하라!"고 하였다. 춘추공이 이 명령을 받고 말을 타고 달려가 왕의 분부를 전달하고 이를 말렸으니 이로부터 버젓이 혼례를 치렀다.

진덕여왕이 죽자 춘추공은 영휘(永徽) 5년 갑인(654)에 즉위하여 8년 동안 나라를 다스리다가 용삭 원년 신유(661)에 죽으니 수가 59세였다. 애공사(哀公寺) 동쪽에 장사를 지내고 그곳에 비를 세웠다. 왕이 유신과 함께 신통한 계획으로 힘을 합하여 삼한(三韓)을 통일하고 국가에 큰 공로를 세웠으므로 묘호를 태종이라 하였다. 태자 법민(法敏)과 각간 인문(仁問), 각간 문왕(文王), 각간 노차(老且), 각간 지경(智鏡), 각간 개원(愷元) 등은 모두가 문희의 소생들이니 당시 꿈을 산 징험이 여기에서 나타났다.

서자들로서는 급간(級干)[261] 개지문(皆知文), 차득령공(車得令公), 아간(阿干)[262] 마득(馬得)이 있으며 딸들까지 합하여 모두 다섯 명이다. 왕의 식사는 하루에 쌀이 서 말이요, 수꿩이 아홉 마리였는데, 경신년(660)에 백제를 멸망시킨 후부터는 점심을 없애고 다만 아침 저녁만 먹었는데 그래도 이를 합치면 하루에 쌀 여섯 말, 술 여섯 말, 꿩 열 마리였다. 이 당시 도성 안

---

260) 옛 책에는 병으로 나오지 못하였다고 하였다.
261) 신라 관등 제9위인 이벌찬의 별칭.
262) 신라 관등 제6위인 아찬의 별칭.

▲ 경주시 서악동 고분군 중에 **태종무열왕의 능**이 있다. 애공사 동쪽에 있다고 했으나 오히려 지금은 애공사 터가 어디인지 알 수가 없다.

 저자의 물가는 베 한 필에 벼가 30석 혹은 50석으로 백성들은 태평성대라고 일렀다.

 왕이 태자로 있을 때에 고구려를 치고자 하여 이 때문에 군사를 청하러 당나라에 들어갔더니 당나라 황제가 그의 풍채를 칭찬하며 "신성한 사람"으로 일러 굳이 머무르게 하여 시위(侍衛)로 삼으려 했으나 극력 간청하여 그만 돌아왔다.

 이때에 백제의 마지막 임금인 의자(義慈)는 무왕(武王)의 맏아들로서 사람이 거세고 담력이 있어 어버이를 효성으로써 섬기고 형제간에 우애하여 당시 동방의 증자(曾子)²⁶³⁾로 일컬어졌더니 정관(貞觀)²⁶⁴⁾ 15년 신축(641)에 즉위하자 술과 계집에 빠져 정치가 문란해지고 나라가 위태롭게 되었다. 좌평(佐平)²⁶⁵⁾ 성충(成忠)이 간절히 말렸으나 이를 듣지 않고 그를 옥에 가두었다.

---

263) 효성으로 유명하였던 공자의 제자.
264) 당나라 태종의 연호.
265) 백제의 대신급 직명.

▲문무왕이 태종무열왕의 업적을 기리려고 세운 비의 비신은 없어졌지만 다행히 이수에 새겨진 **"태종무열왕지비"**라는 글자가 남아 있어서 무열왕의 능이라는 것을 알게 되었다.

▶기벌포는 금강의 물줄기가 흘러와서 바다에 닿는 장항께라고 한다. 장항의 바로 위쪽은 금강 하구 둑으로 막혔다. 저물어가는 바다에 밀물이 들어오고 있다.

성충이 극도로 쇠약하여 거의 죽게 되매 글을 써서 "충신은 죽어도 임금을 잊지 않을 것입니다. 바라옵건대 한 말씀만 사뢰고 죽겠습니다. 제가 일찍이 시국의 변천을 살펴보옵건대 반드시 전쟁이 있을 것으로 보입니다. 무릇 군사를 쓰는 데에는 그 지세를 잘 살펴서 택할 것이니 상류에 자리를 잡고 적을 맞으면 나라를 보전할 수 있을 것이요, 만약 다른 나라 군사가 오거든 육로(陸路)는 탄현(炭峴)²⁶⁶)을 넘어오지 못하게 할 것이며, 수군(水軍)은 기벌포(伎伐浦)²⁶⁷)에 적군을 들여놓지 말 것이며, 험한 요해지를 의지하여 적을 막아야 할 것입니다"라고 하였으나 왕은 정신을 차리지 않았다.

현경(現慶) 4년 기미(659)에 백제의 오회사(烏會寺)²⁶⁸)에 있는 크고 붉은 말이 밤낮 여섯 시간 동안 절돌이[遶寺]²⁶⁹) 공덕을 닦았으며, 2월에는 여우

---

266) 침현(沈峴)이라고도 하는바 백제의 요해지이다.
267) 공주 금강 하류로 추정됨. 즉 장암(長巖) 또는 손량(孫梁)이라고도 하고 지화포(只火浦) 또는 백강(白江)이라고도 한다.
268) 오합사(烏合寺)라고도 한다.
269) 요사 : 불교도들이 복을 받는다 하여 절과 탑을 도는 행사.

때가 의자왕의 궁중에 들어갔는데 흰 여우 한 마리가 좌평(佐平)의 책상 위에 앉았다.

 4월에는 태자궁의 암탉이 작은 참새와 흘레를 붙었으며, 5월에는 사비(泗沘)[270] 강둑에 큰 고기가 나와 죽었는데 길이가 세 길이요 이것을 먹은 사람은 다 죽었다. 9월에는 대궐 안에 있는 회나무가 사람이 우는 것처럼 울었고 밤에는 대궐 남쪽 길 위에서 귀신이 울었다.

 현경 5년 경신(660) 봄 2월에는 서울의 우물물이 핏빛으로 변하였으며 서해변에 작은 고기가 나와서 죽은 것을 백성들이 다 먹어내지 못하였고 사비수 물이 핏빛으로 변하였다. 4월에는 개구리 수만 마리가 나무 위에 모였고 서울의 저자 사람들이 마치 붙잡는 사람이나 있듯이 까닭없이 놀라 달아나다가 엎어져 죽는 자가 100여 명이나 되었고 재물을 잃어버린 자가 무수히 많았다.

 6월에는 왕흥사(王興寺) 중들이 배 같은 것이 큰 물을 따라 절 문으로 들어오는 것을 모두 보았으며, 사슴만하게 생긴 큰 개가 있어 서쪽으로부터 사비수 강변에 와서 왕궁을 향하여 짖다가 갑자기 어디로 갔는지 모르게 되었고, 성중에 뭇 개가 길바닥에 모여 더러는 짖고 더러는 울기도 하다가 잠시 후에는 흩어졌다. 또 한 귀신이 대궐 안으로 들어와 크게 소리쳐 "백제가 망한다! 백제가 망한다!"하고는 즉시 땅 속으로 들어갔다. 왕이 괴상하게 여겨 사람을 시켜 그 자리를 팠더니 깊이가 3척이나 되는 곳에 거북이 한 마리가 있었다. 그 등에 글이 쓰여 있기를, "백제는 둥근 달바퀴요, 신라는 초승달과 같다[百濟圓月輪 新羅如新月]"라고 하였다. 무당에게 물었더니 말하기를, "둥근 달바퀴라 함은 달이 다 찼다는 것을 말함이니 차면 이지러지는 법이요, 초승달과 같다는 말은 아직 차지 못하였다는 것을 말함이니 아직 차지 못한 것은 차츰 차게 될 것이외다" 하니 왕이 노하여 그를 죽였다.

 누가 말하기를, "둥근 달바퀴는 융성하다는 뜻이요, 초승달과 같다는 것은 미약해진다는 뜻이니 우리나라는 융성하고 신라는 미약해진다는 의미일까 하나이다"고 하니 왕이 기뻐하였다.

 태종 무열왕이 백제 국내에 괴변이 많다는 소문을 듣고 현경 5년 경신에

---

**270)** 부여의 강 이름이다.

인문(仁問)을 당나라에 사신으로 보내어 군사를 청하였다. 고종은 좌무위대장군 형국공(荊國公) 소정방(蘇定方)을 명하여 신구도(神丘道) 행군총관을 삼아 자(字)가 인원(仁遠)인 좌위장군 유백영(劉伯英)과 좌무위장군[271] 풍사귀(馮士貴), 좌효위장군 방효공(龐孝公) 등과 함께 군사 13만 명을 거느리고 와서 치게 하였다.[272] 신라왕 춘추는 우이도(嵎夷道) 행군총관으로 삼아 국내 군사를 거느리고 이들과 합세하게 하였다.

　정방이 군사를 이끌고 성산(城山)에서 바다를 건너 우리나라 서쪽 덕물도(德勿島)[273]에 닿으니 신라왕이 장군 김유신을 시켜 정병 5만을 거느리고 그곳으로 가게 하였다.

　의자왕이 이 소문을 듣자 여러 신하들을 모아놓고 싸워서 막아낼 계책을 물었더니 좌평 의직(義直)이 앞에 나와 말하기를, "당나라 군사가 넓은 바다를 멀리 건너왔으나 물에는 익숙하지 못합니다. 신라 사람들은 큰 나라의 원조를 믿고 적을 업신여기는 생각이 있으니 만약에 당나라 군사가 불리한 것을 본다면 반드시 겁을 내어 감히 진격해오지 못할 터이므로 먼저 당나라 사람들과 결전을 해야 할 것이외다"라고 하였다.

　달솔[274] 상영(常永) 등은 말하기를, "그렇지 않습니다. 당나라 군사가 멀리서 와서 빨리 싸워 결전할 계획이니 그들의 서슬은 당해낼 수 없습니다. 신라 사람들이 여러 번 우리나라 군사에게 패하여 지금 우리 군사의 기세를 보면 무서워하지 않을 수 없을 것이외다. 오늘의 계책으로는 마땅히 당나라 사람들의 길을 막아 그들이 피로하기를 기다리면서 우선 일부 군대로 신라를 쳐서 그들의 날카로운 기세를 꺾어놓은 후에 다시 좋은 형편을 보아 접전을 하면 군사는 온전히 살리고 나라를 보전할 것이외다"라고 하니 왕이 어느 의견을 좇을지 몰라서 망설이고 있었다.

　때마침 좌평 흥수(興首)가 죄를 받고 고마미지현(古馬彌知縣)[275]에서 귀양살이를 하고 있었는데 왕이 그에게 사람을 보내어 묻기를, "일이 급한데

---
271) 원문의 "行策"은 "行軍"의 오자인 듯하다.
272) 우리나라 기록[鄕記]에는 "군사 12만2,711인, 배 1,900척"이라고 하였는데, 당나라 역사에는 이것을 자세하게 말하지 않았다.
273) 지금의 덕적도(德積島)로 추정된다.
274) 백제 관등의 제2 품직.
275) 전남 장흥 지방.

어떻게 했으면 좋을까?" 하였더니 흥수가 말하기를, "대체로 성충의 의견과 같사외다"라고 하였다.

대신들이 믿지 않고 "흥수는 옥중에 있으면서 임금을 원망하고 나라를 사랑하지 않습니다. 그의 말은 들을 것이 못 됩니다. 차라리 당나라 군사를 백강[276)]으로 들어오게 하되 배 두 척이 한목으로 빠져나갈 수 없게 할 것이며, 신라 군사를 탄현(炭峴) 고개로 올라오게 하되 오솔길에 들어서 두 마리 말도 나란히 서지 못하게 만든 후에 이 기회를 이용하여 군사를 풀어 습격하면 저들은 채롱 속에 든 닭이요 그물에 걸린 고기가 될 것이외다"라고 하니 왕이 "그 말이 옳다"고 하였다.

왕은 또 당나라와 신라 군사가 벌써 백강과 탄현을 지났다는 말을 듣고 장군 계백(階伯)[277)]을 시켜 결사대 5,000명을 거느리고 황산(黃山)[278)]으로 출동시켜 신라 군사와 싸우게 했다. 네 번 접전에 모두 이를 이겼으나 군사는 적고 힘은 지쳐서 결국 패하고 계백은 여기에서 죽었다. 이때에 신라 군사는 당나라 군사와 연합해서 나루 어귀[津口][279)]로 육박하여 강가에 진을 치고 있는데 돌연히 웬 새가 정방의 군영 위로 빙빙 돌므로 사람을 시켜 점을 쳤더니 "반드시 원수님이 부상할 것이외다"고 하여 정방이 겁을 먹고 군사를 끌어들여 싸움을 그만두려고 하였다.

유신이 정방에게 말하기를, "어찌하여 나는 새의 요괴스러운 일 때문에 하늘이 주는 기회를 놓칠 것인가? 하늘과 사람의 의사에 따라 죄악을 정벌하는 이 참에 나쁜 조짐이 어디 있을 것인가?" 하고는 곧 신비로운 칼을 뽑아서 새를 겨누어 치니 새가 찢어져 정방의 좌석 앞에 떨어졌다.

이때야 정방이 강 왼쪽 기슭으로 나와 산 밑에 진을 치고 싸우니 백제 군사가 크게 패하였다. 당나라 군사[王師]는 밀물을 타서 병선들이 꼬리를 물고 북을 울리며 함성을 치고 진격하였다. 정방이 보병과 기병을 거느리고 곧장 도성(都城)으로 향하여 그 30리[一舍] 밖에 와서 머무니 성중의 전체 군사가 이를 막았으나 또 패전하여 죽은 자가 1만여 명이었다. 당나

◀ 왕흥사 터. 기록으로는 화려하게 남아 있는, 백제의 국찰이었던 왕흥사는 지금은 그 흔적만 겨우 남아 있다. 부여군 규암면 신라의 백마강 강가에 있는 왕언이마을 여염집 뒤안의 주춧돌 몇 개가 그 흔적들 중의 일부이다.

276) 즉 기벌포이다.
277) 원문의 "偕伯"은 "階伯"의 오기인 듯하다.
278) 지금의 충남 황등벌로 추정된다.
279) 진구는 고유 지명인지 분명치 않다.

라 군사가 이긴 틈을 타서 성에 육박하매 백제 왕이 최후를 면치 못할 것을 알고 탄식하면서 말하기를, "성충의 말을 듣지 않았기 때문에 일이 이 지경에 이르렀음을 뉘우치노라" 하고 마침내 태자 융(隆)[280]과 함께 북쪽 변경 땅으로 달아나니 정방은 그 성을 에워쌌다.

왕의 둘째 아들인 태(泰)가 스스로 왕이 되어 무리를 거느리고 성을 굳게 지켰다. 태자의 아들 문사(文思)가 왕 태에게 말하기를, "왕과 태자가 함께 나가고 숙부가 임의로 왕이 되었으니 만약 당나라 군사가 물러가면 우리가 어떻게 목숨을 부지하겠나이까" 하고는 측근자들을 데리고 줄을 타고 성 밖으로 나가니 백성들이 모두 그를 따랐으나 태가 말리지 못하였다.

정방이 군사를 시켜 성가퀴에 당나라 기를 세우니 태가 할 수 없이 성문을 열고 목숨을 빌었다. 이에 왕과 태자 융, 왕자 태, 대신 정복(貞福)이 여러 성들과 함께 항복하였다. 정방은 의자왕과 태자 융, 왕자 태, 왕자 연(演) 및 대신과 장사 88명, 백성 1만2,807명을 당나라 서울로 보냈다.

백제는 원래 5부, 37군, 200성(城), 76만 호였는데 이때에 와서 웅진(熊津),[281] 마한(馬韓), 동명(東明), 금련(金漣), 덕안(德安)[282] 등 다섯 도독부를 나누어 설치하고 우두머리를 뽑아서 도독(都督)과 자사(刺史)를 삼아 다스리게 하며 낭장(郎將) 유인원(劉仁願)을 시켜 도성을 지키게 하고 또 좌위낭장 왕문도(王文度)를 웅진 도독으로 삼아 남은 무리들을 진무하게 하였다.

정방이 포로들을 데리고 황제를 찾아뵈니 황제는 책망만 하고 모두 용서하였다. 의자왕이 병들어 죽으매 황제는 금자광록대부 위위경(金紫光祿大夫衛尉卿) 벼슬을 추증하고, 예전 신하들이 장사에 오는 것을 허락하며, 손호(孫皓)[283]와 진숙보(陳叔寶)[284]의 무덤 옆에 장사하도록 명령하고 함께 비를 세우게 하였다.

7년[285] 임술(662)에 소정방을 임명하여 요동 방면 행군대총관으로 삼았

---

280) 효(孝)라고도 하나 잘못이다.
281) 충남 공주 지방.
282) 전북 장수(長水) 지방.
283) 중국 삼국 시대의 오나라 말대 왕.
284) 남조 진나라의 후주.
285) 현경 7년을 의미하는 현경은 5년뿐이며 용삭 2년이다.

다가 뒤이어 평양 방면 행군대총관으로 개임하여 고구려 군사를 패강(浿江)에서 격파하고 마읍산(馬邑山)²⁸⁶⁾을 빼앗아 군영으로 정하고 드디어 평양성을 에워쌌다가 때마침 큰 눈이 와서 포위를 풀고 돌아갔다.

황제는 소정방을 양주(凉州) 안집대사(安集大使)로 임명하여 토번(吐蕃)²⁸⁷⁾을 평정하였다. 건봉(乾封)²⁸⁸⁾ 2년(667)에 소정방이 죽으니 당나라 황제가 애도하여 좌효기대장군 유주(幽州) 도독 벼슬을 추증하고 시호를 장(莊)이라 하였다.²⁸⁹⁾

신라의 다른 기록〔新羅別記〕에는 다음과 같이 쓰여 있다. "문무왕 즉위 5년 을축(665) 가을 8월 경자(庚子)에 왕이 친히 대부대 군사를 거느리고 웅진성(熊津城)으로 거동하여 가왕(假王)²⁹⁰⁾인 부여 융(扶餘隆)을 만나 제단을 만들고 흰 말을 잡아서 맹약을 하는데 먼저 천신과 산천의 신령들에게 제사한 후에 입에 피 바르는 절차를 치르고 글을 지어 맹세하기를, '지난날에 백제의 선왕(先王)이 역리와 순리를 분간 못하여 이웃 나라와 좋게 지낼 줄 모르고²⁹¹⁾ 인척간에 화목하지 못하면서 고구려와 결탁하고 왜국과 내통하여 함께 잔인과 포악을 일삼아 신라를 침략하여 고을을 겁탈하고 성을 함락시켜 조금도 편안한 해가 없었다. 중국 천자는 물건 하나라도 제자리를 잡지 못하는 것을 딱하게 여기고 죄없는 백성들을 불쌍히 여겨 여러 차례 사신을 보내어 사이좋게 화친하도록 하였다. 그러나 지세가 험하고 거리가 먼 것을 믿고 하늘의 법칙을 업신여기므로 황제는 크게 노하여 엄숙히 백성들을 위로하고 반역자를 문죄하는 토벌을 결행하니 군사들의 깃발이 향하는 곳은 한 칼에 씻은듯이 평정되었다. 일이즉 마땅히 궁실과 집터를 못으로 만들어 오는 세대를 경계하고 아주 뿌리를 뽑아버려 자손들에게 교훈을 보여줄 것이로되, 유순한 자를 맞아들이고 배반하는 자를 치는 것은 앞서 임금들의 좋은 법이요, 망한 것을 다시 일으키고 끊어진 것을 잇는 것은 지난날 성인들의 공통된 규범이었다. 어떤 일이든지 옛 것을

---

286) 평양 서남쪽 소재.
287) 지금의 티베트 지방.
288) 당나라 고종의 연호.
**289)** 이상은 당나라 역사에 쓰인 글이다.
290) 가왕의 "가(假)"는 비공식, 임시, 승인하지 않은 경우에 쓰는 용어.
291) 원문의 "不敢"는 "不敦"의 오간.

▲ 황산벌은 충청남도 논산시 연산면 황산리 일대이다. 그 대부분은 논이고 대추 과수원도 좀 있다.

본받아야 한다는 것은 역사에 전하고 있는 말이다. 그러므로 전 백제왕 사농정경(司農正卿) 부여 융을 세워 웅진 도독으로 삼아 자기 조상의 제사를 모시게 하고 그의 옛 고장을 보전케 하니 신라에 의지하여 길이 우방이 될 것이요, 저마다 묵은 감정을 버리고 우호를 맺으며 서로 화친하여 각각 조서의 명령을 받들고 길이 번방(藩邦)으로 복종할 것이다. 이리하여 황제는 우위장군 노성현공(魯城縣公) 유인원(劉仁願)을 보내어 친히 권유하고 황제의 결의를 자세히 선포하였다. 두 나라는 혼인으로써 약조를 맺고 맹세로써 다졌으며 짐승을 잡아 피를 머금었으니 언제나 함께 친목하여야 하며 걱정을 나누고 환란을 서로 구제하여 형제나 다름없이 사랑하여야 할 것이다. 황제의 말씀을 삼가 받들어 함부로 실수하지 말며 이미 맹세를 마친 뒤에는 다 함께 절조를 지킬 것이다. 만일 맹세를 저버리고 그 행동이 한결같지 못하여 군사를 일으키거나 무리를 움직이거나 변경을 침범하는 등의 일이 있다면 신명이 굽어볼 것이요, 수없는 재앙이 내릴 것이며 자손을 기르지 못할 것이요, 나라를 보전하지 못할 것이며 제사가 끊어질 것이

▲ 황산벌에서 그리 멀지 않은 부적면 신풍리에는 **계백 장군의 무덤**이라고 전해져오는 무덤이 있다. 백제 유민들이 전사한 계백 장군을 가매장했던 곳이라고 한다.

요, 남을 것이 아무것도 없을 것이다. 그러므로 여기에 금 글자와 쇠 문서[金書鐵契]를 만들어 종묘에 간직해두고, 자손 만대를 통하여 감히 어기거나 범하거나 하지 못할 것이다. 신령님은 이를 듣고 제물을 받으시고 복을 베푸시라' 하였다.

입에 피 바르는 절차가 끝난 후 제물을 제단의 북쪽에 묻고 맹세문을 종묘에 간직하니 이 맹세문은 바로 대방(帶方) 도독 유인궤(劉仁軌)가 지은 것이다."[292]

또 옛 기록에 이르기를, "총장(總章)[293] 원년 무진(668)[294]에 신라 사람들

---

292) 위에 쓰인 당나라 역사 기사에는 "정방이 의자왕 및 태자 융을 당나라 서울로 보냈다"고 하였고 여기에서는 "부여왕 융을 만났다"고 하였은즉 당나라 황제가 융을 용서하여 돌려보내서 도독으로 삼은 것을 알 수 있다. 그러므로 맹세문에 명백히 말하였으니 이것으로써 증거가 될 것이다.
293) 당나라 고종의 연호.
294) 만약 총장 연간의 무진이라면 이적(李勣)의 일일 것이요 아래 기사에 나오는 소정방은 잘못된 것이다. 만약 정방이라면 연호는 용삭 2년 임술(662)에 해당하니 이는 평양에 와서 성을 에워싸던 때가 될 것이다.

기이(紀異) 제2 137

이 청한 당나라 군사가 평양의 교외에 주둔하고 있으면서 글을 보내어 말하기를, '빨리 군량을 나르라'고 하였다. 문무왕이 여러 신하들을 모으고 묻되 '적국에 있는 당나라 진영까지 들어간다는 것은 형세가 위험한 일이요, 우리가 청해온 당나라 군사의 군량이 부족한데 이것을 수송하지 못한다면 이 역시 옳지 못한 일이다. 어떻게 했으면 좋을까?' 하니 유신이 아뢰어 '저희들이 능히 그 군량을 나를 수 있으니 청컨대 대왕은 걱정 마소서' 하고 유신과 인문 등이 군사 수만 명을 거느리고 고구려 국경을 넘어들어가 군량 2만 석[斛]을 수송하고 곧 돌아오니 왕이 크게 기뻐하였다. 또다시 군사를 동원하여 당나라 군사와 회합하고자 유신이 먼저 연기(然起)와 병천(兵川) 두 사람을 보내어 회합할 기일을 물었더니 당나라 장수 소정방이 종이에 난새[鸞]와 송아지[犢] 두 가지를 그려보내왔다. 나라 사람들이 그 뜻을 풀지 못하여 사람을 시켜 원효법사(元曉法師)에게 물었더니 그가 해석하여 말하기를, '빨리 군사를 돌이키라[速還]는 뜻이다. 화독(畫犢)과 화란(畫鸞)의 두 개의 반절(反切)[295]이니라'고 하였다. 이에 유신이 군사를 돌려 패강(浿江)을 건너고자 명령을 하여 '꽁무니에 건너는 자는 목을 벤다'고 하였더니 군사들이 앞을 다투어가며 절반쯤 건너는 판에 고구려 군사가 와서 미처 건너지 못한 자들을 덮쳐서 죽였다. 이튿날 유신이 군사를 돌려 고구려 군사를 추격하여 수만 명을 잡아 죽였다"고 하였다.

「백제고기(百濟古記)」에 이르기를, "부여성 북쪽 귀퉁이에 있는 큰 바윗돌이 밑으로는 강물 쪽에 내밀고 있는데 전해오는 말로 의자왕이 여러 궁녀들과 함께 최후를 면치 못할 줄을 알고 서로 말하기를, '차라리 자살을 할지언정 남의 손에 죽지는 말자' 하면서 서로 이끌고 이곳에 와서 강물에 몸을 던져 죽었다. 그러므로 세상에서는 이 바위를 불러 '타사암(墮死巖 : 떨어져서 죽은 바위)'이라고 한다"고 하였다. 이것은 잘못 전해지고 있는 속설인데 궁녀들만은 여기에 떨어져 죽었으나 의자왕은 당나라에 가서 죽었다는 것이 당나라 역사에 명백히 쓰여 있다.

---

295) 원문 "二切"의 의미가 좀 모호하나 문장대로 보면 "화독"의 반절음은 "혹"이요, "화란"의 반절음은 "한"이니 두 반절음을 어울리면 "혹한"이 되는바 "혹한"은 속환(速還)의 의음(擬音)으로 당시에 통용되던 한자음을 써서 "속환(빨리 돌이키라)"을 수수께끼로 표현한 것으로 본다. 「대동운부군옥」에는 "二切"을 "二物"이라 하였다.

또 신라의 예로부터 전하는 책[新羅古傳]에 이르기를, "정방이 고구려와 백제 두 나라를 치고 나서 다시 신라를 칠 계획으로 머물고 있더니 이 때에 유신이 그 계획을 알고 당나라 군사를 초대하여 독약을 먹임으로써 모조리 죽여 이를 구덩이에 묻었다"고 하였다. 지금도 상주 지방에 "당나라 다리[唐橋]"가 있으니 이것이 그 때 묻은 자리이다.[296]

당나라 군대가 백제를 평정하고 돌아간 후에 신라왕이 여러 장수들에게 명령하여 백제의 남은 적을 추격하여 사로잡도록 하고 한산성(漢山城)[297]에 주둔하고 있더니 고구려와 말갈 두 나라의 군사가 와서 이를 포위하였으므로 마주 싸웠으니[298] 포위를 풀지 못하고 5월 11일로부터 6월 22일에 이르매 우리 군사가 매우 위급하였다.

왕이 이 말을 듣고 여러 신하들과 의논하여 "무슨 계책이 없을까?" 하고 망설이면서 결정을 못 짓더니 이때에 유신이 달려나와 아뢰기를, "사세가 급합니다. 사람의 힘으로써는 미치지 못할 것이요, 오직 귀신의 술법으로서만 구원할 수 있을 것이외다"라고 하고는 곧 성부산(星浮山)[299]에 제단을 설치하고 신술을 청하였더니 갑자기 큰 독만한 불빛이 번쩍거리면서 제단 위에서 나와 별처럼 날아서 북쪽으로 갔다.[300]

---

▶**타사암**은 흔히 낙화암이라고 부르는 곳이다. 부여읍 쌍북리의 부소산에 있다. 거기서는 백마강이 잘 내려다보인다. 그러나 지금은 수량이 줄어서인지 낙화암에서 뛰어내려도 강물로 빠지게는 되어 있지 않다.

296) 당나라 역사를 보면 그의 죽은 까닭을 말하지 않고 다만 "죽었다"고만 하였으니 무엇 때문일까? 역시 사실대로 쓰기를 기피한 것일까? 우리 땅에 전하는 이야기가 근거가 없는 것일까? 만약 임술년(662) 고구려를 치던 전쟁에서 신라 사람들이 정방의 군대를 죽였다면 그뒤 총장 무진년(668)에 어떻게 당나라에 청병을 하여 고구려를 멸망시킨 일이 있을 수 있겠는가? 이것으로써 우리 지방의 기록[鄕傳]이 근거가 없다는 것을 알 수 있다. 다만 무진년에 고구려를 멸한 후에 신라가 당나라를 신하로서 섬기지 않고 고구려의 땅을 마음대로 차지했을뿐, 소정방과 이적을 죽이는 데에까지는 이르지 않았을 것이다.

297) 경기도 광주 지방.
298) 「삼국사기」 무열왕 8년 조 참조.
299) 경주 지방 소재.
300) 이 때문에 산 이름을 성부산(별이 떠오른 산)이라고 하였다. 이 산 이름에 대하여 다른 일설로는 이 산이 도림(都林)의 남쪽에 있어 봉우리가 하늘로 빼어난 것이 바로 이 산이다. 서울 사람 하나가 벼슬을 할 계획으로 아들을 시켜 높은 횃불을 만들어 밤에 이 산에 올라가 쳐들었더니 그날 밤 서울 사람들이 불을 바라보고 모두들 괴상한 별이 그곳에 나타났다고 하였다. 왕이 이 말을 듣고 걱정하여 사람을 구하여 푸닥거리를 하려고 하였더니 그의 아버지가 하겠다고 나섰다. 천문 맡은 관리가 아뢰기를 '이것은 그리 큰 괴변이 아니라 다만 누구네 집에서 아들은 죽고 아버지는 울 징조일 뿐이외다'고 하여 드

한산성 안의 군사들은 구원병이 오지 않음을 원망하면서 마주 쳐다보고들 울 뿐이었다. 적이 급히 공격하려고 하니 갑자기 그 광채가 남쪽 하늘 끝에서 와서 벼락이 되어 30여 곳의 돌대포를 쳐부수니 적군의 활과 화살과 창칼들이 산가지처럼 산산이 부서지고 모두들 땅에 엎어졌다가 얼마 후에 깨어나서 한꺼번에 허물어져 달아나고 우리 군사들도 돌아왔다.

태종이 처음 즉위하였을 때에 멧돼지를 바친 자가 있어 머리는 하나요, 몸뚱이는 둘이요, 발이 여덟이었다. 해석하는 자가 말하기를, "이것은 필시 천하[六合]를 병탄할 조짐이외다"라고 하였다. 이 임금 시대에 처음으로 중국의 의관과 상아 홀(笏)[301]을 쓰게 되었으니 이것은 자장법사(慈藏法師)가 당나라 황제에게 청하여 가지고 와서 전한 것이다.

신문왕(神文王) 때에 당나라 고종이 신라에 사신을 보내어 말하기를, "돌아가신 나의 아버지께서는 어진 신하 위징(魏徵)과 이순풍(李淳風) 등을 만나서 마음과 행동을 함께 하여 천하를 통일하였으므로 '태종' 황제라 하였지만 너희 신라는 해외의 작은 나라로서 '태종'이라는 왕호를 사용하여 천자의 이름을 참람히 범하는 것은 그 뜻이 불충스러우니 빨리 왕호를 고칠 것이다"라고 하니 신라왕이 글을 올려 "신라가 비록 작은 나라일지라도 갸륵한 신하 김유신을 얻어 삼국을 통일하였으므로 '태종'으로 봉한 것이외다" 하였다. 황제가 신라왕의 글을 보고는 곧 자기가 황태자로 있을 때에 하늘에서 외치는 소리로 '33천[302]의 한 분이 신라에 태어나서 유신이 되었다'고 하던 말을 글로 적어둔 것이 생각나서 꺼내어보고는 놀랍고 무섭지 않을 수 없어서 다시 사신을 보내 태종의 왕호를 고치지 않아도 좋다고 하였다.

### 장춘랑(長春郎)과 파랑(罷郎)[303]

처음에 백제 군사와 싸우던 황산 전투에서 장춘랑과 파랑이 진중에서

디어 푸닥거리를 그만두었다. 이날 밤에 그 아들이 산에서 내려오다가 범에게 물려 죽었다고 한다.

301) 조회할 때 고관들이 손에 잡는 기물.
302) 불교에서 말하는 하늘의 여러 세계.
**303)** "羆郎"이라고도 한다.

전사하였다. 그후 백제를 칠 때에 태종에게 현몽하여 말하기를,[304] "우리는 예전에 나라를 위하여 목숨을 바쳤사온바 백골이 되어서도 나라를 끝까지 보위코자 하와 이 때문에 언제나 부지런히 군사들만 따라다녔습니다. 그러나 당나라 장수 소정방의 위력에 부대껴 남의 뒤로만 쫓겨다니게 되었습니다. 원하옵건대 왕은 저희들에게 얼마의 군사를 보태주소서"라고 하였다.

  왕은 놀랍고 괴이하여 두 사람의 영혼을 위하여 모산정(牟山亭)에서 하루 동안 불경을 설법하고 또 한산주(漢山州)에 장의사(壯義寺)[305]를 세워 명복을 빌었다.

---

304) 「삼국사기」 무열왕 6년 조 참조.
305) 서울 창의문(彰義門) 밖에 옛터가 있다.

# 권 제 2

# 권 제2

### 문무왕(文武王)[1] 법민(法敏)

왕이 처음으로 즉위한 용삭(龍朔) 신유(661)에 사비수(泗沘水) 남쪽 바다에 여자의 시체가 있었는데 몸 길이가 73척이요, 발 길이가 6척이요, 생식기 길이가 3척이나 되었다. 혹은 말하기를 몸 길이가 13척이며, 건봉(乾封)[2] 2년 정묘(667)라고도 한다.

총장(總章)[3] 무진(戊辰)에 왕이 군사를 거느리고 인문(仁問), 흠순(欽純) 등과 함께 평양에 와서 당나라 군사와 회합하여 고구려를 멸하고 당나라 장수 이적(李勣)은 고장왕(高臧王)을 사로잡아 본국으로 돌아갔다.[4]

---

1) 원문 "文虎"의 "虎"는 "武"를 대신한 글자.
2) 원문 "封乾"은 당나라 고종의 연호 건봉의 오서.
3) 고종의 연호.
4) 왕의 성이 고씨이므로 고장(高臧)이라고 한다. 「당서」 "고제기"*에 의하면 현경 5년 경신(660)에 소정방 등이 백제를 정벌하였고 그뒤 12월에 대장군 설필하력(契苾何力)**이 패강도***행군대총관이 되고 소정방이 요동도 대총관이 되고 유백영이 평양도 대총관이 되어 고구려를 쳤다. 또 이듬해 신유(661) 정월에는 소사업이 부여도 총관이 되고 임아상이 패강도 총관이 되어 군사 35만을 거느리고 고구려를 쳤다. 8월 갑술에는 소정방 등이 고구려에 와서 패강에서 싸우다가 패배하였으니 건봉 원년 병인(666) 6월에 방동선, 고간,**** 설인귀, 이근행 등이 후원군이 되어 9월에 방동선이 와서 고구려와 싸워 이를 이겼다. 12월 기유에는 이적을 요동도 행군대총관으로 삼아 여섯 총관의 군사를 거느리고 가서 고구려를 쳤다. 총장 원년 무진(663) 9월 계사에는 이적이 고장왕을 사로잡아 12월 정사에 포로를 황제에게 바쳤다. 상원***** 원년 갑술(674) 2월에 유인궤를 계림도 총관으로 삼아 신라를 쳤다. 그런데 우리 땅 옛 기록[鄕古記]에는 "당나라가 육로장군 공공과 수로장군 유상을 보내어 신라의 김유신 등과 함께 고구려를 쳤다"고 하였는데 여기서는 인문, 흠순이라고만 하였고 유신은 없으니 자세히 모를 일이다.
  * 원문의 "高記"는 "高帝記."
  ** 원문의 "契如何"는 "契苾何力"의 오기.
  *** 원문의 "爲浿江道" 이하 "無庾信未詳"까지는 그 위 주해문의 계속인데 대문으로 잘

이때에 당나라 유격병의 모든 장병들이 진에 머물면서 장차 신라를 습격하려고 계획하는 것을 왕이 알아채고 군사를 동원하였더니 이듬해에 고종이 사람을 시켜 인문을 불러 꾸짖어 말하기를, "네가 우리 군사를 청하여 고구려를 멸하고도 우리 군사를 해치려는 것은 어떤 까닭이냐?" 하고는 곧 옥[圓扉]에 가두고 50만 군사를 조련하여 설방(薛邦)을 대장으로 삼아 신라를 치려 하였다. 이때에 의상법사(義相法師)가 불법 공부를 위하여 당나라에 들어가 있던 중에 인문을 찾아와보니 인문이 이 일을 그에게 알려주었다. 의상이 곧 귀국하여 왕에게 보고하였더니 왕이 매우 염려하여 여러 신하들을 모아놓고 방어할 계책을 물었다.

　각간 김천존(金天尊)이 말하기를, "요즘 명랑법사(明朗法師)라는 이가 있어 용궁에 들어가서 비법을 받아왔다고 하오니 한번 물어보소서" 하였다.

　명랑이 왕에게 아뢰되, "낭산 남쪽에 신유림(神遊林)이 있는바 그곳에 사천왕사를 짓고 도량(道場)⁵⁾을 개설하면 될 것이외다"라고 하였다.

　이때에 정주(貞州)⁶⁾에서 사람이 달려와 급보하기를, "당나라 군사들이 수없이 우리나라 지경까지 와서 바다 위에 순회하고 있사외다"라고 하였다.

　왕이 명랑을 불러 말하기를, "일이 벌써 절박하게 되었으니 어떻게 하였으면 좋겠는가?" 하니 명랑이 말하기를, "채색 비단으로써 절을 임시로 만들면 됩니다" 하여 왕이 채색 비단으로써 절집을 꾸리고 풀[草]로써 오방⁷⁾의 신상을 꾸려놓고 유가 명승(瑜伽明僧)⁸⁾ 열두 명이 명랑법사를 우두머리로 삼아 문두루(文豆婁)⁹⁾의 비밀 술법을 썼다. 이때에 당나라 군사와 신라 군사가 아직 교전을 하지 않았는데 풍랑이 크게 일어나서 당나라 배

---

　　　못 편성되었다.
　　**** 원문 "高臨"은 "高侃"의 오자.
　　***** 당나라 고종의 연호.
5) 불교나 다른 종교에서 교리를 공부하는 장소 또는 그 모임.
6) 지금의 경기도 개풍 지방.
7) 오방은 동, 서, 남, 북, 중앙.
8) 불교의 한 종파로서의 밀교(密敎)의 중.
9) 술법의 명칭.

가 모두 물에 침몰하였다. 뒤에 절을 고쳐 지어 사천왕사라고 불렀는데 지금도 불단의 법석이 계속되고 있다.[10]

그후 신미년(671)에 당나라는 다시 조헌(趙憲)을 장수로 삼아 역시 군사 5만을 거느리고 와서 쳤다. 이때에도 그 술법을 썼더니 배들이 그전처럼 침몰하였다. 이때에 한림랑 박문준(朴文俊)이 인문과 함께 옥중에 있었는데 고종이 문준을 불러 말하기를, "너희 나라에 무슨 비밀 술법이 있는가? 두 번이나 큰 군사를 동원하였는데도 살아 돌아온 자가 없구나!" 하니 문준이 다음과 같이 아뢰었다. "저희들이 윗나라에 온 지 10여 년에 본국의 일은 알 수 없으나 다만 멀리서 한 가지 일을 들었을 뿐이온데, 그것은 윗나라의 은혜를 후히 받아 삼국을 통일하고 그 은덕을 보답하기 위하여 새로 천왕사를 낭산의 남쪽에 짓고 황제님의 만수무강을 축복하노라고 오랜 동안을 두고 법석을 배설하였을 뿐이라고 합니다." 고종이 이 말을 듣고 크게 기뻐하며 바로 예부시랑 악붕귀(樂鵬龜)를 신라에 보내어 그 절을 알아보도록 하였다. 왕이 미리 당나라 사신이 오리라는 소문을 듣고 이 절을 보이는 것이 마땅스럽지 못하였으므로 곧 따로 그 절 남쪽에 새 절을 지어 놓고 기다렸다.

사신이 와서 말하기를, "황제를 위하여 축수하는 천왕사에 가서 먼저 분향을 해야 하겠다"고 하므로 곧 새 절로 인도하여 보였더니 사신이 대문 앞에 서서 말하기를, "이것은 사천왕사가 아니다"라고 하면서 멀리 덕요산(德遙山)에 있는 절을 바라보고 끝내 들어가지 않았다. 신라에서 그에게 황금 1,000냥을 뇌물로 주었더니 그는 돌아가 아뢰기를, "신라가 천왕사를 세우고 새 절에서 황제의 장수를 빌 뿐이었습니다"라고 하였다. 당나라 사신의 말에 따라서 그 절을 망덕사(望德寺)라고 하였다.[11]

왕은 문준이 말을 잘하여 당나라 황제가 관대히 처분할 의향이 있다는 말을 듣고 곧 강수(強首) 선생에게 명하여 인문의 석방을 청하는 글을 지어 사인(舍人)[12] 원우(遠禹)를 시켜 당나라에 올렸다. 황제가 글을 보고 눈

10) 「국사」*에는 조로(調露)** 원년 기묘(679)에 크게 고쳐 지었다고 하였다.
  * 「구삼국사」의 약칭으로 추정된다.
  ** 당나라 고종의 연호.
11) 더러는 효소왕 때의 일이라고 하나 이는 잘못이다.
12) 신라의 관직 명칭으로 임금 또는 고관의 비서역.

물을 흘리면서 인문을 용서하여 위로해 보냈다. 인문이 옥에 있을 때에 나라 사람들이 인문을 위하여 절을 짓고 그 절 이름을 인용사(仁容寺)라 하고 관음도량(觀音道場)[13]을 개설하였더니 인문이 돌아오다가 바다에서 죽자 고쳐서 미타도량(彌陀道場)[14]이라 하였는데 지금도 남아 있다.

왕은 나라를 다스린 지 21년 만인 영륭(永隆)[15] 2년 신사(681)에 죽으면서 동해 가운데의 큰 바위 위에 장사하라고 유언하였다.

왕이 평상시에 지의법사(智義法師)에게 말하기를, "내가 죽은 뒤에는 원컨대 나라를 수호하는 큰 용이 되어 불교를 떠받들고 국가를 보위하리라"고 하니 법사가 말하기를, "짐승으로 태어나서 용이 되어도 좋겠나이까?" 하였다.

왕이 말하기를, "내가 세상 영화를 싫어한 지가 오래되었다. 만약에 내가 인과응보의 법에 따라 짐승이 된다면 나의 뜻에 꼭 맞을 것이다"라고 하였다.

왕이 처음 즉위하여 남산에 장창(長倉 : 긴 창고)[16]을 설치하였으니 길이가 50보요, 너비가 15보였는데 쌀과 병기를 저장하니 이것이 우창(右倉)이 되었고, 천은사(天恩寺) 서북쪽 산 위에 있는 것이 좌창(左倉)이 되었다.

다른 책에는 "건복(建福)[17] 8년 신해(591)에 남산성을 쌓으니 주위가 2,850보이다"라고 하였는바 이는 진평왕[18] 때에 처음 쌓았다가 이때에 와서 중수한 것이다. 또 부산성(富山城)을 쌓아 3년 만에 끝마치고 안북하(安北河) 가에 철성(鐵城)을 쌓았다.

또 서울에 성곽을 쌓으려고 하여 이미 책임 관리[眞吏]를 명령하였던바 이때에 의상법사가 이 말을 듣고 글을 올려 아뢰되, "왕의 정치와 교화가 밝으면 비록 풀 언덕에 금을 그어 성으로 삼더라도 백성들이 감히 타고 넘지 않을 것이요, 재앙을 물리치고 복이 들어오도록 할 것이로되, 만약 정

---

13), 14) 관음은 불교에서 자비를 상징하는 보살로서 관세음보살의 약칭이요, 관음도량은 「관음경」을 공부하는 모임의 명칭이며, 미타도량은 「아미타경」을 공부하는 모임의 명칭이다.
15) 당나라 고종의 연호.
16) 「삼국사기」에는 문무왕 3년에 설치.
17) 신라 진평왕의 연호.
18) 원문의 "眞德"은 "眞平"의 오서.

치와 교화가 밝지 못하면 비록 만리장성이 있더라도 재해를 없앨 수 없을 것입니다"하니 왕이 이에[19] 곧 역사를 중지하였다.

인덕(麟德)[20] 3년 병인(666) 3월 10일에 어떤 사람의 집에 계집종이 있어 이름이 길이(吉伊)인데 한 태에 아들 셋을 낳았고, 총장 3년 경오(670) 정월 7일에 한기부(漢岐部)의 일산 급간(一山級干)[21] —— 혹은 성산 아간(成山阿干)[22]의 계집종이라고 한다 —— 이 한 태에 아이 넷을 낳았는데 딸 하나에 아들이 셋이었는바 나라에서는 곡식 200석을 상으로 주었다.

또 고구려를 쳐서 그 나라의 왕손(王孫)을 데려다가 진골(眞骨)[23]의 지위에 두었다.

왕이 하루는 그의 서(庶) 아우인 차득공(車得公)을 불러 말하기를, "네가 정승이 되어 모든 관리들을 고루 감독하고 온 나라 일을 처리하라"하니 차득공이 말하기를, "폐하께서 만약 저 같은 자로 재상을 삼으신다면 소신은 국내를 몰래 숨어다니면서 백성들의 부역하는 형편과 납세의 경중, 관리들의 청탁(淸濁)을 본 연후에 취임하기를 원합니다"라고 하니 왕이 이를 승낙하였다.

거득공은 중 복색을 차리고 손에 비파를 잡고 거사(居士)[24]의 차림을 하고는 서울을 떠나서 아슬라주(阿瑟羅州),[25] 우수주(牛首州),[26] 북원경(北原京)[27]을 경유하여 무진주(武珍州)[28]에 이르러 동리와 거리로 돌아다니는데 고을의 관인인 안길(安吉)이 그를 이인(異人)으로 보고 자기 집에 청해다가 갖은 인정을 다하여 대접하였다.

밤이 되어 안길이 처첩 세 사람을 불러서 말하기를, "지금 우리 집에 묵고 계시는 거사 손님을 모시고 자는 사람은 나와 죽을 때까지 함께 살 것

---

19) 원문의 "於是" 아래의 결자는 "乃"로 추정된다.
20) 당나라 고종의 연호.
21) 급간은 신라 17관등 중 제9위인 급벌찬과 같다.
22) 아간은 신라 17관등 중 제6위인 아찬과 같다.
23) 신라의 골품제에서 부모 중 어느 한쪽이 왕족이 아닌 신분.
24) 중이 되지 않고 집에서 수도하는 자.
25) 명주(지금의 江陵).
26) 춘주(지금의 春川).
27) 충주(지금의 原州).
28) 해양(海陽 : 지금의 光州).

▲ 경주 시내에서 불국사 쪽으로 가는 길의 오른쪽인 배반동의 논 중간에 **망덕사 터**가 있다. 주춧돌들과 당간지주가 남아 있다. 그 맞은편, 곧 길의 왼쪽에는 사천왕사 터가 있다.

이오" 하니 두 아내는 말하기를, "차라리 당신과 함께 못 살았으면 못 살았지 어찌 남과 같이 잘 수야 있겠소" 하는데 다른 한 아내는 있다가 "당신이 만약 죽을 때까지 함께 살기를 승낙하신다면 곧 시키는 대로 하겠습니다" 하여 그대로 말을 들었다.

  이튿날 아침에 거사가 작별을 하고 떠나려 할 때에 말하기를, "나는 서울 사람인데 내 집이 황룡(皇龍), 황성(皇聖) 두 절 사이에 있고 내 이름은 단오(端午)²⁹⁾라고 하오. 주인이 혹 서울까지 오거든 내 집을 찾아주면 고맙겠소" 하고 그 길로 서울에 도착하여 그는 정승이 되었다.

  나라의 제도에 지방 각 주의 관리가 한 사람씩 서울로 올라와 각 조(曹)³⁰⁾에 매여 번살이하는 법 —— 지금의 "기인(其人)"³¹⁾이 그것이다 —— 이 있었

---

29) 민간에서 단오를 "수레옷[車衣]"*이라고도 한다.
    * 지금도 단오떡을 수리치떡이라 한다.
30) 성(省)에 비교할 수 있는 행정부서.
31) 고려 시대에는 서울로 번을 드는 지방 관리의 일종이었으나 조선 초기에 와서는 궁중에 근무하는 천역이 되었다.

▲ 경주시 양북면 용당리의 해안으로부터 200미터쯤 떨어진 바다에 **대왕암**이라고 짐작들 하는 그 "큰 바위"가 있다.

다. 안길이 제 번차례가 되어 서울까지 올라왔다. 그는 두 절 사이에 있는 단오거사의 집을 물었으나 아무도 아는 사람이 없었다. 안길이 길가에서 한동안 섰으려니 한 노인이 지나가다가 안길의 말을 듣고 한참 생각하고는 말하기를, "두 절 사이에 있는 집이라는 말은 아마도 대궐일 것이네. '단오'라는 말은 차득영공(車得令公)을 가리키는 말이니 그가 몰래 지방으로 다닐 때에 아마도 자네가 알게 되어 약속을 한 모양이로구먼!" 하니 안길이 사연을 늘어놓았다.

노인이 말하기를, "자네는 궁성의 서쪽 귀정문(歸正門)으로 가서 출입하는 궁녀를 기다려서 사연을 말하라"고 하였다.

안길이 그 말대로 가서 "무진주(武珍州)에 사는 안길이 대문까지 왔소이다"고 아뢰었더니 공이 듣고 달려나와 그의 손목을 끌고 대궐로 들어가 공의 부인을 불러내어 안길과 함께 잔치를 하는데 차린 음식이 50가지나 되었다.

이 일을 임금께 아뢰었더니 성부산(星浮山)[32] 밑의 땅을 무진주에서 서

---

32) 성손호산(星損乎山)이라고도 한다.

울로 번살이 가는 자의 소목전(燒木田)³³⁾으로 삼아 사람들이 나무하는 것을 금하여 누구도 감히 가까이 가지 못하게 하니 서울 사람이고 지방 사람이고 할 것 없이 그를 부러워하였다. 산 밑에는 밭 30묘가 있어 종자 석 섬을 뿌리는데, 이 밭의 곡식이 잘되면 무진주도 풍년이 들고 이 밭의 곡식이 잘못되면 무진주도 잘못되었다고 한다.

## 거센 물결을 잠재우는 젓대[萬波息笛]

제31대 신문대왕의 이름은 정명(政明)이요 성은 김씨이다. 개요(開耀)³⁴⁾ 원년 신사(681) 7월 7일에 즉위하여 영명한 선대 부왕인 문무대왕을 위하여 동해 바닷가에 감은사(感恩寺)를 지었다.³⁵⁾

이듬해 임오년(682) 5월 초하룻날³⁶⁾ 바다 일을 보는 파진찬(波珍飡)³⁷⁾ 박숙청(朴夙淸)이 왕께 아뢰기를, "동해 가운데 한 작은 산이 감은사를 향하여 떠와서 파도가 노는 대로 왔다갔다 하나이다" 하였다.

왕이 이상하게 여겨 천문을 맡은 관리 김춘질(金春質)³⁸⁾에게 점을 쳐보라고 하였더니, 그가 말하기를 "선대 임금이 지금 바다의 용이 되어 삼한을 수호하고 있습니다. 더군다나 또 김유신공은 33천의 한 분으로 지금 인간세상에 내려와 대신이 되었사온바 두 분 성인은 덕행이 같으신지라 성을 지키는 보물을 내리시려는 것 같사오니 만약 폐하께서 해변으로 나가보신다면 반드시 값으로 칠 수 없는 큰 보물을 얻을 것이외다"라고 하였다.

왕이 기뻐하여 그 달 이렛날 이견대(利見臺)로 거동하여 그 산을 건너다

---
33) 원문 "繞木田"의 '繞'는 "燒"의 오자인 듯한바 땔나무 산판이라는 의미이다.
34) 당나라 고종의 연호.
35) 절 기록에는 이르기를 문무왕이 일본 군사를 진압하기 위하여 일부러 이 절을 처음으로 짓다가 다 끝내지 못하고 죽어 용이 되었으며 그 아들 신문왕이 즉위하여 개요 2년(682)에 내부 장치를 마쳤다. 이 절의 문지방 돌 아래에 동쪽을 향하여 구멍이 한 개 났는데 이는 용이 절에 들어와서 서리고 있게 하기 위한 것이라고 한다. 아마도 유언에서 뼈를 간직하라는 곳이 대왕암(大王巖)이요 절 이름이 감은사이며 용이 나타난 장소를 이견대(利見臺)라 하였다고 한다.
36) 다른 책에는 천수* 원년이라고 하지만 이는 잘못이다.
  * 당나라 무후(武后)의 연호.
37) 신라 17관등의 제4위.
38) 춘일(春日)이라고도 한다.

보고 사람을 보내어 잘 알아보게 하였더니 산 모양은 거북의 머리처럼 생겼고 그 위에 대막대기 한 개가 있어 낮에는 둘이 되었다가 밤에는 하나로 합쳐졌다.[39] 심부름 갔던 사람이 와서 이 사실을 왕께 아뢰었다. 왕이 감은사에 와서 묵는데 이튿날 오시(午時)에 갈라졌던 대가 합쳐져 하나가 되는데 천지가 진동하고 바람이 불고 비가 오면서 이레 동안 캄캄하다가 그 달 16일이 되어서야 바람이 자고 물결이 평온해졌다.

왕이 배를 타고 그 산으로 들어가니 용이 검정 옥대를 가져와 바치는지라 왕이 영접하여 함께 앉아서 묻기를, "이 산과 대가 어떤 때는 갈라지고 어떤 때는 맞붙으니 무슨 까닭인가?" 하였다.

용이 대답하기를, "이것은 비유하자면 한 손으로는 쳐도 소리가 없으나 두 손뼉으로 치면 소리가 나는 것과 마찬가지입니다. 이 대라는 물건도 마주 합한 연후에 소리가 나는 것입니다. 거룩한 임금이 소리로써 천하를 다스릴 좋은 징조입니다. 왕이 이 대를 가져다가 젓대를 만들어 부시면 천하가 화평할 것입니다. 지금 선대 임금께서 바다 가운데 큰 용이 되시고 유신공도 다시 천신이 되어 두 분 성인의 마음이 합하매 이와 같이 값으로 칠 수 없는 큰 보물을 내어 나를 시켜서 바치는 것이외다"라고 하였다.

왕이 놀랍고도 기뻐서 오색 비단과 금과 옥으로 시주를 하였다. 칙사가 대를 꺾어 바다에서 나올 때에는 산과 용이 갑자기 숨어버리고 나타나지 않았다.

왕은 감은사에서 묵고 17일에는 기림사(祇林寺) 서쪽 냇가에 이르러 수레를 멈추고 점심 참을 치렀다.

태자 이공(理恭)[40]이 대궐을 지키다가 이 소문을 듣고 말을 타고 달려와 치하하면서 천천히 살펴보고 말하기를, "이 옥대에 달린 여러 개의 장식은 모두가 진짜 용들입니다" 하니 왕이 물어서 "네가 어떻게 그것을 아는가?" 하였다.

태자가 말하기를, "옥 장식 한 개를 따서 물에 담가 보여드리지요" 하고는 곧 왼쪽에서 둘째 옥 장식을 따서 개울물에 담그니 즉시 용이 되어 하

---

**39)** 다른 말로는 그 산도 역시 낮과 밤에 벌어졌다 합하는 것이 대와 같았다고 한다.
**40)** 즉 효소대왕이다.

▲ 경주시 양북면 용당리에 있는 **감은사 터**에는 당당한 삼층탑 두 기와 그밖의 여러 석물들이 남아 있다. 그 탑들은 높이가 13미터인데 우리나라 삼층탑 중에서는 가장 큰 것이다.

늘로 올라가고 그곳은 못이 되었으니 이 때문에 그 못을 용연(龍淵)이라고 이름지었다.

 왕의 행차가 돌아와 그 대를 가지고 젓대를 만들어 월성(月城)의 천존(天尊) 고방에 간직하였는데 이 젓대를 불면 적병이 물러가고 병이 낫고 가뭄에는 비가 오고 장마가 개고 바람이 자고 파도가 잦아졌으므로 이름을 "거센 물결을 잠재우는 젓대[萬波息笛]"라 하여 국보로 일컬었다. 효소대왕 시대 천수(天授)[41] 4년 계사(693)에 부례랑(夫禮郎)[42]이 살아 돌아온 기적으로 인하여 다시 이름을 "수없이 거센 물결들을 잠재우는 젓대[萬萬波波息笛]"라고 고쳐 붙였으니 자세한 것은 그의 전기에 쓰여 있다.

---

41) 천수는 2년뿐이요, 4년으로 치는 계사는 장수(長壽) 2년이다.
42) 원문 "失禮郞"의 '失'은 '夫'의 오자인 듯하다. 이 책 권 제3 "백률사"편 부례랑 기사 참조.

▲ **기림사**는 경주시 양북면 호암리에 있다. 그 절의 약사전 앞뜰 한켠에는 주춧돌들이 여러 개 모아져 있어 옛날의 규모를 짐작하게 한다.

## 효소왕 시대의 죽지랑(竹旨郎)[43]

제32대 효소왕 시대 죽만랑(竹曼郎)의 화랑 무리 중에 득오 급간(得烏級干)[44]이 풍류황권(風流黃卷)[45]에 이름을 달아놓고 날마다 출근을 하더니 열흘이 되도록 보이지 않았다.

죽만랑은 득오의 어머니를 불러 "그대의 아들이 어디 갔느냐?"고 물었더니 그 어머니가 대답하기를, "당전(幢典)[46]으로 있는 모량 땅의 익선 아간(益宣阿干)이 우리 아들을 부산성(富山城) 창고지기로 임명하여 그곳으로 서둘러 가기에 길이 바빠서 미처 낭에게 하직 인사를 드릴 겨를이 없었습니다"라고 하였다.

---

43) 죽만(竹曼)이라고도 하고 지관(智官)이라고도 한다. 죽지, 죽만, 지관 등은 모두 "대마루"의 한자 의역 또는 이두 음으로 본다.
44) 득오곡이라고도 한다.
45) 화랑들의 명부로 추정한다.
46) 신라의 대나마(大奈麻) 위품에 해당하는 지방관.

죽만랑이 말하기를, "그대 아들이 만약에 사사로운 볼일로 갔다면 구태여 찾아볼 것도 없겠지만 이제 들으매 공무로 갔다 하니 찾아보고 음식 대접이라도 해야만 되겠다" 하고는 곧 떡 한 그릇과 술 한 항아리를 가지고 하인[47]을 데리고 가는데[48] 화랑 무리 137인이 역시 위의를 갖추고 뒤를 따랐다. 부산성에 이르러 문지기에게 득오실이 어디 있느냐고 물으니 그 사람이 대답하기를, "지금 익선(益宣)의 밭에서 전례대로 일을 하고 있습니다"고 하였다.

죽지랑이 밭으로 가서 가지고 간 술과 떡으로 그를 대접하고 익선에게 말미를 청하여 곧 함께 돌아가려고 하였으나 익선은 기어코 못 보내겠다고 승낙치 않았다. 때마침 출장 관속[使吏] 간진(侃珍)이 추화군(推火郡)의 전세를 관리하면서 능절조(能節租)[49] 30석을 성 안으로 운반하다가 죽지랑이 부하를 소중히 생각하는 작풍을 찬미하는 한편 익선의 벽창호 같은 태도를 비루하게 여겨 가졌던 벼 30석을 그만 익선에게 주면서 청을 들어주라고 권하였으나 그래도 승낙하지 않더니 또다시 사지(舍知)[50] 진절(珍節)의 말안장까지 주니까 그제야 승낙하였다.

조정의 화주(花主)[51]가 이 말을 듣고 사람을 보내어 익선을 잡아다가 그 더럽고 추한 것을 씻어주려고 하니 익선이 도망하여 숨어버렸기 때문에 그의 큰아들을 붙들어갔다. 때는 바로 동짓달도 매우 추운 날이라 성 안 못 가운데에서 목욕을 시켰더니 곧 얼어 죽었다. 왕이 이 말을 듣고 모량리 사람으로 벼슬하는 사람들을 모두 내쫓아서 다시는 관청에 발을 못 붙이게 하고 중[黑衣][52]이 못 되게 하며, 이미 중이 된 자라면 큰 절에는 못 들어서도록 하였다. 또한 사(史)[53]에게 명령하여 간진의 자손을 올려 평정

---

47) 우리나라 말로는 "갯지(皆叱知)"*라고 하니 종이라는 말이다.
  * 원문 "皆叱知"는 관가의 천역이던 "거러치"의 한자 사음이다.
48) 원문 "卒"은 "率"의 오자로 보고 번역하였다.
49) 벼의 품종인지 전세의 행정적 품목인지 "능히 벼를 절약할 수 있어"라는 의미인지는 미상.
50) 신라 17관등 중 제13위.
51) 화랑의 통솔자.
52) 흑의 : 검정 옷을 입는다 하여 중을 의미한다.
53) 신라 관품의 가장 말위인 조위(造位)에 해당하는 관직.

호(枏定戶) 자손[孫]⁵⁴⁾을 삼아 이를 표창하였다. 당시 원측법사(圓測法師)는 동방에서도 도덕이 고명하였지만 모량리 사람이었기 때문에 중의 벼슬[僧職]을 주지 않았다. 처음에 술종공(述宗公)이 삭주(朔州) 도독사가 되어 장차 임지로 가려고 하는데 이때 삼한에 난리가 났기 때문에 기병 3,000명으로써 그를 호위해보냈다. 일행이 죽지령(竹旨嶺)에 이르자 한 처사가 나와 그 고갯길을 닦고 있었다. 술종공은 그것을 보고 감복하였고 처사도 역시 술종공의 차린 기구가 매우 장한 데에 감탄하여 서로 잊지 못할 인상을 가졌다. 술종공이 임지에 간 지 한 달 만에 꿈을 꾸니 처사가 자기 방에 들어왔다. 그의 부인도 이와 같은 꿈을 꾸었으므로 더욱 이상하고 놀랍게 생각하여 이튿날 사람을 시켜 처사의 안부를 알아보았더니 사람들의 말이 처사는 벌써 죽은 지가 여러 날이라고 하였다. 심부름꾼이 돌아와서 그가 죽은 소식을 전하는데 죽은 날이 바로 술종공이 꿈꾼 날과 같은 날이었다.

술종공이 말하기를, "아마도 처사가 우리 집에 태어나는가 보다" 하고는 다시 군사를 내어 고갯마루 북쪽 봉우리에 그를 안장하고 돌미륵 한 개를 만들어 무덤 앞에 세워주었다.

술종공의 부인은 처사의 꿈을 꾼 날부터 태기가 있어 아이를 낳았는데 고개 이름을 따라 죽지라고 이름지었다. 그는 어른이 되면서 벼슬을 하여 부수(副帥)⁵⁵⁾가 되어 유신공과 함께 삼한을 통일하고 진덕, 태종, 문무, 신문 4대에 걸쳐 재상이 되어 나라를 안정시켰다.

처음에 득오곡(得烏谷)⁵⁶⁾이 죽지랑을 사모하여 노래를 지었으니 다음과 같다

| 가는 봄 보내며 | 간 봄 돌아오지 못하리니 |
| 그분이 안 계시어 울음과 시름 | 살아 계시지 못하여 |
| 사랑해주시던 | 울먹이는 이 시름 |
| 이 몸을 그르칠세라 조심해 나가자 | 전각(殿閣)을 밝히오신 |

---

54) 의미가 불확실하나 손(孫)이 장(長)으로서 호장(戶長)의 일종이든가 또는 조선 시대 면세 특전인 복호(復戶)에 해당한 것으로 추정된다.
55) 다음 가는 대장의 칭호.
56) "谷"은 뜻이 "실"이므로 "得烏夫"로도 썼다.

▲ **부산성**. 여근곡이 있는 부산의 꼭대기 둘레에 있다. 그 산의 꼭대기께에는 뜻밖으로 넓은 구릉지대가 있다. 요새였던 그곳은 지금은 고랭지 채소를 재배하는 밭이 되었다. 그 둘레 곳곳에 천년 전 성의 허물어진 잔해들이 있다.

눈을 돌릴 사이에
그분을 또다시 만나게 되리라
낭이여, 그릴 마음의
나가는 그 길은
아야, 다북쑥 우거진 골목 안
어느 밤 잠 올 줄 있으랴.

모습이 해가 갈수록 시들어가도다
눈을 돌이키지 않고서야 그대를
어찌 만나볼 수 있으리
낭(郞)이여, 그리는 마음이
찾아가는 길
다북쑥 골짜기에서 잘 밤 있으리

## 성덕왕(聖德王)

제33대 성덕왕 신룡(神龍)[57] 2년 병오(706)에 흉년이 들어 백성들의 기근이 심하였다. 정미(707) 정월 초하룻날부터 7월 30일까지 백성들을 구제하는 벼를 나누어주었다. 한 사람 앞에 하루 석 되씩을 규정으로 삼아 구제사업을 다 마치고 계산을 하니 모두 30만500석이나 되었다. 왕은 태종을 위하여 봉덕사(奉德寺)를 창건하고 이레 동안 인왕도량(仁王道場)[58]을 배설하였으며 죄수들을 대사하였다. 이 왕대부터 처음으로 시중(侍中)[59]이라는 관직을 두었다.[60]

## 수로부인(水路夫人)

성덕왕(聖德王) 시대에 순정공(純貞公)이 강릉(江陵)[61] 태수로 부임해가는 도중에 바닷가에서 점심을 먹었다. 옆에는 돌로 된 산이 병풍처럼 바다를 둘러서 있는데, 그 높이가 천야만야하고 꼭대기에는 진달래꽃이 만발해 있었다.

순정공의 부인 수로가 이것을 보고 측근자들에게 말하기를, "거기 누가 꽃을 꺾어다줄 사람이 없을까?" 하였다.

수종꾼들이 말하기를, "사람이 발붙여 올라갈 데가 못 됩니다" 하면서 모두들 못하겠다고 회피하는데 곁에 웬 늙은 노인이 새끼 밴 암소를 몰고 지나다가 부인의 말을 듣고는 그 꽃을 꺾어 바치고 또 노래까지 지어 바쳤다. 그 늙은이는 어떤 사람인지 알 수 없었다.

다시 이틀 길을 간즉 또 바닷가에 정자가 있었다. 거기서 점심을 먹던 중에 바다 용이 돌연히 부인을 차 가지고 바다로 들어갔다. 순정공은 엎어진다 자빠진다 발을 굴렀으나 아무런 계책이 없었다.

또다시 한 노인이 나타나 말하기를, "옛 사람의 말에 여러 입이 떠들면

---

57) 당나라 중종의 연호.
58) 불교에서「인왕경」을 강의하는 법석.
59) 신라 17관등 중 제5위 대아찬에 해당하는 관직.
60) 다른 책에는 효성왕 시대라고도 하였다.
61) 명주(지금의 江陵).

쇠라도 녹여낸다고 하였는데 지금에 그까짓 바다 속에 있는 미물이 어찌 여러 입을 겁내지 않을 것입니까? 이 경내의 백성들을 시켜 노래를 지어 부르고 막대기로 언덕을 두드리면 부인을 볼 수 있을 것입니다"라고 하였다.

　순정공이 그 말대로 하였더니 용이 부인을 모시고 바다에서 나와 그에게 바쳤다. 순정공이 부인에게 바다 속 일을 물었더니 그는 말하기를, "칠보로 꾸민 궁전에 먹는 음식들이 달고도 연하고 향기롭고도 깨끗하여 인간세상의 음식이 아니더이다" 하였다.

　부인이 입은 옷에는 이상한 향기가 풍겼는데 이 세상에서는 맡아 보지 못한 향내였다. 수로는 자색이 절세미인이었으므로 깊은 산이나 큰 물을 지날 적마다 여러 번 귀신이나 영물들에게 붙들려갔다. 여러 사람들이 부른 바다 노래 가사가 있으니

　　　거북아, 거북아! 수로부인 내놓아라
　　　남의 아내 훔쳐간 그 죄 얼마나 크랴
　　　네 만일 거역하고 내놓지 않는다면
　　　그물로 너를 잡아 구워 먹겠다

라고 하였다. 노인의 헌화가(獻花歌)에는 이르기를

　　　붉은 바위 가에서　　　　｜　자줏빛 바위 가에
　　　손에 잡은 어미소 놓으시고　｜　잡고 있는 암소 놓게 하시고
　　　나를 부끄러워 아니 하시면　｜　나를 아니 부끄러워하시면
　　　꽃을 꺾어 드리오리다　　　｜　꽃을 꺾어 바치오리다

라고 하였다.

### 효성왕(孝成王)

　개원(開元)[62] 10년 임술(722) 10월에 처음으로 모화군(毛火郡)[63]에 관문

---
62) 당나라 현종의 연호.
63), 64) 두 가지 기사가 「삼국사기」에는 성덕왕 21년, 32년 기사로 되었으며 연월도 성덕왕 때가 옳다.

을 지었다. 지금의 모화촌은 경주 동남쪽 지경에 붙어 있는데 이는 일본을 방비하는 울타리로서 주위가 6,792보 5척이요, 역군이 3만9,262인이나 들었으며, 공사 감독은 원진 각간(元眞角干)이었다.

개원 21년 계유(733)[64]에 당나라 사람들이 북쪽 오랑캐를 치려고 신라에 청병을 하였는데 사신 일행 604명이 왔다가 돌아갔다.

### 경덕왕(景德王), 충담(忠談) 스님, 표훈(表訓) 스님

노자(老子)의 「도덕경(道德經)」을 바치니 왕이 예를 갖추어 이것을 받았다.[65] 왕은 24년 동안 나라를 다스렸는데 오악(五岳)[66]과 삼산(三山)의 신령들이 때로는 대궐 마당에 나타나서 왕을 모셨다.

3월 삼짇날 왕이 귀정문(歸正門) 문루 위에 나와 앉아 측근자들에게 말하기를, "누가 길에 나가 훌륭하게 차린 중 한 명을 데려올 수 없을까?" 하였다.

이때 마침 풍채가 깨끗하게 생긴 중[大德][67] 한 명이 어슬렁어슬렁 걸어오는 것을 측근자들이 바라보고 그를 데려와 현신시켰다. 왕이 말하기를, "내가 말한 훌륭하게 차린 중이란 저런 중이 아니다" 하고는 그를 물리쳤다.

또다시 웬 중 한 명이 누비옷에 벚나무로 만든 통[68]을 지고 남쪽으로부터 오고 있었다. 왕이 그를 보고 기뻐서 문루 위로 맞아들였다. 왕이 그 통 속을 들여다보니 차 달이는 도구가 들어 있을 뿐이었다.

왕이 "너는 대관절 누구인가?" 하고 물으니 중이 대답하기를 "충담이올시다"라고 하였다.

왕은 또 묻기를 "어디서 오는 길인가?" 하니 중은 "소승이 3월 삼짇날

▶남산의 삼화령은 아직 어딘지 확실하게 밝혀지지 않았다. 문맥으로 보아 남산 자락에서 반월성 쪽으로 가는 어디쯤일 것이다. 벚꽃 활짝 핀 반월성 너머로 푸른 **남산**이 보인다.

65) 이 편은 서두에 많은 결문이 있다. 「삼국사기」 효성왕 2년 조 "唐使臣邢璹 以老子道德經 等文書 獻于王"이라는 기사를 참고하여 원문을 번역하였으며 "御國二十四年"이라는 기사로 보아 이 기사는 분명히 경덕왕의 기사이며 내용은 「삼국사기」와 약간 다르다.
66) 오악은 동악이 토함산, 남악은 지리산, 서악은 계룡산, 북악은 태백산, 중악은 팔공산을 이른다. 삼산은 권 제1의 주 187)을 참조.
67) 대덕 : 중에게 주는 일정한 직위 명칭 또는 덕망이 높은 중의 경칭.
68) 지는 삼태기라고도 한다.

[重三]과 9월 9일[重九]이면 남산 삼화령(三花嶺)에 있는 미륵세존[69]님께 차를 달여 올립니다. 지금도 차를 올리고 막 돌아오는 길입니다" 하였다.

왕이 말하기를, "나도 차 한잔을 얻어먹을 연분이 있는가?" 하였더니 중은 곧 차를 달여 바치는데 맛이 희한하고 찻종 속에서 이상한 향기가 코를 찌를 듯만 하였다. 왕이 말하기를, "내가 일찍이 듣기는 대사의 기파랑(耆婆郞)을 찬미하는 사뇌가(詞腦歌)[70]가 그 뜻이 매우 고상하다고 하는데 과연 그런가?" 하니 그는 대답하여 "그렇소이다" 하였다.

왕이 "그러면 나를 위하여 백성들이 편히 살도록 다스리는 노래를 지으라" 하니 중이 당장에 임금의 명령을 받들어 노래를 지어 바쳤다. 왕이 이를 칭찬하고 그를 왕사(王師)[71]로 봉하니 중은 공손히 절을 하면서 굳이 사양하여 이 직책을 받지 않았다. 안민가(安民歌)는 다음과 같다.

| | |
|---|---|
| 임금은 아비요 | 임금은 아비요 |
| 신하는 자애로운 어미요 | 신하는 사랑하는 어미요 |
| 백성은 어린 아이라 할지 | 백성은 어리석은 아이로다 하실진대 |
| 백성이 사랑하는 이 압니다 | 백성이 사랑을 알리라 |
| 윤회의 차축을 괴고 있는 갓난이 | 꾸물거리며 살아가는 인민(人民) |
| 이들을 먹여서 편안히 하여라 | 이들을 먹여 다스릴러라 |
| 이 땅을 버리고 어디로 가는가 할지 | 이 땅을 버리고 어디로 가리 할진대 |
| 나라를 보존할 길 아노라 | 나라가 보전(保全)될 줄을 알리라 |
| 아, 임금답게 신하답게 백성은 백성답게 한다면 | 아아, 임금답게 신하답게 백성답게 할지면 |
| 나라가 태평하오리다 | 나라가 태평하오리다 |

기파랑을 찬미하는 노래[72]는 다음과 같다.

| | |
|---|---|
| 우러러보니 뚜렷한 저 달은 | 흐느끼며 바라보매 이슬 밝힌 달이 |

---

69) 불교에서 말하는 석가여래의 뒷세상에 나타날 부처.
70) 향가를 이르는 가사의 별칭.
71) 왕의 불교 고문격.
72) 원문의 이 부분은 별개 제목으로 되어 있는데, 편성의 오간으로 추정된다.

| 흰 구름 좇아 떠가지는 않거니 | 흰 구름 따라 떠간 언저리 |
| 물이 파란 나룻가에 | 모래 가르며 흐르는 물가에 |
| 기랑의 모습이 있구나 | 기랑의 모습이로다, 수풀이여 |
| 일오내(逸烏川) 벼랑에 | 일오(逸烏)의 냇가 자갈벌에서 |
| 낭이여 지녀야 할 | 낭(郎)이 지니시던 |
| 마음의 갓을 좇으려 하노라 | 마음의 끝을 좇고 있노라 |
| 아아, 잣가지 높아 | 아아, 잣나무 가지 높아 |
| 서리를 모르는 꽃한이여 | 눈이라도 덮지 못할 고깔이여 |

왕[73]의 생식기는 길이가 8촌인데 아들이 없었으므로 왕비[74]를 폐하여 사량부인(沙梁夫人)으로 봉하였다. 다음 왕비는 만월부인(滿月夫人)이니 시호는 경수태후(景垂太后)요 의충 각간(依忠角干)의 딸이다.

왕이 하루는 표훈 스님에게 말하기를, "내가 복이 없어 자식을 얻지 못하니 원컨대 스님은 하느님[上帝]께 청하여 아들을 점지하도록 하라" 하였더니 표훈이 하늘로 올라가 하느님[天帝]께 고하고 돌아와서 아뢰기를, "하느님의 말씀이 딸이면 곧 될 수 있으나 아들은 안 된다고 하시더이다" 하였다.

왕이 말하기를, "딸을 아들로 바꾸어주기 바란다"고 하니 표훈이 다시 하늘로 올라가 청하였다. 하느님이 말하기를, "그렇게 될 수는 있으나 그러나 아들을 낳으면 나라가 위태로워질 것이다" 하였다. 표훈이 하늘에서 내려오려고 할 때에 하느님이 다시 불러 말하기를, "하늘과 인간 사이를 문란케 할 수는 없다. 지금 네가 이웃마을 다니듯 하늘을 왕래하여 하늘의 비밀을 누설시키니 금후 다시는 다니지 말라" 하였다.

표훈이 내려와서 하느님이 하는 말로써 이르니 왕이 말하기를, "비록 나라가 위태롭더라도 아들 자식이나 얻어 뒤를 이었으면 그만이겠다" 하였다.

이러고서 만월왕후가 태자를 낳으니 왕이 매우 기뻐하였다. 태자가 여

---

73) 이 구절 앞에 왕비에 관한 기사의 결문이 있는 것으로 보인다.
74) 왕력에는 "三毛夫人"으로 되어 있다.

덟 살이 되어 왕이 죽고 태자가 즉위하니 이가 혜공대왕(惠恭大王)이다. 나이가 어렸으므로 태후가 조정에 나왔으나 정치가 문란하여 도적이 벌 떼처럼 일어났으며 미처 막아낼 수 없었으니 표훈대사의 말이 맞은 것이다. 나이 어린 임금은 원래 여자로서 남자가 되었기 때문에 첫돌부터 즉위할 때까지 언제나 여자들이 하는 장난을 하고 비단 주머니 차기를 좋아하며 도사들 따위와 장난을 하였다. 그러므로 나라 안에는 큰 난리가 생기고 결국은 선덕왕(宣德王)과 김양상(金良相)[75]에게 살해되었는바 표훈이 죽은 후로부터는 성인이 신라에 나지 않았다고 한다.

## 혜공왕(惠恭王)

대력(大曆)[76](766-779) 초기에 강주(康州)[77] 관가의 몸채 동쪽에 땅이 차츰 꺼져 못이 되었는데[78] 길이가 13척이요 너비가 7척이나 되었다. 갑자기 잉어 대여섯 마리가 생겨 계속하여 점점 커지니 못도 역시 이에 따라서 커졌다.

2년[79] 정미(767)에 이르러는 다시 천구(天狗)[80]별이 동쪽 누각 남쪽에 떨어졌는데 머리는 독처럼 생겼고 꼬리는 3척이나 되고 빛은 이글이글 타는 불 같았으며 떨어질 때에 또한 천지가 진동하였다.

또 이 해에 금포현(今浦縣)에 있는 논 5경(頃)[81]이 모두 쌀낟으로 이삭이 되었다. 이 해 7월에 북쪽 대궐 뜰에 별 두 개가 떨어지고 또 한 개가 떨어져 별 세 개가 모두 땅 속에 들어갔다. 이보다 앞서 대궐 북쪽 변소 속에서 연(蓮) 두 줄기가 솟았고 또 봉성사(奉聖寺) 논 가운데에서도 연이 솟았다.

범이 궁성 안에 들어왔으므로 뒤를 쫓아가 찾았으나 그 종적을 잃어버렸다. 각간 대공(大恭)의 집 배나무 위에 참새가 수없이 모여들었는데 「안

---

75) 선덕왕이 바로 김양상이므로 아마 김경신(金敬信)의 잘못인 듯하다.
76) 당나라 태종의 연호.
77) 지금의 진주 지방.
78) 다른 책에는 큰 절 동쪽에 있는 작은 못이라고도 한다.
79) 「삼국사기」에는 이 기사가 3년으로 되어 있다.
80) 소리를 내는 유성의 일종.
81) 토지 면적 단위로서 1경은 100묘.

국병법(安國兵法)」[82] 하권에 이르기를 이런 일이 있으면 전국에 큰 난리가 난다고 하여 이에 왕은 죄수들에게 대사를 내리고 자기 반성과 몸조심을 하였다.

7월 3일에 대공 각간의 반란이 일어났다. 서울과 5도의 주군(州郡)의 96 각간이 서로 싸워 큰 난리가 일어나 대공 각간의 집이 망하니 그 집의 재산과 보물이며 비단 등을 대궐로 실어들였다. 신성(新城)에 있는 장창(長倉)이 불에 타고 사량, 모량 등의 동리에 있던 역도들의 보물과 곡식[寶穀][83]도 역시 왕궁으로 실어들였다. 난리는 석 달이나 끌다가 끝났는데 상을 받은 자도 매우 많았으며 목이 베인 자도 헤아릴 수가 없었다. 표훈대사의 말에 나라가 위태롭겠다는 것이 바로 이것이다.

### 원성대왕(元聖大王)

이찬(伊飡) 김주원(金周元)이 처음에 수석 재상으로 있을 때에 왕[84]은 각간의 지위로 그의 차석 자리에 있었다. 왕은 꿈에 머리에 썼던 두건을 벗고 흰 갓을 쓰고 손에 12현금(絃琴)[85]을 잡고 천관사(天官寺) 우물 속으로 들어갔다. 꿈을 깨어 사람을 시켜서 점을 쳤더니 점쟁이가 말하기를, "두건을 벗는 것은 관직에서 쫓겨날 조짐이요, 12현금을 잡은 것은 칼을 쓸 조짐이요, 우물에 들어간 것은 옥에 들어갈 조짐이외다" 하였다.

왕은 이 말을 듣고 매우 걱정하여 문을 잠그고 출입을 하지 않았다. 이때에 아찬 여삼(餘三)[86]이 와서 배알하겠다고 연락하였으나 왕은 병으로 나가지 못하겠다고 사양하였다. 두번째 연락하여 말하기를, "꼭 한 번만 뵙기를 바라나이다"고 하여 왕이 이를 승낙하였다. 아찬이 말하기를, "공께서 지금 기(忌)하는 일이 무엇입니까?" 하고 물었다.

왕이 꿈을 점친 사연을 죄다 이야기하였더니 아찬이 일어나서 절을 하

---

82) 병서의 일종으로 우리나라 문헌으로 추정.
83) 보곡 : 변리를 놓는 곡식의 밑천.
84) 원성왕(元聖王) 김경신(金敬信)을 말한다.
85) 12현금은 가야금.
86) 다른 책에는 여산(餘山)이라고도 하였다.

고 말하기를, "이 꿈은 아주 길한 꿈이외다. 공께서 왕위에 올라가도 저를 버리시지 않으신다면 공을 위하여 해몽을 하겠습니다" 하였다. 왕이 곧 좌우를 물리치고서 해몽을 청하니 그가 말하기를, "두건을 벗는 것은 자기 윗자리에 사람이 없다는 뜻이요, 흰 갓을 썼다는 것은 면류관을 쓸 조짐이요, 12현금을 들었다는 것은 12대[87] 손자에게 왕위를 전한다는 조짐이요, 천관사 우물에 들어간 것은 대궐에 들어갈 조짐이외다" 하였다.

왕이 말하기를, "내 윗자리에는 주원(周元)이 있는데 어떻게 윗자리를 차지할 것인가?" 하니 아찬이 말하기를, "청컨대 비밀히 북천(北川) 신에게 제사를 지내면 될 것입니다"라고 하여 왕은 이대로 하였다.

얼마 안 가서 선덕왕이 죽자 나라 사람들이 주원을 받들어 왕으로 삼으려고 그를 대궐로 맞아들이려 하였던바 그의 집이 개천[88] 북쪽에 있었는데 졸지에 냇물이 불어 건널 수가 없었다. 왕이 먼저 대궐로 들어가 즉위하니 주원의 도당들도 모두 와서 여기에 붙어 새로 등극한 임금에게 배하(拜賀)하였다. 이가 원성대왕이 되었으니 이름은 경신(敬信)이요 성은 김씨[89]이다. 대체로 좋은 꿈을 꾼 것이 들어맞은 셈이다.

주원은 은퇴하여 명주(溟州)에 있게 되고 왕이 이미 등극하였을 때 여산(餘山)은 벌써 죽은지라 왕이 그의 자손을 불러 작위를 내렸다. 왕의 손자가 다섯 명이 있었으니 혜충태자(惠忠太子), 헌평태자(憲平太子), 예영 잡간(禮英匝干), 대룡부인(大龍夫人), 소룡부인(小龍夫人) 등이다.

대왕은 사람의 성공과 실패에 관한 운명을 잘 알게 되었으므로 신공사뇌가(身空詞腦歌)라는 노래를 지은 적이 있다.[90]

왕의 아버지 되는 대각간 효양(孝讓)이 선조 때부터 전해내려오던 "거센 물결을 잠재우는 젓대[萬波息笛]"를 왕에게 전하였더니 이 때문에 하늘이 내리는 은혜를 후하게 받아서 그의 덕행이 먼 곳까지 빛이 났다.

정원(貞元) 2년 병인(786) 10월 11일에 일본왕 문경(文慶)[91]이 군사를 동

---

87) 「삼국사기」에 원성왕은 내물왕의 12대 손이라고 한다.
88) 알천(閼川)을 가리킨다.
89) 원문 "金武"의 "武"는 "氏"의 오자인 듯하다.
90) 노래는 없어졌으므로 알 수 없다.
91) 「일본제기」를 보면 제55대 왕 문덕왕이 아마도 이 임금 같은데 이밖에 문경이라는 임금이 없다. 다른 책에는 왕의 태자라고도 하였다.

원하여 신라를 치려고 하다가 신라에 "거센 물결을 잠재우는 젓대"가 있다는 소문을 듣고는 군사를 철퇴하고 사신을 보내어 금 50냥으로 젓대를 사자고 하였다.

왕이 그 사신에게 말하기를, "짐이 듣기로는 윗대 진평왕 시대에 이 젓대가 있었다고 할 뿐이요, 지금은 어디 있는지 알 수 없다"고 하였다. 그 이듬해 7월 7일에 다시 사신을 시켜 금 1,000냥을 보내면서 이것을 구할 것을 청하여 말하기를, "나는 그 신성한 물건을 한번 얻어서 보기만 하고 돌려보내겠다" 하니 왕이 역시 이전과 같은 대답으로 거부하면서 은 3,000냥을 그 사신에게 주고 금도 돌려보내고 받지 않았다. 8월에 그 사신이 돌아간 후 젓대를 내황전(內黃殿)에 간직하였다.

왕이 즉위한 지 11년 을해(795)에 당나라 사신이 서울에 와서 한 달 동안 머물다가 돌아간 지 하루 만에 웬 여자 두 명이 대궐 안뜰에 나아와 아뢰기를, "저희들은 바로 동지(東池), 청지(青池)⁹²⁾ 두 못에 사는 용의 아내들이옵니다. 당나라 사신이 하서국(河西國) 사람 둘을 데리고 와서 우리들의 남편인 두 용과 분황사 우물의 용 등 세 마리에게 술법을 써서 작은 물고기로 변하게 하여 통에 넣어가지고 돌아갔습니다. 원컨대 폐하께서는 그 두 사람에게 명하여 나라를 보위하는 우리 남편 되는 용들을 두고 가도록 해주소서" 하였다.

왕이 하양관(河陽館)⁹³⁾까지 그들을 뒤쫓아가서 그들에게 친히 잔치를 베풀어주고 하서 사람에게 말하기를, "너희들은 어째서 우리 나라의 용 세 마리를 잡아서 이곳까지 왔는가? 만약에 사실을 고백하지 않는다면 반드시 극형에 처할 것이다"라고 하였더니 그제야 고기 세 마리를 내어 바쳤다.

고기를 세 군데에 놓아주도록 하였더니 놓은 곳마다 물이 한 길이나 솟고 용이 기뻐 뛰놀면서 가버렸다. 당나라 사람은 왕의 명철하고 거룩한 데에 감복하였다.

---

92) 청지는 동천사에 있는 샘이다. 절 기록에 일렀으되 이 샘은 바로 동해의 용이 내왕하면서 설법을 듣던 곳이다. 절은 바로 진평왕이 세운 것으로서 500성중(聖衆)*과 5층탑과 아울러 밭과 작인을 바쳤다.

  * 석가가 죽은 후 그의 경전을 꾸미고자 모여든 500나한(羅漢) 제자들.
93) 경북 영천 지방.

왕이 하루는 황룡사[94]의 중 지해(智海)를 궁중으로 청하여 50일 동안 「화엄경(華嚴經)」[95]을 독경하게 하였다. 상좌 중 묘정(妙正)이 매양 금광(金光) 우물[96]가에서 바리때를 씻는데 우물 속에 큰 자라가 떠올랐다가 잠기곤 하였다. 상좌 중은 매번 밥 찌꺼기를 장난 삼아 먹였더니 50일간의 법석(法席)이 파할 무렵에 상좌 중이 자라에게 말하기를, "내가 오랫동안 네게 공덕을 베풀었는데 무엇으로 갚겠느냐?" 하였더니 며칠 뒤에 자라가 작은 구슬 한 개를 토하여 마치 선물을 주는 듯하였다. 상좌 중이 그 구슬을 허리띠 끝에 매어 찼더니 이런 뒤로부터 왕이 그를 보고는 사랑하고 소중하게 여겨 안대궐까지 불러들여 측근에서 떠나지 못하게 하였다.

이 당시 한 잡간이 당나라에 사신으로 가게 되었는데 역시 그 상좌 중을

▲ 강원도 강릉시 성산면 보광리 대관령의 동쪽 아래 골짜기에 강릉시 왕릉이라고 알려진 **김주원의 무덤**이 있다.

---

94) 다른 책에는 화엄사 또는 금강사라고 하였는데 아마도 절 이름과 불경 이름이 뒤섞인 듯하다.
95) 대승불교의 경(經) 중 가장 중요한 것의 하나.
96) 대현법사 때문에 이 이름을 얻었다.

▲ **분황사의 우물**은 모전 석탑 바로 곁에 있다. 삼룡변어정이라고 하는 그 유서 깊은 우물에는 아직도 물이 솟는다. 1995년 여름에는 그 아름다운 우물에 흉한 파이프를 박고 모터로 물을 자아올리고 있었다.

귀여워하여 함께 동행할 것을 청하였더니 왕이 이를 승낙하여 함께 갔다. 당나라 황제가 그 상좌 중을 보고는 역시 총애하게 되고 재상이며 측근자들이 추켜세워 신임하지 않는 자가 없었다. 관상 보는 술객 한 명이 있어 황제에게 아뢰기를, "이 상좌 중을 자세히 보니 얼굴은 한 군데도 좋게 생긴 데가 없는데 남의 신망을 얻는 것은 반드시 몸에 무슨 범상한 물건을 지니고 있는 탓일 것이외다" 하여 사람을 시켜 뒤져보았더니 허리띠 끝에 작은 구슬이 있었다.

황제가 말하기를, "짐에게 여의주[97] 네 개가 있었는데 전년에 한 개를 잃어버렸더니 지금 이 구슬을 보니 바로 내가 잃었던 그것이다"고 하면서 일의 전말을 물었다.

상좌 중이 사연을 죄다 이야기하였더니 황제가 대궐에서 구슬을 잃었던 날이 바로 상좌 중이 구슬을 얻었던 날과 같았다. 황제가 그 구슬을 압수하고 그를 보냈더니 이후로는 아무도 이 상좌 중을 사랑하고 신임하는 사

---

97) 몸에 지니면 마음먹은 대로 된다는 신비한 구슬.

람이 없었다.

왕의 능은 토함악(吐含岳) 서쪽 동곡사(洞鵠寺)[98]에 있고 최치원이 지은 비문이 있다. 왕은 보은사(報恩寺)와 망덕루(望德樓)도 창건하였다고 한다. 왕의 할아버지인 훈입 잡간(訓入匝干)을 흥평대왕(興平大王)으로, 증조부 의관 잡간(義官匝干)을 신영대왕(神英大王)으로, 고조부인 법선 대아간(法宣大阿干)을 현성대왕(玄聖大王)[99]으로 추증하여 봉하였는바 현성대왕의 아버지는 곧 마질차 잡간(摩叱次匝干)이다.

## 이른 눈[早雪]

제40대 애장왕(哀莊王) 말년 무자(808) 8월 15일에 눈이 왔다.
제41대 헌덕왕(憲德王) 원화(元和)[100] 13년 무술(818) 3월 14일에 큰 눈이 왔다.[101]
제46대 문성왕(文聖王) 기미(839) 5월 19일에 큰 눈이 왔고 8월 1일에는 천지가 캄캄하였다.

## 흥덕왕(興德王)과 앵무새

제42대 흥덕대왕은 보력(寶曆)[102] 2년 병오(826)에 즉위하였다. 얼마 못되어 당나라에 사신으로 갔던 사람이 앵무새 한 쌍을 가지고 왔는데 오래잖아 암놈은 죽고 홀로 된 수놈이 늘 구슬프게 울어마지 않았다. 왕이 사람을 시켜 거울을 그 앞에 걸도록 하였더니 새가 거울 속에서 제 그림자를 보고 제 짝을 만난 줄 알았다가 그만 거울을 쪼아보고는 그것이 그림자인 줄 알고 슬프게 울다가 죽었다. 왕이 노래를 지었다 하나 사실을 알 수 없다.

---

**98)** 지금의 숭복사이다.
**99)** 원문의 "玄聖大王" 다음에 있는 "玄聖大王" 넉 자는 연문.
**100)** 당나라 헌종의 연호.
**101)** 병인이라고 쓴 책도 있으나 잘못이다. 원화는 15년으로 끝났으므로 병인이라고는 없다.
**102)** 당나라 경종의 연호.

## 신무대왕(神武大王), 염장(閻長), 궁파(弓巴)

제45대 신무대왕이 임금이 되기 전에 의협스러운 인물 궁파[103]에게 말하기를, "나에게는 불공대천의 원수가 있는데 그대가 나를 위하여 처치해준다면 임금 자리를 차지한 뒤에는 그대의 딸을 맞아 왕비로 삼겠다"고 하였더니 궁파가 이를 승낙하고 함께 힘과 마음을 합하여 군사를 일으켜 서울을 침공함으로써 일을 성공할 수 있었다.

왕위를 찬탈한 뒤에 그는 궁파의 딸에게 장가들어 왕비로 삼고자 하였더니 여러 신하들이 굳이 말려서 말하기를, "궁파의 집안은 한미하여 대왕께서 그의 딸을 맞아 왕비로 삼는다는 것은 옳지 못한 줄로 아뢰오" 하므로 왕은 그대로 좇았다.

이 당시 궁파는 청해진(淸海鎭)[104]에서 수자리를 살고 있으면서 왕의 배신을 원망하여 반란을 도모코자 하였다. 이때에 장군 염장이 이 말을 듣고 왕에게 아뢰기를, "궁파가 장차 반역을 하려는데 제가 이 자를 처치하겠습니다"고 하였더니 왕이 쾌히 승낙하였다.

염장은 왕의 명을 받들고 청해진으로 가서 궁파의 앞에서 연락하는 사람을 통하여 말하기를, "내가 우리 임금에게 약간의 원한을 품은지라 총명하신 당신께 의탁하여 목숨을 보전코자 한다" 하였다.

궁파는 이 말을 듣고 크게 노하여 말하기를, "너희들이 왕에게 권하여 우리 딸이 왕비가 못 되도록 하곤 무슨 얼굴로 나를 만나려는 것이냐?" 하였다.

염장이 다시 연락하여 말하기를, "그것은 다른 여러 관리들이 권고한 것이요, 나는 거기 참가한 적이 없었으니 총명하신 당신은 혐의쩍게 생각할 것이 없다" 하였더니 궁파가 이 말을 듣고 안으로 불러들여 말하기를, "그대는 무슨 일로 이곳까지 왔는가?" 하고 물었다.

염장이 대답하기를, "왕에게 감정이 있기에 당신의 부하가 되어 화를 면하고자 할 뿐이다"고 하니 궁파가 "잘 왔다!" 하고는 술자리를 벌이고

---

103) 다른 이름은 궁복(弓福)과 장보고(張保皐)이다.「삼국사기」민애왕 조 참조.
104) 지금의 전남 완도(莞島).

▲ 완도군 완도읍 장좌리에 있는 장도(장군섬, 사진에 보이는 섬)에 **청해진**이 있었다. 그 섬 남쪽 개펄에는 섬을 방어하기 위하여 세웠을 것이라는 목책의 잔해가 남아 있다.

매우 즐겁게 놀다가 염장이 선뜻 궁파의 긴 칼을 뽑아 목을 치니 부하 군사들이 놀라서 모두 땅에 엎드렸다.

  염장이 군사를 데리고 서울로 와서 복명하여 말하기를, "궁파의 목을 베었습니다" 하니 왕이 기뻐하며 그에게 상을 내리고 아간(阿干) 벼슬을 주었다.

### 제48대 경문대왕(景文大王)

왕의 이름은 응렴(膺廉)이요, 나이 열여덟 살에 국선(國仙)이 되었다. 나

이 스무 살 때에 헌안대왕(憲安大王)이 낭을 불러 대궐에서 잔치를 베풀고 묻기를, "낭이 국선이 되어 사방으로 유람하는 중에 무슨 특이한 일을 본 것이 없는가?" 하였다.

낭이 대답하기를, "저는 행실이 얌전한 사람 셋을 보았습니다" 하니 왕이 "이야기를 한번 들어보자꾸나!" 하였다.

낭이 말하기를, "남의 윗자리에 있으면서 겸손하게도 남의 아랫자리에 가서 앉는 사람이 있었는데 이것이 첫째요, 드센 부자로서 검소한 의복을 입는 사람을 보았는데 이것이 둘째요, 근본이 세도 양반으로서 위세를 부리지 않는 사람이 있었는데 이것이 셋째올시다" 하였다.

왕이 이 말을 듣고는 그가 현명함을 알고 자기도 모르게 눈물을 지으며 말하기를, "내게 딸 둘이 있는데 그대의 아내로 삼아주기 바란다" 하니 낭은 자리에서 비켜나면서 절을 하고 머리를 숙인 채 물러나와 그의 부모에게 고하였다. 부모는 놀랍고 기뻐서 가족들을 모으고 의논하기를, "왕의 맏공주는 얼굴이 아주 못생겼고 둘째 공주가 매우 고우니 그에게 장가를 드는 것이 좋을 것이다" 하였다.

화랑의 무리 가운데 우두머리로 있는 범교사(範敎師)[105]가 이 말을 듣고 그의 집에 와서 낭에게 "대왕께서 공주를 그대의 아내로 주신다는 말이 참말인가?" 하고 물었다. 낭이 "그렇다"고 하였더니 "어느 공주를 택하겠는가?" 하고 또 물었다.

낭이 말하기를, "양친의 말씀이 동생에게 가는 것이 좋겠다고 하십니다" 하니 교사가 말하기를, "만약 낭이 동생을 얻는다면 내가 바로 낭의 눈앞에서 죽게 될 것이요, 언니를 얻는다면 세 가지 좋은 일이 생길 것이니 명심할지라"고 하니 낭이 "시키는 말씀대로 하오리다"고 하였다.

얼마 뒤에 왕이 날을 받고 사람을 낭에게 보내어 말하기를, "두 공주는 그대가 지정하는 대로 따를 뿐이다" 하였다. 사신이 돌아와 낭의 의향을 왕에게 아뢰되 "맏공주를 모시겠다고 하나이다" 하였다.

그후 석 달이 지나 왕의 병이 위독하게 되매 여러 신하들을 불러서 말하기를, "과인이 자손이 없는 터에 죽은 뒤의 일은 맏딸의 남편 응렴으로 마

---

105) 「삼국사기」에는 흥륜사(興輪寺)의 중이라고 하였다.

땅히 계승케 할 것이다"하고 그 이튿날로 죽으니 낭이 왕의 유언을 받들어 즉위하였다.

　이에 범교사가 왕을 찾아보고 말하기를, "제가 말씀드린 세 가지 좋은 일이라고 하던 것이 지금에야 모두 밝혀졌습니다. 그것은 첫째로 맏공주에게 장가를 들었으므로 오늘 왕위에 오르게 된 것이요, 둘째로 전일에 아우 되는 공주의 자색을 흠모하였던 터에 지금은 그를 문제없이 얻을 수 있게 된 것이요, 셋째로 맏공주에게 장가를 들었으므로 선대 임금 부처가 매우 만족해한 것입니다"하였다. 왕이 그 말을 고맙게 여겨 그에게 대덕(大德) 벼슬을 주고 금 130냥을 주었다.

　왕이 죽으매 시호를 경문(景文)이라고 하였다. 왕의 생전에 왕이 일상 거처하는 전각에는 매일 저녁이면 수많은 뱀이 무리로 모여들므로 대궐에서 일보는 사람들이 겁을 내어 이를 쫓아내려고 하니 왕이 말하기를, "짐은 곁에 뱀이 없으면 편히 잘 수 없다. 부디 쫓지 말라"하였다. 왕이 잘 때는 뱀이 언제나 혀를 토해내어 가슴 위가 가득 차도록 늘이고 있었다.

　왕이 즉위하자 그의 귀가 갑자기 노새 귀처럼 길어졌다. 왕후와 대궐에서 일보는 사람들은 아무도 이것을 몰라보았으나 오직 두건 만드는 재인 바치[幞頭匠] 한 사람만이 알아보았다. 그러나 그는 평생 다른 사람에게 이런 이야기를 않다가 그가 죽을 당시에 도림사(道林寺) 대숲 속에 들어가 아무도 없는 곳에서 대를 향하여 외치기를, "우리 임금 귀가 노새 귀 같네!"라고 하였다. 그후에 바람이 불 때면 대가 소리를 내어 "우리 임금 귀가 노새 귀 같네!"하였다.

　왕이 이것을 싫어하여 곧 대를 베어버리고 산수유를 심었더니 바람이 불면 다만 "우리 임금 귀가 기다랗네!"하는 소리만 났다.[106]

　국선 요원랑(邀元郎)과 예흔랑(譽昕郎), 계원(桂元), 숙종랑(叔宗郎) 등이 금란(金蘭)[107]을 유람하는데 은근히 임금을 위하여 나라를 다스릴 포부가 있어 노래 세 수를 지었는데 심필 사지(心弼舍知)를 시켜 초고를 주어 대구화상(大矩和尙)[108]에게 보내서 세 가지 가곡을 짓도록 하였다. 첫째는

---

**106)** 도림사는 예전에 서울로 들어가는 곳에 있는 숲 가에 있었다.
107) 강원도 통천 지방.
108) 화상은 중에 대한 경칭.

현금포곡(玄琴抱曲)이요, 둘째는 대도곡(大道曲)이요, 셋째는 문군곡(問群曲)으로 왕에게 들어가 아뢰었더니 왕이 매우 기뻐서 칭찬하였다. 노래의 사설은 알 수 없다.

## 처용랑(處容郞)과 망해사(望海寺)

제49대 헌강대왕(憲康大王) 시대에 서울로부터 동해 어귀에 이르기까지 집들이 총총 들어섰지만 초가집 한 채를 볼 수 없었고 길거리에서는 음악 소리가 그치지 않았으며 사철의 비바람마저 순조로웠다.

이때에 왕이 개운포(開雲浦)[109]에 나가서 놀다가 돌아오는 길에 바닷가에서 점심참으로 쉬던 중 구름과 안개가 자욱하게 끼어 졸지에 그만 길을 잃어버렸다. 왕이 괴상하게 여겨 측근에게 까닭을 물었더니 천문을 맡은 관리가 말하기를, "이는 동해 용의 장난이니 좋은 일을 하여 풀어야만 합니다" 하였다.

이에 관원에게 명령하여 용을 위하여 근방에 절을 세우라고 하였더니 명령이 떨어지자 구름이 걷히고 안개가 흩어졌다. 이 때문에 이곳을 개운포(구름이 걷힌 포구)라고 이름지었다. 동해 용이 기뻐하여 곧 아들 일곱을 데리고 임금이 탄 수레 앞에 나타나 왕의 덕행을 찬미하면서 춤을 추고 음악을 연주하였다.

그의 아들 하나가 임금을 따라 서울로 들어와서 왕의 정치를 보좌케 되었는데 이름을 처용이라고 하였다. 왕이 그를 미인에게 장기들이고 그의 마음을 안착시키고자 다시 급간(級干)[110] 벼슬까지 주었다. 그런데 그의 아내가 너무도 고왔기 때문에 역병 귀신이 탐을 내어 사람으로 변하여 밤이면 그 집에 가서 몰래 데리고 잤다. 처용은 밖에 나갔다가 집에 들어와서 자리 속에 두 사람이 누운 것을 보고 노래를 부르고 춤을 추면서 그만 물러나왔다. 그 노래는 다음과 같다.

---

**109)** 학성 서남쪽에 있으니 울주(지금의 蔚山)이다.
**110)** 신라 관등 중 제9위인 급벌찬의 별칭.

▲ **망해사 터**에는 그 당시의 부도 두 기가 남아 있다. 울산시 울주구 청량면 율리에 망해사 터가 있다.

| | |
|---|---|
| 동경 밝은 달에 | 서라벌 밝은 달에 |
| 밤 이슥히 놀고 다니다가 | 밤들이 노닐다가 |
| 들어와 자리를 보니 | 들어와 자리를 보니 |
| 다리가 넷이구나. | 다리가 넷이어라 |
| 둘은 내해인데 | 둘은 내 것인데 |
| 둘은 뉘해인고 | 둘은 뉘 것인고 |
| 본디 내해다만 | 본디 내 것이다마는 |
| 빼앗는 걸 어쩌리. | 빼앗긴 것을 어찌하리오 |

 이때에 귀신이 처용의 앞에 정체를 나타내어 무릎을 꿇고 말하기를, "내가 당신의 아내를 탐내어 지금 그녀를 상관하였소. 그런데도 당신은 노하지 않으니 감격스럽고 장하게 생각한 나머지 이제부터는 맹세코 당신의 얼굴을 그려 붙여둔 것만 보아도 그 문 안에 들어가지 않겠소" 하였다. 이 까닭에 우리나라 사람들이 처용의 형상을 문에 그려 붙여 나쁜 귀신을 쫓

▲그 터에는 새로 지은 망해사가 있다. 그러나 기대했던 것과는 달리 바다가 바라다보이지 않았다.

고 복을 맞아들이는 것이다.[111]

왕이 돌아온 후에 즉시 영취산(靈鷲山)[112] 동쪽 기슭에 좋은 자리를 잡아 절을 지었는데 망해사라고도 하고 또 신방사(新房寺)라고도 불렀으니 이는 용을 위하여 설치한 것이다.

또 왕이 포석정(鮑石亭)[113]에 나갔더니 남산의 산신이 임금 앞에 나타나 춤을 추었다. 측근자들은 못 보는데 왕만이 이것을 보았다. 그것이 앞에 나타나서 춤을 추는 대로 왕도 이것을 따라 스스로 춤을 추어 보였다. 그 귀신의 이름을 혹은 상심(祥審)이라고도 하므로 지금까지도 우리나라 사람들이 이 춤을 전해오면서 어무상심(御舞祥審)이라고도 하며 혹은 어무산신(御舞山神)이라고도 한다. 더러는 말하기를 원래 그 귀신이 나와서 춤을 출 때에 그 모양을 "자세히 본떠[審象]" 조각장이를 시켜 그대로 새겨

---

111) 정월 보름날의 행사인 제웅 풍습의 기원.
112) 울산에 있는 산.
113) 경주 남산 아래에 있는 임금의 놀이터.

후대에 보였으므로 "상심(象審 : 본을 자세히 뜸)"이라고 하였다 한다. 혹은 또 상염무(霜髥舞 : 흰 수염 춤)라고도 하였으니 이것은 그 형상에 따라서 이름을 지은 것이다.

또 왕이 금강령(金剛嶺)에 갔을 때에 북악 귀신이 춤을 추어 보였는데 춤 이름이 옥도금(玉刀鈐)이었다. 또 동례전(同禮殿)에서 연회를 할 때는 터 귀신[地神]이 나와 춤을 추었는데 그 이름은 지백 급간(地伯級干)이다.

「어법집(語法集)」에는 이르기를, "이 당시 산신이 임금 앞에서 춤을 추면서 노래를 불러 '지리다도파도파등자(智理多都波都波等者)!'라고 하였는데, 즉 말하자면 '지혜로 나라를 다스리는 자 가운데 뻔히 알면서도 도망치는 자가 많으므로 도성 안이 장차 결단이 날 판'이라는 의미이다"라고 하였다. 이는 터 귀신이나 산신들이 나라가 장차 망할 줄을 알았기 때문에 일부러 춤을 추어 경고한 것인데, 사람들이 이를 알아채지 못하고 좋은 징조가 나타난다고 생각하고 유흥에만 너무 빠졌기 때문에 나라가 결국 망하고 만 것이다.

### 진성여대왕(眞聖女大王)과 거타지(居陀知)

제51대 진성여왕이 정치를 한 지 몇해 동안에 그의 유모 부호부인(鳧好夫人)과 그의 남편인 위홍 잡간(魏弘匝干) 등 왕의 총애를 받는 서너 명의 신하들이 세도를 부려 정치를 마음대로 쥐고 흔들었으므로 도적이 벌떼처럼 일어났다. 나라 사람들이 이것을 걱정하여 다라니(陀羅尼)[114]로 은어(隱語)를 만들어 써서 길바닥에 던져둔 일이 있었다.

왕이 세도 신하들과 함께 이것을 주워 얻어서 말하기를, "왕거인(王居仁)[115]이 아니고야 누가 이런 글을 지을 것이랴!" 하고 곧 거인을 옥에 가두었다.

거인이 옥에서 시를 지어 하느님께 하소연하였더니 하느님은 곧 옥에 벼락을 쳐서 그는 욕을 면하게 되었다. 시에 다음과 같이 일렀다.

---

114) 불교에서 사용하는 주문.
115) 당시의 문인.

연나라 단(丹) 태자[116]의 피눈물에 무지개가 해를 뚫고,
추연(鄒衍)[117]이 원한을 품자 여름에도 서리 왔네.
오늘에 이내 신세 옛일 그대로건만,
하늘도 무심하지, 아무 조짐 보이잖네.

다라니에는 이르기를, "나무망국 찰니나제 판니판니소판니 우우삼아간 부이사바하(南無亡國刹尼那帝判尼判尼蘇判尼于于三阿干鳧伊娑婆訶)"라고 하였으니 해설하는 자는 말하기를, "찰니나제"라는 말은 여왕을 두고 하는 말이요, "판니판니소판니"라는 말은 소판[118] 두 사람을 가리키는 말이니 소판은 관작 명칭이며, "우우"는 세 아간[119]이요, "부이"는 부호부인(鳧好夫人)을 두고 하는 말이라고 하였다.

이 임금 시대에 아찬 양패(良貝)가 왕의 막내아들로서 사신이 되어 당나라로 가는데 백제의 해적들이 진도(津島)[120]를 막고 있다는 말을 들은지라 활 쏘는 군사 50인을 골라 데리고 갔다. 배가 곡도(鵠島)[121]에 닿자 풍랑이 크게 일어나 열흘이나 묵게 되었다.

양패공이 걱정하여 사람을 시켜서 점을 쳤더니 "이 섬에 귀신 못이 있는데 그곳에 제사를 지내야만 합니다"고 하였다.

이에 못 둑에다 제전을 차렸더니 못물이 한 길 남짓이나 높이 솟았다. 그날 밤 꿈에 한 노인이 나타나 그에게 말하기를, "활 쏘는 사람 한 사람을 이 섬에 남겨두면 순풍을 맞을 수 있을 것이다" 하였다.

양패공이 꿈을 깨어 측근자들에게 이 일을 물어 "누가 여기에 남아 있으면 좋겠소?" 하니 여러 사람들이 말하기를, "나뭇조각 50개에 우리들의 이름을 써서 물에 담가보아 가라앉는 제비뽑기 점을 쳐서 결정하는 것이 좋다"고 하므로 양패공은 이 말대로 하였다.

---

116) 전국시대 연나라가 자객 형가(荊軻)를 보내 진(秦)의 임금을 살해하려다가 미수에 그치자, 태자 단(丹)을 목 베어 사죄했다.
117) 전국시대 제나라 사람. 연나라 소왕(昭王)이 스승으로 섬겼으나, 아들 혜왕이 신하의 참소를 믿고 그를 옥에 가두자 여름에 서리가 내렸다고 한다.
118) 신라 관등 중 제3위인 잡찬의 별칭.
119) 신라 관등 중 제6위인 아찬의 별칭. 원문의 "十"은 "干"의 오자인 듯하다.
120) 원문의 "津鳧"은 "津島"의 오자로 추정되며, 진도는 고유 지명인지 나루와 섬인지 미상.
121) 우리 나라 말로는 골대섬[骨大島]이라고도 한다.

군사 중에 거타지라는 자가 있어 그의 이름이 물에 가라앉았으므로 그를 머물게 하였더니 갑자기 순풍이 일어 배는 지체없이 떠났다.

거타지가 시름없이 섬에 서 있었더니 돌연히 웬 노인이 못에서 나와 말하기를, "나는 서해의 물귀신[海若]인데 매양 해 돋을 무렵이면 젊은 중[沙彌] 한 명이 하늘로부터 내려와 다라니를 외우면서 이 못을 세 바퀴 돌면 우리 부부와 자식 손자들이 모두 물 위에 떠오르게 되고 그 젊은 중은 우리 자손들의 간과 창자를 뽑아다 먹어버려서 지금은 우리 부부와 딸 하나가 남았을 뿐이오. 내일 아침에도 반드시 올 터이니 청컨대 그대는 그놈을 활로 쏘아주소" 하였다.

거타지가 대답하기를, "활 쏘는 거야 나의 장기이니 말씀대로 하오리다"고 하였더니 그 노인은 치사를 하고 물 속으로 들어가버렸다.

거타지가 숨어 엎드려서 기다리고 있었더니 이튿날 아침이 되자 동녘이 훤할 때 과연 젊은 중이 와서 주문을 외워 늙은 용의 간을 앗아내려고 하였다. 이때에 거타지가 활을 쏘아 맞히니 그 젊은 중은 즉시 늙은 여우로 변하여 땅에 떨어져 죽었다.

이에 노인이 나와 치사를 하면서 말하기를, "당신의 덕택으로 나의 목숨을 보전하였으매 청컨대 내 딸을 아내로 삼아주소" 하니 거타지가 말하기를, "저를 버리지 않고 따님을 주신다면 이야말로 내가 소원한 바이외다" 하였다.

노인은 그 딸을 한 가지 꽃으로 만들어 그의 품속에 간직하도록 하고 또 다시 두 마리 용을 시켜 거타지를 떠받들어 사신이 탄 배를 따라가 그 배를 호위하도록 하여 당나라 땅으로 들어갔다. 당나라 사람들이 용 두 마리가 신라 배를 지고 오는 것을 보고 이 사연을 황제에게 보고하였더니 황제가 말하기를, "신라 사신은 아무래도 보통 인물이 아닐 것이다" 하고 연회를 차리는데 그를 여러 신하들의 윗자리에 앉히고 금품과 비단을 후하게 주었다.

거타지가 본국으로 돌아와서 꽃가지를 끄집어내었더니 꽃이 여자로 변하였으므로 그와 함께 살게 되었다.

## 효공왕(孝恭王)

제52대 효공왕 때인 광화(光化)[122] 15년 임신(912)[123]에 봉성사(奉聖寺) 바깥문 동서쪽 스물한 칸 집에 까치가 집을 지었고, 또 신덕왕(神德王) 즉위 4년 을해(915)[124]에는 영묘사(靈廟寺) 안 행랑채에 까치집 서른네 개와 까마귀 집 마흔 개를 지었다. 또 3월에 두 번 서리가 내렸고 6월에는 참포(斬浦)의 민물이 바닷물과 사흘 동안이나 서로 싸웠다.

## 경명왕(景明王)

제54대 경명왕 시대인 정명(貞明) 5년 무인(918)[125]에 사천왕사 벽에 그린 개가 짖으므로 사흘 동안 불경을 설법하여 푸닥거리를 하였더니 반나절 만에 또 짖었다.

7년 경진(920) 2월에 황룡사 탑 그림자가 한 달 동안이나 금모 사지(今毛舍知)의 집 뜰 복판에 거꾸로 서 비치었다.

또 10월에 사천왕사 오방신(五方神)[126]의 활줄이 모두 끊어지고 벽에 그린 개가 뛰어나와 마당 복판으로 달리다가 다시 벽 속으로 들어갔다.

## 경애왕(景哀王)

제55대 경애왕이 즉위한 동광(同光)[127] 2년 갑신(924)[128] 2월 19일에 황룡

---

122) 당나라 소종의 연호로서 3년뿐이다.
123) 실상은 주량(朱梁)*의 건화 2년이다.
    * 당나라 말기 주전충(朱全忠)이 세운 후량.
124) 옛 책에는 이 해를 천우(天祐)* 12년이라고 하였으나 정명(貞明)** 원년이 되어야 할 것이다.
    * 당나라 소종의 연호.
    ** 후량 태조의 연호.
125) 무인년은 정명 4년이다.
126) 불교에서 말하는 사방과 중앙을 수호하는 신장.
127) 후당 장종의 연호.
128) 원문의 "甲辰"은 "甲申"의 오자.

사에서 백좌설경(百座說經)을 베풀고[129] 겸하여 참선 중 300명에게 음식 대접이 있었는데 왕이 친히 향불을 피우고 치성을 들였으니 이 백좌설경은 선(禪)과 교(敎)[130]가 함께 설법 좌석을 차린 시초가 된다고 한다.

### 김부대왕(金傅大王)

제56대 김부대왕의 시호는 경순(敬順)이다. 천성(天成)[131] 2년 정해(927) 9월에 백제의 견훤(甄萱)이 신라를 침범하여 고울부(高鬱府)[132]까지 이르매 경애왕이 우리 태조에게 구원을 청하였으므로 태조는 장수를 시켜 정병 1만을 보내어 구원하도록 하였다. 구원병이 미처 이르지 못하자 견훤이 이 해 겨울 11월에 서울을 습격하였다. 이때에 왕은 왕비와 첩들과 왕족들과 함께 포석정에서 연회를 배설하고 놀이를 하다가 뜻밖에 군사가 닥치매 창졸간에 어찌할 줄을 몰랐다. 왕은 왕비와 함께 후궁으로 뛰어들어가고 왕족과 재상, 대신, 대관들이며 상류 가정의 남녀들은 사방으로 흩어져 달아나다가 적군들에게 포로가 되어 귀천 없이 벌벌 떨며 노비가 되기를 애원하였다.

견훤은 군사들을 풀어놓아 공사(公私) 할 것 없이 닥치는 대로 재물을 노략하고 왕궁에 들어가 앉아 부하들을 시켜 왕을 수색하게 했다. 왕이 왕비와 첩들과 함께 후궁에 숨어 있는 것을 붙잡아 군영으로 끌고 와서 왕에게 자살[133]을 강박하면서 왕비를 강간하고 부하들을 놓아 왕의 첩들을 마음대로 강간케 하였다. 이어 왕의 일가 동생인 김부를 세워 왕으로 삼으니 왕은 견훤에 의해서 즉위한 것이다. 왕은 앞 임금의 시체를 대궐 서쪽 채에 모시고 여러 신하들과 함께 통곡하였다. 우리 태조는 사신을 보내어 조문하고 제사를 지냈다.

이듬해 무자(928) 3월에 태조가 기병 50여 명을 데리고 순행하면서 신라

---

129) 불교 법회의 명칭이며 원문 "說百座"의 '說'은 "設"의 오자로 추정한다.
130) 불교에서 참선하는 것을 "선"이라 하고, 일반적인 불교 신앙을 "교"라 하여 구분한다.
131) 당나라 장종(莊宗)의 연호.
132) 지금의 경북 영천(永川) 지방.
133) 원문의 "自進"은 "自盡"의 오기로 본다.

의 서울 근방에 도착하였을 때에 왕이 모든 관리들과 함께 교외에 나와 맞아 대궐[134]로 들어가 마주 앉아 정곡(情曲)을 털어 이야기하였다. 임해전(臨海殿)에서 잔치를 차리고 술이 거나하게 되자 왕이 말하기를, "내가 운을 못 타고나서 재난을 빚어내었다. 견훤이 함부로 불법 행위를 감행하여 우리나라를 망쳐놓았으니 이 얼마나 쓰라린[135] 일이랴!" 하고는 눈물을 줄줄 흘리면서 울었다. 측근자들도 흐느끼지 않는 자가 없었고 태조도 역시 눈물을 지었다.

태조는 그대로 수십 일 동안 체류하다가 돌아갔는데 부하 군사들의 규율이 엄숙하여 추호도 폐단이 없었으므로 서울 안의 남녀들이 서로 치하하여 말하기를, "전일에 견씨가 왔을 때는 승냥이나 범이라도 만난 듯하였는데 오늘 왕씨(王氏)가 이르니 마치 부모를 만난 것만 같다" 하였다.

8월에 태조가 사신을 시켜 왕에게 비단 웃옷과 안장을 갖춘 말을 보내고 이와 함께 여러 관료들에게도 자격에 따라 다르게 선사를 하였다.

청태(淸泰)[136] 2년 을미(935) 10월에 신라는 사방의 땅이[137] 죄다 남의 손에 들어가 국력은 약화되고 형세는 고립되어 제대로 부지할 수[138] 없었다. 이에 왕은 여러 신하들과 함께 전국토를 가지고 태조에게 항복할 것을 의논하는데 여러 신하들은 가부 의견으로 토론이 분분하여 끝날 줄을 몰랐다.

왕태자가 말하기를, "나라가 부지되고 못 되는 것은 반드시 하늘의 명에 달려 있을 터이매 응당 충신과 의사들이 함께 민심[139]을 수습하여 해볼 대로 해보다가 말 일이지 어째서 천년 역사를 가진 국가를 선뜻 남에게 내줄 것인가?" 하니 왕이 말하기를, "나라가 이같이도 고립무원한 위기에 처하였으니 형세로 보아 보전할 형편이 못 된다. 이왕 강해질 수도 없고 또한 약해질 수도 없으니 무고한 백성들을 참혹한 죽음의 구렁으로 몰아넣는 것은 나로서는 차마 못할 노릇이다" 하고는 곧 시랑 김봉휴(金封休)를 시켜 국서를 가지고 태조에게 가서 항복을 자청하였다.

▶**포석정**. 너무나 알려진 관광지라서 사진만 보고도 가본 듯한 느낌을 갖게 된 곳이다. 물을 흐르게 하고 거기에 술잔을 띄웠다는 곡수거(돌 홈통)는 63개의 석재로 조립되어 있다. 경주시 배동의 남산 자락에 있다.

---

134) 원문 "入相對"의 '入' 다음에 "闕"이 빠진 것으로 본다.
135) 안정복(安鼎福)의 교감에 의하여 원문 "何如之"의 '何' 다음에 "痛"이 결자임을 인정한다.
136) 후당 마지막 황제의 연호.
137), 138), 139) 「삼국사기」 "신라본기"에 의하여 원문의 "西方地"를 "西方土地"로, "不巳自安"을 "不能自安"으로, "收合心"을 "收合民心"으로 보충한다.

태자는 통곡하면서 왕에게 하직하고 개골산(皆骨山 : 금강산)으로 들어가서 죽을 때까지 삼베옷을 입고 나물을 뜯어먹다가 세상을 마치게 되었다. 왕의 막내아들은 머리를 깎고 화엄종(華嚴宗)[140]에 들어가 중이 되니 이름을 범공(梵空)이라 하고 뒤에는 법수사와 해인사에서 살았다고 한다.

태조가 글을 받고 태상 왕철(王鐵)을 보내어 왕을 영접하게 하였다. 왕이 모든 관리들을 거느리고 우리 태조에게 귀순해오는데 아름답게 꾸민 수레며 말들이 30여 리에 뻗쳐 길이 막히고 구경꾼들은 담을 싼 듯하였다. 태조가 교외에 나가서 맞아들여 대궐 동쪽 한 구역[141]을 떼어주고 맏딸인 낙랑공주를 아내로 삼게 하니 왕이 자기 나라를 하직하고 다른 나라에 와서 살게 되었다 하여 난새에 비유하여 신란공주(神鸞公主)로 칭호를 고치고 시호는 효목(孝穆)이라 하였다.

왕을 "정승(正承)"으로 봉하니 태자의 위에 가는 자리이다. 녹봉으로 1,000석을 주었으며 왕을 모시고 따라온 관원들도 다 등용하였으며 신라를 경주로 고쳐 그의 식읍(食邑)[142]으로 삼게 하였다.

처음에 왕이 국토를 가져다 바치면서 항복을 하매 태조가 매우 기뻐하여 깍듯이 대접[143]하면서 사람을 시켜 고하기를, "지금에 왕이 나라를 나에게 내어주니 선물로서 이 이상 큰 것은 없을 것이오. 내 소원은 귀 종실과 결혼을 하여 옹서[舅甥] 사이가 되어 길이 좋게 지냈으면 하는 것이오"라고 하매 왕이 대답하여 "우리 백부 되는 억렴(億廉)[144]이 딸을 두었는데 안팎이 다 잘나서 이야말로 안살림을 맡을 만합니다" 하였다. 태조가 그에게 장가를 드니 이가 바로 신성왕후(神成王后) 김씨이다.[145]

---

140) 화엄경을 종지로 하는 불교의 한 종파.
141) 지금의 정승원(正承院).
142) 일정한 공로자에게 조세 수입의 독점을 허용한 고을.
143) 원문의 "待之" 아래 "以"가 결자인 것으로 본다.
144) 왕의 아버지인 효종 각간, 즉 추봉한 신흥대왕의 아우이다.
145) 고려조의 등사랑* 김관의가 지은 「왕대종록」에 의하면 신성왕후 이씨의 본은 경주인데 대위 이정언이 협주**의 원으로 있을 때에 태조가 이 지방에 거동하였다가 그를 얻어 비를 삼았으므로 혹은 협주군이라고도 한다. 그의 명복을 빌어 세운 절[願堂]은 현화사이며 3월 25일이 제삿날로 되어 있고 정릉에 장사하였다. 아들 하나를 두었는데, 즉 안종***이다. 이외에 왕비 25명 중에 김씨의 사적은 기록하지 않았으니 자세히 알 수 없다. 그런데 역사를 맡은 관리의 평론에는 역시 안종을 신라왕의 외손자라 하였으니 역사의 기록

태조의 손자 경종(景宗) 주(伷)는 정승공(政承公)의 딸을 맞아 왕비로 삼았는데 이가 헌승황후(憲承皇后)이다. 이로 인하여 정승을 봉하여 상보(尙父)[146]로 삼았으며 태평흥국(太平興國)[147] 3년 무인(978)에 그가 죽으니 시호를 경순이라 하였다.

상보로 책봉한 글[誥文]에 다음과 같이 일렀다.

명령하노니 주나라가 창건되던 벽두에 여상(呂尙)[148]을 먼저 봉하고 한나라가 왕조를 일으키던 시초에 선참으로 소하(蕭何)[149]를 책봉하였다. 이로부터[150] 천하가 안정되고 왕업을 넓게 열어 주나라는 30대에 뻗치는 장한 나라를 세우고 한나라는 400년간 빛난 왕조를 계승하게 되었다. 음양[乾坤][151]이 번갈아 통하여 해와 달이 다시 밝아지는 새 세월을 맞아서 비록 자신이 임금으로서는 무능하였지만 신하로서는 도리를 다하였다.

관광순화 위국공신 상주국 낙랑왕 정승 식읍 팔천호(觀光順化衛國功臣上柱國樂浪王政承食邑八千戶) 김부는 대대로 계림 땅에 자리를 잡아[152] 벼슬은 왕의 지위를 가지게 되었다. 영특한 기상은 뛰어났으며 문장과 학식은 당적할 수 없을 만한 재주로서 나이가 젊은지라 자기의 봉토에서 귀하게 지내면서 온갖 전략이 가슴속에 들어 있고 갖은 전술을 체득하였다.

우리 태조는 처음[153]에 이웃과 화목하는 우의를 닦을 제 일찍이 신라의 전통 있는 문화를 인식하였고 이내 그대를 사위로 삼아 인척 관계를 맺어 줌으로써 안으로 그대의 크나큰 충절을 갚게 되매 집안이나 국가가 통일을 이루게 되었고 임금과 신

---

이 옳다 할 것이다.
 * 고려의 낮은 벼슬.
 ** 지금의 경북 합천(陜川) 지방.
 *** 고려 태조의 제8자 욱(郁).
146) 아버지로 맞잡을 수 있다는 의미의 존칭.
147) 송나라 태종의 연호.
148) 원문의 "呂主"는 "呂望"의 오기인 듯하다. 여상은 주나라 무왕이 상보로 정한 인물.
149) 한나라 창건 시기의 공신.
150) 원문 "自大定"의 '自' 아래 "此"가 결자인 것으로 본다.
151) 고려의 건국을 의미한다.
152) 원문의 "世鷄林"은 "世處鷄林"의 결자이다.
153) 안정복의 수택본에 의하여 원문 "須載接睦擲"을 "始修睦隣"으로 고쳐 번역하였다.

하는 삼한 지역을 테두리로 삼아 결합되었다. 그대의 명예는 퍼져서 드러나고 그대의 도덕과 규범은 높다랗게 빛난지라 "상보 도성령(尙父都省令)"이라는 칭호를 더할 것이요, "추충신의 숭덕수절공신(推忠愼義崇德守節功臣)"의 칭호를 주며, 훈공봉작은 전과 같을 것이요, 식읍은 전의 것과 아울러 1만 호로 하니 담당 관원이 날을 택하여 예절을 갖추어 책명할 것을 일 맡은 자가 실행하라.

개보(開寶) 8년(975) 10월 일

대광 내의령(大匡內議令)<sup>154)</sup> 겸 총한림(摠翰林) 신하 핵선(翮宣)이 받들어 시행하니 받들게 된 칙명은 이상과 같고 공문[牒]이 이르자 거행하였다.

개보 8년 10월 일

시중(侍中)<sup>155)</sup> 서명, 시중 서명, 내봉령(內奉令)<sup>156)</sup> 서명, 군부령(軍部令)<sup>157)</sup> 서명, 군부령 서명 없음, 병부령(兵部令)<sup>158)</sup> 서명 없음, 병부령 서명, 광평 시랑(廣坪侍郎)<sup>159)</sup> 서명, 광평 시랑 서명 없음, 내봉 시랑(來奉侍郞) 서명 없음, 내봉 시랑 서명, 군부경(軍部卿) 서명 없음, 군부경 서명, 병부경(兵部卿) 서명 없음, 병부경 서명.

추충신의 숭덕수절공신 상보 도성령 상주국 낙랑군왕 식읍 1만 호 김부에게 고하여 칙명을 이상과 같이 받들었으며 문서가 이르자 거행하였다. 주사(主事)<sup>160)</sup>의 이름이 없고, 낭중(郞中)<sup>161)</sup>의 이름이 없고, 서령사(書令史)<sup>162)</sup>의 이름이 없고, 공목(孔目)<sup>163)</sup>의 이름도 없다. 개보 8년 10월 일 하(下)<sup>164)</sup>

사론(史論)에 이르기를, "신라의 박씨와 석씨는 모두 알에서 탄생하였고 김씨는 하늘로부터 금궤짝 속에 담겨서 내려왔다고 하니 이는 더욱 허탄스러운 소리로서 믿을 수 없다. 그러나 세간에서는 이렇게 전해오면

---

154) 이하의 기사는 책봉고문(冊封誥文)에 연접된 문건을 자료로 저자가 서술한 것으로 추정되는데 대광 내의령(大匡內議令)은 고려 초기의 관직 명칭으로서 내의성(內議省)의 최고직이니 조선의 영의정에 해당한다.

155), 156), 157), 158), 159) 시중(侍中)은 문하성(門下省)의 최고직이요, 내봉령(內奉令)은 내봉성의 최고직이요, 원문의 "廣坪侍郎"은 "廣坪"의 오기로서 광평성의 차관직인데 문하성, 내봉성, 광평성은 고려 초기 이조(吏曹)의 정부에 해당한 기관들이다. 병부령, 군부령은 병조(兵曹)의 책임 지위 관직이요, 서명이 있고 없는 것은 두 명씩 있는 관직에서 서명을 한 자 또는 서명에 빠진 자를 저자가 이용한 문건의 실정대로 서술한 듯하다.

160), 161), 162), 163) 주사와 낭중은 고려 관제에서 5품 사무관 직이요, 서령사와 공목은 관용 문서를 처리하는 이속(吏屬), 즉 아전이다.

164) 하(下)는 문서투로 쓰는 글자로 추정.

서 실제 사실처럼 되었다. 이제 다만 건국 초기의 일들을 따져본다면 윗자리에 앉은 자가 자신을 위하여는 검약하였고, 남을 위하여는 관대하였으며, 관제의 설정은 간략하게 하고, 정치 행사는 간편하게 하였으며, 지성껏 중국을 섬겨 산을 넘고 물을 건너[梯航] 조빙하는 사신이 연속 부절하였으며, 언제나 자제들을 중국에 보내어 숙위(宿衛)[165]를 하였고, 태학에 입학하여 수업하게 하였다. 이리하여 성현의 교화를 계승하고 미개한 습속을 개혁함으로써 예의를 존중하는 나라를 만들었다. 또 천자가 거느린 군대의 위력과 위엄에 의거하여 백제와 고구려를 평정하였고 그 국토를 빼앗아 이를 군과 현으로 만들었으니 가히 장하다고 할 만하다. 그러나 불교를 숭봉하여 그 폐단을 알지 못하였으며 심지어 불탑과 절집이 동리 속에 총총 늘어서게 되고 백성들이 모두 도피하여 중이 되면서부터 군사와 농업은 차차 줄어들고 국가는 날로 쇠퇴하였으니 어찌 나라가 어지러워지고 또 망하지 않을 것이랴? 이때에 와서 경애왕은 그 위에 방탕하기까지 하여 궁녀들과 측근자들을 상대로 포석정에 나가 놀면서 술자리를 벌이고 잔치를 하다가 견훤이 들이닥치는 것도 알지 못하였으니 이야말로 대문 밖의 한금호(韓擒虎)[166]나 다락 위의 장여화(張麗華)[167]와 다름없었다. 경순왕이 태조에게 귀순함과 같은 경우는 비록 그것이 부득이하였다 하더라도 역시 가상하다 할 수 있을 것이다. 그 당시에 만약 정의의 군대[王師]에 반항하여 기운이 다 빠질 때까지 힘대로 싸워 지킨다고 하였던들 반드시 일족과 가문을 뒤엎고 죄없는 백성들에게 위해가 미쳤을 터인데 명령을 기다림이 없이 국고를 봉한 채로 군과 현의 호적을 그대로 가지고 귀순하였으니 그의 조정에 대한 공로와 백성들에 대하여 끼친 덕이 매우 컸다. 옛날 전씨(錢氏)는 오월(吳越) 땅을 가지고 송나라에 귀순하매 소자첨(蘇子瞻)이 그를 충신이라고 하였는데 지금 신라의 공덕은 그보다도 훨씬 낫다고 하겠다. 우리 태조는 왕비와 첩들이 많아 자손들이 번창하였는데 현종(顯宗)이 신라의 외손으로 왕위에 오르게 되면서부터 그 이후로 왕통을 계승한 자는 모두 그의 자손들이니 어찌 이것이 그의 음덕이 아

---

165) 황제의 대궐에서 황제를 호위하는 직무.
166), 167) 수나라의 한금호가 진나라 후주를 칠 때의 사적으로 견훤이 경애왕을 친 것을 비교한 것인데, 장여화는 진나라 후주의 첩이다.

닐까보냐?"라고 하였다.

　신라가 이미 땅을 바치고 나라가 없어지게 되자 아간(阿干) 신회(神會)는 지방 관청에 근무하다가 그만두고 돌아와 서울이 황폐한 것을 보고 "서리리(黍離離)"[168]의 탄식을 하면서 따라서 노래를 지었으나 노래는 없어져 잘 알 수 없다.

### 남부여(南扶餘), 전백제(前百濟), 북부여(北扶餘)[169]

　부여군은 전백제의 서울이니 혹은 소부리군(所夫里郡)이라고 한다. 「삼국사기」에 의하면, "백제 성왕(聖王) 26년[170] 무오(548) 봄에 서울을 사비(泗沘)로 옮기고 나라 이름을 남부여라 하였다" 하였으며, 주석에는 이르기를, "그 땅 이름은 소부리요, 사비는 지금의 고성진(古省津)이요, 소부리란 부여의 별호이다"라고 하였다.

　또 양전장적(量田帳籍)[171]을 보면 "소부리군 전정주첩(田丁柱貼)"[172]이라 쓰여 있는데 지금에 말하는 부여군은 아주 먼 옛날의 명칭을 회복한 것이다. 백제왕의 성이 부씨(扶氏)이므로 이렇게 부르는 것이다. 혹 여주(餘州)라고 부르는 것은 고을 서쪽에 있는 자복사(資福寺) 고좌(高座)[173] 위에 수놓은 휘장이 있는데 그 수놓은 글에 보면 "통화(統和)[174] 15년 정유(997) 5월 일 여주 공덕대사(功德大寺) 수장(繡帳)"이라 하였으며, 또 옛날 하남(河南)에 임주(林州) 자사를 두었는데 그때의 책에 여주라는 두 글자가 있었으니 임주는 지금의 가림군(佳林郡)이요, 여주는 지금의 부여군이다.

　「백제 지리지」에는 "「후한서」에 이르기를 삼한은 무릇 78국인데 백제가 바로 그중의 한 나라이다" 하였고, 「북사(北史)」에는 "백제는 동쪽으로

---

168) 주나라가 망하여 피밭으로 변모하였음을 보고 탄식하여 지은 「시경」 "왕풍(王風)" 편의 시를 인용한 말.
**169)** 북부여는 앞에 이미 나왔다.
170) 「삼국사기」에는 16년으로 되었고 무오는 16년이다.
171) 토지 측량 대장.
172) 농사하는 일꾼의 대장.
173) 절에서 설법할 때 배설하는 높은 좌석.
174) 거란 성종의 연호.

신라에 닿고 서남쪽은 큰 바다가 가로막고 북쪽으로는 한강과 맞붙었는데 서울[175]은 거발성(居拔城)[176] 또는 고마성(固麻城)이라고 하며 그밖에 오방성(五方城)이 있다" 하였다. 또「통전」에는 "백제는 남쪽으로 신라에 접하고 북쪽으로는 고구려에 이르고 서쪽은 큰 바다가 막았다"고 하였으며,「구당서」에는 이르기를 "백제는 부여의 별종으로 동북쪽은 신라요, 서쪽으로 바다를 건너면[177] 월주(越州)[178]에 이르고, 남쪽으로 바다를 건너면 왜국으로 이르고, 북쪽은 고구려이니 그 나라 임금이 있는 곳은 동서로 두 성이 있다" 하였다.「신당서」에는 일렀으되 "백제는 서쪽으로 월주를 경계로 하고 남쪽은 왜국이나 모두 바다를 건너야 하며 북쪽은 고구려이다" 하였다.

「삼국사」"본기"에는 이르기를 "백제의 시조는 온조이니 그의 아버지는 추모왕(雛牟王)이요, 혹은 주몽이라고도 한다. 그는 북부여로부터 피난하여 졸본부여에까지 왔더니 이 지방의 왕이 아들은 없고 다만 딸 셋이 있었는데 주몽을 보고 그가 보통 사람이 아닌 것을 알고 그의 둘째 딸을 아내로 삼게 하였다. 얼마 못 되어 부여의 왕이 죽으매 주몽이 왕위를 계승하여 아들 둘을 낳으니 맏이가 비류(沸流)요, 둘째가 온조였다. 그들은 뒷날 태자에게 용납되지 못할까 염려하여 드디어 오간(烏干), 마려(馬黎) 등 열[179] 명의 신하들과 함께 남쪽으로 떠나가니 그들을 따르는 백성들이 많았다. 그들은 드디어 한산(漢山)[180]에 이르러 부아악(負兒岳)[181]에 올라가 살 만한 곳을 살펴보았다. 비류가 해변으로 가서 살려고 하니 열 명의 신하들이 말려 권고하기를, '이곳 강 남쪽 지방은 유독 북쪽으로 한수(漢水)[182]를 띠고 동쪽으로는 높은 산을 기대고 남쪽으로는 기름진 습지를 바라보고 서쪽으로는 큰 바다가 막혀 그 천연적인 방비와 지형이 유리하여 얻기 어려운 판국이니 이곳에 서울을 만드는 것이 아무래도 좋지 않겠습니까?' 하

---

175) 원문의 "郡"은 "都"의 오기로 본다.
176) 원문의 "居扶"는 "居拔"의 오기로 본다.
177) 원문의 "西渡海" 아래 "至"가 결자된 것으로 본다.
178) 중국 절강성 지방.
179) 원문의 "馬黎等" 아래 "十"의 결자로 본다.
180), 181) 한산은 지금의 경기도 광주요, 부아악은 이 지방의 산이다.
182) 지금의 한강.

▲ 부여군 규암면 호암리에 **호암사 터**가 있다. 지금은 아무런 흔적도 남아 있지 않다. 근처의 범바위부락 일대가 다 호암사 경내였던 것으로 짐작들을 한다.

니 비류는 이 말을 듣지 않고 백성들을 갈라서 미추홀(彌雛忽)[183]로 가서 살았다. 온조는 강 남쪽 위례성(河南慰禮城)[184]에 도읍을 정하고 열 명의 신하가 보좌하여 나라 이름을 십제(十濟)라고 하였으니 이때가 한나라 성제 홍가(鴻佳) 3년(기원전 18)이었다. 비류는 미추홀의 땅이 습하고 물이 짜서 편히 살 수 없었더니 온조가 위례성에 도읍을 정하고 백성들이 태평하게 사는 것을 와서 보고 마침내 부끄럽고도 후회가 되어 죽었으니 그의 신하와 백성들은 모두 위례성으로 귀속하였다. 그후 백성들이 올 때에 기뻐하였다 하여 나라 이름을 백제로 고쳤다. 그의 집안 계보는 고구려와 함께 부여에서 나왔으므로 '해(解)'로써 성씨를 삼고 뒷날 성왕 때에 이르러 서울을 사비로 옮겼으니 지금의 부여군이다"[185]라고 하였다.

「고전기(古典記)」에 의하면 "동명왕의 셋째 아들 온조가 전한 홍가 3년

---

183) 지금의 인천 지방.
184) 지금의 서울시 풍납동(風納洞).
185) 미추홀은 인주(仁州 : 지금의 仁川)요, 위례*는 직산(稷山)이다.
　　＊ 직산현(충남 직산군) 설과 광주군 고읍(서울 풍납동) 설이 있는데, 후자가 정설이다.

▲ 호암사 터에서 한 1킬로미터쯤 떨어져 있는 백마강 강가의 취령봉 꼭대기께에 "천정대"라고 알려진 곳이 있다. 아무런 흔적도 남아 있지 않으나 이곳의 한 바위가 **정사암**이었을 것으로 짐작들을 한다.

계유에 졸본부여에서 위례성으로 와서 도읍을 정하고 왕으로 일컫다가 14년 병진(기원전 5)에 한산[186]으로 옮겨서 389년 동안 지냈다. 제13대 근초고왕 때에 와서 함안(咸安)[187] 원년(371)에 고구려의 남평양[188]을 빼앗아 북한성[189]으로 수도를 옮겨서 105년 동안 지냈으며, 제22대 문주왕이 즉위하여 원휘(元徽)[190] 3년 을묘(475)에 웅천[191]으로 수도를 옮겨서 63년 동안 지냈다. 제26대 성왕 때에 와서 수도를 소부리로 옮기고 나라 이름을 남부여라 하여 제31대 의자왕 때까지 120년 동안 지냈다. 당나라 현경 5년(660), 바로 의자왕이 왕위에 있은 지 20년 만에 신라의 김유신이 소정방과 함께 백제를 쳐서 평정하였다. 백제국은 본래 5부로 되어 37군과 200여

---

186) 광주(廣州).
187) 동진(東晉) 간문제의 연호.
188) 지금의 서울 지방.
189) 양주(楊州).
190) 유송(劉宋) 폐제의 연호.
191) 공주(公州).

▲ 온돌석은 흔히 자온대라고 부르는 것으로서 부여에서 보령 쪽으로 가는 백제대교가 끝나가는 지점의 왼쪽에 있다. 그 곁에 수북정도 있다.

성[192]으로 나누어 다스렸으니 도합 76만 호였다. 당나라는 그[193] 땅을 웅진, 마한, 동명, 금련, 덕안 등 다섯 도독부로 나누고 이어 그 지방 추장으로 도독부 자사를 삼았더니 얼마 못 되어 신라가 그 땅을 모두 병탄하여 웅주, 전주, 무주의 세 주와 여러 군과 현을 설치하였다.

또 호암사(虎巖寺)[194]에는 정사암(政事巖)이라는 바위가 있으니 나라에서 재상을 전형할 때는 당선될 후보자 3-4인의 이름을 써서 봉함하여 바

---

192) 원문 "二百濟城"의 "濟"는 없는 글자이든지 "餘"의 오기로 본다.
193) 원문의 "唐以" 아래 "其"의 결자로 본다.
194) 절터는 현재 부여군 규암면 호암리에 있으며 소위 정사암은 지금 천정대(天政臺)라고 부른다.

위 위에 두었다가 조금 뒤에 집어보아 이름 위에 도장 자국이 있는 자로써 재상을 삼았으니 이 때문에 정사암이라고 한 것이다. 또 사비하 강둑에 바위가 하나 있어 일찍이 소정방이 그 위에 앉아 고기와 용을 낚았으므로 바위 위에는 용이 꿇어앉은 자취가 있기 때문에 용암(龍巖)이라고 이름지었다. 또 고을 안에는 산이 세 개 있는데 일산(日山), 오산(吳山), 부산(浮山)이라고 불러 백제 전성시대에는 그 산 위에 각각 신령한 사람이 살면서 아침이나 저녁이나 계속 날아서 서로 왕래하였다고 한다. 또 사비 강변에는 돌 한 개가 있었는데 여남은 사람쯤이 앉을 만하여 백제왕이 왕흥사(王興寺)로 불공하러 갈 때는 먼저 이 돌 위에서 부처를 바라보고 절을 하면 그 돌이 저절로 따뜻해지게 되어 이 때문에 온돌석[195]이라고 이름지었다. 또 사비하의 양쪽 언덕이 그림 병풍처럼 되어 백제왕이 매양 놀이 잔치를 하고 노래를 하고 춤을 추었으니 이 때문에 지금도 대왕포(大王浦)라고 부른다.

또 시조 온조는 바로 동명왕의 셋째아들로서 몸집이 덜썩 크고 성품이 효도와 우애를 좋아하고 말 타기와 활 쏘기를 잘하였다. 또 다루왕(多婁王)은 사람이 관후하고 위엄과 명망이 있었으며, 또 사비왕(沙沸王)[196]은 구수왕(仇首王)이 죽은 뒤에 왕위를 계승하였으나 나이가 어려 정치를 할 수 없었으므로 즉시 폐위하고 고이왕(古爾王)을 임금으로 세웠다. 혹은 경초(景初)[197] 3년 기미(239)에 사비왕이 죽고 고이가 곧 왕이 되었다고도 한다" 하였다.

## 무왕(武王)[198]

제30대 무왕의 이름은 장(璋)이다. 그의 어머니가 서울의 남지(南池)라는 못 둑에 집을 짓고 홀어미로 살더니 그 못의 용과 관계하여 그를 낳았

▶ **남지**는 지금은 궁남지라고 흔히 부르는데, 부여군 부여읍 동남리에 있다. 1965년에 지금의 못을, 1971년에 누각과 다리를 복원하였다.

195) 지금 자온대(自溫臺)라고도 부른다.
196) 사이왕(沙伊王)이라고도 한다.
197) 원문의 "樂初"는 "景初"의 오서요, 2년은 3년의 오간인 듯하다.
198) 옛 책에 무강(武康)이라고 한 것은 잘못이다. 백제에는 무강왕이 없다.

다. 아명은 서동(薯童)이니 그의 재능과 도량을 헤아릴 수 없었다. 그는 평소에 마[薯蕷]를 캐어 팔아서 생업을 삼았으므로 나라 사람들이 이렇게 이름을 지었다.

그가 신라 진평왕의 셋째 공주 선화(善花)[199]가 아름답고 곱기 짝이 없다는 소문을 듣고 머리를 깎고 신라의 서울로 가서 동리 아이들에게 마를 나눠 먹였더니 여러 아이들이 그와 친해져 따르게 되었다. 이래서 그는 동요를 지어 여러 아이들을 달래어 이를 부르게 하였는데 그 노래는 다음과 같다.

| 선화공주님은 | 선화공주님은 |
| 남몰래 시집가서 | 남 몰래 정을 통해두고 |
| 서동이를 | 서동방을 |
| 밤이면 안고 간다 | 밤에 몰래 안고 간다 |

이 동요가 서울 안에 잔뜩 퍼져 대궐에까지 들어갔다. 모든 관리들이 말썽을 피워 공주를 먼 지방으로 귀양 보내게 되었는데 떠날 때에 왕후가 순금 한 말을 노자로 주었다.

공주가 귀양살이 처소를 향하여 가는데 서동이 도중에서 뛰어나와 절을 하면서 호위하고 가겠다 하니 비록 그가 어떤 사람인지 알지는 못하였지만 공주는 우연히 마음이 당기고 좋았기 때문에 따라오게 하여 남몰래 관계를 한 뒤에야 서동이라는 이름을 알고서 동요가 맞은 것을 믿게 되었다. 함께 백제까지 와서 왕후가 준 금을 내어놓고 장차 살림 꾸릴 일을 의논하는데 서동이 웃으면서 "이게 무슨 물건이오?" 하니 공주가 말하기를, "이것이 황금이니 이것으로 한평생 부자로 살 수 있소" 하였다.

서동이 말하기를, "내가 어릴 적부터 마를 캐던 곳에는 이것을 내버려 쌓인 것이 흙더미 같소" 하였다.

공주가 이 말을 듣고 크게 놀라면서 "이것은 세상에도 다시없는 보물이요, 당신이 지금 금 있는 데를 알거든 그 보물을 부모님 계신 궁전으로 실

---

199) "花"를 "化"로도 쓴다.

어보냈으면 어떻겠소?" 하니 서동이 "좋소!" 하고는 금을 끌어모아 산더미처럼 쌓아놓고 용화산(龍華山) 사자사(師子寺) 지명법사(知命法師)의 처소를 찾아가서 금을 실어나를 계책을 물었더니 법사의 말이 "내가 귀신의 힘으로 보낼 수 있으니 금을 가져오라" 하였다.

공주가 편지를 써서 금과 함께 사자사 앞에 가져다 놓았더니 법사가 귀신의 힘으로 하룻밤 동안에 신라 궁중으로 날라다 두었다. 진평왕이 이런 신기스러운 일을 여상히 여겨 더욱 존경하면서 늘 편지를 띄워 안부를 물었더니 서동이 이 까닭으로 인심을 얻어 왕위에 올랐다.

하루는 무왕이 부인과 함께 사자사로 가고자 용화산 밑 큰 못가에 이르니 미륵불 셋이 못 속에서 나타나므로 왕이 수레를 멈추고 치성을 드렸다. 부인이 왕에게 말하기를, "여기에 꼭 큰 절을 짓도록 하소서. 진정 저의 소원이외다" 하니 왕이 이를 승낙하고 지명법사를 찾아가서 못을 메울 일을 물었더니 법사가 귀신의 힘으로 하룻밤 사이에 산을 무너뜨려 못을 메워 평지를 만들었다.

이리하여 미륵 불상 셋을 모실 전각과 탑과 행랑채를 각각 세 곳에 따로 짓고 미륵사[200]라는 현판을 붙였다. 진평왕이 각종 장인들을 보내어 도와주었으니 지금도 그 절이 남아 있다.[201]

## 후백제(後百濟)와 견훤(甄萱)

「삼국사」 "본전"에 일렀으되, "견훤은 상주(尙州) 가은현(加恩縣) 사람이요, 함통(咸通)[202] 8년 정해(867)에 났으니 본래의 성은 이씨(李氏)였는데 뒤에 견으로 성을 삼았다. 그의 아버지는 아자개(阿慈介)이니 농사로 생활하다가 광계(光啓) 연간에 사불성(沙弗城)[203]에 자리를 잡고 자칭 장군이라 하였다. 아들 넷이 있어 모두 세상에 이름이 알려졌는데 훤의 이름은 유명

▶**미륵사 터**는 익산시 금마면 기양리에 있다. 최근에야 발굴조사가 거의 끝났다. 무엇이 그리 급한지 발굴조사도 채 끝나기 전에 거대한 동쪽 석탑을 복원하였다. 사진은 서쪽 석탑인데 우리 나라 탑 중에서 가장 크고 오래된 것이다. 탑의 왼쪽 모양은 일제시대에 한 붕괴방지 보수공사 때문에 그리되었다.

200) 「국사」에는 왕흥사(王興寺)라 하였다.
201) 「삼국사기」에는 이르기를 법왕(法王)의 아들이라고 하였는데 여기에 전하기는 홀어미의 자식이라고 하였으니 모를 일이다.
202) 당나라 의종(懿宗) 연호.
203) 지금의 상주(尙州).

하게 뛰어나고 지혜와 책략이 많았다"고 하였다.

「이제가기(李磾家記)」[204]에는 일렀으되, "진흥대왕의 왕비 사도(思刀)의 시호는 백숭부인(白䎝夫人)인데 그의 셋째 아들 구륜공(仇輪公)의 아들인 파진간(波珍干) 선품(善品)의 아들 각간 작진(酌珍)이 왕교파리(王咬巴里)를 아내로 삼아 각간 원선(元善)을 낳았으니 이가 아자개이다. 아자개의 첫째 부인이 상원부인(上院夫人)이요, 둘째 부인은 남원부인(南院夫人)이니 아들 다섯과 딸 하나를 낳았다. 그 맏아들이 상보 훤이요, 둘째 아들이 장군 능애(能哀)요, 셋째 아들이 장군 용개(龍蓋)요, 넷째 아들이 보개(寶蓋)요, 다섯째 아들이 장군 소개(小蓋)요, 맏딸이 대주(大主)[205] 도금(刀金)이다" 하였다.

또 옛 기록에 이르기를, "옛적에 광주 북촌에 사는 한 부자가 딸 하나를 두었는데 외모가 단정하였다. 그는 아버지에게 말하기를 '자줏빛 옷을 입은 웬 남자가 매양 와서 잠자리를 치릅니다' 하니 그 아버지가 이르기를 '네가 긴 바늘 실을 그의 옷에 찔러놓아 보아라' 하여 딸은 그 말대로 하였다. 이튿날 실 끝을 북쪽 담장 밑에서 찾게 되었는데 바늘은 큰 지렁이 허리에 찔려 있었다. 이 때문에 그가 뒤에 아이를 배어 사내아이를 낳았는데 나이 열다섯에 자칭 견훤이라 하고 경복(景福)[206] 원년 임자(892)에 이르러 왕이라 일컫고 도읍을 완산군(完山郡)으로 정하여 43년 동안 다스렸다. 청태(清泰)[207] 2년[208] 을미(925)에 훤의 세 아들이 반역을 하자 훤은 태조에게 귀순하고 신검(神劒)[209]이 왕위에 올랐으니 천복(天福)[210] 원년 병신(936)에 고려 군사와 일선군(一善郡)에서 서로 접전하다가 백제가 패하여 나라가 망하였다"고 하였다.

처음에 훤이 어려서 아직 강보에 있을 때에 아버지가 들에 나가 밭을 가는데 어머니가 밥을 나르면서 어린아이를 숲속에 두었더니 범이 와서 젖을 먹였으므로 이 고장 사람들이 듣고 이상하게 여겼다. 그가 장성하매 몸

---

204) 원문의 "李碑家"는 "李磾家"의 오간.
205) 여자의 작위 칭호.
206) 당나라 소종(昭宗)의 연호.
207), 208) 청태는 후당 폐제의 연호요, 원문의 "元年甲午"는 "二年乙未"가 되어야 한다.
209) 원문의 "金剛"은 "神劒"의 착오.
210) 후진 고조의 연호.

집이 덜썩 크고 외모가 기이하게 생겼으며 기품이 활달하여 범상치 않았다. 그는 종군하여 서울에 들어왔다가 서남쪽 바다를 지키는 곳으로 가서 창을 베개삼아 적을 대비하니 그 기개는 언제나 군사들의 앞장을 서므로 그 공로로 인하여 비장이 되었다.

당나라 소종(昭宗) 경복 원년(892)은 바로 신라 진성여왕이 왕위에 있은 지 6년으로서 왕이 총애하는 내시들이 왕의 곁에 있으면서 가만히 국권을 농락하여 기강이 문란하고 해이해졌으며 그 위에 기근까지 덮쳐 백성들이 유리하고 도적떼가 봉기하였다.

이에 훤은 속으로 반역심을 품고 도당을 불러모아 서울 서남쪽에 있는 고을들에 출몰하면서 공격하매 이르는 곳마다 호응하여 한달 만에 무리가 5,000이나 되었다. 마침내 그는 무진주[211]를 습격하여 왕으로 자처하였으나 아직 드러내놓고 왕이라 부르지는 못하고 제 스스로 "신라 서남부 도통 행 전주자사(全州刺史) 겸 어사중승 상주국 한남군 개국공"이라는 관작 칭호를 사용하였으니 이때가 용기(龍紀)[212] 원년 기유(889)인데 달리 말하기는 경복 원년 임자(892)라고도 한다.

북원(北原)[213]의 도적 양길(良吉)이 매우 강성하였으므로 궁예(弓裔)가 자진하여 그의 부하가 되었더니 훤이 이 말을 듣고 멀리서 양길에게 비장(裨將)의 직을 주었다.

훤이 서쪽으로 순행하여 완산주에 이르니 주민들이 환영하므로 그는 인심을 얻은 것이 기뻐서 측근자들에게 말하기를, "백제가 나라를 창건한 지 600여 년 만에 당나라 고종이 신라의 청에 의하여 장군 소정방을 보내어 수군 13만이 바다를 건너오게 되고 신라의 김유신은 군사를 몰아 황산을 지나 당나라 군사와 합력하여 백제를 쳐서 이를 멸망시켰다. 내가 이제 기어코 도읍을 세워서 묵은 분풀이를 해보리라!" 하고는 드디어 자칭 후백제왕이라 하고 관제를 설정하였는데 이때가 당나라 광화(光化)[214] 3년(900)이요, 신라 효공왕 4년이다.

---

211) 지금의 광주(光州) 지방.
212) 원문의 "龍化"는 "龍紀"의 착오요, 용기는 당나라 소종의 연호.
213) 지금의 충북 충주 지방.
214) 당나라 소종의 연호.

정명[215] 4년 무인(918)에 철원경(鐵原京)[216]의 인심들이 돌변하여 우리 태조를 추대하여 왕위에 오르게 하니 훤이 이 소문을 듣고 사신을 보내어 축하하고 공작깃 부채와 지리산의 대화살 등을 바쳤다. 훤이 우리 태조와 겉으로는 화목하는 체하고 속으로는 상극이 되었지만 태조에게 총마(驄馬)[217]를 바쳤다.

3년 겨울 10월에 훤이 기병 3,000을 거느리고 조물성(曹物城)[218]에 닿으매 태조 역시 정병을 거느리고 와서 마주 겨루었는데 훤의 군사가 정예하여 승부를 내지 못하였다. 태조는 잠시 임시로 화해함으로써 훤의 군사를 피로케 하고자 글을 보내어 화친을 청하고 사촌 아우인 왕신(王信)을 볼모로 보내니 훤도 역시 생질 진호(眞虎)를 보내어 볼모로 바꾸었다.

훤은 12월에 거서(居西)[219] 등 20여 성을 쳐서 빼앗고 사신을 후당(後唐)에 보내어 번방으로 자처하매 당나라가 책명하여 "검교태위(檢校太尉) 겸 시중 판백제군사(侍中判百濟軍師)"벼슬을 주고 전과 같이 "도독 행 전주자사 해동사면도통 지휘병마판치등사 백제왕(都督行全州刺史海東四面都統指揮兵馬判置等事百濟王)"으로 하고 식읍은 2,500호로 하였다.

4년에 진호가 갑자기 죽으매 일부러 죽였다고 의심하여 견훤은 즉시로 왕신을 가두고 사람을 시켜 전년에 보냈던 총마를 돌려보내라고 청하니 태조가 웃으면서 이것을 돌려보냈다.

천성(天成)[220] 2년 정해(927) 9월에 훤이 근품성(近品城)[221]을 쳐서 빼앗아 이를 불사르니 신라왕이 태조에게 구원을 청하였다. 태조가 군사를 동원코자 하는데 훤이 고울부[222]를 습격하여 빼앗고 군대를 몰아 시림(始林)[223]을 무찌르고 마침내 신라의 왕도(王都)에 돌입하였다.

---

215) 후량(後梁) 마지막 임금의 연호.
216) 당시 궁예가 도읍한 서울.
217) 푸르고 흰빛이 나는 좋은 말.
**218)** 지금은 잘 알 수 없다.
**219)** 지금은 자세히 알 수 없다.
220) 후당 명종의 연호.
**221)** 산양현(山陽縣:지금의 文慶郡 山陽面 일대).
**222)** 울주(지금의 蔚山)라고 하나 그렇지 않다.
**223)** 혹은 계림의 서쪽 교외라고도 한다.

신라왕은 부인과 함께 포석정에 나가 놀던 참인지라 이 때문에 아주 패망하였다. 훤은 억지로 부인을 끌어다가 강간하고 왕의 친족 아우뻘 되는 김부로서 왕위를 잇게 한 후 왕의 아우 효렴(孝廉)과 재상 영경(英景)을 사로잡고 또한 국고로부터 진귀한 보물과 병기를 빼앗고 자녀들과 각종 장인들 가운데 우수한 자들을 직접 데리고 갔다.

태조가 정병 5,000명으로써 공산(公山)[224] 아래서 훤을 맞아 크게 싸워 태조의 장수인 김락(金樂)과 숭겸(崇謙)이 여기서 죽고 여러 군사들이 패배하여 태조는 간신히 몸만 빠져나와 살았을 뿐 저항해 보지도 못한 채 그로 하여금 못된 짓을 제 맘대로 하게 하였다. 훤은 이긴 기세를 타서 방향을 돌려 대목성(大木城),[225] 경산부(京山府),[226] 강주(康州)[227]를 휩쓸어 약탈하고 부곡성(缶谷城)을 쳤다. 또 의성부(義成府)의 원으로 있던 홍술(洪述)이 항전하다가 죽으니 태조가 이 말을 듣고 말하기를, "내가 오른팔을 잃었구나!" 하였다.

42년 경인[228](930)에 훤이 고창군(古昌郡)[229]을 치려고 군사를 대규모로 동원하여 석산(石山)에 진지를 잡으니 태조는 백 보를 격하여 고을 북쪽 병산(瓶山)에 진지를 잡았다. 여러 번 싸워서 훤이 패하매 시랑 김악(金渥)을 붙잡았다. 이튿날 훤이 군사를 수습하고 순주성(順州城)[230]을 습격하여 물리치니 성주 원봉(元逢)이 막아낼 수 없어 성을 버리고 사잇길로 도주하였다. 태조가 갑자기 성이 몹시 나서 이 고을의 격을 떨어뜨려 하지현(下枝縣)[231]으로 만들었다.

신라의 임금과 신하들은 나라가 쇠하여지는 막판에 다시 일어서기 어려웠으므로 우리 태조를 끌어들여 우호를 맺어 후원을 삼으려고 도모하였다. 훤이 이 소문을 듣고 다시 서울로 들어가 나쁜 짓을 하고자 하였으나

---

224) 지금의 대구 팔공산.
225) 지금의 경북 칠곡 지방.
226) 지금의 경북 성주.
227) 지금의 경남 진주.
228) 원문대로 경인년이면 견훤 39년이어야 한다.
**229)** 안동.
230) 원문의 "順" 다음에 "州"가 결자인 듯하며 순주는 경북 순흥.
**231)** 지금의 풍산현(豐山縣)이니 원봉이 본래 순주성 사람이기 때문이다.

태조가 먼저 선수를 칠까 염려하여 태조에게 편지를 써보냈다. "전번에 신라 재상 김웅렴(金雄廉) 등이 귀하를 서울로 불러들이려고 한 것은 남생이 소리에 자라가 호응하여 마치 약한 메추라기가 새매[232]의 날개를 찢으려는 것과 같다. 이런다면 반드시 사람들은 도탄에 빠지게 될 것이요, 나라는 폐허가 될 것이매 나는 이 때문에 먼저 선손을 써서 응징하는 무기를 휘둘렀으니 모든 관료들에게는 해를 가리켜 맹세하였으며 6부 백성들에게는 옳은 교화로써 타일렀다. 뜻밖에 간신들은 도망해 달아나고 임금이 죽는 변고가 생기매 드디어 경명왕의 외종 아우 헌강왕의 외손자를 권하여 왕위에 오르게 하여 망해가는 나라를 다시 세웠고 없어진 임금을 다시 세워 이제야 자리가 잡혔다. 당신은 충고하는 말에는 정신을 차리지 않고 함부로 떠도는 말을 들어 갖은 꾀를 써서 틈을 노리며 여러 방면으로 침략하여 소동을 일으키되 아직도 내 말머리가 어디로 향하여 가는 줄을 보지 못하고 나의 소털 하나도 뽑지 못하고 있다. 첫겨울에는 도두 색상(都頭素湘)이 성산(星山)의 진지에서[233] 잡히고, 이달에는 좌장 김락(金樂)이 미리사(美利寺) 앞에서[234] 무참히 죽었으며, 그밖에도 죽은 자와 붙잡힌 자가 많았으며 추격을 받아 사로잡힌 자도 적지 않았다. 강하고 약한 품이 이렇고 보면 승패를 넉넉히 짐작할 수 있을 것이니 내가 바라는 바는 평양의 성문에 내 활을 걸고 내 말에게 패강의 물을 마시게 하는 것이다. 그런데 지난달 7일에 오월국(吳越國)[235] 사신 반상서(班尙書)가 와서 왕의 조서를 전하는데 거기에 쓰기를, '그대는 고려와 더불어 오랫동안 서로 화목하는 사이로서 함께 선린관계를 맺어오다가 얼마 전 양편이 잡아둔 볼모를 함께 죽인 일로 말미암아 드디어 화친하던 옛날의 우호관계를 버리고 서로 국경을 침범하여 싸움을 그치지 않는다 하므로 이제 전임으로 사신을 내어 그대에게 보내고 또 고려에도 통지하였으니 각기 서로 친목하여 길이 평화롭게 지낼 것이다'라고 하였다. 내가 의리로는 천자를 높이 받들고 정리로는 대국을 충실히 섬기는 터에 이 조칙을 받자 곧 실천하고 싶으나 다만 당신이 군사를 파하려 해도 하지 못하고 곤경에 있으면서도 싸우려 할 것

---

232) 원문의 "準"은 "隼"의 오간인 듯하다.
233), 234) 원문의 "束手" 다음과 "曝骸" 다음에 각각 "於"가 결자인 듯하다.
235) 중국 5대(代) 시대 강소, 절강 지방에 있었던 나라.

을 염려한다. 여기에 조서를 베껴 보내니 정신을 차려 선처하기 바란다. 또한 달아나는 토끼나 쫓는 개가 함께 피로해지면 반드시 조롱거리가 되는 것이요, 조개와 황새가 맞겨룬다면 역시 웃음거리가 될 것이니, 거듭 미욱한 행동을 경계할 것이요, 후회를 제 스스로 초래하지 말아야 할 것이다"라고 하였다.

　천성[236] 3년(928) 정월에 태조가 답하였다. "오월국 사신[237] 반상서가 전한 조서 한 통을 받들게 되고 겸하여 당신이 보낸 긴 사연을 늘어놓은 편지도 고맙게 받았다. 삼가 말씀컨대 금번 사신의 행차 편에 조서가 전달되고 좋은 소식을 전하는 편지에 겸하여 교양되는 말씀을 듣게 되었다. 조서를 손에 받들고 보니 감격이 더할 뿐이지만 당신의 편지를 펴서 보니 혐의 쩍은 생각을 지울 수 없다. 금번 돌아가는 인편에 부탁하여 당장 몇 마디 의견을 피력코자 한다. 내가 위로는 하늘의 명령을 받들고 아래로는 사람들의 추천에 못 견디어 과분하게도 장수의 직권을 외람되이 맡아서 나라를 경륜하는 기회를 얻게 되었다. 근자에 삼한의 운수가 비뚤어져서 전국에 흉년이 들어 백성들이 모두 도적떼에 붙게 되고 논밭은 모조리 적지가 되었으므로 전쟁의 위험을 종식시키고 나라의 재난을 구원코자 기도하여 여기서 이웃과 좋게 사귀어 우호를 맺었더니 과연 수천 리 지방에서는 농사 짓고 누에 치는 직업을 즐기고 있었으며 7-8년을 두고 군사들이 한가롭게 쉬는 것을 보게 되었다. 이러다가 계유년에 이르자 이 해 10월에 갑자기 사건이 생겨 그만 교전을 하기까지에 이르렀다. 당신은 처음 상대방을 업신여기고 바로 돌진해왔으나 이는 마치 사마귀가 수레바퀴를 막는 것과 같았으며 필경은 어려운 줄 알고 용감히 물러갔으니 이는 마치 모기새끼가 산을 짊어진 것이나 다름없었다. 당신은 손길을 잡고 인사를 한 후 하늘을 가리키면서 맹세하기를, '오늘 이후로는 영원토록 즐겁게 화목하되 만약에 맹세를 저버린다면 신령의 형벌을 받을 것이다'라고 한바 있었다. 나 역시 창칼을 쓰지 않는 무력을 숭상하였고, 살상하지 않는 어진 행실을 목적하여 드디어 여러 겹 에워쌌던 포위망을 풀고 피로한 군사들을 쉬게 하였으며, 볼모를 잡는 것도 사양하지 않고 다만 백성들을 안도시키

---

236) 원문의 "二年" 앞에 "天成" 두 자가 빠진 듯하고 「삼국사기」 "열전"에는 3년이다.
237) 원문의 "通史"는 「삼국사기」 "열전"에 "通和使"로 되어 있다.

려고만 하였으니 이는 곧 내가 남방 사람들에게 큰 은덕을 끼친 것이다. 어떻게 맹세할 때 입에 바른 피가 마르기도 전에 흉포한 행동을 다시 할 줄 알았으랴! 벌과 전갈 같은 독은 백성들에게 해를 끼쳤고 이리와 범 같은 광포한 행동은 서울 근방의 화근이 되었다. 금성(金城)[238]이 망하게 되자 왕실은 떨고 흔들렸으나 누가 환공(桓公)[239]과 문공(文公)[240]처럼 의리를 붙잡아 주나라를 떠받들 듯하는 자가 있었던가? 다만 이 틈을 타서 한나라를 차지하고자 하던 왕망(王莽)[241]과 동탁(董卓)[242] 따위의 역적밖에 볼 수 없었다. 이리하여 지극히 존귀한 왕으로 하여금 억지로 당신 앞에서 아들로 자칭하도록 하여 높고 낮은 질서가 없어지고 위아래 없이 걱정에 싸였다. 만약 이때에 선량한 재상의 순실한 충성이 없다면 어찌 다시 국가의 안전을 확보하였을 것인가? 나로서 말한다면 마음속에 악심을 품지 않았고 왕실을 받드는 뜻이 간절하였으매 장차 나를 신라 조정에 가져다두어 나라의 위기를 붙들고자 하였던 것이다. 그런데 당신은 털끝 같은 이익에 눈이 어두워 천지의 두터운 은혜를 잊어버리고 임금을 목베어 죽이며, 궁궐을 불태우고 재상과 대신들을 몰살하고 백성들을 상하 없이 도륙하였으며, 임금의 첩들은 붙들어 함께 데려가고 보물은 빼앗아 바리바리[243] 실어갔다. 원흉으로 친다면 걸주(桀紂)보다도 더 지나치고 잔인한 것으로 친다면 흉악한 짐승보다 더 심할 것이다. 나의 원한은 하늘이 무너질 듯 지극하였고 나의 정성은 해를 뒷걸음치게 할 만큼 심절하여 매가 참새를 쫓는 것을 본받아 개와 말처럼 충성을 다하기로 하였다. 두번째 군사를 동원한 후로 해가 두 차례 바뀌면서 육전에서는 번개가 번뜩이고 벼락치듯 하였으며, 수전에서는 범이 활개를 치고 용이 하늘로 오르듯 하여 움직이면 반드시 성공하였고 군사를 동원하여 허행이 없었다. 윤경(尹卿)을 해안까지 쫓으매 버린 갑옷이 산처럼 쌓이게 되었고 추조(雛造)를 성 밖에서 사로잡으니 넘어진 시체가 들을 덮었다. 연산(燕山)[244] 고을 지경에서는 길환(吉奐)을 군

---

238) 경주의 옛 이름.
239), 240) 환공, 문공 : 전국 시대 주나라를 종주국으로 떠받든 제(齊)와 진(晉)의 제후들.
241), 242) 한나라의 반역자들.
243) 원문의 "相"은 "稇"의 오간인 듯하다.
244) 연산은 현재 충남 지방.

문 앞에서 목베고, 마리성(馬利城)²⁴⁵⁾ 밖²⁴⁶⁾에서는 수오(隨晤)를 대장기 아래에서 잡아 죽였으며, 임존(任存)²⁴⁷⁾을 함락시키던 날 형적(刑積) 등 수백 명이 희생되었고, 청천현(淸川縣)²⁴⁸⁾을 쳐부술 때 직심(直心) 등 4-5명이 목숨을 바치매 동수(桐藪)²⁴⁹⁾는 깃발을 바라보자 허물어져 흩어졌으며, 경산(京山) 지방이 송장 시늉을 하고 항복해왔다. 강주(康州)는 남으로부터 와서 붙고 나부(羅府)는 서쪽으로부터 귀속해왔다. 공격이 이와 같이 빨랐으니 수습인들 어찌 멀다 하랴! 지수(泜水)의 군영 중에서 장이(張耳)²⁵⁰⁾의 첩첩이 쌓인 한을 풀고야 말 것이요, 오강(烏江) 언덕에서 한나라²⁵¹⁾ 임금의 일전(一戰) 승리의 소원을 성취하고야 말 것이니, 필경은 풍파도 잦아질 것이요, 천하가 길이 숙청될 것이다. 하늘이 돕는 바에야 운수가 어디로 갈 것이랴! 더군다나 듣건대 오월왕 전하의 은덕은 머나먼 변방까지도 포괄하고 어진 인정은 약한 자들을 깊이 불쌍히 여기는지라 특히 조서를 대궐[丹禁]로부터 내려 우리 강토[靑丘]에서 병란을 정지할 것을 타일렀다. 이미 훈계하는 교시를 삼가 읽었으매 감히 높이 받들지 않을 수 없다. 만약 당신이 오월왕의 명철한 뜻을 삼가 받들어 군사 행동을 일체 정지한다면 윗나라의 어진 은혜에 부합될 뿐 아니라 나아가서는 우리 강토의 끊어진 왕대를 이을 수 있을 것이다. 그러나 만약 허물을 고칠 수 없다면 후회를 하더라도 돌려잡지를 못할 것이다"²⁵²⁾라고 하였다.

장흥(長興)²⁵³⁾ 3년(932)에 견훤의 신하 공직(龔直)이 용감하고도 지략이 있더니 태조에게 와서 항복하매 견훤이 공직의 두 아들과 딸 하나의 다리 힘줄을 불로 지져 끊었다.

가을 9월에 견훤이 일길(一吉)을 시켜 수군으로써 고려의 예성강(禮城

---

245) 이산군(伊山郡)인 듯하다.
246) 「삼국사기」 "견훤 열전"에 의하여 원문의 "犬馬之" 다음에 "勤"과 "馬利城" 다음에 "邊"과 "直心" 등의 글자를 보충.
247) 대흥군(大興郡).
248) 상주 영내의 현 이름.
249) 동화사.
250) 전국 시대 초나라 재상으로서, 원수를 갚던 고사.
251) 한나라를 창건한 유방이 항우를 섬멸하던 고사.
252) 이 글은 바로 최치원이 썼다.
253) 후당 명종의 연호.

江)을 침입하여 사흘 동안 머물면서 염주(鹽州), 백주(白州), 진주(眞州)²⁵⁴⁾ 세 주의 배 100척을 불사르고 갔다고 한다.

　청태(淸泰) 원년 갑오(934)에 견훤은 태조가 운주(運州)²⁵⁵⁾에 주둔하고 있다는 말을 듣고 드디어 군사를 선발하여 부랴부랴 들이닥쳤다. 그러나 보루도 장만하기 전에 태조의 장군 유금필(庾黔弼)이 강한 기병으로 이를 쳐서 적병의 머리 3,000여 개를 베어 얻었는데 웅진 이북의 30여 성이 뜬 소문만 듣고도 항복해왔다. 견훤의 부하인 술객 종훈(宗訓)과 의사 훈겸(訓謙)과 날랜 장수 상달(尙達), 최필(崔弼) 등이 태조에게 항복하였다.

　병신년(936) 정월에 견훤이 그의 아들에게 말하기를,²⁵⁶⁾ "내가 신라 말년에 후백제라는 이름을 내걸고 지금까지 여러 해가 되어 군사는 북쪽(고려) 군사의 갑절이나 되지만 아직도 이렇게 불리한 형편이다. 아마도 하늘이 고려를 위하여 힘을 빌려주는 것 같으니 어찌 북쪽 임금에게 귀순하여 목숨을 보전하지 아니할까 보냐?" 하였으나 그의 아들들인 신검(神劍), 용검(龍劍), 양검(良劍) 등 세 사람은 모두 듣지 않았다.

　「이제가기(李磾家記)」에 일렀으되, "견훤이 자식 아홉이 있어 맏이를 신검²⁵⁷⁾이라 부르고, 둘째는 태사 겸뇌(謙腦)요, 셋째는 좌승 용술(龍述)이요, 넷째는 태사 총지(聰智)요, 다섯째가 대아간 종우(宗祐)요, 여섯째는 이름을 알 수 없고, 일곱째는 좌승 위흥(位興)이요, 여덟째는 태자 청구(靑丘)요, 맏딸이 국대부인(國大夫人)이니 모두 상원부인(上院夫人)의 소생이다. 견훤은 첩들이 많아서 자식 10여 명을 두었는데, 넷째 아들 금강(金剛)은 키가 크고 지혜가 많아서 견훤이 특별히 그를 사랑하여 자기의 왕위를 전할 생각이 있었더니 그의 형 신검, 양검, 용검이 이것을 알고 몹시 속을 태웠다. 이 당시 양검은 강주 도독이 되었고 용검은 무주 도독이 되었는데 신검이 홀로 그 아버지의 측근에 있었다. 이찬 능환(能奐)이 사람을 시켜 강주, 무주 두 주에 가서 양검 등과 함께 계획하고 청태 2년 을미(935) 봄 3월에 영순(英順) 등과 함께 신검에게 권하여 견훤을 금산(金山) 절간에

---

254) 염주는 지금의 황해도 연안(延安) 지방, 백주는 황해도 배천(白川) 지방, 진주는 미상.
**255)** 어디인지 알 수 없다.
256) 원문 "胃"는 "謂"의 오간.
**257)** 견성(甄成)이라고도 한다.

가두고 사람을 보내어 금강을 죽이고 신검 자신이 대왕이라 하여 경내에 대사면령을 내렸다"고 운운하였다.

처음에 견훤이 잠자리에 누워 아직 일어나지도 않았는데 멀리 대궐 뜰에서 고함 소리가 들렸으므로 "이것이 무슨 소리냐?" 하고 물었더니 신검이 그 아버지에게 고하기를, "왕께서 연로하시어 군무와 국정에 암둔하시므로 맏아들 신검이 아버지의 왕위를 섭정하게 되었으므로 여러 장수들이 축하하는 환성이외다" 하였다. 얼마 못 되어 그 아버지를 금산사로 옮기고 파달(巴達) 등 장사 30인으로 지키게 하였다.

당시에 동요로 부르기를, "가엾구나, 완산(完山) 아이, 아비 잃고 눈물 짓네"라고 하였다.

견훤은 그의 후궁에 있던 젊은 남녀 두 사람과 시비로 있던 고비녀(古比女)와 나인(內人)과 능예(能乂)[258] 등과 함께 갇혀 있었다. 4월에 이르러 술을 빚어서 파수 보는 군사 30인을 취하도록 먹이고 고려로 도망치니 태조가 소원보(小元甫) 향예(香乂), 오담(吳淡), 충질(忠質) 등을 보내어 바닷길로 가서 견훤을 맞이하게 했다. 견훤이 이르니 태조는 그가 자신보다 나이가 10년 위이므로 존칭으로 불러 상보(尙父)라 하여 남쪽 대궐에 있게 하고, 양주(楊州)를 식읍으로 하여 전장(田莊)과 노비 40명과 말 아홉 필을 주었으며, 그 나라에서 먼저 항복해온 자인 신강(信康)을 아전으로 삼았다.

견훤의 사위인 장군 영규(英規)가 그의 처에게 비밀히 말하기를, "대왕이 40여 년 동안 애를 써서 성과가 이루어졌는데 하루 아침에 집안 사람의 화단(禍端)으로 국토를 잃고 고려에 가서 붙게 되었다. 무릇 정조 있는 여자는 두 남편에게 허락하지 아니하고 충신은 두 임금을 섬기지 않는다. 만약 내 임금을 버리고 역적 아들을 섬긴다면 무슨 면목으로 세상에 의로운 인사들을 볼 것인가? 더구나 들으매 고려의 왕씨는 사람이 인후하고 근검하여 인심을 얻었으니 이것은 아마도 하늘이 보여주는 뜻이다. 반드시 삼한의 임금이 될 것이니 어찌 우리 임금께 글을 드려 위로하고 겸하여 왕씨에게도 공손하게 처신하여 뒷날 돌아올 복을 도모하지 않을 것인가?" 하니 그의 아내가 말하기를, "당신의 말인즉 바로 나의 생각이외다" 하였다.

---

258) 나인은 궁녀이며, 능예를 「고려사」에는 견훤의 막내아들로 밝혔다.

그리하여 천복(天福) 원년 병신(936) 2월에 사람을 보내어 태조에게 의사를 전하여 말하기를, "당신이 정의를 위하여 들고 일어선다면 나는 자원하여 호응함으로써 정의의 군대를 맞이하겠다" 하였다.

태조는 기뻐서 그의 사자에게 후하게 선물을 주어 보내면서 영규에게 사례하여 말하기를, "만약 은혜를 입게 되어 하나로 단합하고 막혔던 길이 통한다면 바로 군을 먼저 찾아뵌 후에 대청에 올라가 부인을 뵈어서 한 분은 형으로 섬기고 한 분은 맏누이로 모시게 될 것이오. 반드시 나중에는 후한 보답이 있을 것이니 천지신명이 이 말을 다 들을 것이다" 하였다.

6월에 견훤이 태조에게 고하기를, "늙은 이 몸이 전하께 몸을 의탁해온 까닭은 전하의 위엄에 의지하여 역적 자식을 처단할 것만 바랐기 때문입니다. 삼가 바라옵건대 대왕께서는 날랜 군사를 빌려 주셔서 반란을 일으킨 적들을 섬멸해주신다면 제가 비록 죽더라도 유감이 없겠사외다" 하였다.

태조가 말하기를, "토벌하지 않으려는 것이 아니라 그 시기를 기다리는 것이오." 하면서 먼저 태자 무(武)[259]와 장군 술희(述希)를 시켜 보병, 기병 10만을 거느리고 천안부(天安府)로 가게 하였다.

가을 9월에 태조가 삼군을 거느리고 천안에 이르러 군사를 연합하여 일선(一善) 땅으로 진군하여 머무르니 신검이 군사로써 대항하는지라 갑오(甲午)에 일리천(一利川)을 사이에 두고 마주 대진하니 태조의 군대는 동북방을 등지고 서남방을 향하여 진을 쳤다. 태조가 견훤과 함께 열병을 하는데 갑자기 검과 창처럼 생긴 흰 구름이 우리 군대 쪽에서 일어나 적편을 향하여 갔다. 곧 북을 치면서 진군하니 백제 장군 효봉(孝奉), 덕술(德述), 애술(哀述), 명길(明吉) 등이 군대의 기세가 크고 정비된 것을 보고 갑옷을 버리고 진지 앞에 와서 항복하였다. 태조가 위로하면서 신검 장군이 있는 곳을 물으니 효봉 등이 말하기를, "원수 신검은 중앙부대 속에 있습니다" 라고 하였다.

태조가 장군 공훤(公萱) 등에게 명하여 삼군이 일제히 양쪽에서 끼고 진격하니 백제 군사가 허물어져 쫓겨나 황산 탄현(炭峴)에 이르렀을 때 신검

---

259) 원문의 "太子及武"에서 "及"과 "武"가 전도되었다.

이 두 아우와 장군 부달(富達), 능환(能奐) 등 40여 명과 함께 와서 항복하였다. 태조는 항복을 받고 나머지도 다 위로하여 처자들과 함께 상경할 것을 허락하였다.

태조가 능환에게 말하기를, "처음에 양검 등과 함께 대왕(견훤)을 가두고 그 아들을 왕위에 올린 것은 너의 계획인지라 신하된 의리에 이와 같을 수가 있는가?" 하니 능환이 고개를 숙이고 아무 말도 하지 못하매 드디어 명령하여 그를 처단하였다. 신검의 왕위 찬탈은 다른 사람의 우격다짐이요, 그의 본심이 아니며, 또한 목숨을 내어바치고 벌을 청한 까닭에 특별히 죽을 죄를 용서하였더니 견훤은 화가 나서 고민하다가 등창이 터져서 며칠 만에 황산 절간에서 죽었다. 이날이 9월 8일이요, 나이가 70이었다.

태조의 군령이 엄격하여 군사들이 추호의 불법도 없었으므로 고을들이 안도하고 늙은이와 젊은이가 다 만세를 불렀다.

태조가 영규에게 말하기를, "앞서 임금이 나라를 잃은 후 그의 신하로서 누구 하나 위로 인사를 하는 자가 없었는데, 홀로 그대 부부가 멀리서 서신 왕래를 그치지 않고 성의를 다하였으며 겸하여 과인을 찬미까지 하였으니 그 의리를 잊을 수 없다" 하고 좌승(左承)이라는 관직과 농토 1,000경을 상으로 주고 역말 35필을 빌려주어 그의 권솔들을 맞아오게 하여 그의 두 아들에게 벼슬을 주었다.

견훤은 당나라 경복 원년(892)에 일어나 진(晉)나라 천복 원년(936)까지 이르니, 45년 만인 병신년에 멸망하였다.

사론(史論)에 이르기를, "신라는 천운이 다하고 왕도를 잃었으매 하늘이 도울 일이 없고 백성들이 의탁할 곳이 없게 되었다. 이에 뭇 도적이 틈을 타서 고슴도치 털처럼 일어났으니 그중에 두드러진 자는 궁예와 견훤 두 사람일 따름이다. 궁예는 원래 신라의 왕자로서 반역하여 국가를 원수로 삼아 선조의 화상(畵像)을 칼로 베기까지에 이르렀으니 그의 잔인한 행동은 심하였다. 견훤은 신라의 백성으로서 들고일어나 신라의 녹을 먹으면서 나쁜 마음을 품고 나라의 위기를 다행으로 여겨 도성과 성읍을 침공하고 임금과 신하 죽이기를 금수처럼 하였으니 실로 천하의 원흉이다. 그러므로 궁예는 그의 부하로부터 버림받았고 견훤은 그 아들에게 화를 당하게 되었는데 모두들 제 손으로 저지른 노릇인지라 누구를 탄할 것인가?

비록 항우(項羽)와 이밀(李密)[260] 같은 재질로서도 한나라와 당나라가 일어남을 막아내지 못하였거늘 더군다나 궁예와 견훤 같은 악인 따위야 어떻게 우리 태조를 상대로 맞겨룰 수 있을 것인가?"라고 하였다.

## 가락국기(駕洛國記)[261]

천지개벽 후에 이 땅에는 아직 나라로 부르는 칭호가 없고 임금이나 신하라고 부르는 칭호도 없었다. 여기에 있다는 것이 아도간(我刀干), 여도간(汝刀干), 피도간(彼刀干), 오도간(五刀干), 유수간(留水干), 유천간(留天干), 신천간(神天干), 오천간(五天干), 신귀간(神鬼干) 등 아홉 간이 있었으니 이들이 추장이 되어 백성들을 통솔하였으며, 호수는 무릇 1만 호에 7만 5,000인이었다. 모두가 저마다 산과 들에 모여 살면서 우물을 파서 마시고 밭을 갈아 먹었다.

바로 후한의 세조 광무제 건무 18년 임인(42) 3월 계욕일(禊浴日)[262] 이곳 북구지(北龜旨)[263]에서 무엇을 부르는 수상한 소리가 나 200-300명 되는 무리가 여기에 모였더니 사람 목소리 같은 소리가 나는데 형체는 감추고 소리만 내어 말하기를, "거기 누가 있느냐?" 하였다.

아홉 간들이 대답하기를, "우리들이 있습니다" 하니 또 말하기를, "내가 있는 곳이 어디일꼬?" 하여 "구지(龜旨)외다" 하고 대답하였다.

또 말하기를, "하느님이 나를 명령한 까닭은 이곳에 와서 나라를 새롭게 하고 임금이 되라고 하셨다. 그리하여 여기에 내려온 것이다. 너희들은 모름지기 봉우리 꼭대기의 흙 한 줌씩을 쥐고 노래를 불러

---

260) 당나라 초기의 반역자.
**261)** 문묘조* 대강** 연간에 금관주*** 장관이었던 문인이 저술한 것인데 여기에서는 간략하게 게재한다.
    \* 고려 문종 시대를 가리킨다.
   \*\* 요나라 도종(道宗)의 연호.
  \*\*\* 경남 김해 지방
262) 봄 가을로 물가에서 지내는 액막이 제삿날.
**263)** 산봉우리 이름으로서 여러 마리 거북이 엎드린 형상이므로 이렇게 불렀다.

거북아 거북아!
머리를 내밀어라.
만약 아니 내밀면
불에 구워 먹겠다.

하면서 춤을 추면 이것이 대왕을 마중하여 즐겨 뛰노는 것으로 될 것이다" 하였다.

아홉 명의 간들은 그 말대로 모두 즐겨 노래를 부르고 춤을 추었다. 얼마 안 되어 쳐다보니 다만 보랏빛 노끈이 하늘로부터 드리워 땅에 닿아 있었고 노끈 끝을 찾아보니 붉은 보자기로 싼 금합(金盒)이 있었다. 그것을 열고 보매 둥글기가 해 같은 황금 알 여섯 개가 있었다. 여러 사람들이 모두 놀랍고도 기뻐서 함께 수없이 절을 하다가 조금 뒤에 다시 알을 싸가지고 아도간의 집으로 돌아와 탁자 위에 두고는 각각 흩어졌다.

그후 12일이 지난 다음 날샐 무렵에 무리들이 다시 함께 모여 합을 열었더니 알 여섯 개가 사내아이로 화하였는데 얼굴들이 매우 틀스러웠다. 이내 평상 위에 앉으니 무리들이 축하하는 절을 하고 정성을 다하여 공경하였다.

그들은 나날이 장성하여 10여 주야를 지났다. 키가 9척이매 은(殷)나라 천을(天乙)[264]이라 할 수 있었고, 얼굴이 용 같으매 한나라 고조(高祖)라 할 수 있었고, 눈썹이 여덟 가지 빛깔이매 당나라 요(堯)임금과 같았고, 눈동자가 겹으로 되었으매 우(虞)나라 순(舜)임금과 같았다.

그달[265] 보름에 왕위에 오르니 처음으로 나타났다고 하여 이름을 수로(首露) 혹은 수릉(首陵)[266]이라고 하고, 나라를 대가락(大駕洛)이라고 하였으며 또 가야국(伽耶國)이라고도 일컬었으니, 즉 여섯 가야의 하나이다. 남은 다섯 사람은 각각 돌아가 다섯 가야의 우두머리가 되었다.

나라의 경계는 동쪽이 황산강(黃山江)이요, 서남쪽이 바다요, 서북쪽이 지리산(地理山)이요, 동북쪽이 가야산(伽耶山)이요, 남쪽은 나라 끝이 되

▶구지봉의 구지암. 김해 북쪽의 분산 자락에 있는 구지봉 꼭대기께에는 여섯 개의 알을 중심으로 거북이들이 원형으로 둘러서 있는, 근래에 세운 기념물이 있다. 그런데 그 근처에는 거북 모양의 고인돌이 한 기 있다. 그 등에는 언제 새긴 것인지 알 수 없는 "구지암"이란 글자가 있다.

264) 은나라 탕임금의 다른 이름.
265) 원문 "其於"는 "於其"의 잘못.
266) 이는 죽은 후의 시호이다.

었다. 왕이 임시 대궐을 짓게 하고 들었으나 다만 질박과 검소를 바랄 뿐으로 짚 이엉도 자르지 않고 흙으로 된 섬돌 층대가 3척 높이밖에 안 되었다.

2년 계묘 봄 정월에 왕이 말하기를, "짐이 서울 자리를 잡아야 하겠다" 하고 곧 임시로 지은 대궐 남쪽 신답평(新畓坪)[267])으로 거동하여 사방의 산악을 바라보고 측근자들을 돌아보면서 말하기를, "이 땅이 여뀌 잎만하게 좁고 작지만 땅이 청수하고 범상치 않으니 16나한 부처님이 머물 만한 곳이다. 더군다나 하나에서 셋이 생기고 셋에서 일곱이 생기는 원리[268])가 있는지라 일곱 분의 성인[269])이 머물 만한 곳이 원래 여기인가 싶다. 강토를 개척한다면 나중은 참으로 좋겠구나!" 하고 주위 1,500보 되는 외성[羅城]에 궁궐 전각과 일반 관사들이며 무기고[270])와 곡식 창고들의 자리를 잡았다.

일을 마치고 대궐로 돌아와서 국내의 장정 역부들과 재인바치들을 두루 징발하여 그달 20일부터 견고한 성터[金湯]를 닦기 시작하여 3월 10일에 이르러 역사를 마쳤다. 궁궐과 관사들은 농한기를 타서 짓는데 이 해 10월부터 공사를 시작하여 갑진년(44) 2월에 낙성하고 좋은 날을 받아 왕이 새 대궐로 들어가 모든 정사를 처리하고 일체 사무에 근면하였다.

이때에 완하국(琓夏國) 함달왕(舍達王)의 부인이 임신하여 달이 차서 알을 낳았는데 화하여 사람이 되매 그의 이름을 탈해(脫解)라고 불렀다. 그는 바다를 건너왔는데 키가 3척이요, 머리 둘레가 1척이었다. 그가 반갑다는 듯이 대궐을 찾아와서 왕에게 말하기를, "내가 왕의 지위를 빼앗고자 일부러 왔노라" 하였다.

왕이 대답하되, "하늘이 짐에게 명하여 왕위에 오르게 하고 장차 국내[271])를 안정시키며 백성들을 편안케 하려고 한지라 하늘의 명령을 저버리고 왕위를 내놓을 것이 못 되며 또 우리 나라와 백성들을 너에게 맡길 수도

---

**267)** 이는 예로부터 묵은 밭인데 새로 갈아젖혔으므로 하는 말이다. "畓"자는 속자이다.
**268)** 지세를 감정하는 풍수설에서 물[一]이 나무[三]를 낳고 나무가 불[七]을 낳는다는 것을 뜻한다.
**269)** 일곱 분의 성인은 불교에서 전세에 출현하였다는 일곱 부처.
**270)** 원문 "虎庫"의 '虎'는 "武"를 대용한 글자.
**271)** 원문의 "中國"은 "國中"의 전도인 듯하다.

없다"하였다.

　탈해가 말하기를, "그렇다면 술법으로 경쟁해볼 것이다"하니 왕이 "좋다!"고 하였다.

　이러고서 잠시 동안에 탈해가 매로 화하매 왕은 독수리로 화하였다. 다시 탈해가 참새로 화하니 왕은 새매로 화하였다. 바로 이럴 즈음에 순식간도 안 지나 탈해가 본래의 몸으로 돌아오니 왕도 역시 본 모습으로 돌아왔다. 탈해가 그제야 항복하면서 말하였다. "지금 술법으로 다투는 판에서 매에게[272]는 독수리로, 참새에게는 새매로 되셨지만 죽음을 면케 된 것은 이야말로 성인의 살육을 증오하는 어진 덕으로 해서 그러함이 아니오리까. 제가 왕을 상대하여 임금 자리를 다투는 것은 진실로 안 될 일이라고 생각합니다."

　그가 선뜻 작별을 하고 나가 교외에 있는 나루터에 이르러 중국에서 오는 배가 닿는 물길을 따라가려고 하는데, 왕은 그가 머물러 난리를 꾸밀까 염려하여 서둘러 수군 배 500척을 발동시켜 추격하였더니 탈해가 계림의 땅 안으로 달아났으므로 수군들이 모두 돌아왔다. 그런데 사적 기록들이 신라의 그것과는 많이 다르다.

　때마침 건무 24년 무신(48) 7월 27일에 아홉 간들이 조회 끝에 말씀을 올려 "대왕께서 하늘로부터 내려오신 이래로 아직 좋은 배필을 얻지 못하였으니 저희의 딸들 중에 제일 얌전한 자를 뽑아서 대궐로 들여 배필로 삼도록 하심을 청하옵니다" 하였다.

　왕이 말하기를, "내가 여기에 내려온 것은 하늘의 명령이매 나의 짝이 되어 왕후가 되는 것도 하늘의 명령일 것이다. 그대들은 걱정 말라!" 하고 드디어 유천간(留天干)을 시켜 경쾌한 배와 좋은 말을 가지고 망산도(望山島)에 가서 기다리게 하고 또 신귀간(神鬼干)을 시켜 승점(乘岾)[273]으로 가도록 하였더니 갑자기 바다 서남쪽 구석에서 붉은 비단 돛을 달고 붉은 깃발을 펼친 배가 북쪽으로 향하고 있었다.

　유천간 등이 먼저 섬 위에서 횃불을 들자 그 배에서는 다투어 가면서 육지로 내려와 빨리들 달려왔다. 신귀간이 이것을 바라보고 대궐로 달려와

---

272) 원문의 "之" 아래 "於"가 결자인 듯하다.
**273)** 망산도는 서울 남쪽의 섬이요, 승점은 바로 서울 턱 아래 있는 나라이다.

이 사실을 왕에게 아뢰었다.

　왕이 듣고 기뻐하면서 뒤이어 아홉 간들을 시켜 찬란하게 꾸민 배로써 이들을 맞아 곧 대궐로 모셔들이려고 하니 왕후가 말하였다. "내가 너희들을 평생에 처음 본 터에 어찌 함부로 경솔하게 함께 따라서 가랴!"

　유천간 등이 돌아와 왕후의 말을 전하니 왕이 그 말을 옳게 여겨 관리들을 거느리고 거동하여 대궐로부터 서남쪽 60보 가량 되는 산 가장자리에 장막을 치고 왕후를 기다렸다. 왕후는 산 바깥쪽 별포(別浦) 나룻목에 배를 잡아매고 상륙하여 높은 산에 올라가 쉬었는데 입었던 비단 바지를 벗어서 폐백으로 삼아 산신령에게 바쳤다.

　그 나라의 신하로서 따라온 후행(後行)이 두 명이었는데, 이름은 신보(申輔)와 조광(趙匡)이라고 하고 그들의 아내 두 사람의 이름은 모정(慕貞)과 모량(慕良)이라고 불렀다. 따로 노비가 도합 20여 명이요, 가져온 각종 비단과 의복, 피륙과 금, 은, 주옥과 각종 구슬이며 보물 기명들이 이루 다 기록할 수 없었다.

　왕후가 점차 임금이 있는 처소에 가까이 오자 왕이 나가 그를 맞아 함께 장막으로 들어오니 후행 이하 여러 사람들이 뜰 아래에서 뵙고 곧 물러갔다.

　왕이 관원을 시켜 후행 부부를 데려다가 말하기를, "일반 사람들은 각각 한 방에 쉬게 하고 그 이하로 노비들은 한 방에 대여섯 사람씩 들게 하라" 하면서 지극히 호사스러운 음식을 주게 하고 무늬 놓은 요석과 채색 자리에 자게 하며 의복과 비단과 보물들은 바로 군사들을 추려 모아서 호위하게 하였다.

　이에 왕이 왕후와 함께 침석에 드니 왕후가 조용히 왕에게 말하였다.

　"저는 아유타국(阿踰陀國)의 공주로서 성은 허(許)요, 이름은 황옥(黃玉)이며, 나이는 열여섯이옵니다. 본국에 있을 때인 금년 5월에 부왕과 황후께서 저에게 '우리가 어젯밤 꿈에 함께 하느님을 만나보았더니 하느님께서는, 가락국의 시조 임금 수로는 하늘이 내려보내어 왕위에 오르게 하였는바 신령스럽고 거룩한 이는 오직 그분일까 한다. 그런데 그가 새로 그 나라에 군림하여 아직 배필을 정하지 못하였으니 그대들은 모름지기 공주를 보내어 그의 배필을 삼게 하라 하시고 말을 마치자 하늘로 올라가셨다.

꿈을 깬 후에도 하느님 말씀이 오히려 귀에 쟁쟁할 뿐이다. 너는 여기서 빨리 부모를 하직하고 그에게로 가거라' 하고 말씀하셨습니다. 저는 바다를 건너 멀리 남해[蒸棗]에 가서 찾기로 하였고 방향을 바꾸어 멀리 동해[蟠桃]로도 가보았습니다. 그러다가 이제 보잘것없는 얼굴로 외람되게 존귀한 얼굴을 뵈옵게 되었습니다."

왕이 대답하기를, "짐이 나면서부터 자못 현명하여 미리 공주가 멀리서부터 올 것을 짐작하고 아래 신하들로부터 왕비를 들이라는 청이 있었으나 기어코 듣지를 않았다. 이제 현숙한 그대가 절로 왔으매 이 몸으로서는 커다란 행복이로다" 하고 드디어 동침하게 되어 이틀 밤 하루 낮을 지냈다.

이에 공주가 타고 온 배를 돌려보내는데 뱃사공 열다섯 명에게 각각 쌀 열 섬씩과 베 30필씩을 주어 본국으로 돌아가게 하였다.

8월 1일에 왕이 왕후와 수레를 함께 타고 돌아오는데 후행온 부부들도 말고삐를 나란히 하였으며 중국에서 가져온 수입한 잡화들도 모두[274] 수레에 싣게 하여 천천히 대궐로 드니 이때 시각이 오시(午時)나 되었다. 왕후는 중궁에 자리를 잡고 왕명으로 후행온 부부와 딸린 권솔들에게는 빈방 두 칸을 주어 갈라 들게 하고, 그밖에 남은 수행원들은 손님 치르는 집 한 채 20여 칸에 사람 수효를 적당히 나누어 구별하여 들게 하고, 날마다 풍족한 음식으로 지공하며 싣고 온 보물들은 대궐 곳간에 간직하여 왕후의 사철 소용으로 삼았다.

하루는 왕이 신하에게 말하였다. "아홉 간들은 모두가 일반 관리들의 우두머리이지만 그 위품과 명칭이 모두 미천한 사람들의 이름이요, 결코 존귀한 벼슬의 칭호라고 할 수 없으니 만일 미개한 지방에서 소문을 듣는다면 반드시 비웃을 것이다."

그리고 드디어 아도(我刀)를 아궁(我躬)으로, 여도(汝刀)를 여해(汝諧)로, 피도(彼刀)를 피장(彼藏)으로, 오도(五刀)를 오상(五常)으로 고치고, 유수(留水)와 유천(留天)이라는 이름은 윗글자는 그대로 두고 아랫글자만 고쳐 유공(留功)과 유덕(留德)이라고 하고, 신천(神天)[275]을 고쳐 신도(神

---

274) 원문 "感使"의 '感'은 "咸"의 오간으로 본다.
275) 원문의 "留德" 다음에 "神天"이 결자인 듯하다.

道)라고 하고, 오천(五天)을 고쳐 오능(五能)이라 하였으며, 신귀(神鬼)는 음은 고치지 않고 뜻만 고쳐서 신하 신(臣)자와 귀할 귀(貴)자로 했다. 그리고 계림의 직관 규례를 따라 각간(角干), 아질간(阿叱干), 급간(級干)의 등급을 두고 그 아래 관료들은 주나라와 한나라 제도에 의하여 갈라서 배정하였으니 이는 "옛 제도를 혁신하고 새 관직을 마련한다"는 도리라고 볼까!

이로부터 나라를 다스리고 집안을 정돈하여 백성들을 자식처럼 사랑하여 명령이 그리 야단스럽지 않아도 위엄이 있었고 정치가 그리 엄하지 않아도 다스려졌으니 더구나 왕후와 함께 살게 된 조건이랴! 비하자면 하늘이 땅을 가지고 해가 달을 가지고 양이 음을 가짐과 같아서 왕후의 공로야말로 우임금의 왕후[塗山]가 하(夏)나라를 보좌하고 요임금의 딸들[唐媛]<sup>276)</sup>이 순임금의 가문을 일으킨[興姚]<sup>277)</sup> 것과 같았다. 이 해에 아들 낳을 꿈을 꾸고[得熊羆之兆] 태자 거등공(居登公)을 낳았다.

영제(靈帝) 중평(中平) 6년 기사(189) 3월 1일에 왕후가 죽으니 나이가 157세였다. 나라 사람들은 땅이 무너질 듯 통탄하면서 구지봉(龜旨峯) 동북쪽 언덕에 장사하였다. 그가 백성들을 자식처럼 사랑한 은혜를 기념하기<sup>278)</sup> 위하여 왕후가 처음 도착하여 닻을 내린 도두촌(渡頭村)을 주포촌(主浦村)이라고 하고, 비단 바지를 벗었던 높은 산언덕을 능현(綾峴 : 비단 고개)이라고 하고, 붉은 기를 달고 들어온 바닷가를 기출변(旗出邊 : 기가 나타난 해변)이라고 하였다.

후행으로 온 천부경(泉府卿) 신보(申輔)와 종정감(宗正監) 조광(趙匡) 등은 이 나라에 도착한 지 30년 만에 각각 딸 둘씩을 낳았으며, 부부들이 다 1-2년을 지나서 세상<sup>279)</sup>을 떠났다. 그밖의 노비들은 온 지 7-8년이 되도록 이곳에서 자식을 낳지 못하고 다만 고향을 그리는 시름만 품고 지내다가 모두들 고향 쪽으로 머리를 두고 죽었다. 그들이 묵고 있었던 손님

---

276) 원문의 "唐媛"은 "唐媛"으로서 순임금의 부인들이 된 요임금의 딸 아황(娥皇)과 여영(女英)을 말한다.
277) 원문 "興嬌"의 '嬌'는 순임금의 성인 "姚"로 인정하고 번역하였으나 "嬌"의 의미는 미상.
278) 원문 "欲忘"의 '忘'은 "志"의 오간인 듯하다.
279) 원문 "抛信"의 '抛'는 "挽"의 오간인 듯하다.

치르던 집[賓館]은 사람이 없이 텅[280] 비어버렸다.

왕은 매양 구슬픈 공방살이 노래를 부르면서 언제나 비탄에 잠겼다. 왕후가 죽은 해와 스물다섯 해를 사이에 두고 헌제 건안[281] 4년 기묘(199) 3월 23일에 왕이 죽으니 나이가 158세였다. 나라 사람들이 하늘이 무너진 듯 슬퍼하기를 왕후가 죽었을 때보다 더 심하였다. 이리하여 대궐 동북쪽 평지에 높이 한 길, 둘레가 300보 되는 빈궁(殯宮 : 무덤)을 만들고 여기에 장사하니 수릉왕 능이라고 불렀다. 왕의 맏아들인 거등왕(居登王)으로부터 9대손 구형왕(仇衡王)[282]에 이르기까지 왕묘에 제향을 드려 반드시 매년 정월 3일과 7일, 5월 5일, 8월 초닷새날과 보름날이면 성대하고도 깨끗한 제사가 계속되었다.

신라의 제30대 왕 법민(法敏)이 용삭(龍朔) 원년 신유(661) 3월에 조서를 내려 일렀으되, "가야국 시조왕의 9대손 구형왕이 이 나라에 항복할 때에 데리고 온 아들 세종의 아들이 솔우공(率友公)이요, 그 아들 서운 잡간(庶云匝干)[283]의 딸 문명황후(文明皇后)가 짐을 낳으셨다. 그러므로 시조왕은 나에게 15대 되는 조상이다. 그가 다스리던 나라는 벌써 옛날에 없어졌으나 장사를 지낸 능묘는 지금도 아직 그대로 있으니 이를 종묘에 합사하고 제사를 계속할 것이다" 하였다.

뒤이어 고국의 옛터에 사람을 보내어 그 사당 근처에 있는 상상전(上上田) 30경을 주어 제사 모시는 밑천으로 삼게 하고 왕위전(王位田)이라고 불러 본래 있던 토지에 붙이고 왕의 17대손 갱세 급간(賡世級干)이 삼가 조정의 명령을 받들어 왕위전을 주관하였다. 매년 설 때면 술을 빚고 떡이며 밥이며 다과 등 여러 가지 제물을 차리고 제사를 모시니 해마다 어김이 없었다. 그 제삿날은 거등왕이 제정한 1년에 닷새 그대로 하매 정성스러운 조상 제사가 이제야 우리의 책임이 되었다.

거등왕이 즉위한 기묘년으로부터 별실을 설치하여 구형왕 때까지 내려오면서 330년 동안 제향 범절을 한 번도 어김이 없었다. 그러나 구형이 왕

---

280) 원문의 "圓"은 "関"의 오간.
281) 원문 "立安"의 '立'은 "建"을 피하여 쓴 글자.
282) 원문의 "仇衝"은 "仇衡"의 오간.
283) 원문의 "庶云角干"은 김유신의 아버지로 「삼국사기」에는 "舒玄"으로 기재되어 있다.

▲ 구지봉과 분산 사이로 도로가 지나가면서 동북쪽으로 가는 산허리를 끊어버렸다. 그러나 그 위로 육교를 놓아 연결했으므로 걸어서 넘어갈 수 있다. 넘자마자 바로 앞으로 **허황후의 능**이 나온다.

위를 잃고 나라를 떠난 후부터 용삭 원년 신유년(661)까지의 60년 동안은 이 사당의 제향이 간혹 없었던 것이다. 문무왕[284]이야말로 훌륭하기도 하여라! 먼저 선조부터 높이 받드니 효성은 지극하여 끊어졌던 제사를 다시 시행하게 되었다.

신라 말기에 잡간 충지(忠至)라는 자가 있어 금관(金官)의 고성(高城)을 쳐서 빼앗아 성주 장군(城主將軍)이 되었더니 이때에 아간 영규(英規)라는 자가 장군의 위세를 빌려 사당을 빼앗아 잡신의 당집으로 만들고 단오날에 고사를 지냈더니 당집의 대들보가 까닭없이 부러져 떨어지면서 그만 덮쳐서 깔려 죽었다.

이때에 장군이 혼잣말로 "다행히 묵은 인연이 있어서 과분하게도 시조왕이 다스리던 나라의 제사를 받들게 되었으니 마땅히 내가 그의 화상을 그려놓고 치성을 하여 은혜를 갚으리라" 하고 드디어 그림 그리는 비단

---

[284] 법민왕의 시호.

▲ **김수로왕 능**은 김해 구시가지 중간의 평지에 있다. 수로 왕릉 뒤로 보이는 산이 구지봉과 허황후릉이 있는 분산이다.

3척에 화상을 그려 벽 위에 모시고 아침 저녁으로 촛불을 밝히고 정성껏 높여 받들었다.

이러고 난 지 겨우 사흘 만에 화상의 두 눈에서 피눈물이 흘러 바닥에 거의 한 말이나 모였다. 장군이 몹시 겁이 나서 그 화상을 모셔들고 사당으로 가서 이를 불사르고 즉시 왕의 직계 자손인 규림(圭林)을 불러 밀하기를, "어제는 불상사가 있었다. 어쩌면 이렇게도 불행이 거듭하여 닥칠까! 이는 필시 사당에 모신 혼령이 내가 그림을 그려놓고 공양하는 것을 불손하다고 진노하는 것이다. 영규가 이미 죽었으므로 나는 이상하게도 매우 무섭구나! 화상을 불태워버렸으니 필시 남모를 천벌이 있을 것만 같다. 그대는 시조왕의 정통 자손으로서 예전대로 제사를 모시는 것이 참으로 합당한 일일 것이다" 하였다.

이리하여 규림이 대를 이어 제사를 모시게 되어 나이 88세가 되자 죽었으며 그의 아들 간원경(間元卿)이 계속하여 제사를 잘 모셨다. 단옷날에 참배하는 제사를 지내는데, 영규의 아들 준필(俊必)이 또 발광하여 와서 간원이 차려놓은 제물을 걷어치우고 자기가 제물을 차려 제사를 드렸는데, 세번째 술잔을 채 바치지 못하여 갑자기 병을 얻어 집으로 돌아가 죽었다. 그러므로 옛날 사람의 말에, "잡신의 제사는 복을 받지 못할 뿐 아니라 도리어 재앙을 받는다"라고 하였으니 앞서는 영규, 뒤에는 준필, 이들 부자를 두고 말한 것이었던가?

또 도적떼들이 이 사당 안에 보물이 많이 있는 줄 알고 여기에 와서 도적질을 하게 되었는데, 첫번째 왔을 때에는 몸에 갑옷을 입고 화살을 차고 활에 살을 먹인 용사 한 명이 사당에서 나와 사방으로 빗발처럼 활을 쏘아 7-8명의 도적을 맞혀 죽이니 도적떼가 달아나버렸다. 며칠이 지나 두번째 도적떼가 왔는데 이번에는 길이 30여 척이나 되는 큰 구렁이가 눈을 번갯불처럼 번쩍이면서 사당 옆에서 나와 8-9인을 물어 죽였다. 어쩌다가 살게 된 자도 모두 엎어지고 자빠지면서 흩어져버렸다. 이러므로 이 능원의 안팎에는 반드시 영물들이 있어 호위함을 알게 되었다.

건안 4년 기묘(199)에 이 사당을 처음 세운 뒤로부터 지금의 임금(고려 문종)이 나라[285]를 다스린 지 31년만인 대강 2년 병진(1076)까지 무릇 878년 동안 이 사당의 좋은 봉토는 조금도 다치지 않았으며, 심어둔 좋은 나무들은 마르지도 썩지도 않았으며, 더구나 사당에 수없이 차려둔 가지가지 묵은 보물들도 역시 상하지도 부서지지도 않았다. 이로써 본다면 신체부(辛替否)가 말하기를, "옛날부터 오늘에 이르기까지 망하지 않은 나라가 어디 있으며 허물어지지 않은 무덤이 어디 있으리오" 하였지만 오직 이 가락국이 옛날에 이미 망해 없어진 점은 체부의 말이 맞았다고 할 것이나 수로왕의 사당은 허물어지지 않았고 본즉 그의 말은 족히 믿을 수 없다고도 해야 할 것이다.

이중에도 또 유희와 오락으로 옛일을 추억하는 행사가 있었으니, 매양 7월 29일이면 지방 사람들로서 하급 관리와 그 졸개들이 승점(乘岾) 고개에 올라가 장막을 치고 술과 음식을 먹으면서 동서로 두목을 내보내어 장정들을 좌우편으로 갈라서, 한편은 육지에서 말을 몰아 달리고, 다른 한편은 뱃머리를 나란히 몰아 북으로 고포(古浦)를 향하여 먼저 닿는 내기를

---

285) 원문의 "御圖"는 "御國"의 오간.

한다. 대체로 이것은 옛날 유천간과 신귀간 등이 왕후가 오는 것을 바라보고 임금에게 달려가서 서둘러 보고하던 고사(故事)를 본뜬 행사이다.

가락국이 망한 후에 이 땅은 대대로 부르는 이름이 같지 않았으니 신라의 제31대 정명왕(신문왕)이 즉위한 개요(開耀) 원년 신사(631)에는 금관경(金官京)이라고 하여 태수를 두었다가, 그후 259년 만에 우리 태조에게 귀속하여 통합된 후에는 계속 임해현(臨海縣)으로 되어 배안사(排岸使)[286]를 두었던 것이 48년 동안이요, 다음에는 임해군 혹은 김해부(金海府)가 되어 도호부를 둔 것이 27년 동안이요, 또 방어사를 둔 것이 64년 동안이다.

순화(淳化) 2년(991)에 김해부 양전사(量田使)[287]인 중대부 조문선(趙文善)이 상부에 신청하기를, 수로릉의 왕묘에 속한 전토의 결수가 많으니 마땅히 15결로 하여 옛 관례대로 하고 그 나머지는 김해부의 부역 담당 장정들에게 나누어주자고 하였다. 소관 관청에서는 그 신청대로 임금께 아뢰었더니 당시의 조정에서 임금의 지시를 전하여 말하기를, "하늘이 내린 알이 거룩한 임금으로 화하여 왕위에 있으면서 수명이 158세였다. 저 삼황(三皇) 이래로 드문 일로서 여기에 견줄 자가 있을 것인가? 왕이 죽은 뒤로 선대 적부터 사당에 소속된 전토를 지금에 와서 감소시킨다는 것은 진실로 송구스러운 일이다" 하면서 이를 승인하지 않았다.

양전사가 다시 상부에 신청하였더니 조정에서도 그렇게 여겨 절반은 능묘 턱으로 고정시키고 절반은 지방의 부역 일꾼들에게 나누어주게 하였다. 절사(節使)[288]가 조정의 뜻을 받아서 절반은 그대로 능원에 소속시키고 절반은 지방의 부역 일꾼들에게 주었다. 절사는 거의 일을 끝내고 매우 피로하였는데 하룻밤은 갑자기 꿈에 7-8명의 귀신이 나타나 손에 오랏줄과 칼을 잡고 말하기를, "네가 큰 죄를 지었으므로 목을 베어 죽일 터이다" 하였다.

그는 형벌을 받는다고 하여 울다가 소스라쳐 깨니 몸살로 병이 나서 다른 사람에게 알리지 않고 몰래 사잇길로 도주했는데, 그 병이 낫지 않아

---

286) 고려 시대에 해변 방어를 맡았던 관직 명칭.
287) 농토를 측량 등록하던 관직 명칭.
**288)** 양전사를 말하는 것이다.

▲ 김해시 장유면 대청리의 용지봉 꼭대기께에 **장유암**이 있다. 거기에는 수로왕의 처남인 허보옥의 사리를 봉안하고 있는 사리탑이 있다. 절은 근래에 지은 것이며 그 앞마당에는 오래된 석재들이 많이 있다.

나룻목을 건너다 말고 죽었다. 이 때문에 양전 토지대장에는 그의 도장이 찍히지 않았다. 뒷날 사람들이 사명을 받들고 와서 그 밭을 자세히 보니 면적이 겨우 1결 12부 9속으로서 부족분이 3결 87부 1속이었다. 즉시 잘못 처리된 땅을 단단히 추궁하여 내외의 관리들에게 보고하고 부족분을 채워 지급하도록 처리하였다.

시조왕의 8대손 김질왕(金銍王)은 정사를 하는데 매우 부지런하고도 간절히 신령을 숭배하였다. 그는 조상 할머니인 허황후의 명복을 빌기 위하여 원가 29년 임진(452)에 시조왕이 황후와 함께 혼인한 곳에 절을 짓고 왕후사(王后寺)라는 이름으로 현판을 붙이고 사람을 보내어 근방에 있는 평평한 밭 10결을 측량하여 부처님을 공양하는 비용으로 만들었다.

이 절이 생긴 뒤 500년[289] 후에 장유사(長遊寺)를 세우게 되어 절에 바친 전답이 300결이나 되었다. 여기서 절의 삼강(三綱)[290]이 왕후사가 그 절의

---

289) 원문의 "五百" 아래 "年"의 결자로 본다.
290) 원문의 "三剛"은 "三綱"의 오간으로서, 삼강은 절을 주관하던 중의 직명.

▲그런데 그 용지봉으로 오르는 들목의 길가 숲속에 축대와 같은 구조물들이 남아 있는 곳이 있다. 그곳이 본디 **장유사 터**라고 한다.

산판 동남쪽 지경 안에 있다는 이유로 절을 뜯어고쳐 농막으로 만들고 가을에 수확한 것을 겨울 동안에 저장해 두는 고방과 마소를 먹이는 외양간으로 만들었으니 실로 슬픈 일이로다!

시조 임금 이하로 9대손의 연대표를 아래에 기록한다. 비석[銘]에는 이렇게 쓰여 있다.

천지가 비로소 개벽할 제 해와 달이 처음으로 밝아졌도다.
사람들의 관계는 생겼지만 임금의 자리는 잡지 못했네.
중국의 왕조들이 세대를 거듭하자, 동방의 나라들도 서울을 나누었네.
계림이 처음으로 정해지게 되매, 가락도 뒤를 이어 나라를 꾸몄네.
제 스스로 우두머리 골라잡지 못하매, 어느 누가 이 백성들 보살필 건가.
드디어 조물주가 여기 계오셔, 수없는 저 백성들 돌보옵시사.
임금 될 표적을 친히 주시고, 특별히도 신령님을 보내주셨네.
산 속에 알이 내려 탄강하시매, 안개 속에 그 형체 가리었도다.

그 안이 아직도 막막하올 제, 그 바깥 역시나 캄캄하올 뿐.
바라보아 형상은 없는 듯한데, 소리만 있어서 들리옵니다.
무리들은 노래를 불러 올리고, 떼를 지어 춤추어 바쳤나이다.
이렇듯 이레 동안 지나게 되매, 한동안 둘레는 잠잠하였네.
바람이 부오매 구름은 걷히고, 허공은 맑게 개어 하늘은 푸른데
한 가닥 보랏빛 끈에 매달려, 여섯 개의 둥근 알이 내려오시다.
나라도 다른지라 이역 강토에, 지붕이 맞붙도록 집들은 즐비하네.
담벽처럼 늘어선 구경꾼들은, 그리운 그 모습 친히 뵈옵네.
다섯 분은 각읍으로 가게 되시고, 한 분은 이 성중에 남아 계시다.
한날 한시에 나서 행적도 같으매 아우이자 형이요, 형이자 아우.
여기서 하늘은 은혜 베풀어, 인간들을 위하여 길을 닦았네.
보귀로운 왕위에 처음 오르자, 온 나라 온 천하가 맑아지는 듯.
대궐을 짓는 데는 옛 법을 본떠, 아직도 층계 없는 흙 섬돌이요
일만 가지 정치를 처음 힘쓰매, 백성들의 다스림 고루 퍼져라.
치우치지도 않고 편색도 없이, 오직 한 가지 원칙만 있을 뿐이네.
길 가는 사람들은 길을 사양코, 농사를 짓는 자는 서로 도우네.
온 나라는 발을 뻗고 잠자게 되고 만백성은 저마다 안정되도다.
아침 나절 초로 같은 인생인지라, 너나 없이 만년수[大椿]는 못 누릴지라.
하늘과 땅이 빛을 잃어버리고, 상하와 귀천 없이 애통에 잠겼어라.
그의 행적 금빛처럼 찬란하다면 그의 지혜와 덕은 옥소리랄까.
후손들은 뻗어서 끊이지 않고, 정성 어린 제물은 향기롭도다.
덧없는 세월은 흘러가건만, 제도와 예절은 변함이 없네.

거등왕(居登王) : 아버지는 수로왕이요, 어머니는 허황후이니 건안[291] 4년 기묘(199) 3월 13일에 즉위하여 39년 동안 나라를 다스리다가 가평(嘉平)[292] 5년 계유(257) 9월 17일에 죽었다. 왕비는 천부경 신보(申輔)의 딸 모정(慕貞)이니 그는 태자 마품을 낳았다. 「개황력(開皇曆)」에는 일렀으되 "성은 김씨니 즉 나라의 조상이 금알로부

---

291) 원문 "立安"의 '立'은 "建"을 피한 글자이다.
292) 조위(曹魏) 방(芳)의 연호.

터 나왔기 때문에 김으로 성을 삼았다"고 하였다.

마품왕(麻品王) : 마품왕의 "마(麻)"는 "마(馬)"로도 쓰며 성은 김씨니 가평 5년 계유(253)에 즉위하여 39년 동안 나라를 다스리다가 영평(永平)[293] 원년 신해(291) 1월 29일에 죽었다. 왕비는 종정감(宗正監) 조광(趙匡)의 손녀 호구(好仇)이니 태자 거질미를 낳았다.

거질미왕(居叱彌王) : 일명은 금물(今勿)이요, 성은 김씨니 영평 원년에 즉위하여 56년 동안 나라를 다스리다가 영화(永和)[294] 2년 병오(346) 7월 8일에 죽었다. 왕비는 아간 아궁(阿躬)의 손녀 아지(阿志)이니 왕자 이시품을 낳았다.

이시품왕(伊尸品王) : 성은 김씨요, 영화 2년에 즉위하여 62년 동안 나라를 다스리다가 의희(義熙)[295] 3년 정미(407) 4월 10일에 죽었다. 왕비는 사농경(司農卿) 극충(克忠)의 딸 정신(貞信)이니 왕자 좌지를 낳았다.

좌지왕(坐知王) : 일명은 김질(金叱)이니 의희 3년에 즉위하여 부리던 하인 계집에게 장가를 들어 그 아내의 친정 패거리들로 벼슬을 시켰기 때문에 나라 안이 소란하더니 계림국이 이 틈에 정벌하고자 계획하였다. 박원도(朴元道)라고 부르는 한 신하가 있어 임금에게 간하기를, "이같은 일은 선조의 유훈(遺訓)을 돌아보아도, 또 새가 알을 품어 기르는 것을 보아도 사람된 자로서는 용서할 수 없습니다. 하늘이 무너지고 땅이 꺼진다면 사람은 무엇에 의지해 살아간단 말입니까?" 하였다.

또 점치는 술객이 점을 쳐서 해괘(解卦)를 얻었다는데 그 설명에 말하기를, "풀리면서 후회할 것이요, 친구가 이르니 이야말로 성실하다 하였으니 왕은 역(易)의 괘를 교훈으로 삼겠습니까?" 하였다. 왕이 고마워서 "좋다!" 하고 그 하인 계집을 하산도(荷山島)로 귀양 보내고 정치를 개선하여 오랫동안 백성을 편안케 하면서 15년간 나라를 다스렸다. 영초(永初) 2년 신유(421) 5월 12일에

▶가락국의 마지막 왕인 **구형왕의 능**이라고 전해오는 능이 산청군 금서면 화계리에 있다. 자연석을 일곱 단 쌓아올린 이런 특이한 무덤은 이것밖에 없을 것이다.

293) 진(晉)나라 혜제(惠帝)의 연호.
294) 동진(東晉) 목제(穆帝)의 연호.
295) 동진 안제(安帝)의 연호.

죽으니 왕비는 대아간 도녕(道寧)의 딸 복수(福壽)로서 왕자 취희를 낳았다.

취희왕(吹希王): 일명은 질가(叱嘉)이니 영초(永初) 2년에 즉위하여 31년 동안 나라를 다스리다가 원가(元嘉)[296] 28년 신묘(451) 2월 3일에 죽었다. 왕비는 각간 진사(進思)의 딸 인덕(仁德)이니 왕자 질지를 낳았다.

질지왕(銍知王): 김질왕(金銍王)이라고도 부르니 원가 28년에 즉위하여 이듬해에 시조왕과 허황옥(許黃玉) 왕후를 위하여 왕후가 수로왕과 합궁하던 곳에 그의 명복을 빌고자 절을 세워 왕후사라 부르고 전토 10결을 바쳐 여기에 충당하게 하였다. 그는 42년 동안 나라를 다스리다가 영명(永明)[297] 10년 임신(492) 10월 4일에 죽었다. 왕비는 사간 김상(金相)의 딸 방원(邦媛)이니 왕자 감지를 낳았다.

감지왕(鉗知王): 금감왕(金鉗王)이라고도 이르니 영명 10년에 즉위하여 30년 동안 나라를 다스리다가 정광(正光)[298] 2년 신축(521) 4월 7일에 죽었다. 왕비는 각간 출충(出忠)의 딸 숙(淑)이니 왕자 구형을 낳았다.

구형왕(仇衡王): 성은 김씨니 정광 2년에 즉위하여 42년 동안 나라를 다스렸다. 보정(保定) 2년 임오(562) 9월에 신라 왕조 제24대 진흥왕이 군사를 일으켜 쳐들어오므로 왕이 친히 거느렸던 군사들을 사용하였으나 적의 수는 많고 이편은 수가 적어 맞겨루어 싸워 감당할 수 없었다. 이리하여 그의 형제인 탈지(脫知)잇금[299]을 남겨두고 왕자와 장손 졸지공(卒支公) 등이 신라로 들어가 항복하였다. 왕비는 분질수이질(分叱水爾叱)의 딸 계화(桂花)이니 아들 셋을 낳았는데 맏이는 각간 세종(世宗)이요, 둘째는 각간 무도(茂刀)이요, 셋째는 각간 무득(茂得)이다. 「개황록(開黃錄)」에는 일

---

296) 5대(代) 송나라 문제의 연호.
297) 5대 제(齊)의 무제의 연호.
298) 북위(北魏) 효명제(孝明帝)의 연호.
299) 신라에서 임금의 방언 칭호이던 이사금과 통하는 유음.

렀으되, "양나라 중대통(中大通)[300] 4년 임자(532)에 신라에 항복하였다"고 하였다.

저자의 평 :「삼국사」에 의하면 구형은 양나라 중대통 4년 임자에 국토를 바치면서 신라에 투항하였은즉 수로왕이 처음으로 동한 건무 18년 임인(42)에 즉위한 때로부터 계산하여 구형의 말년까지 490년이 된다. 만약 이 기록으로써 고증한다면 땅을 바친 것은 원위(元魏) 보정(保定)[301] 2년 임오(壬午)인즉 30년이 더하여 모두 520년 동안이다. 여기에는 두 가지 다 기록해둔다.

---

300) 수나라 문제의 연호.
301) 북주(北周) 무제의 연호로서 원위(原魏)가 아니다.

# 권 제 3

# 흥법(興法) 제3

## 순도(順道)가 고구려에 불교를 처음 전파하다[1]

「고구려본기」에 이르기를 "소수림왕(小獸林王) 즉위 2년 임신(372)은 즉 동진(東晉) 함안(咸安) 2년으로 효무제(孝武帝)가 즉위한 해이다. 전진(前秦)의 부견(苻堅)은 사신과 중 순도를 시켜 불상과 경문을 보냈다.[2] 또 4년 갑술(374)에는 아도(阿道)가 진(晉)나라에서 왔다. 이듬해 을해 2월에는 초문사(肖門寺)를 세워 순도를 있게 하고 이불란사(伊弗蘭寺)를 세워 아도를 있게 하니 이것이 고구려 불교의 시초이다"라고 하였다.

「승전(僧傳)」에 순도와 아도가 위(魏)나라에서 왔다는 말은 틀린 것이요, 실상은 전진에서 왔다. 또 "초문사는 지금의 흥국사(興國寺)요, 이불란사는 지금의 흥복사(興福寺)"라는 것도 역시 그릇된 것이다. 상고해보면 고구려 시대의 도읍은 안시성(安市城)이니 다른 이름을 안정홀(安丁忽)이라고 하여 요수(遼水)의 북쪽에 있었다. 요수의 다른 이름은 압록(鴨綠)이요, 지금은 안민강(安民江)이라고 부르는데 어찌 송경(松京)에 있는 흥국사의 이름이 안시성 지역에 있을 수 있으랴. 찬미하는 시에 일렀다.

> 압록강 봄도 깊어 물가 풀도 고울시고,
> 흰 모래밭 백구 백로 한가로이 존다오.

---

1) 순도공의 다음에 역시 법심, 의연, 담엄의 전통이 있어서 차례로 계승하여 불교를 일으켰다. 그러나 예로부터 전하는 문헌이 없으니 여기서도 역시 차례대로 편찬할 수 없다. 자세한 것은 승전*에 실려 있다.
　*유명한 중들의 전기라는 말로,「해동승전」,「고승전」등이 있으나 어느 책인지는 미상.
2) 당시 부견은 관중에 도읍하였으니 즉 장안이다.

저 멀리 들려오는 노 소리에 놀라 깨니,
어드메 고깃밴고 안개 속에 손님 왔네.

### 난타(難陀)가 백제의 불교를 개척하다

「백제본기」에 이르기를, "제15대[3] 침류왕(沈流王)이 즉위한 갑신(384)[4]에 이국의 중[5] 마라난타(摩羅難陀)가 진나라에서 오매 맞아서 궁중에 두고 예절을 차려 공경하였다. 이듬해 을유에 새로 정한 수도 한산주(漢山州)에 절을 창건하고 열 사람이 중이 되니 이것이 백제 불교의 시작이다. 또 아신왕(阿莘王)이 즉위한 태원 17년(392) 2월에 왕명을 내려 불교를 숭봉하여 믿고 복을 구하라고 하였다"고 되어 있다. 마라난타는 번역하면 동학(童學)이다.[6]

▲일선군은 지금의 구미시 일대이다. 그곳 도개면 도개동 마을 안에는 **모례정**(또는 모례장자샘이나 모례가정이라고도 한다)이라고 전해지는 옛날 우물이 하나 있다. 그곳이 바로 그 모례의 집터라고 한다.

---

**3)** 「승전」에 14대라고 한 것은 잘못이다.
**4)** 동진 효무제 태원 9년.
**5)** 원문의 "胡僧"은 인도의 중으로 추측.
**6)** 그의 이상한 행적은 「승전」에 자세히 실려 있다.

▲ 모례의 집터에서 그리 멀지 않은 구미시 해평면 송곡리의 냉산 자락에 **도리사**가 있다. 묵호자가 세운 신라 최초의 절이다. 독특한 모양의 탑이 한 기 있는데 고려 때의 것이라고 한다.

찬미하는 시에 일렀다.

이 세상은 혼돈 중에 배판된지라,
재주를 부리기도 힘이 드누나.
노옹(老翁)은 스스로 춤추며 노래나 불러,
세상 사람 이끌어 눈을 뜨게 하네.

### 아도(阿道)[7]가 신라 불교의 기초를 닦다

「신라본기」 제4에 일렀다.

"제19대 눌지왕 때에 중 묵호자(墨胡子)가 고구려로부터 일선군(一善郡)에 이르니 그 고을 사람 모례(毛禮)[8]가 집 안에 땅굴 집을 짓고 모셔두

---

7) "我道" 또는 "阿頭"로도 쓴다.
8) 혹은 모록(毛祿)이라고도 한다.

었다. 이때에 양나라가 사신을 시켜 의복과 향을 보내왔다.[9] 임금이나 신하가 그 향의 이름과 쓰임새를 몰라서 사람을 시켜 향을 가지고 전국을 두루 찾아다니며 묻게 하였더니 묵호자가 이것을 보고 말하였다. '이것은 향이라고 하는 것이다. 이것을 태우면 꽃다운 향기가 무럭무럭 나는 까닭에 그 정성이 거룩한 신에게 사무치게 되는 것이다. 거룩한 신이란 삼보(三寶)[10]보다 더 나은 것이 없으니 만일 이것을 태워서 발원한다면 반드시 영험이 있으리라.'[11] 이때에 왕녀가 병이 위독하여 묵호자를 불러서 분향을 하고 발원케 하였더니 왕녀의 병이 곧 나았다. 왕이 기뻐서 예물을 후하게 주었는데 얼마 후 그는 어디로 갔는지 알 수 없었다.

그리고 제21대 비처왕(毗處王) 때에 아도화상이 시중꾼 세 사람과 함께 역시 모례의 집으로 왔는데 그의 외모가 묵호자와 비슷하였다. 그는 수년 동안 살다가 병도 없이 생애를 마쳤으며, 시중꾼 세 사람은 그대로 머물러 살면서 불경과 계율을 강독하매 때때로 불교를 신봉하는 사람이 생겼다."[12]

아도의 본 비문을 보면 이러하다.

"아도는 고구려 사람이요, 그 어머니는 고도녕(高道寧)이다. 정시(正始)[13] 연간(240-248)에 조씨(曹氏) 적 위(魏)나라 사람 아굴마(我崛摩)[14]가 명령을 받들고 사신으로 고구려에 왔다가 여자와 관계하고 돌아갔더니 이로 인하여 아도를 배게 되었는데 아도가 다섯 살이 되자 어머니는 그를 중으로 출가시켰다. 나이 열여섯 살에 위나라로 가서 아버지 굴마를 찾아 문안하고 현창화상(玄彰和尙)[15]의 문하로 들어가 수업하다가 나이 열아홉에 다

---

9) 고득상(高得相)의 역사를 읊은 시에는 이르기를, "양나라가 보낸 중의 이름은 원표(元表)요, 명단(溟檀)*과 불경과 불상을 보냈다"라고 하였다.
　* 고귀한 향목의 이름.
10) 불교에서 말하는 부처[佛寶]와 불교 이치[法寶]와 스님[僧寶]을 가리키는 말.
11) 눌지왕 때는 진, 송 시대인데 양나라가 사신을 보냈다는 것은 아마도 틀린 듯하다.
12) 주석에서 말하기를, "본인의 비문과 여러 전기들이 다르다" 하였고, 또 「고승전」에는 이르기를 서축(西竺) 사람이라고 하였으며 더러는 오나라에서 왔다고도 한다.
13) 중국 삼국 시대 위나라 조방(曹芳)의 연호.
14) 성이 아(我)이다.
15) 화상은 중을 존칭해 부르는 말.

시 어머니에게로 돌아왔다. 그 어머니가 그에게 말하기를, '이 나라에서는 여지껏 불교 이치를 몰랐으나 이후 3,000여 달 만에 계림에 거룩한 임금이 나서 크게 불교를 일으킬 것이다. 그곳 서울 안에 일곱 곳의 절터가 있으니, 첫째가 금교(金橋)의 동쪽 천경림(天鏡林)[16]이요, 둘째는 삼천기(三川歧)[17]요, 셋째는 용궁 남쪽[18]이요, 넷째는 용궁 북쪽[19]이요, 다섯째는 사천미(沙川尾)[20]요, 여섯째는 신유림(神遊林)[21]이요, 일곱째는 서청전(婿請田)[22]이니 모두가 전 세상 부처님 시대에 절터였던 곳이다. 불교의 전통이 오래 유전되었던 땅이니 네가 그곳에 가서 위대한 불교를 전파하여 마땅히 부처님을 예배하는 전통에서 첫자리를 차지하여야 한다' 하였다. 아도가 교훈을 받들고 계림에 이르러 왕성 서쪽 동리에 와서 머무니, 즉 지금의 엄장사(嚴莊寺)요, 때는 바로 미추왕 즉위 2년 계미(263)였다. 아도가 대궐로 임금을 찾아뵙고 불교의 유포를 청하니 세상에서는 전에 보지도 못한 것이라고 의심을 가져 심지어 아도를 죽이려는 자까지 있었으므로 그만 속림(續林)[23]에 있는 모록(毛祿)[24]의 집으로 도망하여 3년 동안 숨어 있었다. 이때에 성국공주(成國公主)가 병이 들어 무당이나 의원에게 효력을 보지 못하고 칙사를 사방으로 보내어 의원을 구하더니 법사가 갑자기 대궐로 가서 마침내 그 병을 고쳤다. 왕이 매우 기뻐서 그의 소원을 물었더니 아도가 대답하기를, '소승은 아무것도 청할 것이 없고 다만 천경림에 절을 짓고 불교를 크게 일으켜 나라의 복을 받드는 것이 소원일 뿐이외다' 하였

▶용궁 북쪽은 분황사를 말한다. **분황사의 탑**은 절을 창건할 때 세운 것이라는데, 돌을 깎아 벽돌 모양으로 만들어 쌓은 것이라서 모전 석탑이라고 부른다. 지금은 삼층이 남아 있으나 본디는 몇층이었는지 알 수가 없다.

16) 흥륜사이다. 금교는 서천교를 말함이니 세간에서는 잘못 송교라고도 부른다. 절은 아도가 처음으로 세운 뒤 중간에 폐사가 되었다가 법흥왕 정미(527)에 새로 세워 을묘(535)에 크게 공사를 일으키고 진흥왕이 역사를 끝냈다.
17) 영흥사이니 흥륜사와 같은 시대에 세웠다.
18) 황룡사이니 진흥왕 계유(552)에 처음 세웠다.
19) 분황사이니 선덕여왕 갑오(634)에 세웠다.
20) 영묘사이니 선덕여왕 을미(635)에 처음 세웠다.
21) 천왕사이니 문무왕 기묘에 세웠다.
22) 담엄사.
23) 일선현(지금의 善山).
24) "祿"과 "禮"의 글자 모양이 비슷하여 틀려졌다. 옛 기록에 이르기를, "법사가 처음 모록의 집에 왔을 때에 천지가 진동하였다. 당시 사람들이 중의 이름을 몰라서 아두삼마라고 불렀다. 삼마는 우리말로 중을 가리키니, '사미'라는 말과 같다"고 하였다.

다. 왕이 이를 승낙하고 공사에 착수할 것을 명령하니 보통 집이나 다름없이 질박하고 검소하여 띠를 엮어 지붕을 이었다. 아도가 그곳에 살면서 불교를 강연하니 가끔 하늘꽃[天花][25]이 떨어졌으며 절 이름을 흥륜사라 하였다. 모록의 누이 이름은 사씨(史氏)이니 아도 스님에게 몸을 부쳐 신중이 되어 역시 삼천기에 절을 짓고 살았는데 절 이름은 영흥사(永興寺)이다. 얼마 못 되어 미추왕이 세상을 떠나매 나라 사람들이 아도를 죽이고자 하였으므로 스님은 모록의 집으로 돌아와 스스로 무덤을 만들고 문을 채운 채 자살하여 마침내 다시 나타나지 않았는데 이로 인하여 불교도 역시 없어지게 되었다.

제23대 법흥대왕이 소량(蕭梁)[26] 천감(天監) 13년 갑오(514)에 즉위하면서 불교를 일으키니, 이는 미추왕 계미년으로부터 252년으로서 고도녕이 말한 3,000여 달이라는 말이 맞은 것이다."

여기서 「신라본기」와 아도의 비문을 대비해볼 때에 두 가지 설이 서로 어긋나서 이와 같이 맞지 않는다. 논평한다면 양나라, 당나라의 두 「승전」과 「삼국본사」에는 모두 고구려와 백제 두 나라 불교의 시작이 진(晉)나라 말년 태원 연간(376-396)이라고 기재하였은즉 순도, 아도 두 법사가 소수림왕 갑술(374)에 고구려에 도착한 것이 명백하므로 이 전기는 틀리지 않았다. 만약 비처왕 때에 처음으로 신라에 왔다고 하면 이것은 아도가 고구려에 머문 지 100여 년 만에 온 것이 된다. 비록 위대한 성인의 행동이란 나타나고 없어지는 것이 여느 사람과는 다르다 할지라도 반드시 다 그렇지는 않을 것이요, 더군다나 신라에 불교 전파가 이와 같이 어림없이 늦지는 않았을 것이다. 또 만약에 미추왕 시대라고 한다면 고구려에 도착하였다는 갑술년보다 도리어 100여 년이나 앞서게 된다. 이 당시는 계림 땅에 아직도 문화라고 할 만한 것이 없어서 나라 이름까지도 미처 정하지 못하였는데 어느 겨를에 아도가 와서 불교를 받들자고 청하였을 것인가? 또한 고구려에도 오지 않고 뛰어넘어 신라에 왔다는 것은 사리에 맞지 않다. 설사 잠시 일어났다가 곧 없어졌다고 하더라도 어찌 그동안에 아무 소리도

---

25) 천화 : 고명한 중이 설법할 때 나타난다는 기적.
26) 중국 5대 시대의 주량(朱梁)과 구별하여 쓰는 남조(南朝) 시대의 양나라.

없이 잠잠해져서 향의 이름조차 몰랐을 것이랴! 연대가 하나는 너무 뒤지고 하나는 너무 앞섰다. 헤아려보건대 불교가 동방으로 차차 전파해온 과정은 반드시 고구려, 백제로부터 시작되어 신라에서 끝마쳤을 것이다. 눌지왕 대가 소수림왕 대와 맞닿아 있으매 아도가 고구려를 떠나 신라에 온 것은 응당 눌지왕 대가 되어야 할 것이다.

또 왕녀의 병을 구원한 일이 모두 아도의 사적으로 전하고 있으니 소위 묵호자라는 것도 참이름이 아니라 바로 무엇을 지목하는 말일 것이다. 마치 양나라 사람이 달마(達磨)를 가리켜 벽안호(碧眼胡)라고 하고 진나라 사람이 중 도안(道安)을 조롱하여 칠도인(漆道人)이라고 부르는 따위일 것이다. 즉 아도는 위험한 여행을 하면서 이름을 숨기고 말하지 않았던 까닭이다. 아마도 나라 사람들이 그저 소문에 따라 묵호이니 아도이니 하는 두 가지 이름을 두 사람으로 나누어 전한 것이다. 더군다나 아도의 외모가 묵호와 비슷하였다는 것으로 보더라도 그 이름이 한 사람인 것을 알 수 있을 것이다.

고도녕이 절터 일곱 곳을 차례로 꼽은 것은 바로 절을 세운 선후를 가지고 예언한 것인데 두 전기에서 이것이 빠졌으므로 여기에서 사천미를 다섯번째로 올려놓았으며, 3,000여 달이라는 말도 그대로 다 믿을 수 없다. 눌지왕 때로부터 정미년에 이르기까지는 무려 100여 년이매 만약에 일러서 1,000여 달이라고 하였다면 거의 비슷하다고 할 것이다. 그의 성이 아(我)이고 이름이 외자인 것은 거짓인지 참인지 밝히기 어렵다.

또 원위(元魏)의 중 담시(曇始)[27]전을 살펴보면 이러하다.

담시는 관중(關中) 사람으로 출가하여 중이 된 후 괴상한 행적이 많았다. 진(晉)나라 효무제 태원 9년(384) 말에 불경 수십 책을 가지고 요동으로 가서 전도를 하는데, 제자리에서 삼승(三乘)[28]을 가르쳐주어 당장에 불교를 믿게 하였으니 이것이 아마 고구려가 불교를 알게 된 시초일 것이다. 그는 의희(義熙) 초년에 관중으로 다시 돌아와서 삼보(三輔) 지방을 교화시켰다. 담시의 발은 얼굴보다도 더 희었으며 비록 흙탕물을 건너더라도

---

**27)** 혜시(惠始)라고도 한다.
28) 불교에서 말하는 이른바 성문(聲聞), 연각(緣覺), 보살(菩薩) 등 3종의 교리.

한번도 발을 물에 적신 일이 없었으므로 세상에서 모두들 백족화상(白足和尙)이라고 하였다.

진나라 말년에 북방의 흉노 혁련발발(赫連勃勃)이 관중을 쳐부수고 무수한 살육을 감행할 때에 담시도 역시 박해를 당하였으나 칼로 쳐도 상처를 낼 수 없으매 발발이 탄복하면서 중들은 모두 놓아 주고 하나도 죽이지 않았다. 이에 담시는 몰래 시골 지방에 숨어서 동냥중 노릇[頭陀行][29]을 하였다. 탁발도(拓拔燾)가 다시 장안(長安)을 회복하고 관락(關洛) 지방에서 함부로 위세를 부리게 되었을 때에, 이 당시 박릉(博陵)의 최호(崔皓)라는 자가 있어 잡술[左道]을 조금 알아 불교를 시기하였다. 그가 벌써 거짓 재상 자리에 앉게 되매 탁발도의 신임을 받아 천사(天師) 구겸지(寇謙之)와 함께 탁발도를 달래어 불교는 무익한 것이며 백성들의 복리를 해치는 것이니 이를 없애버리라고 하였다는 말들이 있었다.

태평(太平) 말년에 담시는 탁발도가 바로 죽을 때가 닥친 것을 알고 정초 대궐에서 조회하는 날에 돌연히 지팡이를 짚고 궐문에 당도하였다. 탁발도가 이 말을 듣고 그의 목을 베라고 명령하여 여러 번 목을 쳤으나 베어지지 않았다. 탁발도가 제 손으로 베었으나 역시 베어지지 않으므로 후원에 기르는 범에게 주었더니 범도 역시 감히 가까이 하지를 못하였다. 탁발도는 매우 부끄럽고도 겁이 나서 드디어 악질에 걸리게 되고 최호와 구겸지 두 사람도 차례로 모진 병에 걸렸다. 탁발도는 이 허물이 그들에게 있다고 하여 이에 두 사람의 가문 일족을 다 죽여 없애고 전국에 선포하여 불교를 크게 확장하였다. 담시는 그후에 어떻게 끝을 마쳤는지 모른다.

평하여 말하면 담시가 태원 말년에 우리 땅에 왔다가 의희 초년에 관중으로 돌아갔은즉 이곳에 머문 동안이 10여 년이나 될 터인데 어찌하여 우리나라 역사에는 기사가 없었을까? 담시는 매우 황당한 인물로서 아도, 묵호, 난타와 함께 연대와 사적이 서로 같으매 세 사람 중에 한 사람은 반드시 그의 변명(變名)일 것이다.

---

29) 두타행 : 중이 동냥을 하면서 불교를 닦는 것.

▲ 경주시 사정동에 **흥륜사 터**가 있다. 여기에 있던 큰 불화과 석등은 경주박물관으로 옮겨졌다. 왕찰이었다는 화려한 흔적은 찾아볼 수 없다.

찬미하는 시에 일렀다.

눈 덮인 금교(金橋)에 얼음 안 풀려,
계림 땅 봄빛이 아직 돌지 못할 제,
다정한 봄 귀신은 재주도 많을세라,
모랑(毛郞) 댁 매화나무에 먼저 찾아드셨다오.

## 원종(原宗)이 불교를 진흥시키고[30] 염촉(厭髑)이 몸을 희생하다

「신라본기」에 이르기를,[31] "법흥대왕 즉위 14년[32]에 하급 관리인 이차돈(異次頓)이 불교를 위하여 몸을 희생하였다"고 하였으니 이 해는, 즉 소량(蕭梁) 보통(普通)[33] 8년 정미(527)로서 서축(西竺)의 달마대사가 금릉(金陵)에 왔던 해이다. 이 해에 낭지법사(朗智法師)가 역시 처음으로 영취산(靈鷲山)에 있으면서 불교 이치를 밝혔은즉 위대한 교가 진흥하고 쇠퇴하는 것은 멀건 가깝건 간에 반드시 같은 시간에 서로 감응한다는 것을 여기서 믿을 수 있다.

원화(元和) 연간(806-821)에 남간사(南澗寺)의 중 일념(一念)이 "촉향분예불결사문(髑香墳禮佛結社文)"[34]을 지었는데 이 사건을 매우 자세하게 썼다. 그 대강을 말하면 다음과 같다.

"옛날에 법흥대왕이 자극전(紫極殿)에서 정무를 처리할 때에 동방[扶桑]을 굽어살피고 말하기를, '옛날 한나라 명제가 꿈에 감응하여 불교가 동방으로 전파되었는데 과인이 즉위함으로부터 뭇 백성들을 위하여 복을 닦고 죄를 소멸하는 곳을 만들고자 하노라' 하였다. 여기서 조정 신하들[35]은 아직 그의 깊은 뜻을 알아차리지 못하고 다만 나라를 다스리는 대의만 준수하였을 뿐이요, 그가 절을 세우려고 한 신성한 계획을 좇지 않았다. 대왕이 탄식하면서 말하기를, '슬프다! 과인이 덕이 없이 왕업을 계승하여 위로는 음양의 조화를 훼손하고 아래로는 뭇 백성들의 환락이 없으므로 만반 정무를 처리하는 여가에 석가의 교화에 뜻을 두었지만 그 누구와 함께 동반할거나!' 하였다.

---

30) 눌지왕 시대와 100여 년간 떨어졌다.
31) 원문의 "本紀" 아래 "云"이 결자인 듯하다.
32) 「삼국사기」에는 법흥왕 15년이다.
33) 양나라 문제의 연호.
34) 염촉의 무덤에 불공하는 단체를 모은 취지서와 같은 의미.
35) 「향전」*에는 이르기를 공목(工目), 알공(謁恭) 등이라고 하였다.
  * 중국의 그것에 대칭하여 "우리나라의 전래 문헌"이라는 의미이다. 여기서는 「향기(鄕記)」, 「향중고기(鄕中古記)」 등과 함께 인용되고 있으나 고유한 서적 명칭으로 추정할 수 있는 동시에 일반 용어도 될 수 있다.

이때 마음을 닦아 실천에 옮기는 자가 있었다. 그의 성은 박씨(朴氏)요, 자는 염촉(厭髑)[36]이며, 아버지는 자세치 않으나 할아버지는 아진(阿珍) 종(宗)으로, 즉 습보(習寶) 갈문왕(葛文王)의 아들이다.[37] 그는 송죽 같은 절개로 자질을 삼고, 거울 같은 지조를 품었으며, 적선가(積善家)의 증손으로 임금의 측근자[瓜牙]가 될 것을 지망하였으며, 거룩한 왕조의 충신으로 태평한 시절[河淸]의 시종이 되고자 하였다. 당년 22세에 사인(舍人)[38] 벼슬에 임명되어 임금의 얼굴을 우러러보기만 하여도 눈치로 사정을 알아맞힐 정도가 되었다. 그가 아뢰기를, '제가 들으매 옛날 사람은 계책을 나무꾼에게도 물었다 합니다. 죄송하오나 하문하신 데에 대하여 여쭙고자 하나이다' 하였다. 왕이 말하기를, '네가 할 바가 못 된다' 하니 사인이 '나라를 위하여 몸을 희생하는 것은 신하의 큰 절개요, 임금을 위하여 목숨을 바치는 것은 백성의 곧은 의리외다. 그릇되게 말을 전한 죄로 저를 벌하여 머리를 벤다면 만민이 모두 복종하여 감히 지시를 어기지 못할 것입니다' 하였다. 왕이 말하기를, '살점이 에이고 몸이 고문당하더라도 한 마리 새를 위하여 희생할 것이요,[39] 피를 뿌리고 목숨을 끊더라도 일곱 가지 짐승을 불쌍히 여겨야 할 것이다.[40] 짐의 뜻은 사람을 이롭게 함이어늘 어찌 무죄한 자를 죽일 것이랴! 너로서는 비록 공덕을 세우는 것이 되지만 죄를 피하는 것만 같지 못할 것이다'라고 하였다. 사인이 대답하여, '모든 버리기 어려운 것들 중에도 생명보다 더한 것은 없을 것입니다. 그러나 제가 만약 오늘 저녁에 죽는다면 그 이튿날로 위대한 교리가 시행되어 부처님

---

36) 혹은 이차(異次)라고 하고 혹은 이처(伊處)라고도 하니 발음이 다를 뿐이요, 번역하면 "싫다[厭]"는 뜻이다. 촉(髑)은 "頓", "道", "覩", "獨" 등 다 글쓰는 자의 편의에 따랐으니 이는 어조사이다. 여기서 위의 글자만 한문 글자로 번역하고 아래 글자는 번역하지 않았으므로 염촉(厭髑) 또는 염도(厭覩) 등으로 불렀다.
37) 신라의 관작이 모두 17급인데 넷째를 일러서 파진찬이라고 하며 또는 아진찬이라고도 이른다. 종은 그 이름이요, 습보도 역시 이름이다. 신라 사람들이 대개 추봉왕을 모두 갈문왕이라고 하는데, 실상은 역사를 담당한 관원들도 그 뜻을 자세히 모른다 하였다. 그리고 김용행이 지은 아도 비문에는 사인(舍人)의 당시 나이가 26세이며, 아버지는 길승이요, 할아버지는 공한이요, 증조부는 걸해대왕이라고 하였다.
38) 신라의 벼슬인 대사, 소사의 총칭으로 대체로 낮은 등급의 벼슬이다. 임금 또는 중앙의 높은 관리의 비서격 관직으로 조선 시대까지 이 직명이 있었다.
39), 40) 불교 이치에 따라 생물을 죽여서는 안 된다는 것을 강조하는 표현이다.

의 해[佛日]가 다시 중천에 뜨게 되고 대왕께서는 길이 편안하시오리다' 하였다. 왕이 말하기를, '봉황의 새끼는 어려서부터 하늘로 솟을 마음을 가지며, 큰 기러기와 고니 새끼는 나면서부터 바다를 횡단할 기세를 품나니 너야말로 이와 같으니 가위 보살41)[大士] 같은 행실이로구나' 하였다.

이에 왕은 일부러 위풍을 차려 바람 같은 조두(刁斗)42)를 동서로 늘이고 서리 같은 병장기를 양쪽으로 벌인 후 여러 신하들을 불러서 묻기를, '그대들은 내가 절을 지으려고 하는데 어찌하여 주저하고 듣지를 않는가?'43) 하니 이에 여러 신하들이 벌벌 떨면서 겁을 내어 정성껏 맹세를 하여 손가락으로 동서를 가리켰다. 왕이 사인을 불러 힐문하니 사인이 깜짝 놀라 대답할 말이 없었다. 대왕이 노하여 그의 목을 베라고 명령하니 관원들이 그를 묶어서 관가에까지 왔다. 사인이 발원을 하고 옥사정이 그의 목을 베니 흰 젖이 한 길이나 솟아올랐다.44) 이때에 하늘이 사방으로 침침해지며 저녁 나절 햇빛이 캄캄해지고 땅이 진동하면서 빗방울이 꽃인 양 나부끼며 떨어졌다. 임금은 애통해하면서 구슬픈 눈물로 곤룡포를 적시고 여러 재상들은 근심하여 머리에 쓴 사모에 땀이 흘렀다. 샘물이 갑자기 마르매 어족들이 서로 다투어 뛰고, 나무가 꺾어지니 원숭이들이 떼지어 울었다. 동쪽 대궐에서 수레를 함께 타던 벗들은 피눈물 어린 눈으로 마주 쳐다보게 되고, 대궐 뜰에서 같이 놀던 동무들은 창자가 끊어지는 듯 이별을 애석해하면서 상여를 바라보고 부모가 죽은 듯 소리쳐 울었다.

모두들 말하기를, '개자추(介子推)45)가 다리 살점을 벤 것도 염촉의 뼈아

---

41) 보살은 불교에서 자비의 화신으로 여기는 부처 다음의 성자.
42) 군용 기구.
43) 「향전」에 이르기를, "염촉이 왕의 명령이라고 하여 공사를 일으켜 절을 창건한다는 뜻을 전하였더니 여러 신하들이 와서 그만둘 것을 간하였다. 왕이 노하여 염촉을 책망하고 거짓 왕명을 전하였다 하여 형벌을 하였다"라고 하였다.

◀ **남간사 터의 당간지주**. 경주시 탑정동에 남간사 터가 있다. 이름 높던 그 절터에는 마을이 들어서 있으며 그 절의 당간지주만 논 안에 남아서 흔적을 전한다.

44) 「향전」에는 사인이 발원 맹세를 하며 말하기를, "큰 성인이신 법왕님이 불교를 진흥시키고자 하시매 저는 신명을 돌보지 않겠사오니 한없이 오랜 세월에* 인연을 맺으시와 하늘은 상서로운 징조를 내려 두루 인간들에게 보여주소서"라고 하니 이때야 그의 머리가 날아가 금강산 꼭대기에 떨어졌다고 운운하였다.
 * 원문의 "多却"은 "多劫"의 오간인 듯하다.
45) 춘추 시대 인물로 간고한 시기에 그의 임금 진문공(晉文公)을 위하여 다리 살을 베어 바쳤다.

픈 절개에는 비할 수 없을 것이며, 홍연(弘演)[46]이 배를 가른 것인들 어찌 그의 장렬한 품에 견줄 수 있으랴. 이야말로 임금의 신앙력을 붙들고 아도의 본심을 성취하였으니 성스러운 분이로다' 하면서 북망산 서쪽 고개[47]에 장사 지냈다. 그의 아내 되는 사람이 애통하여 좋은 터를 잡아서 절[蘭若]을 짓고 이름을 자추사(刺楸寺)라고 하였다. 이때부터 어떤 집에서든지 불공을 하면 반드시 대대로 영화롭게 되고 누구나 불교를 믿으면 꼭 불교 이치의 이로움을 깨닫게 되었다.

진흥왕 즉위 5년 갑자(544)에 대흥륜사(大興輪寺)를 세웠다.[48] 태청(太清)[49](547-548) 초년에는 양나라 사신 심호(沈湖)가 사리(舍利)[50]를 가져왔고, 천수(天壽)[51] 6년에는 진나라 사신 유사(劉思)와 중 명관(明觀)이 불경을 받들고 와서 함께 머무니 절들은 별처럼 벌여서고 탑들은 쌍쌍이 늘어섰다. 법당(法幢)[52]을 세우고 범경(梵鏡)을 다니 고명한 중들[龍象]과 불교 신도들에게는 천하의 복전(福田)이 되었으며, 대승(大乘)과 소승(小乘)[53]의 불교 이치는 자비로운 구름처럼 온 나라를 덮게 되었다. 다른 세계의 보살이 세상에 나타나고[54] 서방의 유명한 중들이 이 땅에 강림하니, 이로 말미암아 삼한을 병합하여 한 나라가 되고 온 세상을 통일하여 한 집안을 만들었다. 이 때문에 그의 공덕을 천구(天衢)[55]의 계수나무에 새기고 그의 신성

---

46) 춘추 시대 인물로 그의 임금 위의공(魏懿公)을 위하여 배를 갈랐다.
47) 즉 경주 금강산이다. 전설에는 "머리가 날아가서 떨어진 곳에 장사지냈다"고 하였는데, 여기서는 말하지 않았으니 무슨 까닭인지?
48) 「국사」나 「향전」에 의하면, "실상 법흥왕 14년 정미(527)에 터를 잡고 21년 을묘에 천경 숲을 크게 채벌하여 처음으로 공사를 일으키고, 서까래와 들보들을 모두 그 숲에서 가져다 쓰고, 섬돌과 주춧돌이며 돌함들도 모두 여기에 있었는데, 진흥왕 갑자에 와서 절이 낙성되었다"고 하였다. 여기서 갑자라고 하였는데 「승전」에 7년이라고 한 것은 잘못이다.
49) 양 무제의 연호.
50) 석가의 유골.
51) 당나라 무후의 연호.
52) 절 마당에 세우는 기.
53) 대승은 불교에서 작은 절차들에 구애됨이 없는 고원하고 심오한 불교 이론을 말하며, 소승은 그 반대이다.
54) 분황사의 진나(陳那), 부석사의 보개(寶蓋), 낙산과 오대산에 출현한 것 등이 이런 것이다.
55) 원문 "天鎭"의 '鎭'는 없는 글자이므로 "天衢"라고 하면 하늘에 있는 큰 통로라는 의미이므로 여기 글뜻에 적합할 듯하다.

한 행적을 은하수에 그림자로 남겼으니 이것이 어찌 세 분 성인[56]의 위덕으로 이루어진 것이 아니랴!

그뒤에 국통(國統)[57] 혜륭(惠隆)과 법주(法主)[58] 효원(孝圓), 김상랑(金相郞)과 대통(大統)[59] 녹풍(鹿風)과 대서성(大書省)[60] 진노(眞怒)와 파진찬(波珍飡) 김억(金嶷) 등이 옛 무덤을 수축하고 큰 비를 세우니 이때가 원화 12년 정유(817) 8월 5일이요, 제41대 헌덕대왕 9년이었다. 흥륜사 영수선사(永秀禪師)[61]가 이 무덤에 예불하는 신도들을 모아서 매월 5일이면 죽은 이의 영혼의 훌륭한 발원을 위하여 단을 만들어 염불을 하였다"라고 하였다.

또 「향전(鄕傳)」에는 이르기를, "그 고을의 장로들이 매번 그의 제삿날을 맞이할 때마다 흥륜사에서 모임을 가졌다"고 하였으니, 즉 이달 초닷새날이 바로 사인이 몸을 희생하여 불교 신앙에 순사한 때이다.

아아! 이러한 임금이 없으면 이러한 신하가 없을 것이요, 이러한 신하가 없으면 이러한 공덕이 없을 것이니, 이야말로 유비(劉備)와 제갈량(諸葛亮) 사이의 고기가 물을 만난 것 같으며 구름과 용이 서로 감응해 만난 기쁨이라고 할까?

법흥왕은 원래 없어진 불교를 다시 일으켜 절을 세우고 절이 낙성하매 면류관을 벗어버리고는 가사를 걸치고 친척들을 절의 노비로 바치고[62] 그 절의 주지가 되어 몸소 불교를 널리 전파하는 사업을 담당하였다. 진흥왕이 바로 그의 거룩한 덕행을 계승하여 왕위를 이어 임금 자리[九五]에 앉으니, 그 위엄은 백관을 통솔하고 호령은 유감없이 갖추어졌으므로 대왕흥륜사라고 절 이름을 내렸다.

앞서 임금의 성은 김씨인데 중으로 출가한 후에는 법운(法雲)이라 하였

---

**56)** 세 분은 아도와 법흥왕과 염촉을 가리킨다.

**57), 58), 59), 60)** 국통과 법주와 대통은 중의 국가적 직품 명칭이요, 대서성은 신라 관제에 불교 승려에 관한 행정을 주관하던 관청이다.

**61)** 이 당시 유가종*의 지위 높은 여러 중들을 모두 선사**라고 불렀다.
  * 불교의 한 종파로서의 밀교(密敎).
  ** 참선을 전문으로 하는 중의 명칭.

**62)** 이 절의 노비들은 지금도 왕손이라 일컫고 있다. 뒷날 태종무열왕 때에 이르러 재상 김양도가 불교를 독신하여 딸 둘이 있었는데 이름을 화보와 연보라고 불렀던바 몸을 바쳐 이 절의 여종이 되었다. 또 역적 신하 모척의 가족을 절로 몰입시켜 노비로 만들었으니 두 가족의 자손들이 지금도 끊어지지 않고 있다.

▲**자추사**는 지금의 백률사라고 한다. 이 절은 경주시 동천동의 금강산에 있다.

고 자를 법공(法空)이라 하였다.[63)]

「책부원귀(册府元龜)」에는 이르기를, "법흥왕의 성은 모씨(募氏)요, 이름은 진(秦)이다. 당초 절 역사를 일으키던 을묘년에 왕비도 역시 영흥사(永興寺)를 창건하였으며, 사씨(史氏)의 유풍을 사모하여 법흥왕과 함께 머리를 깎고 여승이 되어 이름을 묘법(妙法)이라 하고 역시 영흥사에서 산 지 몇해 만에 죽었다"고 하였다. 「국사」에는 이르기를, "건복(建福)[64)] 31년에 영흥사 소상이 저절로 허물어지고 진흥왕비인 여승이 죽었다"고 하였다.

상고해보면 진흥왕은 바로 법흥의 조카요, 왕비 사도부인(思刀夫人) 박씨는 모량리 영실 각간(英失角干)의 딸로서 역시 출가하여 여승이 되었다지만 영흥사를 창건한 주인공은 아니다. 그렇고 보면 아마도 "진(眞)"자는 "법(法)"자로 되어야 할 것이다. 이는 법흥왕의 왕비 파조부인(巴刁夫

---

**63)** 「승전」과 함께 여러 가지 설로는 역시 왕비도 출가하여 이름을 법운이라 하였고 또 진흥왕의 왕비도 법운이라 하였다 하니 매우 혼동된다.
**64)** 신라 진평왕의 연호.

人)이 여승이 되었다가 죽은 것을 말함이니 그가 바로 절을 창건하고 소상을 세운 주인공이기 때문이다. 법흥, 진흥 두 임금이 왕위를 버리고 중이 된 것을 역사에 쓰지 않은 것은 세상을 다스리는 교훈이 아니라고 하여 그리한 것일까?

또 대통 원년(527) 정미에 양나라 황제를 위하여 웅천주(熊川州)에 절을 세우고 절 이름을 대통사(大通寺)라고 하였다.[65]

찬미하는 시에 일렀다.

성인의 지혜는 만만년 계획이매,
구구한 여론들도 터럭 같은 비방일 뿐.
금륜(金輪)[66]을 몰아내고 법륜(法輪)[67]이 돌아가니
태평세월에 부처님 광명 빛나도다.

　　　　　── 이것은 원종을 위한 것이다.

대의 위한 희생만도 놀라운 일이거늘
하늘꽃과 흰 젖 기적,
더욱 미쁘오이다.
칼날이 한번 번쩍 그 몸이 죽으시매,
절마다 쇠북 소리 장안을 진동하네.

　　　　　── 이것은 염촉을 위한 것이다.

## 법왕(法王)이 살생을 금하다

백제 제29대 법왕의 이름은 선(宣)이요, 혹은 일러서 효순(孝順)이라고

---

65) 웅천은 곧 공주이니 당시는 신라에 속하였기 때문이다. 그러나 아마도 정미년은 아닐 것이요, 바로 중대통 원년 기유(529)에 세웠을 것이다. 흥륜사를 세우던 정미년에는 다른 고을에까지 절을 세울 틈이 미처 없었을 것이다.
66) 불교에서 우주의 밑바탕이 되어 있다는 금강으로 된 바퀴.
67) 불교의 위력을 과시하는 표현으로 불교의 힘이 전륜성왕(轉輪聖王)이 가진 수레바퀴와 같이 산이라도 무너뜨릴 듯한 힘을 가졌다는 것.

하니 개황 10년 기미(590)에 즉위하였다. 이 해 겨울에 살생을 금하는 조서를 내려 민간에서 기르는 매 등속을 놓아주게 하고 고기 잡고 사냥하는 도구를 불사르게 하여 일체 살생을 금지하였다.

이듬해 경신년에는 30명에게 중이 될 것을 허락하고 당시의 서울인 사비성[68]에 왕흥사를 세우게 되어 겨우 터를 닦아놓고 죽으니 무왕이 왕통을 이었다. 아버지는 터를 닦고 아들은 집을 지으니 수년이 걸려 절이 낙성되었다. 그 절 이름은 또한 미륵사(彌勒寺)라고도 하였다. 절은 산을 등지고 물에 인접해 있어 화초와 수목이 매우 아름답고 사철 풍경을 갖추었다. 왕은 매양 배를 내어 물을 따라 절에 가서 그 장하고 아름다운 경치를 구경하였다.[69]

그를 찬미하는 시에 일렀다.

날짐승과 길짐승도 그 은혜로 놓여나고,
산짐승과 물고기도 어진 덕에 흡족하네.
덧없이 떠난 성군 섭섭다 생각마오,
도솔천[70]에는 꽃 피는 봄 한창이라오.

### 보장왕(寶藏王)이 도교를 신봉하자 보덕(普德)이 절을 옮기다

「고구려본기」에 이르기를 "고구려 말년 무덕(武德)[71] 정관(貞觀)[72] 연간(618-649)에 나라 사람들이 다투어 오두미교(五斗米敎)[73]를 신봉하는데 당나라 고조가 이 소문을 듣고 도사(道士)와 천존상(天尊像)[74]을 보내와서

---

68) 부여(扶餘).
69) 「고기(古記)」의 글과는 조금 다르니 무왕은 그의 가난한 어머니가 못에 사는 용과 상관하여 낳은 소생으로 아명은 서여, 즉위하여 시호를 무왕이라고 하였으며, 당초 왕비와 함께 창건한 것이다.
70) 불교에서 말하는 소위 욕계(欲界)의 여섯 하늘 중 네번째 하늘로 미륵보살이 산다는 곳.
71), 72) 무덕은 당나라 고조의 연호이며, 정관은 당나라 태종의 연호.
73) 동한(東漢) 사람 장릉(張陵)이 창립한 교로서 병자를 치료하고 쌀 다섯 말씩을 받는다는 데에서 나온 말.
74) 도교에서 모시는 옥황상제의 초상.

「도덕경(道德經)」⁷⁵⁾을 강의하니 왕이 나라 사람들과 함께 청강하였다. 이 때는 바로 제27대 영류왕 즉위 7년이요, 무덕 7년 갑신(624)이다. 그 이듬 해에 사신을 당나라에 보내어 불교와 도교를 배우고자 청하매 당나라 황제⁷⁶⁾가 이를 허락하였다. 보장왕이 즉위할 때에 이르러⁷⁷⁾ 역시 삼교(三敎)를 한목에 진흥시키고자 하여 당시 신임받던 재상 개소문(蓋蘇文)이 왕에게 권고하여 유교와 불교는 함께 융성하지만 도교[黃冠]는 성하지 못하니 당나라에 특사를 보내어 도교를 청하자고 하였다. 당시 보덕화상이 반룡사(盤龍寺)에 있으면서 잡교가 정통 종교와 병행하는 날에는 나라가 위태롭게 된다고 여러 번 간하였으나 왕이 이 말을 듣지 않으매 그만 신통력으로써 거처하던 방[方丈]⁷⁸⁾을 날려 완산주⁷⁹⁾의 고대산(孤大山)으로 옮겨가서 살게 되니 이것이 바로 영휘(永徽)⁸⁰⁾ 원년 경술(652) 6월이다.⁸¹⁾ 그후 얼마 못 되어 나라가 망하였으니⁸²⁾ 지금의 경복사(景福寺)에 있는 '날아온 방[飛來方丈]'이라는 것이 바로 이것이다"라고 하였다.⁸³⁾ 이 사실을 진락공(眞樂公)은 시를 지어 서재에 걸어두고 문열공(文烈公)은 책을 지어 세상에 전하였다.

또 「당서」에 보면, "이보다 앞서 수양제가 요동을 정벌할 때에 양명(羊皿)이라고 하는 비장(裨將)이 있어 전쟁이 불리하여 죽으면서 발원하여 맹세하기를, '죽어서는 꼭 고구려의 신임받는 신하가 되어 저 나라를 멸망시키리라' 하더니 개소문이 조정을 전횡하게 되매 개(蓋)를 성으로 하였으니 양명(羊皿)이라는 이름자 두 자가 개(蓋)라는 글자와 맞아떨어진 것이다"라고 하였다

또 「고구려고기」에 의하면 이러하다.

---

75) 도교의 시조 노자(老子)가 지은 경전.
76) 고조를 가리킨다.
77) 정관 16년 임인이다.
78) 방장 : 절의 주지가 거처하는 방의 별칭.
79) 전주(全州).
80) 당나라 고종의 연호. 이외에 아래 주의 건봉, 총장도 당나라 고종의 연호이다.
81) 또 본전에는 이르기를 건봉 2년 정묘(667) 3월 3일이라고 하였다.
82) 총장 원년 무진(668)에 나라가 망하였은즉 경술년과 떨어지기 19년이다.
83) 이상이 「국사」의 인용이다.

수양제가 대업 8년 임신(612)에 군사 30만 명을 거느리고 바다를 건너 쳐들어왔는데 10년 갑술(614) 10월에 고구려 왕[84]이 글을 올려 항복을 청하니 이때에 웬 사람 하나가 작은 활을 몰래 가슴 속에 감추고 표문(表文)을 가져가는 사신을 따라 양제가 탄 배 가운데에 이르러 황제가 표문을 들고 읽는데 활을 쏘아 황제의 가슴을 맞혔다.

수양제가 군사를 돌이켜 세우려고 하면서 측근자에게 말하기를, "내가 천하의 주인이 되어 작은 나라를 친히 정벌하다가 이기지 못하였으니 만대의 웃음거리가 되었구나!" 하니 당시의 우상(右相)인 양명(羊皿)이 아뢰기를, "제가 죽어서 고구려의 재상이 되어 그 나라를 꼭 멸망시켜 황제의 원수를 갚겠나이다" 하였다.

황제가 죽은 후 그가 고구려에 태어나서 나이 열다섯에 총명하고도 영용하더니 이때에 무양왕(武陽王)[85]이 그가 현명하다는 소문을 듣고 대신으로 불러들였더니 성을 개(盖), 이름을 금(金)으로 자칭하고 지위가 소문(蘇文)에 이르니 바로 시중 관직이다.[86]

개금이 왕에게 아뢰기를, "솥에는 세 발이 있고 나라에는 세 교가 있는데 제가 우리나라를 볼 때에 다만 유교와 불교가 있을 뿐 도교가 없으므로 나라가 위태롭습니다" 하니 왕이 이를 옳게 여겨 당나라에 청하여 아뢰었더니 태종이 서달(敍達) 등 도사 여덟 사람을 보냈다.[87]

왕이 기뻐하여 절을 도관(道館)으로 삼고 도사를 높여 유교 선비의 윗자리에 앉게 하였다. 도사들은 국내의 유명한 산천을 찾아다니며 토지 신을

---

[84] 이때는 제36대 영양왕 25년이다.
[85] 「국사」에는 영류왕의 이름이 건무요, 혹은 건성이라고도 하는데 여기서는 무양이라고 하니 잘 알 수 없다.
[86] 「당서」에는 "개소문이 자칭 막리지로 불렀다" 하니 중서령과 같은 것이다. 또 「신지비사(神誌祕詞)」 서문에는 "소문 대영홍(大英弘)이 서문을 쓰고 아울러 주석하다"라고 하였은 즉 "소문"이 바로 직명인 것은 문헌으로 증명되나, 전기에 이르기는 "문인 소영홍의 서문"이라고 하였으니 어느 것이 옳은지 알 수 없다.
[87] 「국사」에는 "무덕 8년 을유(625)에 사신을 당나라에 보내어 불교와 도교를 청하매 당나라 황제가 이를 허락하였다"고 하였다. 여기에 의하면 양명이 갑술년에 죽어서 이곳에 태어났다면 나이가 겨우 열 살일 것인데, 재상 자격으로 왕을 권고하여 사신을 보내어 청했다고 하였으니, 이는 그 연월 중에 반드시 한쪽은 틀린 것이 있을 것이나 여기에는 둘 다 그대로 써둔다.

진압하는 행사를 하는데, 옛 평양성의 형세는 반달형의 신월성(新月城)이라고 하여 도사들이 주문으로 남하(南河)의 용을 시켜 성을 증축하여 만월성(滿月城)으로 만들고 따라서 이름을 용언성(龍堰城)이라고 하였다. 또 참서(讖書)[88]를 지어 용언도(龍堰堵) 또는 천년보장도(千年寶藏堵)라고 하였으며, 때로는 신령스러운 바윗돌을 뚫어 깨뜨렸다.[89]

개금이 또 왕에게 청하여 동북과 서남으로 장성을 쌓게 하니 이때에 남자들은 역사에 나가고 여자들은 농사를 지어 공사가 16년 만에야 끝나게 되었다.

보장왕 시대에 이르러 당 태종이 친히 육군(六軍)[90]을 거느리고 와서 치다가 또다시 이기지 못하고 돌아갔으며, 당 고종 총장(總長) 원년 무진(668)에는 우상 유인궤(劉仁軌)와 대장군 이적(李勣), 신라의 김인문(金仁問) 등이 침공하여 나라를 멸망시키고 왕을 사로잡아 당나라로 돌아갔으며, 보장왕의 지차 아들[庶子]은 4,000여 민호를 인솔하고 신라로 귀순하였다고 하였다.[91]

대안(大安) 8년 신미(1211)에 우세승통(祐世僧統)[92]이 고대산 경복사의 비래방장(飛來方丈)으로 찾아가서 보덕(普德) 스님의 화상에 예배하고 시를 지었다.

> 열반(涅槃)[93]의 방등교(方等教)[94]는
> 우리 스님으로부터 물려받았다 한다.
> 애석하도다, 승방이 날아간 후는
> 동명왕의 옛 나라도 망하게 되었네.

---

88) 미래의 길흉을 점쳐두었다는 예언서.
89) 속설에 도제암(都帝巖)이라 하고 또한 조천석(朝天石)이라고도 하니 옛날에 성제(고구려 시조왕 동명성제)가 이 돌을 타고 하느님께 조회하였기 때문이다.
90) 천자가 거느리는 친병.
91) 「국사」와는 조금 다르나 짐짓 아울러서 기록한다.
92) 승통은 중의 행정적 직위.
93) 불교에서 말하는 번뇌를 해탈한 경지.
94) 일체 대승(大乘) 계통의 교리를 종합한 교리.

그 발문에 다음과 같이 일렀다. "고구려 보장왕이 도교에 혹하여 불교를 믿지 않으매 스님이 그만 자기 방을 날려 남쪽으로 이 산까지 왔다. 그후 신령한 사람이 고구려의 마령(馬嶺)에 나타나서 사람들에게 말하기를, '며칠 못 가서 너희 나라는 망할 것이다'라고 하였다."

모두가 「국사」의 기사와 같고 나머지는 모두 본전과 「승전」에 기재되어 있다.

보덕스님에게는 고명한 제자 열한 사람이 있어 무상화상(無上和尙)과 그의 제자 김취(金趣) 등은 금동사(金洞寺)를 세우고, 적멸(寂滅), 의융(義融) 두 스님은 진구사(珍丘寺)를 세우고, 지수(智藪)는 대승사(大乘寺)를 세우고, 일승(一乘)과 심정(心正), 대원(大原) 등은 대원사(大原寺)를 세우고, 수정(水淨)은 유마사(維摩寺)를 세우고, 사대(四大)와 계육(契育) 등은 중대사(中臺寺)를 세우고, 개원화상(開原和尙)은 개원사(開原寺)를 세우고, 명덕(明德)은 연구사(燕口寺)를 세웠다. 개심(開心)과 보명(普明)은 함께 전기가 있는데 모두 본전과 같다.

찬미하는 시에 일렀다.

불교의 이치가 끝없는 바다라면,
유교 도교 백 가닥 물 여기로 모여든다.
가소로운 고구려왕 진펄 못은 막았건만
와룡(臥龍)이 바다로 간 것을 살펴보지 못한다.

### 동경(東京) 흥륜사(興輪寺) 금당(金堂)[95]의 열 분 성인

동쪽 벽에 서향으로 앉은 소상이 아도(我道), 염촉(厭髑), 혜숙(惠宿), 안함(安含), 의상(義湘)이요, 서쪽 벽에 동향으로 앉은 소상이 표훈(表訓), 사파(蛇巴), 원효(元曉), 혜공(惠空), 자장(慈藏)이다.

---

95) 절의 몸채인 본당.

# 탑과 불상 제4

## 가섭불(迦葉佛)의 연좌석(宴坐石)

「옥룡집(玉龍集)」과 「자장전(慈藏傳)」 그리고 여러 분들의 전기에 모두 이르기를, "신라의 월성 동쪽, 용궁 남쪽에 가섭불의 연좌석이 있다. 이 터는 전 세상 부처님 시대의 절터인데 지금의 황룡사 터로서, 즉 일곱 개 절 자리의 하나이다"라고 하였다.

「국사」에 의하면, "진흥왕 즉위 14년 개국(開國)[96] 3년 계유(553) 2월에 월성 동쪽에 새 대궐을 짓는데 그 터에 황룡이 나타났다. 왕이 이를 이상히 여겨 고쳐서 황룡사를 만들었다"고 하였다.

연좌석은 불전의 후면에 있는데 일찍이 이곳을 한번 찾았더니 돌은 높이가 5-6척 가량에 둘레는 겨우 3주(肘)[97]밖에 안 되었으며 꼿꼿이 섰는데 정수리는 평평하였다. 진흥왕이 절을 세운 이래로 두 번이나 화재를 겪어서 돌이 갈라져 벌어진 곳을 절 중들이 쇠로 때워붙여 보호하였다.

찬미하는 시가 있어 이르기를

> 부처님의 빛난 세월 성쇠도 아득한데
> 연좌석 돌만이 의연히 남았구나.
> 뽕밭은 몇 차례나 창해로 변했던가?
> 아아! 우뚝한 채 제자리에 서 있네.

라고 하였다. 얼마 후 서산(西山)의 큰 병란[98]이 있은 뒤에 불전과 탑은 모두 타버리고, 이 돌도 역시 묻혀서 거의 땅과 같이 평평하게 되었다.

「아함경(阿含經)」[99]에 의하면, "가섭불은 바로 현겁(賢劫)[100]에서 제3존[101]

---

96) 진흥왕의 연호.
**97)** 1주는 2척 혹은 1척 5촌의 길이.
98) 고려 고종 25년에 있었던 몽고군의 침입을 말한다.
99) 석가가 설법한 소승(小乘) 교리.
100), 101), 102), 103), 104) 불교에서 겁(劫)은 무한한 시간을 표현하는 단위이다. 현겁은 삼겁(三劫) 중의 하나로 과거의 겁을 장엄겁(莊嚴劫), 현재의 겁을 현겁, 미래의 겁을 성수

이니 사람의 나이로 쳐서 2만 세 때에 세상에 나타났다"고 한다. 이것을 미루어 증감법(增減法)[102]으로 계산해보면 각각 성겁(成劫)[103]의 시초에는 모두 한없는 나이[無量壽]로 살았고, 차차 수가 감해져서 8만 세에 이를 때는 주겁(住劫)[104]의 시초가 되며, 이로부터는 다시 100년에 한 살씩 감하여 10세가 될 때까지를 1감(減)으로 치고, 여기서부터는 불어나 사람의 나이로 8만 세까지 이를 때를 1증(增)으로 삼아 이렇게 하기를 20감 20증 하는 동안을 1주겁으로 친다. 이 1주겁 동안에 부처님 1,000명이 인간세상에 출현하게 되었으니 지금의 본사(本師)이신 석가모니는 바로 제4존이다. 제4존은 모두 제9감 동안에 출현하였으니 석가모니가 100세 될 때부터 가섭불이 출현하던 2만 세 때까지는 벌써 200만여 년이 되며, 만약 현겁의 초기 구류손불(拘留孫佛)[105] 때까지를 치면 다시 몇만 년이 될 것이며, 제1존인 구류손불 때로부터 위로 겁초(劫初)의 무량수(無量壽) 시기까지는 또 다시 얼마나 될 것인가? 석가에서 시작하여 아래로 지금의 지원(至元) 18년 신사(1281)까지는 벌써 2,230년에 달한다. 구류손불로부터 가섭불 시기를 거쳐 지금까지 친다면 몇만 년에 해당할 것이다.

　고려조의 명사인 오세문(吳世文)이 지은 역대가(歷代歌)에는 금(金)나라 정우(貞祐) 7년 기묘(1219)에서 거꾸로 거슬러 4만9,600여 년이 반고(盤古)[106]가 개벽한 무인(戊寅)이라고 하고, 연희궁(延禧宮) 녹사(錄事)[107]로 있던 김희녕(金希寧)이 지은 「태일역법(太一曆法)」[108]에는 천지가 개벽한 상원갑자(上元甲子)[109]로부터 원풍(元豐)[110] 갑자(1084)까지가 193만7,641세라고 하고 또 「찬고도(纂古圖)」에는 개벽한 때부터 획린(獲麟)[111]까지가 2백76만 세라고 하였다. 여러 경전에 의하면, 가섭불 시대로부터 지금에

　　겁(星宿劫)이라고 하는데 각각의 겁들은 다시 성겁(成劫), 주겁(住劫), 괴겁(壞怯), 공겁(空劫) 등 사겁(四劫)이 되었다고 한다. 제3존은 현겁에서 세번째 나타나는 부처라는 말이며, 증감법은 이 겁을 계산하는 공식이다.
105) 제1존 부처로 소위 현겁 세상의 첫 부처.
106) 중국 전설상 최초의 군주.
107) 고려 시대 이래 이속(吏屬)에 속하는 중앙 기관의 하급 관리.
108) 동양 천문학 계산에서 쓰는 수학의 일종이다.
109) 음양가들이 말하는 맨 첫 갑자.
110) 송나라 신종의 연호.
111) 공자가 저술한 「춘추」의 마지막 기사인 "노(魯)나라 애공 14년(기원전 477) 봄 서방으로

▲ 황룡사 터 옆의 옛 절터. 황룡사 터는 경주시 구황동에 있다. 1976년부터 7년 동안 발굴조사되었다. 많은 유물들이 나왔으며 넓이가 2만 평쯤 되는 것으로 밝혀졌다. 그 옆에는 쌍탑이 있던, 이름을 알 수 없는 다른 절터도 나왔다.

이르기까지를 이 돌의 수명으로 삼으나 겁초에 개벽한 때의 시간으로는 어린 아이가 될 것이다. 세 저작가들의 말이 아직도 이 어린 아이 돌의 나이에는 언급하지 못하였으며 개벽 이야기는 더구나 소홀하기 짝이 없다.

### 요동성(遼東城)의 육왕탑(育王塔)

「삼보감통록(三寶感通錄)」에 의하면, 고구려의 요동성 옆에 있는 탑은 옛날 노인들이 전하여 말하기를, "옛날 고구려 성왕(聖王)이 국경 지방으로

―――――――――――――
사냥 나가 기린을 잡았다"라는 구절을 이용하여 연대를 표시한 것.

순행하다가 이 성에 이르러 오색 구름이 땅을 덮는 것을 보고, 구름 속으로 가서 살펴보니 웬 중이 지팡이를 짚고 서 있는데 가까이 가서 보면 그만 없어지고 멀리서 보면 다시 나타나곤 하였다. 곁에는 흙으로 쌓은 삼층탑이 있었는데 위에는 가마솥을 덮어 씌운 것 같고 무엇인지 알 수 없다. 다시 가서 그 중을 찾으매 다만 황량한 풀뿐이었고 땅을 한 길이나 파서 지팡이와 신을 얻었으며, 또 파서 글자가 새겨진 물건을 얻었는데, 그 위에는 범서(梵書)[112]가 쓰여 있었다. 시종하던 신하가 이것을 알아보고 '불탑이외다'라고 하였다. 왕이 자세히 물으니 그가 대답하기를, '한나라에 이것이 있는데 그 이름을 포도왕(浦圖王)[113]이라고 합니다'라고 하였다. 이에 왕은 곧 신앙심이 생겨서 나무로 만든 칠층 탑을 세웠더니 그후 불교가 처음으로 전해와서야 그 전말을 자세히 알게 되었다. 지금 다시 탑 높이를 줄이다가 나무[114] 탑이 썩어 무너져버렸다. 육왕(育王)[115]이 통일한 염부제주(閻浮提洲)[116]에는 곳곳에 탑을 세웠으니 괴이한 것이 없다.

또 당나라 용삭 연간에 요수(遼水) 왼쪽 지역에 전쟁이 벌어져 장군 설인귀(薛仁貴)가 수나라 임금이 요동을 토벌하던 옛 땅에 이르러 여기서 산세를 보매 텅 비고 매우 쓸쓸하여 길이 끊어진 것을 보고 이곳 늙은이에게 물었더니 이것을 말하여 '모두가 옛날에 나타났던 그대로이다' 하였으므로 당장 그림으로 그려서 서울로 돌아갔다 "[117]라고 하였다.

「서한서(西漢書)」와 「삼국지리지」에 의하면, 요동성은 압록강 밖에 있어 한나라 유주(幽州)에 속하였으며, 고구려의 성왕(聖王)은 어느 임금인지 알 수 없다. 혹은 동명성제라고 하나 그렇지 않은 듯하다. 동명왕은 전한 원제(元帝) 건소(建昭) 2년(기원전 37)에 즉위하였고 성제(成帝) 홍가(鴻嘉) 임인(기원전 19)에 죽었으니, 이때는 한(漢)나라도 아직 패엽(貝葉)[118]

---

112) 인도의 고대어인 산스크리트.
113) 본래는 휴도왕(休屠王)인데 하늘에 제사하는 쇠로 만든 사람이다.
114) 원문의 "本"은 "木"의 오간.
115) 아육왕(阿育王)의 약어로서 기원전 3세기에 인도를 통일한 임금.
116) 인도의 별칭이나 전용하여 인간 사회라는 의미로도 쓴다.
117) 모두가 약자함* 속에 있다.
　　* 원문의 "若函"은 서적을 정리해둔 함짝으로서 한 질의 부호를 말한다.
118) 패다라(貝多羅)라는 나무의 잎으로, 옛날 인도에서 이 잎에 불경을 기록하였다.

을 못 보았을 터인데 해외의 변방 신하로 어찌 벌써 범서를 알 수 있었을 것인가. 그러나 석가불을 포도왕이라고 한 것을 보아서는 아마도 서한 시대에 혹시 서방의 문자를 아는 이가 있어서 일부러 범서라고 한 것이 아닐까.

고전(古傳)에 따르면, 육왕이 귀신 무리를 시켜 매양 9억 명의 사람이 사는 곳마다 탑 하나씩을 세우니, 이렇게 8만4,000개를 염부(閻浮) 경내에 세워서 큰 돌 속에 감추어두었다. 지금 곳곳에서 상서로운 조짐을 보이는 일이 한둘이 아니니, 대체로 진정한 사리의 감응으로 생각하기는 어렵다.

찬미하는 시에 일렀다.

> 육왕의 보배탑은 티끌 세상 곳곳에 세워져,
> 비구름에 젖고 묻혀 이끼만 얼룩덜룩.
> 당년의 길손들의 안목을 생각할 때,
> 신령한 무덤을 가리킨 이 몇이런고.

### 금관성(金官城)의 파사(婆娑) 석탑

금관 호계사(虎溪寺)에 있는 파사 석탑은 옛날 이 고을이 금관국이 되었을 때에 조상 임금인 수로왕의 왕비, 이름을 황옥이라고 하는 허황후가 동한 건무 24년 무신[119](48)에 서방 아유타국으로부터 배에 싣고 왔다.

처음에 공주가 양친의 명령을 받들고 바다를 건너 동쪽으로 향하려 하다가 큰 풍파를 만나 못 가고 돌아와 아버지 되는 임금에게 아뢰었더니 그가 이 탑을 싣도록 하여 아주 편하게 건너게 되어 남쪽 해안에 와서 닿았다. 배는 붉은 비단 돛과 붉은 깃발과 아름다운 주옥으로 꾸몄으니 닿은 곳은 지금의 주포(主浦)였다. 처음에 공주가 능직비단 바지를 벗은 둔덕을 능현(綾峴)이라고 하고 붉은 깃발이 처음으로 들어온 해변을 기출변(旗出邊)이라고 하였다.

수로왕이 그를 아내로 맞아서 함께 나라를 다스린 지 150여 년이나 되

---

119) 건무 24년은 갑신이 아니라 무신이다.

었지만 당시 이 땅에는 아직 절을 세우고 불법을 신봉하는 일이 없었으니 대체로 상교(像教)[120]가 들어오지 못하여 이 땅 사람들이 믿지를 않았던 것이다. 그러므로「본기」에도 절을 세웠다는 기사가 없다.

제8대 질지왕 2년 임진(452)에 이르러 이 땅에 절을 설치하고 또 왕후사(王后寺)를 세워[121] 지금까지 여기서 복을 빌고 있으며 겸하여 남쪽 왜국까지 진압하였으니 모두 이 나라「본기」에 자세히 적혀 있다.

탑은 사면이 모가 난 5층이요, 그 조각은 매우 신통하였다. 돌은 약간 붉은빛 무늬가 있고 그 성질이 조금 연하니 이 나라 물건이 아니다.「본초(本草)」[122]에서 말한바 닭벼슬의 피를 떨어뜨려 시험하였다는 것이 바로 이것이다. 금관국을 또한 가락국이라고도 부르니「본기」에 자세히 적혀 있다.

찬미하는 시에 일렀다.

> 액막이 탑 실은 배 비단 돛도 가볍게,
> 풍랑이 잠자도록 신령님께 비나이다.
> 어찌 황옥공주만을 도와서 이 언덕에 왔으랴,
> 천고에 두고두고 왜적을 막았도다.

## 고구려의 영탑사(靈塔寺)

「승전」에 이르기를, "중 보덕(普德)의 자는 지법(智法)이니 예전 고구려의 용강현(龍岡縣) 사람이다"라고 하였으니 앞서 서술한 본전에 자세히 적혀 있다.

그는 늘 평양 성내에서 살더니 한 번은 웬 산골 노승이 찾아와서 불경 강의를 청하였다. 보덕 스님은 굳이 사양하다가 할 수 없이 가서「열반경(涅槃經)」40여 권을 강의하였다.

자리가 파한 후에 성의 서쪽 대보산(大寶山) 바윗굴 아래에 있는 참선하는 암자에 이르니 웬 신령한 사람이 와서 이곳에 살아달라고 청하였다. 그

◀이 탑이 **파사 석탑**이라고 전해져 오는 것이다. 처음엔 김해의 호계사에 있었는데 이 절이 1873년(고종 10년)에 폐사되자 김해 부사 정현석이 허황후릉 옆으로 옮겼다고 한다. 1993년에 지금의 자리로 옮기고 보호각 안에 가두었다. 탑의 왼쪽으로 허황후릉이 보인다.

---

120) 불교의 별칭으로 불형으로 된 우상을 섬기는 교를 가리킨다.
121) 아도와 눌지왕 때요, 법흥왕 이전이다.
122) 동물, 식물, 광물에 관해서 해설한 서적.

는 석장(錫杖)을 앞에 놓고 땅을 가리키면서 말하기를, "이 땅 속에 8면 7층의 석탑이 있다" 하므로 그곳을 파보니 과연 그런지라 이로 하여 절을 지어 영탑사라고 부르고 여기에 살았다.

### 황룡사의 장륙(丈六) 부처

신라 제24대 진흥왕 즉위 14년 계유(553) 2월에 궁궐을 용궁 남쪽에 건축하는데 누런 용이 그 터에서 나타났으므로 그만 고쳐서 절을 설치하고 이름을 황룡사(皇龍寺)라고 하였다. 기축년에 이르러 주위의 담장 지붕을 만들어 17년 만에 완성하였다.

그후 얼마 안 되어 남쪽 바다로부터 큰 배 한 척이 하곡현(河曲縣)의 사포(絲浦)[123]에 와서 정박하므로 뒤져보니 첩문이 있었다. 거기에 쓰여 있기를, "서축(西쯕:인도)의 아육왕이 황철 5만7,000근과 황금 3만 푼을 모아[124] 석가의 세 불상을 부어 만들려다가 성취하지 못하고 배에 실어 띄우면서 축원하노니 원컨대 인연 있는 땅에 닿아 장륙[125]의 존귀한 모습이 되어주소서"라고 하였다.

이와 아울러 견본으로 부처 하나와 보살상 둘을 실었다. 고을 관리가 사연을 갖추어 국왕에게 아뢰었더니 왕이 명령하기를, 그 고을 성 동쪽에 깨끗한 터를 잡아서 동축사(東쯕寺)를 세우고 세 부처를 맞아 모시라 하고 실어온 금과 철을 서울로 실어다가 대건(大建)[126] 6년 갑오(574) 3월[127]에 장륙불상의 주조가 댓바람에 끝났다. 그 무게가 3만5,007근이요, 여기에 든 황금이 1만198푼이며, 두 보살 불상에 든 철이 1만2,000근이요, 황금이 1만136푼으로 모두 황룡사에 모셨다. 그 이듬해에 장륙불상에서 눈물이 발꿈치까지 흘러 내려와 땅이 한 자나 젖었으니 국왕이 죽을 징조였다. 더러는 말하기를 장륙상이 진평왕 시대에 완성되었다고 하나 이것은 잘못된

---

**123)** 울주 곡포.
**124)** 다른 책에는 "철이 40만7,000근이요, 금이 1,000냥이다" 하였는데 아마도 틀린 것 같고 혹은 일러서 3만7,000근이라고도 한다.
**125)** 석가의 앉은 불상으로 키가 한 길 여섯 자 되는 것.
**126)** 진(陳)나라 선제(宣帝)의 연호.
**127)** 「사중기(寺中記)」(그 절의 내력을 쓴 기록)에는 계사 10월 17일이라고 하였다.

것이다. 다른 책에 의하면 이러하다.

아육왕은 석가가 탄생한 후 100년 사이에 서축 대향화국(大香華國)에 살면서 석가의 생존시에 친히 공양 못한 것을 한스럽게 여겨 금과 철 약간 근을 모아 녹여 세 번 부처를 주조하였으나 성공하지 못하였다.

당시 왕의 태자가 홀로 이 사업에 참가하지 않으므로 왕이 그를 힐책하매 태자가 아뢰어 "혼자 힘으로는 될 일이 아니외다. 벌써 저는 안될 줄 알았습니다"고 하였다.

왕이 그 말을 옳게 여겨 곧 배에 싣고 바다에 띄워 남염부제(南閻浮提) 16개 큰 나라와 500여 개 중간치 나라, 1만 개의 작은 나라들과 8만이나 되는 동리를 모조리 돌아다니면서 갖은 힘을 다 썼으나 어디서도 주조에 성공하지 못하고 최후로 신라국에 도착하여 진흥왕이 문잉림(文仍林)에서 부어 만들었다. 불상이 다 되어 그 얼굴 모습이 갖추어지매 아육왕도 그제야 한시름을 놓았다.

그뒤에 중[大德] 자장(慈藏)이 서방으로 유학하여 오대산(五臺山)[128]에 갔을 때에 문수보살(文殊菩薩)[129]이 현신하여 비결을 전수하는 감응이 있었다. 그리고 부탁하여 말하기를, "너희 나라 황룡사는 바로 석가와 가섭불이 강연을 한 땅으로 연좌석이 아직 거기에 있다. 이 때문에 천축의 무우왕(無憂王)이 황철 약간 근을 모아 바다에 띄워서 1,300여 년이 지난 후에 그것이 너희 나라에 닿아 불상을 만들어 그 절에 모시게 되었으니 이는 부처님의 위엄과 인연이 시킨 것이다"[130]라고 하였다. 불상이 다 완성된 후에 동축사(東竺寺)의 세 부처님도 역시 황룡사로 옮겨 모셨다.

절 기록에는 "진평왕 5년 갑진[131](584)에 금당이 조성되었다. 선덕여왕 시대에 이 절의 첫 주지는 진골 환희(歡喜) 스님이요, 제2대 주지가 국통 자장(慈藏)이요, 다음이 국통 혜훈(惠訓), 다음이 상률(廂律) 스님이다" 하였다.

지금은 병화(兵火 : 몽고 침입) 이래로 큰 불상과 두 보살상이 모두 녹아 없어지고 작은 석가상만이 여기에 남아 있다.

---

128) 중국 산서성에 있는 명산.
129) 석가의 왼쪽에 앉은 부처로 지혜를 상징하는 보살.
**130)** 다른 기록에 쓴 것과 똑같다.
131) 진평왕 갑진은 동왕(同王) 6년이다.

찬미하는 시에 일렀다.

　　세상 어디고 좋은 곳이 아니랴만,
　　부처님 모실 인연[香火因緣]은 우리나라가 제일일세.
　　아육왕이 손 대지 않은 것이 아니라,
　　월성 옛터를 찾느라고 그러했네.

## 황룡사의 구층탑

신라 제27대 선덕여왕 즉위 5년 정관 10년 병신(636)에 자장법사가 서방으로 유학하였는데 바로 오대산에서 감응하여 문수보살로부터 불교 이치를 전수하였다.[132]

문수보살이 말하기를, "너희 나라 왕은 바로 천축의 찰리종왕(刹利種王)인데 일찍이 불기(佛記)[133]를 받았으므로 별달리 인연이 있으며 동쪽 오랑캐나 공공(共工)[134]의 족속과는 같지 않다. 그러나 산천이 험준하므로 사람들의 성질이 조잡하여 많이들 사도를 믿어 때로는 하늘이 재앙을 내리기도 하나 무릇 고명한 중들이 국내에 있기 때문에 임금과 신하들이 평안하고 모든 백성들이 화평한 것이다" 하고는 말을 마치자 사라지니 자장은 이것이 바로 보살의 화신임을 알고 감격하면서 물러나왔다.

그가 중국의 태화지(泰和池) 둑을 지나는데 홀연 신령한 사람이 나와서 묻기를, "어찌하여 이곳까지 왔는가?" 하였다.

자장이 대답하여 "불교를 체득하러 왔소이다" 하니 신령한 사람이 절을 하면서 다시 묻기를, "너희 나라에서 살기 어려운 일이 무엇인가?" 하였다.

자장이 말하기를, "우리나라는 북으로 말갈, 남으로 왜국과 인접하였으며 고구려, 백제 두 나라가 번갈아 국경을 침범하고 이웃 나라 적들이 횡행하고 있으니 이것이 바로 백성들의 고통이오" 하니 신령한 사람이 일러

---
**132)** 본전에 자세히 적혀 있다.
**133)** 별기(別記)라고도 하는바 불교 이치를 깨달은 이에게 주는 본인의 미래 세상에 관한 기록.
**134)** 중국 요순 시대에 흉포했다는 족속.

서, "지금 너희 나라는 여자로써 임금을 삼았기 때문에 덕은 있으나 위엄이 없으므로 이웃 나라들이 모해코자 하니 빨리 본국으로 돌아가야 한다"고 하였다.

자장이 묻기를, "고국으로 돌아가 무엇을 하면 이익이 되겠소"하니 "황룡사의 호법룡(護法龍 : 불교를 옹호하는 용)은 바로 나의 맏아들이다. 범왕(梵王)[135]의 명령을 받고 가서 그 절을 호위하고 있으니 본국으로 돌아가 절 가운데 9층탑을 세우면 이웃 나라들이 항복을 하고 구한(九韓)[136]이 와서 조공할 것이며 왕위가 길이 평안하리라. 탑을 세운 후에는 팔관회(八關會)[137]를 배설하고 죄인들을 석방하면 외국의 적들이 해칠 수 없을 것이다. 그리고 나를 위하여는 경기 지방의 남쪽 해안에 자그마한 절 한 채를 지어 나의 복을 빌면 나 역시 은덕을 갚을 것이다"하고 말을 마치자 옥(玉)을 바치고는 홀연히 간 곳이 없어졌다.[138]

정관 17년 계묘(643) 16일에 자장은 당나라 황제가 준 불경과 불상, 가사와 폐백들을 가지고 귀국하여 국왕에게 탑 세울 사연을 아뢰니 선덕여왕이 여러 신하들과 의논하였다.

여러 신하들이 말하기를, "백제로부터 재인바치[工匠]를 청한 뒤에야 비로소 가능할 것이외다"하였다.

이리하여 보물과 폐백을 가지고 백제로 가서 재인바치를 초청하였다. 아비지(阿非知)라는 재인바치가 명령을 받고 와서 공사를 경영하는데 이간(伊干)[139] 용춘(龍春)[140]이 일을 주관하여 수하 재인바치 200명을 인솔하였다. 처음에 절 기둥을 세우는 날 그 재인바치의 꿈에 백제가 멸망하는 꼴을 보고 그는 의심이 나서 공사를 정지하였더니 홀연 대지가 진동하면서 컴컴한 속에서 웬 늙은 중과 장사 한 명이 금전문(金殿門)에서 나와 그 기둥을 세우고 중과 장사는 함께 간 곳이 없어졌다. 재인바치는 이에 뉘우치고 그 탑을 완성하였다.

---

135) 인도 바라문교의 최고 신으로 여기는 범천왕(梵天王).
136) 동방의 아홉 나라.
137) 불교에서 여덟 가지 계명을 받드는 행사 모임.
**138)** 절 기록에는 종남산 원향선사의 처소에서 탑을 세울 연유를 받았다고 한다.
139) 신라 관품의 제2위인 이찬.
**140)** 용수(龍樹)라고도 한다.

절 기둥의 기록에는, "쇠 바탕[鐵盤] 이상의 높이가 42척이요, 그 이하가 183척이다" 하였다. 자장이 오대산에서 얻은 사리 100개를 이 기둥 속과 통도사(通度寺) 불단과 대화사(大和寺) 탑에 나누어 모셨으니 이로써 그는 용의 청원에 이바지하였다.[141]

탑을 세운 후에 천지가 비로소 태평하고 삼한을 통일하였으니 이것이 어찌 탑의 영험이 아니랴!

그뒤에 고구려왕이 장차 신라를 치려고 하면서 말하기를, "신라에는 세 가지 보물이 있으니 침범할 수 없다" 하였다. 이는 무엇을 말함인가? 황룡사 장륙불상과 9층탑, 진평왕의 "하늘이 준 옥대[天賜玉帶]"가 있다 하여 드디어 그들은 음모를 중지하였다. 주나라에 9정(鼎)[142]이 있으매 초나라 사람들이 북방을 감히 엿보지 못하였다는 것이 이와 같은 것이다.

이를 찬미하는 시에 이르기를

> 귀신이 돌아본 탑이 서울 장안을 누르니,
> 휘황한 금벽색 기와도 날아갈 듯하여라.
> 올라서 굽어볼 제 구한(九韓 : 九夷 즉 오랑캐)만 항복하랴,
> 천하가 특히 평안한 것을 이제야 알리라.

라고 하였다.

또 우리나라의 이름난 학자 안홍(安弘)이 지은 「동도성립기(東都成立記)」에는, "신라 제27대는 여왕으로 임금을 삼으매 비록 원칙은 세웠다고 할 수 있으나 위엄이 없으므로 구한이 침노하매 만약 용궁 남쪽 황룡사에 구층탑을 세우면 이웃 나라의 침범을 진압할 수 있을 것이니 제1층은 일본(日本)이요, 제2층은 중국(中國)이요, 제3층은 오월(吳越)이요, 제4층은 탁라(托羅)요, 제5층은 응유(鷹遊)요, 제6층은 말갈(靺鞨)이요, 제7층은 단국(丹國)이요, 제8층은 여적(女狄)이요, 제9층은 예맥(穢貊)이다" 하였다.

또 「국사」와 절의 옛 기록을 상고해보면 진흥왕 계유(553) 6월에 절을

---

**141)** 대화사는 아곡현 남쪽에 있고 울주(지금의 蔚山)이니 역시 자장이 창건한 곳이다.
**142)** 우(禹)임금이 아홉 지방[州]을 상징하여 솥 아홉 개를 만들어 국가를 계승하는 표적으로 삼았다는 것.

세운 후 선덕여왕 때인 정관 19년 을사(645)에 탑이 처음으로 완성되었다. 제32대 효소왕 즉위 7년 성력(聖曆)[143] 원년 무술(698) 6월에 탑에 벼락이 쳐서[144] 제33대[145] 성덕왕 경신(720)에 두번째 절을 세웠으며, 제43대 경문왕 무자(868) 6월에 두번째 벼락이 쳐서 같은 왕대에 세번째 중수를 하였다. 고려 광종 즉위 5년 계축(953) 10월에는 세번째 벼락이 쳐서 현종 13년 신유[146](1021)에 네번째 다시 세웠으며, 또 정종 2년 을해(1035)에 네번째 벼락이 쳐서 다시 문종 갑진(1064)에 다섯번째로 세웠다. 또 헌종[147] 말년 을해(1095)에 다섯번째 벼락이 쳐서 숙종 병자(1096)에 여섯번째로 다시 세웠으며, 고종 16년 무술(1238) 겨울에는 서산 병란으로 인하여 탑과 절, 장륙불상을 모신 전각들이 모두 불에 탔다.

### 황룡사의 종, 분황사의 약사(藥師) 부처, 봉덕사(奉德寺)의 종

신라 제35대 경덕대왕은 천보 13년 갑오(754)에 황룡사 종을 부어 만드니 길이가 1장 3촌이요, 두께가 9촌이며, 무게가 49만7,581근이었다. 그 시주(施主)는 효정이왕(孝貞伊王) 삼모부인(三毛夫人)이요, 만든 재인바치는 이상택(里上宅)[148]의 종이다. 고려 숙종조에 다시 새 종을 만드니 길이가 6척 8촌이었다. 또 이듬해 을미에 분황사 약사[149] 동상을 부어 만드니 무게가 30만6,700근이요, 만든 재인바치는 본피부(本彼部)의 강고내말(強古乃末)이다. 또 구리쇠 12만 근을 들여 선대 임금 성덕왕을 위하여 큰 종 하나를 만들려다가 성취하지 못하고 죽었으므로 그의 아들 혜공대왕(惠恭大王) 건운(乾運)이 대력 경술(770) 12월에 관원을 시켜 재인바치들을 모아 이것을 곧 완성시켜 봉덕사에 안치하였다. 이 절은 효성왕대 개원 26년 무

---

143) 당나라 무후(武后)의 연호.
**144)** 절의 옛 기록에는 이르기를, "성덕왕 때라는 말은 틀렸다. 성덕왕 때에는 무술년이 없다"고 하였다.
145) 원문의 "二三"은 "三三"의 오간.
146) 원문의 "現宗"은 "顯宗"의 오간이며, 신유는 현종 12년이다.
147) 원문의 "憲宗"은 "獻宗"의 오간.
148) 권 제1 진한편에 나온 35개 금입택(金入宅) 중의 하나.
149) 병을 고친다는 부처.

인(738)에 선대 임금 성덕대왕의 명복을 빌기 위하여 세웠다.

그러므로 종에 새기기를 '성덕대왕신종지명(聖德大王神鐘之銘)이라 했다.[150] 조산대부 전 태자 사의랑 한림랑 김필월(金弼奧)이 왕명을 받들어 종의 명을 지었는데, 원문은 번다스러워 기록하지 않는다.

### 영묘사의 장륙 부처

선덕여왕이 절을 세우고 소상을 만든 내력은 「양지법사전(良志法師傳)」에 자세히 실렸으니 경덕왕 즉위 23년(764)에 장륙불상을 다시 도금하는 데에 벼 2만3,700석이 들었다고 하였다.[151]

### 사불산(四佛山), 굴불산(掘佛山), 만불산(萬佛山)

죽령(竹嶺) 동쪽 100리쯤 되는 곳에 우뚝하게 높은 산이 있다. 진평왕 9년 정미[152](587)에 사면이 한 길씩이요, 사방에는 석가여래를 조각하고 모두 붉은 비단으로 씌운 큰 돌 하나가 돌연히 하늘로부터 그 산 꼭대기에 떨어졌다. 왕이 이 소문을 듣고 달려가서 돌에 예배하고 드디어 바위 옆에 절을 세우고는 이름을 대승사(大乘寺)라고 하였다. 그리고 「연경(蓮經 : 법화경)」을 외우는 중[153]을 청하여 주지로 삼아 공양 돌[供石]을 깨끗이 쓸고 분향을 끊이지 않게 하였다. 산 이름은 역덕산(亦德山) 또는 사불산이라고 하였다. 그 중이 죽어 장사를 치르고 나니 무덤 위에 연(蓮)이 돋았다.

또 경덕왕이 백률사(柏栗寺)로 놀러 가는데 산 밑에 닿으니 땅속에서 염불 소리가 나므로 거기를 파게 하여 큰 돌을 캐내니 돌 사면에 사방불을 새겼으므로 그곳에 절을 세우고 절 이름을 굴불(掘佛 : 부처를 파내다)이라고 하였더니 지금은 잘못 불러 굴석사(掘石寺)라고 한다.

---

150) 성덕대왕은 바로 경덕왕의 아버지 되는 전광대왕이다. 종은 본래 경덕왕이 그의 죽은 아버지를 위하여 시주하였던 쇠였으므로 성덕대왕 종이라고 불렀다.
151) 「양지전」에는 불상을 처음으로 만들 때의 비용이라고 하였으나 여기에는 두 가지 모두 써둔다.
152) 원문의 "甲申"은 "丁未"라야 옳다.
153) 중의 이름은 모른다.

▲ 굴불사 터의 사방불. 경주시 동천동의 금강산 백률사 들목에 굴불사 터가 있다. 거기에는 땅 속에서 캐냈다는 사방불이 있다. 사진은 그것의 서면이며, 가운데가 아미타불이고 그 옆은 협시보살인 관세음보살과 대세지보살이다.

왕이 또 당나라 대종황제(代宗皇帝)가 불교를 특별히 숭상한다는 말을 듣고 재인바치를 시켜 오색 빛깔 모직 담요를 만들고 또 침단목(沈檀木)을 조각하여 맑은 구슬과 아름다운 옥으로 높이가 한 길 남짓 되는 가산(假山)을 만들게 했다. 그것을 담요 위에 두고 그 가산에는 기암괴석을 놓고 개울과 동굴로 구간을 지어 구간마다 춤추고 노래 부르고 음악을 연주하는 인형이며 여러 나라들의 산천 모습을 꾸몄다. 미풍이 창으로 불어들면 벌과 나비가 훨훨 날고 제비와 참새가 너울너울 춤추어 얼핏 보아서는 진짜인지 가짜인지를 분별할 수 없었다.

그 가운데에는 무수한 부처를 모셨는데 큰 것은 한 치 남짓하고 작은 것

은 8-9푼으로 부처의 머리가 더러는 큰 기장 낟알만하고 더러는 콩 반쪽 만하기도 한데 소라상투를 튼 흰 머리털과 눈썹과 눈이 분명하여 얼굴 모습을 남김없이 구비하니 그저 방불하다고나 할까. 자세한 것은 이루 다 말할 수 없었다. 따라서 이름을 만불산이라고 하였다.

다시 금과 옥을 새겨 술과 기폭이 달린 일산이며 향기로운 과실 나무들과 갖가지 화초들이 장하였으며 군데군데 누각, 정각, 전각들이 대체로 작기는 하지만 그 기세는 살아 움직이는 것만 같았다. 앞에는 빙빙 산돌이하는 중의 인형이 1,000여 개 있고 아래에는 자줏빛 금으로 만든 쇠북 세 틀을 벌여놓았는데 종각과 종을 다는 고리쇠[蒲牢]와 고래 형상으로 된 종치는 공이[撞]가 모두 있었다. 바람이 불어 종이 울면 산돌이하는 중들이 모두 바닥에 닿도록 엎드려 절을 하면서 은은히 불경 외우는 소리가 들렸으니 대개 이러한 기능의 중심 요체는 종에 있었다. 불상이 1만 개나 된다고 말하지만 실상은 이루 다 기록할 수가 없다. 다 완성되매 사신을 시켜 이것을 당나라에 바쳤더니 대종이 보고 탄복하면서 말하기를, "신라의 재간은 하늘의 솜씨이지 사람의 재주가 아니다" 하고 즉시 구광선(九光扇)[154]을 가산의 바윗돌 틈에 놓아두어 부처님의 광채라고 하였다.

4월 8일에는 두 거리의 중들에게 명령하여 대궐 안의 도장에서 만불산에 예배하게 하고 고명한 중[三藏] 불공(不空)을 시켜 밀부진전(密部眞詮)을 1,000번 외우게 함으로써 이를 경축하니 구경하는 자들이 모두 그 용한 재주에 탄복하여 머리를 숙였다.

이를 찬미하는 시에 일렀다.

> 둥근 달은 하늘에 떠 사방불(四方佛)을 장식하고,
> 명호(明毫)*는 땅에 솟아 하룻밤에 피었구나.
> 재주 있는 솜씨로 만불(萬佛)을 새기니,
> 하늘 땅 인간에 참된 교화 퍼지다.
>
> * 명호(明毫) : 부처의 눈썹 사이의 흰 털.

◀대승사는 문경시 산북면 전두리에 있다. 그곳의 **사불산**(해발 912미터) 꼭대기 근처에 "하늘로부터 떨어진" 바위가 서 있다. 동쪽면의 불상만 희미하게나마 남아 있다.

---

154) 광채를 뿜는 부채.

## 생의사(生義寺)의 돌미륵

선덕여왕 때에 중 생의(生義)가 일찍이 도중사(道中寺)에 살았는데 꿈에 웬 중이 와서 그를 끌고 남산으로 올라가 풀을 매어 표를 하게 하고 산 남쪽 골에 와서 말하기를, "내가 이곳에 묻혔으니 스님은 나를 파내어 고개 위에 안장해주소"라고 하였다.

그는 꿈을 깨어 친구들과 함께 꿈에 표시해 둔 자리를 찾아 그 골에 와서 땅을 팠더니 웬 돌미륵이 나오므로 이를 삼화령(三花嶺) 고개 위에 두었다. 선덕대왕 12년 갑진에 절을 짓고 살았으니 뒤에 이름을 생의사라고 하였다.[155]

## 흥륜사 벽에 그린 보현보살(普賢菩薩)

제54대 경명왕 때에 흥륜사 남문과 좌우 행랑채가 불에 타서 미처 수리도 못 하였더니 정화(靖和)와 홍계(弘繼) 두 중이 인연 가진 자들을 끌어모아 장차 수리하려 하였다. 정명(貞明)[156] 7년 신사(922) 5월 15일에 제석(帝釋)[157]이 절 왼쪽의 불경 쌓아둔 누각에 내려와서 열흘 동안 머물매 전각과 탑과 풀, 나무, 흙, 돌 할 것 없이 다 이상한 향기를 풍기고 오색 구름이 집을 덮으며 남쪽 못의 고기와 용이 기뻐서 춤추어 날뛰었다. 나라 사람들이 모여들어 구경하는데 전에 없던 일이라고 탄복하면서 시주하니 폐백과 곡식 시주가 산더미처럼 쌓이고 재인바치들이 자진하여 와서 며칠이 못 되어 절 일을 완성하였다.

공사를 끝마치게 되자 제석이 장차 돌아가려 하는데 두 중이 아뢰기를, "천제께서 만약 대궐로 돌아가시려거든 거룩하신 얼굴 모습을 그려 모셔 지성으로 공양하여 천제의 은혜를 갚도록 하여주시고 또한 그 화상을 이 땅에 남겨두심으로써 길이 인간세상을 보호해주기를 청하나이다" 하니 천

---

155) 지금은 잘못 불러 성의사(性義寺)라고 한다. 충담 스님이 매년 3월 3일, 9월 9일에 차를 달여 바쳤다는 부처가 바로 이 부처이다.
156) 후량(後梁) 마지막 임금의 연호.
157) 불교에서 말하는 33천의 주재신.

제가 말하기를, "나의 신앙력[願力]은 저 보현보살[158]이 오묘한 이치로써 천하를 두루 교화시킴만 같지 못하니 이 보살의 화상을 그려 모셔 경건히 공양을 베풀어 그치지 않는 것이 좋을 것이다" 하였다.

두 중이 교시를 받들고 삼가 보현보살을 벽에 그렸으므로 지금도 그 화상이 보존되어 있다.

## 삼소관음(三所觀音)과 중생사(衆生寺)

「신라고전(新羅古傳)」에 다음과 같은 글이 있다.

중국의 천자에게 사랑하는 첩이 있었는데 아름답고 예쁘기가 짝이 없었다. 천자는 예나 지금이나 할 것 없이 그림으로도 이와 같은 미인은 없으리라 하여 그림 잘 그리는 자를 시켜 화상을 그리게 하였다.[159]

그가 칙명을 받들고 그림을 그리는데 실수하여 붓을 떨어뜨려 붉은 오점이 배꼽 밑을 더럽혔다. 다시 고치려 하였으나 잘 되지 않으므로 마음속으로 의심하기를 이것이 필시 천생으로 절로 생긴 붉은 점이 아닐까 하고 다 그려서 바쳤더니 황제가 보고 말하기를, "얼굴은 아주 그럴듯하나 배꼽 밑에 있는 점은 속에 감추어진 것인데 어떻게 알고 그것까지 그렸느냐?" 하고 당장 크게 노하여 그를 옥에 가두고 막 형벌을 주려 할 때에 승상이 아뢰기를, "그 사람은 마음이 정직한 사람으로 일컬어지고 있으니 그만 용서하여 주소서" 하니 황제가 말하기를, "그가 원래 어질고 정직하다면 간밤에 내가 본 형상을 그려 올려서 틀림없이 맞힌다면 용서하리라" 하였다.

그는 곧 11면 관음상을 그려서 바치니 꿈에 보던 것과 틀림없는지라 황제가 그제야 마음이 풀려서 그를 석방하였다.

---

158) 자비로써 인간을 구제한다는 보살로 석가의 오른쪽에 앉은 불상.
159) 화공의 이름은 전해지지 않으나 혹은 장승요(張僧繇)라고도 하는바 바로 오나라 사람이다. 양나라 천감 연간에 무릉 왕국의 시랑 직비각의 그림 맡은 관원이 되었고, 우장군, 오흥 태수를 역임하였다. 여기의 천자는 바로 중국의 양나라, 진나라 사이의 천자이다. 그런데 고전에서 일러 당나라 황제라고 한 것은 우리나라 사람들이 무릇 어떤 중국이나 모두 당나라라고 하기 때문이다. 실상은 어느 시대 제왕인지 자세하지 않으니 두 가지 다 그대로 써둔다.

그 화공은 화를 면하게 되자 즉시로 박사 분절(芬節)과 약속하여 말하기를, "내가 들으매 신라국이 불교를 신봉한다고 하니 그대와 함께 배를 타고 바다 길로 그곳까지 가서 함께 불교를 수업하여 어진 나라를 잘 돕는 것이 유익하지 않을까" 하고는 드디어 함께 신라국에 와서 중생사의 보살화상[大悲像]을 이룩하니 나라 사람들이 떠받들어 공경하고 기도를 드려 복을 받음을 이루 다 기록할 수 없었다.

  신라 말년 천성[160](926-929) 연간에 정보(正甫) 최은함(崔殷諴)이 오랫동안 자식이 없었으므로 이 절을 찾아 관세음보살[161] 앞에서 기도를 올려 아이를 배게 되어 아들을 낳았다. 그런데 그로부터 석 달도 안 되어 백제의 견훤이 신라 서울을 습격하여 성 안이 크게 혼란해졌다.

  은함이 아이를 안고 절에 와서 고하기를, "이웃 나라 군사가 졸지에 닥치니 사세가 급박한지라 어린 것이 짐이 되어 둘 다가 화를 면할 수 없겠사온바 참말로 보살님이 주신 자식이라면 한없이 자비로운 힘을 빌리시와 보호하고 길러주시어 우리 부자가 다시 만나게 해주소서" 하고 눈물을 흘려 슬프게 울면서 재삼 고하고 아이를 강보에 싸서 부처 앉은 자리 아래에 감추어두고는 몇 번이나 뒤돌아보면서 갔다.

  반 달이 지나 적병이 물러간 후 돌아와서 아이를 찾으매 살결이 갓 목욕한 것만 같고 얼굴과 몸이 한결 고왔으며 젖냄새가 아직도 입에 남아 있었다. 아이를 안고 돌아와 길렀더니 그가 장성하매 총명과 지혜가 뛰어났다. 이가 바로 승로(丞魯)이니 벼슬이 정광(正匡)에 이르렀다. 승로가 낭중 최숙(崔肅)을 낳고 숙이 낭중 제안(齊顔)을 낳았으니 이로부터 자손이 끊어지지 않았다. 은함은 경순왕을 따라서 고려에 들어와 벌족이 되었다.

  또 통화 10년(992) 3월에 이 절의 주지인 중 성태(性泰)가 보살 앞에 꿇어앉아 말하기를, "제자가 오랫동안 이 절에 살면서 정성스럽게 예불을 올려 밤낮 게으른 적이 없었지만 이 절에는 전토(田土)에서 나는 것이 없으므로 향화(香火)를 이을 수 없는지라 다른 곳으로 옮겨갈까 하여 와서 하직하나이다" 하였다.

  이날 잠깐 조는 동안 비몽사몽간에 보살이 이르기를, "대사는 아직 머

---

160) 후당(後唐) 명종(明宗)의 연호.
161) 불교에서 대자대비를 상징하는 보살.

물러 있고 멀리 떠나지 말라. 내가 시주를 받아서 재 드리는 비용으로 쓰게 하리라"하니 중이 흔연히 깨닫고 드디어 떠나지 않았다.

그후 열사흘 만에 웬 사람 둘이 말과 소에 짐을 싣고 절 대문 앞에 당도하였다. 중이 나가 "어디서 오느냐?"하고 물으니 "우리는 금주(金州) 땅 사람들인데 얼마 전에 한 중이 우리에게 와서 말하기를, '내가 오랫동안 경주 중생사에 살았는데 네 가지 어려운 일[162]로 하여 권선을 하고자 여기에 왔노라' 하므로 이웃 마을에서 시주를 거두어 쌀 여섯 섬과 소금 넉 섬을 싣고 왔소"하였다.

중이 말하기를, "이 절에서는 권선한 사람이 없었는데 너희들이 아마 잘못 들은 것이리라"하니 그 사람이 대답하여 "요전에 왔던 중이 우리들을 데리고 저기 우물가까지 와서 말하기를, '절이 얼마 떨어지지 않았으니 내가 먼저 가서 기다리겠다' 하기에 우리들은 뒤쫓아 왔소"라고 하였다.

절의 중이 그들을 인도하여 법당 앞까지 들어왔더니 그들이 보살 화상을 쳐다보고는 서로 말하기를, "이가 권선하던 중의 화상이다"하고 놀라 탄복해 마지 않았다. 이리하여 해마다 절에 바치는 쌀과 소금이 계속하여 떨어지지 않았다.

또 하루 저녁은 절 대문에 불이 나서 동리 사람들이 달려와 불을 끄는데 마루에 올라가 보살 화상을 찾았으나 간 곳이 없더니 어느 틈에 벌써 마당에 서 있었다. 화상을 누가 내어놓았느냐고 물었으나 모두들 모른다고 하였는데 이래서 보살님의 영험을 알았다.

또 대정(大定)[163] 13년 계사(1173) 연간에 점숭(占崇)이라는 중이 이 절에 주지로 있었는데, 글은 알지 못하나 성질이 순박하여 예불에 정성스럽고 부지런하였다. 어떤 중 하나가 그의 자리를 빼앗으려고 친의천사(襯衣天使)[164]에게 호소하기를, "이 절은 국가에서 은혜를 빌고 복을 받드는 곳이기 때문에 글을 할 줄 아는 자를 뽑아 주지를 삼는 것이 마땅하오이다" 하니 천사가 옳게 여겨 점숭을 시험해보고자 당장 불교 의식문을 거꾸로 주었더니 그는 그대로 넙죽 받아 펴들고 거침없이 읽었다.

---

162) 네 가지 일, 즉 사사(四事)란 불교에서 주거, 의복, 음식, 탕약을 말한다.
163) 금나라 세종의 연호.
164) 불교에서 옷을 시주한다는 천사.

천사가 명심하고 있다가 방 안으로 물러나와 앉아 다시 읽어보라고 하였더니 점숭이 입을 봉하고 말이 없었다. 천사가 말하기를, "대사는 보살님의 돌보심을 많이 받고 있다" 하면서 결국은 그의 자리를 빼앗지 못하였다.

당시에 점숭과 함께 거처하던 처사(處士)[165] 김인부(金仁夫)가 그 고장 노인들에게 이 이야기를 전하였으므로 이것을 적어서 전한다.

## 백률사(柏栗寺)

계림의 북쪽 산을 일러서 금강령(金剛嶺)이라고 한다. 산의 남쪽에는 백률사가 있고 이 절에는 관세음보살상 하나가 있다. 어느 때에 처음으로 만들었는지는 알 수 없으나 그 영험이 꽤 유명하다. 혹은 일러서 이는 중국의 걸출한 재인바치가 중생사(衆生寺)의 불상을 만들 때에 함께 만든 것이라고 한다. 세상에서는 말하기를, 이 보살님이 일찍이 도리천(忉利天)[166]에 올라갔다가 돌아와 법당으로 들어갈 때에 밟은 돌 위의 발자국이 지금까지 그대로 남아 있다고 하며, 혹은 이르기를 부례랑(夫禮郞)을 구원하여 돌아올 때의 자취라고도 한다.

천수(天授) 3년 임진(692) 9월 7일에 효소왕(孝昭王)이 대현 살찬(大玄薩飡)[167]의 아들 부례랑을 받들어 화랑으로 만들었더니 화려한 차림을 한 무리들이 1,000명이나 되었는데, 그중에서도 안상(安常)과 가장 친하였다. 천수 4년[168] 계사(693) 늦은 봄에 화랑 무리들을 거느리고 금란(金蘭)[169]을 유람하는 길을 떠나 그는 북명(北溟)의 지경에 이르러 오랑캐족 도적들에게 붙들려갔다. 부하들은 모두 두서를 못 차리고 돌아왔으나 안상만은 홀로 그 뒤를 추격하였으니 이때가 바로 3월 11일이다.

왕이 이 소문을 듣고 깜짝 놀라서 말하기를, "선대 임금이 신령한 젓대를 얻어서 이 몸에까지 전하여 지금은 현금(玄琴)과 함께 궁중의 고방에

---
165) 속인으로서 불교 이치를 독실히 공부한 자.
166) 33천의 하나로 제석이 있다는 하늘.
167) 살찬은 신라 관품의 제8위인 사찬(沙飡).
**168)** 주나라* 장수 2년.
    * 당나라 무후가 개칭한 나라 이름.
169) 지금의 강원도 통천 지방.

간직하였는데 국선(國仙)[170]이 무엇 때문에 도적에게 붙잡혔는지 모르겠으나 이를 어쩌면 좋을꼬?" 하였다.[171]

이때에 상서로운 구름이 천존고(天尊庫)를 덮었다. 왕이 다시 떨리고 겁이 나서 사람을 시켜 알아보니 고방 속에 있던 가야금과 젓대 두 가지 보물이 없어졌다. 이에 왕이 말하기를, "내가 얼마나 불행하기에 어제는 국선을 잃었는데 또다시 가야금과 젓대를 잃었을꼬!" 하면서 고방 맡은 관리 김정고(金貞高) 등 다섯 사람을 가두었다.

4월에는 국내에 현상모집하여 "가야금과 젓대를 찾는 자는 한 해 납세를 상으로 주겠다"고 하였다.

5월 15일에 낭의 양친이 백률사 관세음상 앞에 가서 여러 날 저녁을 두고 정성어린 기도를 드렸더니 갑자기 향탁 위에서 가야금과 젓대 두 가지 보물을 얻게 되고 낭과 안상 두 사람은 불상 뒤에 와 있었다. 낭의 양친이 넘어질 듯이 기뻐하며 돌아오게 된 사연을 물었더니 낭이 대답하였다.

"제가 붙잡혀서부터 그 나라 대도구라(大都仇羅) 집의 짐승 치는 목자가 되어 대오라니(大烏羅尼) 들에서 방목을 하는데[172] 돌연히 용모와 거동이 단정한 중 한 명이 나타나 손에 가야금과 젓대를 들고 와서 위로하여 말하기를, '고향 생각이 나는가?' 하기에 저도 모르게 절로 그의 앞에 무릎을 꿇고 '임금과 부모가 그리운 생각이야 한량 있사오리까!'라고 하였더니 중이 말하기를, '그러면 나를 따라오라!' 하면서 저를 데리고 마침내 해변까지 가는데 다시 안상을 만났습니다. 그는 젓대를 툭 치더니 두 쪽으로 나누어 저희에게 주면서 각기 한 쪽씩 타게 하고 자신은 가야금을 타고 둥실 떠가더니 잠깐 사이에 이곳까지 돌아오게 되었습니다."

이에 자세한 사정을 급히 아뢰었더니 왕이 깜짝 놀라 사람을 시켜 낭을 영접하였다. 낭은 가야금과 젓대를 가지고 대궐로 들어갔다. 왕은 50냥씩 되는 금, 은그릇 다섯 개씩 두 벌과 누비 가사 다섯 벌, 비단 3,000필과 밭 1만 경을 절에 시주하여 자비로운 은혜에 보답하였다. 국내에 대사면을 내리며 사람들에게 벼슬 세 급씩을 올려주고 백성들의 납세를 3년간 면제하

---

170) 화랑의 별칭.
171) 가야금과 젓대 이야기는 다른 기록에 자세히 실려 있다.
172) 다른 책에는 도구(都仇)의 집종이 되어 대마(大磨) 들에서 목축을 했다고 한다.

였으며 절 주지를 봉성사(奉聖寺)로 옮기고 낭을 봉하여 대각간(大角干)[173]으로 삼고 그의 아버지 대현 아찬을 태대각간(太大角干)으로 삼고 어머니 되는 용보부인(龍寶夫人)을 사량부의 경정궁주(鏡井宮主)로 삼았다. 또한 안상법사를 대통(大統)으로 삼았으며 고방 맡은 관리 다섯 명을 모두 석방하면서 벼슬 다섯 급씩을 올려주었다.

6월 12일에 혜성이 동쪽에 나타나고 17일에는 서쪽에 나타나매 천문 맡은 관리가 아뢰기를, "가야금과 젓대의 상서에 대하여 작위를 봉하지 않은 까닭이외다" 하니 이에 신령한 젓대의 이름을 책명하여 "만만파파식(萬萬波波息)"이라고 하였더니 혜성이 그만 사라졌다. 그뒤에도 영험 있는 이적이 많으나 사연이 너무 복잡하여 쓰지 않는다.

세상에서는 안상을 일러서 준영랑(俊永郞)의 무리라고도 하나 이는 자세히 알지 못함이다. 영랑의 무리로서는 다만 진재(眞才), 번완(繁完) 등의 이름이 알려져 있으나 역시 모두 알 수 없는 인물들이다.[174]

## 민장사(敏藏寺)

우금리(禺金里)에 보개(寶開)라고 하는 가난한 여자가 장춘(長春)이라고 하는 아들을 두었는데, 바다로 다니는 장사꾼을 따라 장삿길을 나간 채 오랫동안 소식이 없었다. 그 어머니가 민장사[175]에 가서 관음보살 앞에 이레 동안 기도를 정성스럽게 드렸더니 갑자기 장춘이 왔다. 어찌된 까닭인지 물었더니 장춘이 대답하였다.

"바다에서 바람을 만나 배가 부서져 동무들은 다 죽고 나는 판자 한쪽을 타고 오(吳)나라 해변에 닿았습니다. 오나라 사람이 구원하여 들에서 농사를 짓는 중에 웬 이상한 중이 와서 고향에서 온 것처럼 친절히 위문하고 나를 데리고 동행하는데 오는 길에 개천이 있어서 중이 나를 겨드랑이에 끼고 뛰어 아찔하는 사이에 고국의 말 소리와 함께 우는 소리 같은 것이 들리기에 보니 바로 여기에 도착해 있었습니다. 해질 무렵에 오나라를

---

**173)** 신라 재상의 벼슬 이름이다.
**174)** 별전에 자세히 실려 있다.
175) 이 절은 민장 각간이 자기 집을 희사하여 세운 것이다.

떠나 여기에 닿으니 겨우 초저녁이었습니다."

이것이 바로 천보(天寶) 4년 을유(745) 4월 8일이었다. 경덕왕이 이 소문을 듣고 땅을 절에 시주하고 또 재물과 폐백을 바쳤다.

## 앞뒤에 가지고 온 사리(舍利)

「국사」에 이르기를, "진흥왕 때인 태청(太淸) 3년 기사(549)에 양나라 사신 심호(沈湖)가 사리 몇 개를 보내왔다. 또 선덕여왕 시대 정관 17년 계묘(643)에 자장법사가 부처의 두골과 이, 사리 100개, 그리고 부처가 입었던 붉은 자줏빛 비단에 금점을 놓은 가사 한 벌을 가지고 왔다. 그 사리는 세 몫으로 나누어 한 몫은 황룡사에 두고 한 몫은 태화탑(太和塔)에 두고 한 몫은 가사와 함께 통도사(通度寺) 계단(戒壇)176)에 두었는바 그 나머지는 어디에 있는지 알 수 없다. 이 계단은 두 층으로 되어 있는데 위층 속에는 돌뚜껑을 솥뚜껑처럼 덮었다"고 하였다.

세상에서는 말하기를 고려조에 들어와서 연거푸 두 명의 안렴사(按廉使)177)가 돌뚜껑을 들고 예배를 하였는데, 앞사람은 큰 구렁이가 함 속에 있는 것을 보았으며 뒷사람은 큰 두꺼비가 돌 위에 쭈그리고 있는 것을 보았다. 그 후부터는 이것을 들지 못하였는데, 근래에 상장군 김이생(金利生)과 시랑(侍郎) 유석(庾碩)이 고묘조(高廟朝 : 고려 고종) 때에 왕의 명령을 받고 강동(江東) 지방을 지휘하다가 임금의 신임장을 가지고 절에 가서 그 돌을 들고 예배를 하고자 하니 절의 중이 예전 일을 빙자하여 이를 꺼리는지라, 두 사람이 군사들을 시켜 기어코 이것을 들었더니 안에 작은 돌함이 있고 함 속에는 겹으로 유리통을 채우고 통 속에는 다만 사리 네 개가 있어 예배를 하도록 해두었다. 그 통에는 조금 상하여 터진 데가 있었는데 유공이 마침 수정함 한 개를 준비하였던 것이 있어서 이것을 시주하여 함께 간직하도록 하고 이 일을 기록해 남겼으니 이 해가 바로 강도(江都)178)로 수도를 옮긴 지 4년째 되는 을미년(1235)이다.

---

176) 중이 계명을 받는 장소의 구조물.
177) 지방을 순시하고 행정하는 관리.
178) 몽고군의 침입으로 고려 고종이 수도를 옮겨간 강화도의 다른 칭호.

「고기(古記)」에는 사리 100개를 세 곳에 나누어서 간직하였다는데 여기에는 다만 네 개뿐인 것을 보면 사리는 원래 사람에 따라서 숨고 드러나서 많게도 보이고 적게도 보이는 것이니 괴이하게 여길 것이 아니다.

또 세상에서 말하기는 황룡사 탑이 불에 타는 날부터 돌솥의 동쪽 면에 커다란 점이 생겨서 지금도 그렇다는데, 이 해가 요(遼)나라 응력(應曆) 3년 계축(953)이요, 고려 광종 5년으로 탑이 세번째 화재를 당하던 때이다. 조계종(曹溪宗)[179] 중 무의자(無衣子)가 남긴 시에

> 황룡사 탑이 불타던 날에
> 연이어 탄 일면에도 틈난 데가 없었네.

라고 한 것이 바로 이것이다.

지원(至元) 갑자(1264) 이래로 중국 사신들이 자기 나라 황제의 덕을 돕기 위하여 전후 계속하여 와서 예배하고 순례하는 중들도 사방에서 모여들어 참배를 하는데, 더러는 이 돌을 들기도 하고 더러는 못 들기도 하였다. 또 진신사리(眞身舍利)[180] 네 개 이외에 변신사리(變身舍利)[181]가 모래처럼 부서져서 돌솥 밖에 흩어져 있었는데, 이상한 향기가 여러 날 동안 그치지 않고 풍길 때가 가끔 있었다. 이것은 말세에 한쪽 지방에서 생긴 기적으로 볼 것이다.

당나라 대중 5년 신미(851)에 당나라에 들어갔던 사신 원홍(元弘)이 가져온 부처의 이[182]와 후당 동광 원년 계미(923), 즉 고려 태조 즉위 6년에 중국에 들어갔던 사신 윤질(尹質)이 가져온 500나한[183] 부처는 현재 북숭산(北崇山) 신광사(神光寺)에 있고, 송나라 선화 원년 기묘(1119)[184]에 조공을 바치러 갔던 사신 정극영(鄭克永)과 이지미(李之美) 등이 가져온 부처의 이는 지금 궁중에 모셔둔 것이 바로 이것이다.

---

179) 불교 선종(禪宗)의 한 파.
180), 181) 진신사리는 석가가 원래 가진 육신의 뼈를 이르며, 변신사리는 석가가 다시 다른 몸으로 태어났던 육신의 뼈를 이른다.
**182)** 지금은 어디에 있는지 자세하지 않으나 신라 문성왕 때이다.
183) 석가의 제자로서 공양을 받을 자격을 가진 500명의 고명한 제자.
**184)** 고려 예종 15년이다.

전해서 이르는 말로는 옛날 의상법사(義湘法師)가 당나라에 들어가서 종남산(終南山) 지상사(至相寺) 지엄(智儼) 스님이 있는 곳에 있었다. 이웃에 선율(宣律) 스님이 있어 언제나 하늘로부터 공양을 받았는데 매양 재를 올리는 시간에는 하늘 주방에서 음식을 보내왔다. 하루는 선율 스님이 의상 스님을 청하여 재를 드리는데 의상이 와서 자리를 잡고 앉은 지가 이미 오래 지났으나 하늘로부터의 공양은 시간이 지나도록 오지 않았다. 의상은 이 때문에 빈 바리때를 가지고 돌아가매 하늘 사자가 그제야 왔다.

선율이 묻기를, "오늘은 어째서 늦게 왔는가?" 하였더니 하늘 사자가 말하기를, "동구가 꽉 차도록 귀신 군사들이 막아 옹위를 하고 있었으므로 들어올 수 없었다" 하였다.

이에 선율은 의상 스님이 귀신 군사들의 호위를 가진 줄 알고 그의 도덕이 자기보다 나은 것에 탄복하면서 눌러 그 공양물을 그대로 두고 이튿날 또 지엄, 의상 두 스님을 청하여 재를 올리면서 자세히 그 전말을 이야기하였더니 의상 스님이 조용히 선율에게 말하기를, "스님이 이미 천제의 존경을 받는지라 일찍이 내가 들으매 제석궁(帝釋宮)[185]에 부처님의 이 40개 중에 어금니 한 개가 있다고 하니 우리들을 위해서 이것을 청하여 인간에게 내려보내어 복을 삼게 하는 것이 어떻겠습니까?" 하였다. 선율이 뒤에 하늘 사자와 함께 이 뜻을 하느님[上帝]께 전하였더니 하느님이 이레 동안을 기한으로 하고 의상 스님에게 그 이를 보내주었다. 의상은 감사하는 예배를 마치고 이를 맞아서 대궐에 모셨다.

그후 송나라 휘종 때에 와서 사교를 숭상하여 이 당시 나라 사람들 사이에는 "금나라 사람[金人]이 나라를 멸망시킨다"는 말이 널리 퍼졌다. 도사[黃巾]들 패거리가 천문 맡은 관리에게 말하여 임금에게 아뢰기를, "금으로 만든 사람이란 불교를 말하는 것으로 장차 국가에 해로울 것이다" 하였더니 나라에서 의논하기를, 앞으로 불교를 없애고 중들을 모두 생매장하고 불경들을 불사르고 작은 배를 따로 만들어 부처의 어금니를 실어 큰 바다에 띄워서 떠내려가는 대로 내버려두려 하였다.

이 당시 마침 우리나라 사신이 송나라에 가서 이 사실을 듣고 천화용(天

---

185) 불교의 33천을 주재하는 천제가 있다는 곳.

花茸)[186] 50령(領)과 저포(紵布) 300필을 그 배를 호송해가는 관리에게 뇌물로 주고 몰래 부처의 어금니를 받고는 빈 배만 띄우게 하였다. 사신들이 부처의 어금니를 얻어와서 국왕께 아뢰니 예종(睿宗)은 매우 기뻐서 십원전(十員殿) 왼쪽에 있는 작은 전각에 모셔두게 하고 언제나 전각 문을 자물쇠로 채우고 바깥에는 향불을 피우고 등불을 밝혔다. 왕이 친히 그곳에 거동하는 날은 전각 문을 열고 공손히 예배하였다.

임진년에 왕이 처소를 강화도로 옮기면서 궁중의 내관들이 총망한 중에 이것을 잊어버리고 간직하지 않았다. 병신 4월에 와서 임금을 위하여 세운 절[御願堂]인 신효사(神孝寺)의 중 온광(蘊光)이 부처 어금니에 치성 올릴 것을 청하여 아뢰었더니 왕이 칙령으로 시중하는 신하를 시켜 대궐 안을 두루 검색하였으나 찾지 못하였다. 이때에 사헌부[柏臺]의 시어사(侍御史)로 있던 최충(崔沖)이 설신(辥伸)을 시켜서 여러 알자(謁者)[187]의 방들을 서둘러 수색하였더니 모두가 당황하여 어쩔 줄을 몰랐다.

시중하던 신하 김승로(金承老)가 임금께 아뢰기를, "임진년에 이사할 당시의 자문일기(紫門日記)[188]를 찾아보소서" 하여 그의 말대로 일기를 보았더니 거기에 이르기를, "궁중에 입시한 대부경(大府卿) 이백전(李白全)이 부처의 어금니를 넣은 함을 받았다"고 하였다. 이백전을 불러서 힐문하였더니 그가 대답하기를, "집으로 돌아가서 다시 사사일기를 찾아보도록 해주소서" 하고 집으로 와서 뒤져보았더니 좌번(左番) 알자 김서룡(金瑞龍)이 부처의 어금니가 든 함을 똑똑히 받았다는 기록을 찾아 바쳤다. 다시 서룡을 불러 물어보았더니 그는 대답을 하지 못하였다.

김승로가 다시 아뢰기를, "임진년부터 현재 병신년까지 5년 동안 근무한 어불당(御佛堂)과 경령전(景靈殿)의 수직원들을 잡아 가두고 심문하는 것이 마땅합니다" 하고 어물어물 결정을 못 지었던바 사흘이 지나 밤중에 서룡의 집 담장 안에서 무슨 물건을 던지는 소리가 들려 불을 켜고 찾아보았더니 바로 부처의 어금니를 넣은 함이었다. 이 함은 본래 제일 속에 있는 것이 침향(沈香)함이요, 다음이 순금함이요, 다음 거죽이 은함이요, 그

---

186) 상품(上品) 녹용의 일종.
187) 임금의 측근에서 응접(應接)을 맡은 관리.
188) 궁중 일기와 같다.

다음이 유리함이요, 그 다음이 자개함으로서 각각 모양들은 꼭 같았는데 그때는 유리함뿐이었다. 반갑게 이것을 얻어서 대궐로 들어가 아뢰고 관원들이 의논하여 김서룡과 두 전각의 수직원을 다 죽이자고 하였더니 진양부(晉陽府)에서 아뢰기를, "불교에 관한 일로 하여 많은 사람을 죽이는 것은 합당하지 못하외다"하여 모두 용서하였다.

다시 칙명으로 십원전 앞마당에 특별히 불아전(佛牙殿 : 부처 어금니를 모신 전각)을 지어 모셔두고 장병들을 시켜 이것을 지키게 하고 좋은 날을 가려 신효사의 주지 온광(蘊光)을 청하여 중 30명을 데리고 대궐로 들어가서 재를 올려 예배케 하였다. 이날 입직한 승선(承宣)[189] 최홍(崔弘), 상장군 최공연(崔公衍), 이영장(李令長)과 내시(內侍), 다방(茶房)[190] 등의 관원들이 대궐 뜰에 시립하여 차례대로 절을 하였는바 부처의 어금니를 둔 구멍 사이에 있는 사리의 수효는 알 수 없었는데 진양부에서 은합에 담아 모셨다.

이때에 임금이 신하들에게 말하기를, "짐이 부처의 어금니를 잃은 이래로 네 가지 의심이 절로 나게 되었으니, 첫째는 하늘 나라의 이레 동안 기한이 다 차서 하늘로 올라가버렸나 의심하였고, 둘째는 나라가 이토록 어지러우니 부처의 어금니는 신령한 물건이라 그만 인연 있고 평온한 나라로 옮겨갔는가 의심하였고, 셋째는 재물을 탐내는 못된 놈이 함만 훔치고 부처의 어금니는 개골창에 버렸는가 의심하였고, 넷째는 보물을 훔치고 자백할 길이 없어서 집안에 감추지나 않았는가 하였는데 이제 넷째 의심이 맞았구나"하고는 그만 목놓아 큰소리로 우니 뜰에 가득 모였던 신하들이 눈물을 뿌리면서 축하를 올리는데 심지어 이마를 불로 단근질하고 팔뚝을 태우는 자가 헤아릴 수 없었다.

이 사실의 기록[實錄]은 당시 대궐 안의 불공 중이었던 전(前) 기림사(祇林寺) 대선사 각유(覺猷)로부터 얻었는데 친히 눈으로 본 것이라고 하여 나를 시켜 기록한 것이다. 또 경오년 서울을 탈출하던 난리는 임진년보다도 혼란이 더 심하여 십원전을 맡아보고 있던 중 심감(心鑑)이 일신의 위험을 돌아보지 않고 부처의 어금니를 몸에 지니고 나와 도적의 환난을

---

189) 조선시대의 승지와 같다.
190) 대궐 내전에서 임금의 사생활에 시중드는 관리.

면하여 대궐까지 가져다 바치매 왕은 그의 공로를 크게 표창하고 이름난 절로 옮겨주었다. 지금은 그가 빙산사(氷山寺)에 살고 있는바 이 이야기도 역시 각유로부터 직접 들은 것이다.

진흥왕 시대 천가(天嘉) 6년 을유(565)에 진(陳)나라 사신 유사(劉思)가 중 명관(明觀)과 함께 불경 1,700여 권을 싣고 왔다. 정관 17년(643)에 자장법사가 불경[三藏] 400여 함을 싣고 와서 통도사에 안치하였으며, 흥덕왕 시대 태화 원년 정미(827)에 당나라에 유학하던 우리나라 중 구덕(丘德)이 불경 약간 함을 가지고 오니 왕과 여러 절의 중들이 흥륜사 앞길까지 마중을 나갔다.

대중 5년(851)에 중국에 들어갔던 사신 원홍(元弘)이 불경 몇 축(軸)을 가지고 왔으며, 신라 말년에 보요선사(普耀禪師)가 오월(吳越)에 두번째 가서 대장경을 실어왔으니, 즉 해룡왕사(海龍王寺)를 창건한 시조이다. 송나라 원우 갑술(1094)에 어떤 사람이 지은 찬미하는 글에 일렀다.

> 장하도다, 우리 절 개조 스님 높으신 그 모습,
> 오월국에 두 번 가서 대장경을 가져왔네.
> 보요(普耀)란 이름 주고 천자 조서 네 번 있었네.
> 그의 덕을 말하라면 밝은 달 맑은 바람.

또 대정[191] 연간에 「한남관기(漢南管記)」에 실린 팽조적(彭祖逖)의 시에는 이르기를

> 수운 난야(水雲蘭若)[192]는 부처님이 살던 곳,
> 더군다나 용왕님이 한바탕 쉬던 곳.
> 마침내 이름난 절 그 누가 이어받을까.
> 불교는 처음 남방에서 전해왔네.

라고 하였으며 그 발문은 이러하다.

---

191) 금나라 세종의 연호.
192) 앞줄에 나온 해룡왕사 절터를 두고 하는 말.

옛날 보요선사가 처음으로 대장경을 남월에 가서 구하여 오는 길에 바다에서 바람이 갑자기 일어났으므로 작은 배가 풍랑 틈에서 잠겼다 떴다 하매 보요선사가 말하기를, '아마도 용님이 불경을 못 가져가도록 말리나 보다' 하고 드디어 주문을 외워 기도한 정성으로 인하여 그 용과 함께 불경을 모시고 돌아오게 되었는데 그제야 바람이 잠잠하여지며 물결이 멎게 되었다. 본국으로 돌아와서 여러 지방을 두루 돌아다니면서 이를 모셔둘 곳을 찾다가 이 산에 와서야 홀연히 상서로운 구름이 산 위에서 일어나는 것을 보고 당장 그의 수석 제자인 홍경(弘慶)과 함께 백련사 모임[蓮社]을 차렸다. 이것으로 보아 불교가 동방으로 전파해온 것은 실상 이때부터이다. 한남관기 팽조적이 씀.

절에는 용왕당이 있는데 여기에 참배하면 영험과 이적이 매우 많았다. 생각건대 보요선사가 대장경을 가지고 귀국할 당시 함께 왔던 용이 이 산에 머물렀던 것이 확실하다. 이 용왕당은 지금도 남아 있다.

또 천성(天成)[193] 3년 무자(928)에 묵화상(默和尙)이 당나라에 들어가서 역시 대장경을 싣고 왔으며, 고려 예종 때에 혜조국사(惠照國師)가 조서를 받들고 서방으로 유학하여 요나라 판본인 대장경 세 부를 사와서 그 한 질이 지금 정혜사(定惠寺)에 있다.[194]

대안(大安) 2년 고려조 선종 시대에 우세승통(祐世僧統)[195] 의천(義天)이 송나라에 들어가 천태교(天台敎)에 관한 책을 많이 가져왔다. 이밖에는 문헌에 기록된 것이 없으매 고명한 중과 불교를 독신하는 처사들이 내왕하면서 가져온 것은 자세히 기록할 수 없다. 위대한 불교가 동방으로 퍼진 것은 무한한 경사라고 할 것이다.

찬미하는 시에 일렀다.

중국과 동방이 아득하게 떨어져서
부처님 계신 곳을 이천 년 간 몰랐네.
동방으로 전파되니 참으로 기쁘구나.
동방과 인도가 한 하늘 밑이네.

---

193) 후당 명종의 연호.
**194)** 해인사에 한 질이 있고 허참정 댁에 한 질이 있다.
195) 승통은 승직으로 최고직이며, 우세는 승통의 호이다.

이상[196]에 관한 기록을 「의상전(義湘傳)」에 보면, "영휘(650-655) 초년에 의상이 당나라에 들어가 지엄(智儼)을 찾아 뵈었다"라고 말하나 부석사(浮石寺) 본비(本碑)에 의하면, "의상은 무덕(武德) 8년(625)에 탄생하여 나이 어려서 중이 되었더니 영휘 원년 경술(650)에 원효(元曉)와 동반하여 서방으로 돌아가려고 하여 고구려까지 갔다가 어려움이 있어 되돌아왔으며, 용삭 원년 신유(661)에 다시 당나라로 들어가 지엄의 문하에서 배웠다. 총장 원년(668)에 지엄이 죽으매 함형(咸亨) 2년(671)에 의상이 신라로 돌아와서 장안(長安) 2년 임인(702)에 죽으니 나이 78세이다" 하였다. 그렇다면 의상이 지엄과 함께 선율 스님의 처소에서 재를 올리고 하늘 나라의 부처 어금니를 청하였다는 때가 아마도 신유년에서 무진년까지의 7-8년 동안인 듯하며, 고종이 강도(江都)로 들어간 임진년에 하늘 나라[天宮]의 7일 기한이 다 찼다고 의심하였다는 말은 잘못된 것이다. 도리천의 하루 밤낮은 인간세상의 100년에 해당하고 보니 의상이 처음으로 당나라에 들어간 신유년에서 고종 임진년까지를 계산하면 693년이 되며 경자년까지가 비로소 700년이 차게 되면서 7일 기한이 만기가 될 것이니 강도에서 나오던 지원 7년 경오(1270)까지는 730년이 된다. 만약 하느님의 말대로 7일 후에 하늘 나라로 돌아갔다면 중 심감(心鑑)이 강도에서 나올 때에 가지고 나와 국왕께 바친 것은 아무래도 진짜 부처의 어금니가 아닐 것이다. 이 해 봄 강도를 나오기 전에 대궐에서 여러 종파의 명망 있는 중들을 모아 부처의 어금니와 사리를 얻고자 정성스럽게 예배를 하였지만 한 개도 얻지 못한 것으로 보아서는 7일 기한이 되어 하늘로 올라갔다는 말도 그럴 듯하다.

21년 갑신에 국청사(國淸寺)의 금탑을 보수하는데 임금이 장목황후(莊穆皇后)와 함께 묘각사(妙覺寺)에 거동하여 무리를 모아 경축하는 독경을 마치자 임금과 신하들이 신도들과 함께 부처의 어금니와 낙산(洛山)의 수정 염주와 여의주를 떠받들어 예배한 후에 함께 금탑 속에 넣어두었다. 나 역시 이 회합에 참예하여 친히 이른바 부처의 어금니라는 것을 보았는데, 길이가 세 치 가량 되고 사리는 없었다. 이상은 무극(無極)이 기록하였다.

---

196) 여기부터는 저자의 서술이 아니요, 저자의 제자인 무극(無極)의 기록인데, 무극은 저자의 제자인 보감국사(寶鑑國師) 혼구(混丘)의 호이다.

## 미륵선화(彌勒仙花), 미시랑(未尸郞), 진자사(眞慈師)

제24대 진흥왕의 성은 김씨요, 이름은 삼맥종(彡麥宗)인데 일명은 심맥종(深麥宗)이라고도 한다. 양나라 대동 6년 경신(540)에 즉위하여 백부(伯父)인 법흥왕의 뜻을 본받아 한결같은 마음으로 불교를 신봉하고 광범하게 절을 세우며 사람들을 중이 되게 하였다. 또 그의 천성과 풍정이 신선을 매우 숭상하여 여염집 처녀로서 아름답고 어여쁜 자를 택하여 떠받들어 원화(原花)라 하고 무리를 모으고 인물을 뽑아서 효도, 우애, 충성, 신의로 교양하니 역시 나라를 다스리는 커다란 방법이 되었다. 여기서 남모(南毛) 아가씨와 교정(姣貞)[197] 아가씨 두 명의 원화를 뽑아 무리 300-400명을 모았다. 교정이 남모를 질투하여 술자리를 벌여 남모에게 술을 많이 마시게 하고 취하게 되자 가만히 끌어다가 북쪽 개천에 버리고 돌로 묻어 죽이니 그에게 딸린 무리들이 그가 간 곳을 몰라 슬피 울면서 헤어졌다.

이 사실의 음모를 아는 자가 있어 노래를 지어 동리 아이들을 시켜 거리에서 부르게 하니 그의 무리들이 이 소문을 듣고 곧 그의 시체를 북쪽 개천에서 찾고는 교정 아가씨를 죽였다.

이에 왕이 명령을 내려 원화를 폐지해버린 지가 몇 해나 되었더니 왕이 다시 나라를 진흥시키는 데에는 반드시 풍월(風月)의 도[198]를 먼저 해야 한다 하여 다시 명령을 내려 좋은 가정 출신의 남자로서 덕행이 있는 자를 뽑아 이름을 고쳐서 화랑(花郞)[199]이라 하고 처음으로 설원랑(薛原郞)을 받들어 국선(國仙)을 삼으니 이것이 화랑과 국선 제도의 시초가 된다. 이 까닭에 명주(溟州)에 비를 세우니 이로부터 사람들로 하여금 악을 선으로 고치게 하며 위를 공경하고 아래에 공순하니 다섯 가지 떳떳한 윤리[五常]와 여섯 가지 학예 과목[六藝]이 널리 행해지고 임금을 옳게 인도하고 갖은 재질과 덕망을 갖춘 신하들[三師六正]이 광범히 활동하게 되었다.[200]

---

197) 「삼국사기」에는 준정(俊貞)이라고 하였다(「삼국사기」 진흥왕 37년 조 참조).
198) 풍월도(風月道)도 화랑도와 같은 의미.
199) 원문의 "花娘"은 "花郞"의 잘못인 듯하다.
200) 「국사」에는 진지왕 대건* 8년 병신에 비로소 화랑을 받들었다고 하였는데 아마 역사의

진지왕 시대에 와서 흥륜사에 진자(眞慈)[201]라는 중이 있어 매양 법당의 주장 부처인 미륵상 앞에 나가 발원[202]하기를, "원컨대 우리 부처님이 화랑으로 몸이 화하사 세상에 나타나시면 제가 항상 당신의 모습에 친근하여 모든 바라지를 맡아 받들어 모시겠나이다" 하였다.

그가 정성껏 기도하는 충정이 날로 더 독실하더니 하루 저녁은 꿈에 웬 중이 나타나 말하기를, "네가 웅천(熊川)[203] 수원사(水源寺)로 가면 미륵선화를 볼 수 있으리라"고 하였다.

진자가 꿈을 깨어 놀랍고도 기뻐서 그 절을 찾아가는데 열흘 동안의 행정에 한 걸음마다 한 번씩 절을 하면서 그 절에 당도하니 대문 밖에 아름다운 화랑 한 명이 반가이 맞아서 작은 대문으로 인도하여 들여 객실에 이르렀다. 진자가 객실로 올라가면서 절을 하고 말하기를, "낭께서는 평소에 나를 조금도 알지 못하는 터에 어찌하여 이같이도 친절하게 접대하나이까?" 하니 화랑이 말하기를, "나 역시 서울 사람으로 스님이 먼길을 걸어 이곳까지 오시는 것을 그저 위로할 따름이외다" 하고 잠깐 있다가 문 밖으로 나가버렸는데 간 곳을 알 수 없었다.

진자의 생각으로는 그저 우연한 일이요, 그리 이상히 여길 것이 없다 하여 절의 중을 상대하여 전일의 꿈과 이곳까지 온 까닭을 이야기하고 또 "잠시 절에 머물면서 미륵선화를 기다리고자 하니 어떻겠소?" 하고 물었다.

그 절의 중이 진자의 성정이 활달한 것과 그의 정성스러운 태도를 보고 속여서 말하기를, "여기서부터 남쪽으로 가면 천산(千山)이라는 산이 있는데 옛날부터 현철한 분들이 머물러 살았으므로 눈에 띄지 않는 감응이 많은데 왜 그곳으로 가지 않소?" 하였다.

진자가 그의 말대로 좇아 그 산 밑까지 갔더니 산신령이 노인으로 변모하고 나와 맞으면서 말하기를, "무엇하러 여기에 왔느냐?" 하였다. 그가 대답하기를, "미륵선화를 만나고자 합니다" 하니 노인이 말하기를, "전일

---

잘못 전함일까 한다.
　＊ 대건은　진나라 선제의 연호로서 동 3년은 병신년으로「삼국사기」기사와 부합된다.
201) 정자(貞慈)라고도 한다.
202) 원문 "發原"의 '原'은 "願"의 오간인 듯하다.
203) 공주(公州).

수원사 문 밖에서 미륵선화를 만나고 또 와서 무엇을 찾느냐?" 하였다. 진자는 그 말을 듣고 깜짝 놀라 본 절로 달려와서 한 달 남짓 있었다.

진지왕이 이 말을 듣고 불러서 그 사유를 묻고 말하기를, "화랑이 자칭 서울 사람이라고 한다니 성인이 거짓말을 하랴? 왜 성중에서 찾아보지 않느냐?" 하였다.

진자가 임금의 뜻을 받들어 화랑 무리를 모아서 동리와 거리에 퍼져서 그를 뒤져 찾았더니 웬 어린 도련님이 화장을 단정히 하고 얼굴이 빼어나게 고왔는데 영묘사 동북쪽 길옆 나무 아래를 돌아다니면서 놀고 있었다.

진자는 그를 보자 놀라서 "이가 미륵선화로구나!" 하면서 곧 다가가 묻기를, "낭의 집은 어디 있으며 성이 무어지?" 하니 낭이 대답하기를, "내 이름은 미시(未尸)라고 하는데 어릴 적에 아버지와 어머니가 다 죽고 성은 무엇인지 알 수 없소" 하였다.

이에 그를 가마에 태워 국왕에게 들어가 뵈었더니 왕이 그를 경애하여 받들어 국선을 삼으매 여러 자제들과 화목하는 것이라든지 예의범절이 여느 사람과 같지 않았다. 그 훌륭한 작풍이 세상에 빛난 지 거의 7년 만에 그는 갑자기 간 곳이 없어졌다. 진자가 매우 슬퍼하였으나 그는 낭의 자비로운 혜택을 흠뻑 입고 그의 맑은 교화를 받들어 스스로 자신을 개조할 수 있었다. 진자는 정성스럽게 도를 닦았으나 만년에 세상을 끝마친 곳은 모른다.

누가 설명하기를, "'未'자와 '彌'자의 발음이 근사하고 '尸'와 '力'의 글자 모양이 비슷하므로 각각 그 근사한 점을 따서 수수께끼처럼 만든 것이다('미륵'을 '미시'로 곁말을 썼다는 의미). 미륵 부처님이 비단 진자의 정성에만 감응된 것이 아니라 또한 이 땅에 인연이 있었으므로 때때로 나타나 보인 것이다"라고 하였다.

지금에 나라 사람들이 신선을 일러서 미륵선화라고 하며, 무릇 남의 중매 서는 것을 "미시"라고 하는데 이는 모두 진자가 남긴 유풍이며, 또 길 옆에 서 있는 나무를 지금도 "견랑수(見郞樹)"라고 부르고 또 비속한 말로는 "사여수(似如樹)"[204]라고 한다.

---

**204)** 인여수(印如樹)라고도 한다.

찬미하는 시에 일렀다.

걸음마다 절을 하며 고운 꽃 찾았더니,
곳곳에 심었으매 그 공덕 한결같다.
갑자기 가버린 봄을 찾을 곳이 없었더니,
상림원(上林苑)[205]에 다시 필 줄 누구라 알았으랴.

## 남백월(南白月)의 두 성인 노힐부득(努肹夫得)과 달달박박(怛怛朴朴)

백월산 두 성인의 「성도기(成道記)」[206]에 이르기를, 백월산은 신라 구사군(仇史郡)[207]의 북쪽에 있는데 산봉우리들이 기이하게 빼어나고 자리잡은 넓이가 수백 리에 뻗쳐서 참으로 큰 진산(鎭山)[208]이라 할 만하다고 하였다. 옛 노인들이 전하는 말로는 옛날 당나라 황제가 일찍이 못을 하나 팠는데 매월 보름 전에 달빛이 밝으면 사자처럼 생긴 바윗돌이 있는 산의 그림자가 은은히 화초 사이에 비치면서 못 가운데에 나타났다. 황제가 화공에게 그 모양을 그리게 하고 사신을 시켜 온 천하를 찾아 다니면서 이 바위를 찾게 하였다. 그 사신이 우리나라에 이르러 백월산에 큰 사자 바위가 있음을 보았다. 이 산 서남쪽 2보[209]쯤 되는 곳에 세 산이 있었는데, 그 이름은 화산(花山)이라고 하며[210] 그림과 서로 비슷하였다. 그러나 참인지 아닌지를 알 수 없어서 신 한 짝을 사자 바위 꼭대기에 걸어두고 사신이 돌아와서 황제께 아뢰었더니 그 신 그림자가 역시 못에 비치어 나타났다. 황제가 이것을 이상하게 여겨 산 이름을 백월산(白月山)[211]이라고 지어주었더니 그러고 난 후에는 못 가운데 그림자가 없어졌다.

---

205) 대궐의 뒷동산을 말한다.
206) 성도는 불교의 교리를 완전히 깨달았다는 의미이며, 성도기는 그 전말을 쓴 것.
207) 옛날의 굴자군(屈自郡)이요, 의안군(義安郡 : 지금의 경남 昌原)이다.
208) 해당 지방을 수호한다고 주장되는 산.
209) 원문의 "步"는 6척이 1보인데 여기서는 어떤 계산인지 미상이나 그 아래 기사로 보아 "二" 아래 "千"의 결자가 있는 듯하다.
210) 그 산이 한 몸뚱이에 머리가 셋이므로 삼산이라고 하였다.
211) 보름 전에 흰 달빛 그림자로 나타나므로 이렇게 이름지었다.

이 산 동남쪽 3,000보쯤 되는 곳에 선천촌(仙川村)이 있고 이 마을에 사람 둘이 살고 있었다. 그 한 사람은 노힐부득(努肹夫得)[212]이니 아버지의 이름은 월장(月藏)이요 어머니는 미승(味勝)이었으며, 또 한 사람은 달달박박(怛怛朴朴)이니 아버지의 이름은 수범(修梵)이요 어머니의 이름은 범마(梵摩)였다.[213] 두 사람이 다 풍채와 골격이 비범하고 속세를 초월하는 원대한 포부를 품어서 서로 친구가 되어 좋게 지냈다. 나이가 모두 스물 미만에 그 마을의 동북쪽 고개 너머에 있는 법적방(法積房)에 몸을 붙여 머리를 깎고 중이 되었다. 얼마 못 되어 서남쪽 치산촌 법종곡(法宗谷) 승도촌(僧道村)에 옛 절이 있어 옮겨살 만하다는 말을 듣고 함께 가서 대불전(大佛田), 소불전(小佛田) 두 동리에 각각 살았다. 부득은 회진암(懷眞庵)에 머무니 절 이름을 양사(壤寺)[214]라고도 하며 박박은 유리광사(瑠璃光寺)[215]에 거처하였으니 모두 처자를 데리고 살았다. 두 사람은 농사를 짓고 서로 내왕하면서 정신을 수양하였는데 속세를 떠날 생각은 잠시라도 잊어본 적이 없었다. 그들은 자신들의 육신과 세상살이가 덧없음을 보고 서로 이야기하였다.

"기름진 밭뙈기와 풍년 드는 연사(年事)가 좋은 복리라고 할 수 있으나 옷과 밥이 마음먹은 대로 생겨 절로 따뜻하고 배부를 수 있는 것만 같지 못하며 계집과 집이 마음에는 끌리지만 덕행이 거룩한 여러 성자들과 함께 부처님 계신 성지에서 갖은 놀이로 즐김만 같지 못할 것이다. 더구나 불도를 공부하면 마땅히 부처가 되고 참된 마음을 닦으면 반드시 참된 도를 얻을 수 있음에랴! 우리들이 여기서 이미 머리를 깎고 중이 되었으매 당연히 모든 장애와 구속을 벗어버리고 다시없는 도를 성취할 것이어늘 어찌 세속에 골몰하여 속물이나 다름없이 되리요!"

그리고 드디어 인간세상을 침뱉어 버리고 장차 깊은 산골에 숨으려 하였다. 밤이 되어서 꿈에 흰 빛줄기가 서쪽으로부터 비치는데 빛줄기 속에

---
[212] 득을 등(等)이라고도 한다.
[213] 「향전」에 치산촌(雉山村)이라고 한 것은 잘못이다. 두 사람의 이름은 우리말인데 두 집에서 두 사람이 각각 마음 수양을 하는 데에 오르고 또 올라 어려운 고비를 넘겼다[騰騰苦節]는 두 가지 뜻을 두고 지은 이름에 불과할 것이다.
[214] 지금의 회진동에 있는 옛 절터가 바로 이것이다.
[215] 지금의 이산(梨山) 위에 있는 절터가 바로 이것이다.

서 금빛 팔이 내려와 두 사람의 정수리를 어루만졌다. 꿈을 깨어 서로 꿈 이야기를 하였더니 두 사람의 꿈이 조금도 다르지 않았다. 둘은 모두 한동안 감탄하다가 드디어 백월산 무등곡(無等谷)[216]에 들어가 박박 스님은 북쪽 고개에 있는 사자 바위에 자리를 잡고 판자집 여덟 자 되는 방을 지어 거처하니 이 때문에 판방(板房)이라고 일렀으며, 부득 스님은 동쪽 고개 돌 무더기 밑의 물 있는 곳에서 역시 방 한 칸을 짓고 살았다. 이 때문에 뇌방(磊房 : 돌 무더기 방)이라고 일러[217] 각자 암자에서 살았다.

부득은 미륵 부처의 도를 열심으로 탐구하고 박박은 미타 부처를 정성스럽게 염불하였다. 3년이 못 차서 경룡(景龍) 3년 기유(709) 4월 8일은 성덕왕 즉위 8년이었다. 해질 무렵에 나이 거의 스무 살쯤 된 색시가 있어 자태가 절묘하고 몸에서 고귀한 향기를 풍기면서 홀연히 북쪽 암자[218]에 이르러 암자에서 묵겠다고 청하였다. 그러면서 다음과 같은 시 한 편을 주었다.

> 갈 길은 아득한데 산은 첩첩 날은 저물고,
> 읍내 길은 멀리 막혀 사방이 적막코야.
> 이 밤을 절 뜰에서 묵고 가려 하오매,
> 자비로운 스님은 성가시게 생각 마오.

박박이 말하기를, "절이란 깨끗한 것을 위주로 하므로 네가 가까이 할 곳이 못 된다. 지체 말고 냉큼 이곳을 떠나라" 하고는 문을 닫고 들어가버렸다.[219]

그 색시가 이번에는 남쪽 암자[220]로 가서 다시 앞서처럼 청하니 부득이 말하였다.

---

216) 남동(南洞).
217) 「향전」에 이르기를, 부득이 산 북쪽 유리동에 있었다고 하였는데 여기는 판방이라 하였으며, 박박은 산 남쪽 법정동의 뇌방에 있었다고 하여 여기와 정반대 방향으로 되어 있는데 지금에 상고한다면 「향전」이 틀렸다.
218) 「향전」에는 남쪽 암자라고 하였다.
219) 기(記)*에는 이르기를, "내가 100가지 잡념이 재처럼 식었으니 육욕으로 나를 시험하지 말라"고 하였다 한다.
    * 서두에 나오는 「성도기」를 말한다.
220) 「향전」에는 북쪽 암자라고 하였다.

▶창원시 북면 월백리의 뒷산이 해발 400미터인 **백월산**이다. 주남저수지 너머로 보이는 그 산에 해가 걸려 있다.

"너는 어디로부터 조심 없이 밤걸음을 하였느냐?" 그 색시가 대답하기를, "그지없이 고요하게 크나큰 허공과 한몸이 되었으매 오고 가는 것이 어찌 있사오리까! 다만 어지신 어른의 뜻과 소망이 심중하고 그 덕행이 높고 굳으신지라 장차 부처님 마음[菩提心]²²¹⁾을 성취하시는 데에 도와드릴까 하나이다" 하면서 불교 교지를 설파하는 시[偈] 한 구절을 주었다.

> 해 저문 산길을 걸어 가도 가도 사방은 적막.
> 대와 소나무 그늘은 짙고 개울물 소리는 다시금 새로워라.
> 잘 곳을 청하옴은 길 잃은 탓 아니외다.
> 스님이 구원의 길 찾으려 하올진대
> 원컨대 나의 청을 들어주시되 누구냐고 묻지는 말아주오.

부득 스님이 이 말을 듣고 깜짝 놀라서 말하기를, "이 땅은 부녀들로서 더럽힐 곳이 못 되지만 중생들의 뜻을 따르는 것 역시 자비로운 도[菩薩行]를 닦는 일 중의 하나일 것이오. 더군다나 궁벽한 산골 어두운 밤에 어찌 괄세를 하랴!" 하고 곧 친절히 암자 안으로 맞아들였다.

밤이 되어 부득은 마음을 깨끗이 하고 지조를 가다듬어 가운데 벽에 등불을 희미하게 낮추고 가만가만히 염불을 하는데 밤이 이슥하여 그 색시가 소리를 쳐서, "내가 불행히도 공교롭게 해산 기미가 있으니 바라건대 스님은 짚자리를 깔아주오" 하였다.

부득이 불쌍한 생각에 거절할 수 없어서 촛불을 은근히 밝히니 색시는 벌써 아이를 낳고 다시 목욕을 시켜달라고 청하였다. 노힐부득은 한편 부끄럽고 한편 두려웠으나 불쌍한 생각이 더할 뿐이라 다시 함지박을 가져다 놓고 색시를 그 속에 앉히고 물을 끓여 목욕을 시켰다. 조금 있자 통 속의 물에서 향기가 무럭무럭 풍기고 물이 금빛으로 변하였다. 부득이 깜짝 놀라니 그 색시가 말하기를, "우리 스님도 여기서 목욕하시라!" 하였다.

부득이 마지 못하여 그 말대로 좇았더니 갑자기 정신이 상쾌해지고 살빛에 금빛깔이 돌고 곁에 보니 연대(蓮臺)²²²⁾가 한 자리 생겼다. 색시가 그를 거기에 앉으라고 권하면서 말하기를, "나는 관음보살인데 대사가 크나큰 부

---

221) 원문의 "菩提" 다음의 결자는 "心"인 듯하다.
222) 부처가 앉는 연꽃 모양의 자리.

처님의 도를 성취하도록 와서 도운 것이요" 하고 말을 마치자 사라졌다.

박박은 부득이 오늘 밤에는 틀림없이 계율을 범할 것이라고 생각하면서 찾아가서 놀려주리라 하고 보니, 부득이 연화대 위에 앉아 미륵 부처님이 되어 환한 빛을 내뿜으며 몸에 금빛 광채가 나고 있으매 자기도 모르게 머리를 조아리고 절을 하면서, "어떻게 하여 이렇게 되었는가?" 하니 부득이 사유를 자세히 말하였다.

박박은 탄복하면서 말하기를, "내가 그만 장애가 많아서 다행히 부처님을 만났지만 도리어 좋은 기회를 놓쳤다. 스님은 지극히 어질어 나에 앞서 성공하였으매 원컨대 옛날의 정분을 잊지 말기 바란다. 일은 반드시 함께 해야 할 것이다"라고 하였다. 부득이 말하기를, "통에 아직 물이 남아 있으니 목욕을 하라" 하여 박박도 목욕을 하였더니 앞서처럼 무량수(無量壽) 부처님이 되어 두 분이 엄연히 마주 대하였다.

산 밑에 사는 마을 사람들이 이 소문을 듣고 다투어 와서 우러러 쳐다보고 감탄하여 말하기를, "참으로 희한한 일이로구나!" 하니 두 분 성인이 설법을 하면서 온몸은 구름을 타고 가버렸다.

천보 14년 을미[223](755)에 신라 경덕왕이 즉위하여[224] 이 일을 듣고 정유년에 사람을 보내어 큰 절을 세우매 이름을 백월산 남사(南寺)라 하였다. 광덕 2년[225] 갑진(764) 7월 15일에 절이 낙성 되자 다시 미륵존상을 새겨 금당에 모시고 현판에 "현신성도 미륵전(現身成道彌勒殿)"이라고 하였다. 또 아미타 부처상을 새겨 강당에 모셨는데 남았던 물이 부족하여 몸에 못 다 발랐으므로 아미타상은 역시 얼룩진 흔적이 있으며 현판에 써붙이기는 "현신성도 무량수전"이라고 하였다.

평하여 말할진대 낭자는 부처님의 감응으로 인하여 부녀의 몸으로 중생을 교화하였다고 할 수 있을 것이다. 「화엄경」에는 쓰기를, 마야부인(摩耶夫人)[226]은 덕이 높은 분으로 열한 곳[十一地]에서 부처님 낳기를 해탈문

---
223) 경덕왕은 천보 원년(742)에 즉위하였다.
**224)** 「고기(古記)」에 이르기를 천감 24년* 을미(515)에 법흥왕이 즉위하였다고 하였으니 어쩌면 앞뒤가 이렇게도 심하게 뒤바뀌었을까?
　　* 법흥왕은 천감 13년(514)에 즉위하였다.
**225)** 「고기」에 대력 원년이라고 한 것은 잘못이다.
226) 마야는 석가를 낳은 어머니의 이름.

을 변환시키듯 하였다 하는바 지금에 낭자가 해산을 한 은근한 뜻도 여기에 있을 것이다. 그가 준 시를 보면 그 처량하고도 아리따운 품이 완연히 하늘 신선의 의취가 있었다. 아아! 낭자로서 세상 사람들이 쓰는 다라니(陀羅尼)[227]를 알지 못하였던들 어찌 이렇게 지을 수 있었을 것인가? 이 시의 끝 구절을 당연히 "좋은 밤 함께하는 잠자리를 성가시다 말아주오!"라고 하였을 터인데 이렇게 표현하지 않은 것은 대체로 세속류의 말과 같음을 싫어한 때문일 것이다.

찬미하는 시에 일렀다.

녹음 우거진 바위 앞에 들리는 발자국 소리.
어느 누가 이 저녁녘에 구름 사립을 두드릴까?
남쪽 암자 가까우니 찾아가보려무나.
내 집 뜰 맑은 이끼를 밟아 더럽히지 말지라.
—— 이것은 북쪽 암자를 기린 것이다.

산골 길 어두우매 돌아갈 길 아득하다.
남쪽 창에 대 발 보이매 차마 발길 못 돌리오.
이슥한 밤 백팔 염주 은은히 세다보니.
나그네 잠 깨찮을까 못내 염려될 뿐이오.
—— 이것은 남쪽 암자를 기린 것이다.

십 리 뻗은 소나무 그늘 오솔길 더듬어서
스님 계신 밤 절 찾아 그 마음 떠보셨네.
세 번 목욕 마치자 동이 트려 하는데
쌍둥 아들 낳고는 극락으로 돌아가시다.
—— 이것은 관음보살 낭자를 기린 것이다.

## 분황사의 천수보살(千手菩薩)과 눈을 뜨게 된 맹아(盲兒)

경덕왕 때에 한기리(漢岐里) 여자 희명(希明)의 아이가 나서 다섯 살 때

---
227) 불교에서 쓰는 주문.

갑자기 눈이 멀었다. 하루는 그 어머니가 아이를 안고 분황사로 가서 왼쪽 전각 북쪽 벽에 그린 천수대비(千手大悲)[228] 앞에서 아이를 시켜 노래를 지어 빌었더니 드디어 눈을 뜨게 되었다. 그 노래는 이러하였다.

| | |
|---|---|
| 무릎을 꿇으며 | 무릎을 낮추며 |
| 두 손바닥을 모아 괴어서 | 두 손바닥 모아 |
| 천수관음 앞에 | 천수관음 전에 |
| 축원의 말씀을 올리노라 | 기구(祈求)의 말씀 드리노라 |
| 천 개 손으로 천 개 눈에서 | 천 개의 손, 천 개의 눈을 |
| 하나를 내놓아 하나를 덜도록 | 한 손을 놓아, 한 눈을 덜어 |
| 두 눈이 다 먼 내라 | 두 눈 감은 나에게 |
| 하나나마 주어 고칠레라 | 하나나마 주어 그윽히 고쳐주소서 매달리누나 |
| 아아! 내게 끼쳐준다면 | 아아, 나에게 베풀어주신다면 |
| 내놓아도 자비심 뿌리로 되오리 | 그 자비심 얼마나 크시리오! |

찬미하는 시에 일렀다.

대말[竹馬] 타고 파잎 피리 불며 놀던 아이
그만 하루 아침에 어여쁜 두 눈 잃을 줄이야.
보살님의 자비로운 보살핌이 없었던들
버들꽃 피는 봄 헛되이 보낼 것을.

### 낙산(洛山)의 두 성인 관음(觀音), 정취(正趣)와 조신(調信)

옛날 의상법사가 당나라에서 처음으로 돌아와서 관세음보살의 산 몸[眞身]이 이 해변의 굴 속에 있다는 말을 듣고 이 때문에 낙산이라고 이름 지었다. 이것은 서역에 보타락가산(寶陀洛伽山)이 있는 까닭이다. 여기서는 소백화(小白華)라고 부르는데, 이는 곧 흰 옷 입은 보살님의 산 형체[眞身]가 계신 곳이라 하여 이 뜻을 따서 이름을 지은 것이다.

의상이 재계한 지 이레 만에 앉았던 자리[座具]를 새벽 바다 물 위에 띄

---

228) 인간을 구원할 손이 많음을 상징하는 천수관음.

왔더니 용궁의 팔부(八部) 시종이 그를 굴 속으로 인도하였다. 빈 굴 속에서 예배를 하였더니 수정 염주 한 꿰미를 내어서 그에게 주었다. 의상이 받아서 물러나오니 동해의 용이 역시 여의주 한 개를 바쳤다. 법사가 받들고 나와서 다시 재계한 지 이레 만에야 바로 그의 산 모습이 나타나서 말하기를, "앉은 자리 위 산 꼭대기에 대나무 한 쌍이 솟아날 터이니 바로 그곳에 전각을 짓는 것이 좋을 것이다"라고 하였다.

법사가 이 말을 듣고 굴을 나오니 과연 대나무가 땅에서 솟아났다. 곧 금당을 짓고 불상을 만들어 여기에 모시니 원만한 얼굴과 아리따운 체질이 마치 천작으로 생긴 것만 같았다. 대나무는 도로 없어졌으니 이것으로써 진정 보살의 산 형체가 살던 곳임을 알겠는지라 따라서 그 절 이름을 낙산사(洛山寺)라고 하였다. 법사는 받은 구슬 두 개를 성전에 모셔두고 세상을 떠났다.

그뒤에 원효법사가 의상의 뒤를 이어 이곳에 와서 예배코자 하였다. 처음에 남쪽 교외 논 가운데에서 벼 추수하는 여인이 있으므로 법사가 농담 삼아 그 벼를 달라고 청하였으나 그 여인도 장난말로 벼가 흉년이 들었다고 대답하였다.

다시 어떤 다리 밑까지 와서 웬 여인이 월경 개짐을 빨고 있는 것을 보고 물을 청하였더니 여인이 그 더러운 물을 떠주므로 법사는 그것을 쏟아버리고 다시 냇물을 떠서 마셨다. 이때에 들 가운데 선 소나무 위에 파랑새 한 마리가 있어 말하기를, "제호화상(醍醐和尙)[229]은 단념하라[230]!" 하고는 갑자기 간 곳이 없어지고 그 소나무 밑에는 신 한 짝이 있었다.

법사가 절에 이르렀더니 관음상 자리 밑에 또 앞서 본 벗어놓은 신 한 짝이 있으므로 이때에 앞서 만났던 여자가 바로 관음의 산 형체임을 알았다. 이 때문에 당시 사람들이 이 소나무를 관음솔이라 하였다. 법사가 그 신성한 굴에 들어가 다시 한번 관음의 참모습을 보려고 하였더니 풍랑이 크게 일어나 들어가지 못하고 죽었다.

그후에 굴산조사(崛山祖師) 범일(梵日)이라는 이가 있어 태화 연간(827-835)에 당나라에 들어가 명주(明州) 개국사(開國寺)에 갔더니 왼쪽 귀가 떨

---

229) 원문의 "醍" 다음의 결자는 "醐"인 듯하다.
230) "단념하라"란 원효는 보살의 산 형체를 볼 수 없다는 뜻.

어진 웬 상좌 중 하나가 여러 중들이 앉은 말석에 앉았다가 조사에게 말하기를, "저 역시 신라 사람이외다. 집이 명주(溟州) 땅 익령현(翼嶺縣) 덕기방(德耆坊)에 있사온데 후일 스님이 만약 본국으로 돌아가시거든 반드시 저의 집을 지어 주소서"라고 하였다. 이러고 나서 여러 군데 설법하는 모임에 돌아다니면서 염관(鹽官)으로부터 불법을 수업하고[231] 회창(會昌) 7년 정묘(847)에 귀국하여 우선 굴산사를 세우고 교를 전하였다.

대중 12년 무인(858) 2월 15일 밤 꿈에 전일에 본 상좌 중이 문 앞에 와서 말하기를, "전일 명주 개국사에 있을 때에 스님과 약조가 있어 이미 승낙까지 얻었던 터인데 어찌 그리 지체를 하십니까?" 하였다.

조사는 놀라 깨어 수십 명을 데리고 익령현 경내에 이르러 그의 집을 찾았다. 낙산 밑 마을에 사는 한 여인이 있어 마을 이름을 물으니 덕기라고 하였다. 이 여자가 겨우 여덟 살 된 아들 하나를 두었는데 언제나 마을 남쪽 돌다리 옆에 나가놀면서 어머니께 고하기를, "나하고 노는 아이 중에 금빛 나는 아이가 있어요"라고 하였다.

그 어머니가 이 말을 조사에게 고하였더니 조사가 놀랍고도 기뻐서 그녀의 아들 아이와 함께 놀던 다리 밑까지 가서 찾았다. 물 속에 돌부처 하나가 있으므로 이를 끌어내었더니 부처의 왼쪽 귀가 떨어진 것이 전일에 본 상좌 중과 같았는바 이는 정취보살의 석상이었다. 곧 점치는 패쪽을 만들어 모실 집 지을 터를 점쳐보니 낙산의 위쪽이 아주 좋았다. 이리하여 전각 세 간을 지어 그 불상을 모셨다.[232]

그 뒤 100여 년이 지나 들불이 이 산까지 옮아왔으나 두 성전만 화재를 면하고 나머지는 모두 타버렸다.

서산(西山)에 큰 병란이 있은 이래 계축, 갑인년 사이에 두 성인의 화상과 두 개의 보배 구슬을 양주성(襄州城)으로 옮겨들였더니 대규모 군사가 매우 급박하게 쳐들어와 성이 함락될 지경에 놓여 있었다. 이때 주지인 중

▶양양군 강현면 전진리의 바닷가. 낙산사에서 홍련암의 관음굴로 가는 길의 언덕에 의상대가 있다. 의상대사가 낙산사를 창건할 당시에 자주 이곳에 와서 명상했다고 한다. 왼쪽으로 **관음굴 위에 지은 홍련암**이 보인다.

231) 이 일은 본전에 자세히 실렸다.
232) 고본에는 범일의 사연을 앞에 기록하고 의상과 원효의 사적이 뒤에 있으나 상고하여보면 의상과 원효 두 법사는 고종 시대 사람이고 범일은 회창(841-846) 이후의 사람이니 서로 떨어지기가 170여 년이다. 그러므로 여기서는 앞뒤를 바꾸어 편차를 매겼다. 혹은 일러서 범일을 의상의 제자라고 하나 이는 아주 틀린 말이다.

아행(阿行)²³³)이 구슬 두 개를 은함에 담아서 몸에 지니고 막 도망하려 하는데, 걸승(乞升)이라고 부르는 절간 종이 빼앗아 땅 속에 깊이 묻고는 발원하기를, "내가 만약 난리에 죽음을 면치 못한다면 두 개의 보배 구슬은 끝내 세상에 나타나지 못하여 알 사람이 없을 것이요, 내가 만일 죽지 않는다면 응당 두 보물을 받들어 국가에 바칠 것이다"라고 하였다.

갑인 10월 22일에 성이 함락되자 아행은 죽음을 면치 못하고 걸승은 살게 되어 군사들이 물러간 후에 구슬을 파내어 명주도(溟州道) 감창사(監倉使 : 창고 맡은 관리)에게 바쳤다. 당시에 낭중 이녹수(李祿綏)가 감창사로서 이것을 받아 창고 속에 간직하고 교대할 때마다 서로 이어받았다. 무오 10월에 이르러 우리 불교의 장로인 기림사(祇林寺) 주지 대선사 각유(覺猷)가 국왕에게 아뢰어 말하였다.

"낙산의 두 구슬은 국가의 신성한 보물로서 양주성이 함락될 때에 절간의 종 걸승이 성중에 묻었다가 적병이 물러간 뒤에 파내어 감창사에게 바쳐 명주의 병영 고방 속에 두었는데 지금 명주성이 위태로워 지켜낼 수 없는지라 옮겨서 대궐 곳간에 모시는 것이 좋을 것입니다."

국왕은 허락하고 군사 열 사람을 내어 걸승을 데리고 명주성에 들어가서 찾다가 궁중에 모시고 당시의 심부름하던 관원 열 사람에게 각각 은 한 근과 쌀 다섯 섬씩을 하사하였다.

옛날 신라 시대에 세달사(世達寺)²³⁴)라는 절의 농장이 명주(溟州) 내리군(㮈李郡)²³⁵)에 있었는데 주관하는 절에서 중 조신(調信)을 보내어 농장을 관리하였다. 조신이 농장에 이르러 태수²³⁶) 김흔(金昕)²³⁷) 공의 딸을 좋아하여 무척 반한지라 여러 번 낙산의 관음보살 앞에 가서 남몰래 사랑이 성공할 것을 빌어온 지 수년 동안에 그 여자는 벌써 배필이 생겼다. 그는 다시

---

233) 옛 이름은 희현(希玄)이다.
234) 흥교사(興教寺)이다.
235) 지리지를 상고해보면 명주에는 내리군이 없고 오직 내성군이 있을 뿐인데 본래는 내생군으로 영월(寧越)이다. 또 우수주에 속한 현으로 내령군이 있는데 본래 내기군으로 강주(剛州)이다. 우수주는 춘주(春州 : 지금의 春川)인데 여기서 내리군이라 하니 어느 것이 옳은지 모르겠다.
236) 원문의 "守" 앞의 결자는 "太"로서 신라의 지방 관직 명칭인 태수이다.
237) 신라 신문왕 때의 인물.

관음당 앞에 가서 관세음보살이 자기 일을 이루어주지 않았다고 원망하면서 날이 저물도록 슬피 울어 그리운 정에 지쳐서 잠깐 졸던 차에 갑자기 꿈에 김씨의 딸이 기쁜 얼굴로 문으로 들어와서 백설 같은 이를 드러내면서 말하였다.

"제가 일찍이 스님의 얼굴을 어렴풋이 알았으나 마음으로 사랑하여 잠시나마 한 번도 잊은 적이 없었는데 부모의 명령에 부대껴 억지로 다른 사람에게 갔던 것입니다. 이제는 죽어도 한 구덩이에 묻힐 동무가 되어주시기를 바라고 이렇게 왔습니다."

조신이 매우 기뻐서 함께 고향으로 가서 같이 산 지 40여 년에 자식 다섯을 낳았으나 집은 텅텅 빈 네 벽뿐이요 변변찮은 끼닛거리도 댈 수 없었다. 할 수 없이 서로 이끌고 불쌍한 처지가 되어 입에 풀칠이나마 하기 위해서 사방으로 다녔다. 이러기를 10년 동안 안 가는 곳 없이 돌아다니니 해진 누더기옷이 몸을 가리지 못하였다. 마침 명주 해현(蟹縣) 고개를 지나는데 열다섯 살 난 큰 아이가 굶어서 갑자기 죽어 통곡하다가 길가에 묻고 나머지 네 자식을 데리고 우곡현(羽曲縣)[238]에 이르러 길가에 움집을 엮고 살았다. 부부가 늙고 병들고 굶주려 일어나지 못하매 열 살 난 딸 아이가 돌아다니며 동냥을 하다가 사나운 개에게 물려 울부짖으면서 앞에 와 쓰러졌다. 부모는 흐느끼면서 눈물을 흘렸다. 그러다 말고 부인이 눈물을 씻고 갑자기 말하였다.

"내가 처음 당신을 만날 때에 당신은 젊은 나이에 얼굴이 잘났으며 옷차림도 깨끗하였습니다. 한 가지 맛난 음식도 당신과 나누어 먹었고 몇 자 되는 따뜻한 옷감도 당신과 함께 입어가며 지낸 지 50여 년에 정분은 다시없었고 은혜와 사랑은 한없이 깊어 과연 두터운 인연이라 하였더니 근년에 와서 쇠약해져 생긴 병이 해마다 더하고 굶주림과 추위가 날로 닥쳐오자 옆집의 건건이 한 그릇도 사람들이 빌려주지 않으며 온 동리에서 치사스럽게 굴기가 한이 없었습니다. 아이들의 굶주림과 추위를 면해줄 수도 없는 터에 어느 겨를에 부부 사이에 사랑과 즐거운 생각이 날 것인가요. 붉은 얼굴에 예쁘던 웃음도 풀 위의 이슬처럼 사라졌고, 지초와 난초 같던 꽃다운 약속

---

**238)** 우현(羽縣).

도 회오리바람에 버들꽃인 양 흩어졌구료! 당신은 나 때문에 괴로움을 받고 나는 당신 때문에 걱정이 되니 곰곰이 옛날의 즐거움을 생각하면 우환이 함께 따라올 것도 당연한 일입니다. 당신이나 나나 어째서 이 지경에 이르렀을까요? 변변찮은 뭇 새가 함께 굶주리는 것보다는 차라리 귀한 외로운 새가 되어 짝을 부르는 편이 좋지 않을까요? 차면 버리고 더우면 붙는다는 것은 인정에 차마 못 할 노릇이지만 가고 멈추는 것을 인력으로 못 하고 이별과 상봉은 운수에 달려 있으니 청컨대 이로부터는 서로 그만 헤어집시다."

　조신이 매우 기뻐하여 저마다 두 아이씩 데리고 장차 헤어져 가려고 할 때 아내가 말하기를, "나는 고향으로 갈 터이니 당신은 남쪽으로 가십시오"하고 막 작별을 한 뒤 길을 떠나는 참에 잠을 깨니 타다 남은 등잔불이 가물거리고 밤은 깊어갔다.

　아침이 되어 보니 머리털이 죄다 세고 정신이 멍하여 도무지 인간세상에 살 생각이 없어지고 괴로운 생애가 이미 싫어지매 평생의 고생이 지쳐 물린듯 탐욕스러운 마음이 씻은듯 얼음 녹듯 풀어졌다. 이때야 관음상을 대하기가 부끄러워 뉘우침을 마지 못하였다. 해현으로 가서 전일 어린아이를 묻은 곳을 팠더니 그것은 바로 돌미륵이었다. 그것을 잘 씻어서 이웃 절에 모시고 서울로 돌아와 농장 직임을 그만두고 이녁 재산[私財]을 들여 정토사(淨土寺)를 세우고 부지런히 불도를 수업하더니 그후 어떻게 생애를 마쳤는지는 알 수 없다.

　평하여 말하건대, 이 글을 읽다가 책을 덮고 곰곰이 풀어보니 하필 조신의 꿈만 그렇다고 하랴! 여기서 저 인간세상의 낙이라 하는 것은 즐겁기도 하고 괴롭기도 하되 별로 이것을 깨닫지 못함을 알 수 있을 것이다. 이에 노래를 지어 경계한다.

　　달콤한 한 시절도 지내보니 허망하다.
　　나도 모르게 근심 속에 이 몸이 다 늙었네.
　　허무한 부귀공명 다시 생각하지 마소.
　　괴로운 한평생이 꿈결인 줄 알괘라.
　　착한 행실 위하여는 마음을 먼저 닦을지니
　　홀아비는 미인을, 도적은 창고를 꿈꾸네

▲ **낙산사**의 본당인 원통보전과 그 앞의 칠층석탑. 본디는 삼층이었는데 1467년(세조 13년)에 칠층으로 만들었다.

어찌 가을의 청야몽(淸夜夢)만으로

때때로 눈만 감아 청량(淸凉)*에 이르랴.

\* 청량(淸凉) : 청량산(淸凉山) 곧 중국 산서성에 있는 오대산(五臺山)의 별칭.

### 어산(魚山)의 부처 그림자

고기(古記)에 일렀다.

"만어산(萬魚山)은 옛날의 자성산(慈成山)이니 또 아야사산(阿耶斯山)[239]이라고도 한다. 그 이웃에는 가라국(呵囉國)이라는 나라가 있어 옛날 하늘

---

[239] 아야사는 마땅히 마야사(摩耶斯)라 해야 할 것이니 이것은 물고기를 일컫는다.

로부터 알이 해변에 내려와 사람이 되어 나라를 다스리니 이가 곧 수로왕(首露王)이다. 이 당시에 나라 안에 옥지(玉池)라는 못이 있고 못 속에는 악독한 용이 있었다. 만어산에는 다섯 명의 계집 악귀[羅刹女]가 있어 저마다 내왕하고 교접하기 때문에 때로 번개가 치고 비가 내려 4년 이래 오곡이 잘되지 않았다. 왕이 주문으로도 이를 금할 수 없어서 공손히 부처에게 설법을 청하였더니 그러고 난 후는 계집 악귀들이 다섯 가지 계명을 받고 아무런 후폐가 없었으므로 동해의 고기와 용이 이 골짜기 속에 가득 찬 돌로 화하여 저마다 악기 소리를 내었다."

또 상고하건대 대정(大定) 20년[240] 경자(1180)는 곧 명종 11년이니 처음으로 만어사를 세웠는데 동량(棟梁 : 고려의 僧職) 보림(寶林)이 임금에게 올린 산중의 기이한 사적에 관한 보고에 북천축(北天竺) 가라국(訶羅國)의 부처 그림자 사건과 똑같은 것이 셋 있었으니, 첫째로 산 옆 가까운 곳이 양주(梁州) 경계의 옥지(玉池)인데 역시 악독한 용이 숨어 있었다는 것이 그것이요, 둘째로 때때로 강변으로부터 구름 기운이 떠올라 산꼭대기에 이르면 구름 속에서 음악 소리가 나는 것이 그것이요, 셋째로 그림자 서북쪽에 반석이 있어 언제나 물이 고여 마르지 않았는데 이곳은 부처가 가사를 씻던 곳이라고 이르는 것이 그것이다. 이상은 모두 보림의 이야기로서 지금 친히 와서 예배를 하고 보니 역시 분명히 공경하여 믿을 만한 일이 두 가지 있었다. 골 속에 있는 돌로서 무릇 3분의 2는 모두 금과 옥 소리가 나는 것이 그 한 가지요, 멀리서 쳐다보면 금방 나타나고 가까이서 보면 나타나지 않거나 혹은 보였다가 안 보였다가 하는 것 등이 그 한 가지이다. 북천축에 관한 글은 뒤에 자세히 기록한다.

가자함(可字函)[241]에 든 「관불삼매경(觀佛三昧經)」 제7권에 일렀다.

"부처님이 야건가라국(耶乾訶羅國) 고선산(古仙山)에 이르니 그곳은 담복화(薝蔔花) 숲[242]의 악독한 용이 사는 옆이요 청련화(青蓮花) 샘 북쪽 귀

---

240) 원문의 금나라 대정 12년은 경자가 아니라 임진이요 고려 명종 2년이며, 경자는 대정 20년이요 명종 10년이다.
241) 불경을 넣어둔 함의 번호를 천자문 순서대로 표시한 것으로서 불경에서는 한 질을 함으로도 부른다.
242) 속명 치자로 부르는 향기로운 꽃의 밭.

신 굴 속에 있는 아나사산(阿那斯山) 남쪽이다. 이 당시 그 동굴에는 다섯 명의 악귀가 살았는데 암룡으로 화하여 나쁜 용들과 간통을 하며 용은 또 우박을 내리고 계집 악귀는 행실이 부정하여 기근이 들고 역질이 돌았다. 이렇게 4년을 지나매 왕이 놀라 무서워서 하늘과 땅 귀신들에게 기도를 올렸으나 아무런 영험이 없었다. 이때에 총명하고 지혜가 많은 범지(梵志)가 왕에게 아뢰어 가비라(伽毗羅)의 정반왕(淨飯王)의 태자가 지금 도를 성취하여 이름을 석가문(釋迦文)이라 한다고 하니 왕이 이 말을 듣고 매우 기뻐서 부처를 향하여 예배하고 말하기를, '오늘날 부처님의 광명한 시대가 이미 시작되었는데 어찌하여 이 나라에는 전파되지 않나이까?' 하였다. 이때에 석가여래가 여러 중들에게 명령하여 이미 도통을 한 자 여섯 명을 얻어 자기 뒤를 따르게 하고 나간가라국(那乾訶羅國) 왕 불파부제(弗婆浮提)의 청을 들어주었다. 이때에 석가 부처님은 이마에서 광명이 발하매 1만이나 되는 여러 부처로 화하여 그 나라로 왕림하였다. 이때에야 용왕과 계집 악귀들은 온 몸뚱이를 땅바닥에 부딪쳐 뒹굴면서 부처님에게 계명받기를 청하였다. 부처님은 즉시 삼귀(三歸)와 오계(五戒)²⁴³⁾를 설법하니 용왕은 듣기를 마치자 무릎을 꿇고 합장하여 석가 부처님이 이곳에 늘 머물러 계실 것을 간청하면서 부처님이 계시지 않으면 자기는 악한 마음이 있어 아뇩보리(阿耨菩提)²⁴⁴⁾가 될 기회가 없노라고 하였다. 이때에 범천왕(梵天王)²⁴⁵⁾이 또 와서 예불을 하고 바가바(婆伽婆)²⁴⁶⁾는 미래 세상의 여러 중생들을 위할 것이므로 다만 편벽되게 이 작은 용 한 마리만 위하지 말아줄 것을 청하매 백천의 범왕들이 모두 이와 같이 청하였다. 이때에 용왕이 칠보로 꾸민 대(臺)를 내어 석가여래에게 바쳤다. 부처가 용왕에게 말하기를, '이 대는 소용없으니 네가 지금 나찰(羅刹)의 석굴만 가져다가 나에게 시주하라' 하니 용왕이 기뻐하였다. 이때에 석가여래가 용왕을 위안하고 말하여, '내가 너의 청대로 너의 굴 속에서 1,500년 동안 있으리라' 하고

▶동해의 고기와 용이 변해서 되었다는 **만어산 너덜지대의 바위들**이다. 몇백 미터나 이어지는, 폭이 100미터쯤 되는 너덜의 바위 중에는 집채만한 것들도 있다. 밀양시 삼랑진읍에 있는 만어산은 해발 670미터이다.

---

243) 삼귀는 불(佛)과 법(法)과 승(僧)에 귀의한다는 것이요, 오계는 불교의 계율로서 생물을 죽이지 않고 도적질하지 않고 간음하지 않고 거짓말하지 않고 술 먹지 않는다는 계명이다.
244) 불교의 가장 오묘한 이치를 깨달았다는 보살.
245) 범천왕이나 범왕은 이른바 33천의 주재자.
246) 여러 부처들을 통칭하는 말.

몸을 솟구쳐 석굴 속으로 들어가매 석굴 속이 밝은 거울처럼 되어 사람의 얼굴 형상이 보이고 여러 용들도 나타나며 부처님은 석굴 속에 있으면서도 형상은 바깥에까지 비쳐 보였다. 이때야 여러 용들이 합장을 하고 기뻐서 그곳에서 나오지 않고 언제나 부처님의 광명을 보게 되었다. 이때에 석가세존은 석벽 속에 발을 포개고 도사려 앉으니[結跏趺坐] 중생들이 볼 때에 멀리서 바라보면 나타나나 가까우면 보이지 않았다. 이리하여 여러 하늘 세계에서 부처님 그림자에 공양을 하면 그림자가 설법을 하였다."

그리고 또 이르기를 "부처님이 바윗돌 위를 차면 문득 금과 옥 소리가 났다"고 한다.

「고승전」에 일렀으되, "혜원(惠遠)이 천축에 부처 그림자가 있다는 말을 들었는데 그것은 그전에 용을 위하여 남겼던 그림자로서 북천축 월지국(月支國) 나갈가성(那竭呵城) 남쪽 옛 신선의 석굴 속에 있다"고 하였다.

또 법현(法現)의 「서역전(西域傳)」에는 "나갈국 경계에 이르면 성 남쪽 15리쯤 되는 곳에 석굴이 있는데 박산(博山) 서남쪽을 면하여 부처님의 그림자가 이 속에 머물러 있었다. 10여 보를 떨어져 이것을 보면 부처님의 참 모습과 꼭 같아서 광명이 찬연하나 멀어질수록 점점 희미하게 보이며 여러 나라 왕들이 화공을 보내어 본떠 그리려 하였으나 비슷하게 그릴 수 없었다"고 한다. 이 나라 사람들이 일러 전하기를, "현겁의 1,000명 부처님들이 모두 여기에 그림자를 남겼다 하며 그림자의 서쪽 100보쯤 되는 곳은 부처님이 세상에 계실 때에 머리를 깎고 손톱을 깎던 데이다"고 하였다.

성자함(星字函)에 든 「서역기」 제2권에는 일렀다.

"옛날 석가여래가 세상에 계실 때에 이 용이 소 먹이는 목자가 되어 왕에게 우유를 바치더니 진상하는 직책을 잘못하여 견책을 당하매 마음속으로 원한을 품고 돈으로 꽃을 사서 공양을 하면서 앞으로 악독한 용이 되어 나라를 파괴하고 왕을 살해할 것을 솔도파(窣堵婆)[247]로부터 수기(授記)[248]를 발원하고 즉시 석벽으로 달려가 몸을 던져 죽었다. 이리하여 이 석굴에 살면서 대용왕이 되었는데 용이 이때에 악심을 일으키자 석가여래가 이것을 알고 신통력의 조화로 이곳에 왔었다. 용은 부처님을 보게 되자 악독한

---
247) 탑의 별칭.
248) 부처가 도통한 자에게 준다는 당자의 후생까지 말한 예언기.

마음이 그만 가라앉게 되어 살생 않는 계[不殺戒]를 받고는 곧 석가여래에게 항상 이 석굴에 살면서 자기의 공양을 받아줍시사고 청하니 부처님이 말하기를, '내가 장차 세상을 떠날 터인데 너를 위하여 나의 그림자를 남길 터이니 네가 만약 악독한 분심이 생길 때는 늘 내 그림자를 보면 악독한 마음이 꼭 그칠 것이다' 하면서 정신을 가다듬고 혼자 석굴로 들어가니 멀리서 바라보면 곧 나타나고 가까우면 보이지 않았다. 또 돌 위의 불좌(佛座)는 칠보가 되었다."

이상은 모두 불경의 글로서 대략 이러하다. 우리나라 사람들이 이 산 이름을 아나사(阿那斯)로 한 것은 마땅히 마나사(摩那斯)라고 하여야 될 것이니 이를 번역하면 물고기라는 말이다. 대체로 저 북천축 이야기를 취하여 이렇게 부르는 것이다.

## 오대산(五臺山)의 5만 부처의 산 형체

산중에 전하는 옛 책을 상고하건대 이 산의 이름을 "진정한 성인이 머문 곳"이라고 붙인 것은 자장법사(慈藏法師) 때부터 시작되었다. 처음에 법사가 중국의 오대산에 있는 문수보살의 산 형체를 보고자 선덕여왕 시대 정관 10년 병신[249](636)에 당나라에 들어갔다. 처음은 중국의 태화지(太和池) 가에 있는 문수보살의 석상을 찾아가 경건하게 기도를 하였는데 이레가 되어 갑자기 꿈에 문수보살이 게(偈) 네 구절을 주는 것이었다. 잠을 깨어서도 기억을 하였으나 모두가 범어(梵語)였으므로 전혀 그 뜻을 알 수 없었다. 이튿날 아침에 돌연히 중 한 명이 붉은 비단에 금점(金點)을 놓은 가사 한 벌과 부처의 바리때 한 벌과 부처님 두골 한 쪽을 가지고 자장법사의 곁에 와서 "무엇 때문에 그렇게 정신없이 하고 있느냐?"고 물었다.

법사가 "꿈에 받은 게 네 구절이 범어이므로 그 뜻을 해석할 수 없어서 그러하오"라고 하니 그 중이 번역하여 말하였다. "'가라파좌낭(呵囉婆佐曩)'이라는 말은 '일체의 불교 이치를 다 알아내었다'는 말이요, '달례치거야(達㘑哆佉嘢)'라는 말은 '자기의 본성은 아무것도 없다'는 말이요, 낭가

---

[249] 「당승전」에는 12년인데 여기서는 「삼국본사」를 따른다.

사가낭(曩伽呱伽曩)이라는 말은 '불교 이치를 이렇게 해석한다'는 말이요, '달례로사나(達嚇盧舍那)'는 '노사나[250]를 곧 본다'는 말이다." 그리고는 가져온 가사와 여러 가지 물건들을 법사에게 주면서 부탁하여 말하기를, "이것은 본존이신 석가님의 물건들이니 네가 잘 건사하여 가지라" 하고 다시 말하기를, "너의 본국 동북방 명주 땅 오대산에 1만이나 되는 문수보살이 항상 그곳에 머물러 있으니 너는 가서 보라" 하고 말을 마치자 사라졌다.

법사는 영험 있는 유적들을 두루 심방하고 장차 동방으로 돌아오고자 하더니 태화지의 용이 나타나서 재(齋)를 청하므로 이레 동안 공양을 올렸다. 용이 고하기를, "전일 게를 전한 늙은 중이 바로 진정한 문수보살이다"고 하였다. 또 절을 짓고 탑을 세우도록 부탁하였는데 이 일은 별전에 자세히 실려 있다.

자장법사는 정관 17년(643)에 이 산에 도착하여 문수보살의 산 형체를 보고자 하였으나 사흘 동안 날이 캄캄하여 뜻을 이루지 못하고 돌아왔다. 그 후 다시 원녕사(元寧寺)에 가 머물면서 마침내 문수보살을 보았다. 보살이 이르기를 "갈반처(葛蟠處)로 가라" 하였으니 지금의 정암사(淨巖寺) 있는 곳이 바로 그곳이다.[251]

그뒤에 중 신의(信義)가 범일의 제자로서 자장법사가 쉬던 곳을 찾아와 암자를 세우고 살았다. 신의가 죽자 이 암자는 오랫동안 폐하였다가 수다사(水多寺)의 늙은 중 유연(有緣)이 다시 중창(重創)을 하고 살았으니 지금의 월정사(月精寺)가 바로 이 절이다.

자장법사가 신라로 돌아왔을 때에, 정신대왕(淨神大王)의 태자인 보천(寶川)과 효명(孝明) 두 형제[252]가 하서부[253]에 이르러 세헌 각간(世獻角干)

---

250) 부처의 이름.
251) 역시 별전에 실려 있다.
252) 「국사」를 상고하여 보건대 신라에는 정신, 보천, 효명 3부자의 명문은 없다. 그러나 이 기록의 다음 기사에는 신룡 원년(705)에 터를 닦고 절을 지었다는 말이 있으니 신룡 연호는 성덕왕 4년 을사이다. 왕의 이름은 흥광이요 본명은 융기이니 신문왕의 둘째 아들이다. 성덕왕의 형 효조의 이름은 이공으로 공을 홍이라고도 하는데, 역시 신문왕의 아들이다. 신문왕 정명의 자는 일조인즉 정신은 아마 정명과 신문을 그릇되게 부른 말 같고, 효명은 바로 효조의 조(照)를 소(昭)라고도 부르는 데에서 잘못 전한 것일까 한다. 이 기록에 효명이 즉위하여 신룡 연간에 터를 닦고 절을 세웠다고 한 것도 역시 분명치 못한 말이니 신룡 연간에 절을 세웠다는 이는 바로 성덕왕이다.

의 집에서 하룻밤 묵고 이튿날 큰 고개를 넘어서 각각 무리 1,000명을 거느리고 성오평(省烏坪)에 도착하여 여러 날 유람하였다. 하루 저녁은 갑자기 형제 두 사람이 불도(佛道)에 뜻을 두고 은밀하게 약속한 후 아무도 모르게 도망하여 오대산에 들어가 숨었다.[254] 시위하던 자들은 그가 간 곳을 모르고 할 수 없이 서울로 돌아왔다.

 두 태자는 산중에 이르렀는데 푸른 연꽃이 땅 위에 갑자기 피었다. 형 되는 태자가 암자를 짓고 이곳에 머무니 이것을 보천암(寶川庵)이라고 하였다. 여기서 동북쪽을 향하여 600여 보를 가서 북대(北臺)의 남쪽 기슭에 역시 푸른 연꽃이 핀 곳이 있어 아우 되는 태자 효명이 또 암자를 짓고 살면서 저마다 부지런히 불교 공부를 하였다.

 하루는 형제가 함께 오봉(五峯)에 올라가 예배코자 하던 차에 동대(東臺)인 만월산(滿月山)에 1만 관음의 산 형체가 나타나 있고, 남대(南臺)인 기린산(麒麟山)에는 여덟 분의 큰 보살을 수위(首位)로 한 1만 지장(地藏)[255]이, 서대(西臺)인 장령산(長嶺山)에는 무량수여래를 수위로 한 1만 대세지보살[256]이, 북대(北臺)인 상왕산(象王山)에는 석가여래를 수위로 한 500의 대아라한이, 중대(中臺)인 풍로산(風盧山) — 다른 이름으로 지로산(地盧山) — 에는 비로자나(毗盧遮那)[257]를 수위로 한 1만 문수보살이 나타났으니 이와 같은 5만이나 되는 산 형체의 부처들에게 하나하나 예배를 하였다.

---

253) 명주(溟州)에 역시 하서군이 있으니 바로 이곳이다. 한편 하곡현(河曲縣)이라고도 하였으니 울주(지금의 蔚山)는 이곳이 아니다.

254) 「고기」에 이르기를, "태화* 원년 무신(648) 8월 초에 왕이 산중에 숨다"라고 하였으니 아마도 이 기사는 매우 잘못된 것 같다. '조'를 '소'라고도 하는 효조가 즉위한 천수** 3년 임진에 그의 나이는 열여섯 살이요, 장안*** 2년 임인(702)에 죽었으니 수가 26세이다. 성덕은 이 해에 즉위하여 나이가 22세이다. 만약 이 해가 태화 원년 무신이라 한다면 효조가 즉위한 갑진년****보다 45년이나 앞서니 바로 태종무열왕의 시대이다. 이것으로써 이 기사가 잘못된 것을 알 수 있으므로 이를 취택하지 않는다.

   * 신라 진덕여왕의 연호로서 그 원년은 정미년(647).
   **, *** 당나라 무후의 연호.
   **** 「삼국사기」에 의하면 효조왕의 즉위년은 임진이다.

255) 불교에서 어린아이의 영혼을 보호한다는 보살.
256) 보살의 이름.
257) 대일여래(大日如來)로 부르는 부처 이름.

매일 첫새벽이면 문수보살이 지금의 상원(上院)[258]인 진여원(眞如院)에 와서 36가지 형상으로 변하여 현신한다. 어떤 때는 부처님의 얼굴 형상으로 나타나기도 하고, 어떤 때는 보배 구슬 형상이 되기도 하고, 어떤 때는 부처의 눈 모양이 되기도 하고, 어떤 때는 부처의 손 모양이 되기도 하며, 어떤 때는 보탑 모양이 되기도 하고, 어떤 때는 수없는 부처의 머리 모양으로, 어떤 때는 1만 가지 등(燈) 모양으로 혹은 금 다리 모양, 혹은 금 북 모양, 혹은 금 종 모양, 혹은 신통(神通) 모양, 혹은 금 누각 모양, 혹은 금 바퀴 모양, 혹은 금강으로 된 방앗공이 모양, 혹은 금 항아리 모양, 혹은 금비녀 모양, 혹은 오색 광명 모양으로, 혹은 오색 원광 모양으로, 혹은 길상초(吉祥草) 모양으로, 혹은 푸른 연꽃 모양으로, 혹은 금소고 모양으로, 혹은 은소고 모양으로, 혹은 부처 발 모양으로, 혹은 번개 모양으로, 혹은 석가여래[259]가 솟아오르는 모양으로, 혹은 땅 귀신이 솟아오르는 모양으로, 혹은 금봉황 모양으로, 혹은 금까마귀 모양으로, 혹은 말이 낳은 사자 모양으로, 혹은 닭이 낳은 봉황 모양으로, 혹은 푸른 용 모양으로, 혹은 흰 코끼리 모양으로, 혹은 까치 모양으로, 혹은 소가 낳은 사자 모양으로, 혹은 노는 돼지 모양으로, 혹은 푸른 뱀 모양으로 나타났다. 형제 두 사람은 매양 골짜기 속의 물을 길어다가 차를 달여 올리고 밤에는 저마다 암자에서 도를 닦았다.

　　이때에 정신왕의 아우가 왕을 상대로 임금의 자리를 다투매 나라 사람들이 왕을 폐위시키고 장군 네 사람을 보내어 이 산에서 태자를 맞아오게 하였다. 먼저 효명암(孝明庵) 앞에 와서 만세를 부르니 이때에 오색 구름이 이레 동안 그곳에 드리워 덮여 있었다. 나라 사람들이 구름을 따라 죄다 모여 임금이 타는 수레를 벌여 세우고 두 태자를 맞아가려고 하니 보천은 울면서 사양하므로 그만 효명을 모시고 돌아와서 즉위시켰다. 효명은 이후 몇 년 간 나라를 다스렸다.[260]

---

258) "지금의 상원"이라는 부분은 원문에서 주석 부분으로 되어야 할 것이다.
259) 원문의 "來" 앞에 "如"의 결자로 보고 번역하였다.
260) 기(記)에는 왕위에 있은 지 20여 년이라 하였는데, 아마 죽을 때 수가 26세라는 말의 그릇 전함일 것이요, 왕위에 있기는 다만 10년뿐이다. 또 신문왕의 동생이 왕위를 다투던 사건은 「국사」에 기사가 없으니 자세히 알 수 없다.

신룡 원년[261] 을사 3월 초나흘에 비로소 진여원을 고쳐 세웠는데 대왕이 친히 백관들을 데리고 산에 이르러 불전과 불당을 짓고 아울러 문수보살 소상(塑像)을 당중에 모셨다. 공부하는 중[知識] 영변(靈卞) 등 다섯 명에게 「화엄경」을 계속 설법하여 화엄 모임[社]을 만들게 하고 장구한 시일에 공양할 비용으로 매년 봄과 가을에 산에서 가까운 고을 창고에서 벼 100석과 맑은 기름 한 섬씩을 지급하게 하여 이를 일정한 규례로 삼았다. 진여원의 서쪽으로 6,000보를 가서 모니점(牟尼岾)과 고이현(古伊峴) 밖에 이르는 어간에 땔나무 산판 15결과 밤나무 숲 6결과 전답 2결을 주고 농장 집을 여기에 세웠다.

보천은 언제나 그 영험 있는 골짜기의 물을 길어 먹었으므로 늙바탕[晩年]에는 육신을 공중으로 날려 유사강(流沙江)[262] 밖에 이르러 울진국(蔚珍國) 장천굴(掌天窟)에 머물게 되었다. 그는 아침 저녁으로 "수구다라니(隨求陀羅尼)[263]"를 외우는 것으로 일과를 삼았더니 굴의 귀신이 현신하여 말하기를, "나는 이 굴의 신이 된 지 2,000년이나 되었지만 수구 진언은 오늘에야 처음 들었다"고 하면서 보살의 계율을 받겠다고 청하였다. 보살 계율을 받고 난 이튿날 그 굴이 형체가 없어졌으므로 보천은 놀랍고 이상하게 생각하였다. 보천은 장천굴에 머문 지 20일 만에 오대산 신성굴(神聖窟)로 돌아와서 다시 50년간 수도를 하니, 도리천 신이 하루 세 번 와서 그의 설법을 듣고, 정거천(淨居天)의 무리들이 차를 달여 공양하고, 마흔 명의 성인이 공중에 열 자나 올라 언제나 호위를 하고, 가지고 있는 석장(錫杖)이 하루 세 번씩 소리를 내면서 방 주위를 세 바퀴씩 돌아다니매 이것으로 경쇠 소리를 삼아 시간에 맞추어 수업을 하였다. 문수보살이 때로는 보천의 이마에 물을 끼얹는 절차를 취함으로써 도를 통하는 기별(記莂)[264]을 주었다.

보천이 세상을 떠나는 날, 뒷날 이 산중에서 시행할 행사로 국가에 도움이 될 만한 일들을 기록해 남겨두었는데 거기에 이렇게 일렀다.

"이 산은 바로 백두산의 큰 줄기로서 각 대는 부처들의 산 몸[眞身]이

▶평창군 진부면 수항리의 밭 중간에 주춧돌 같은 석재와 온전하지 못한 탑 한 기가 있다. 이곳이 **수다사 터**라고 전한다.

**261)** 바로 당나라 중종이 복위한 해요 성덕왕 즉위 4년이다.
**262)** 경북 영해(寧海) 지방의 강 이름.
**263)** 주문의 일종.
**264)** 공부하는 중이 부처로부터 받는 자기의 미래 세상에 대한 예언서.

항상 머무는 곳이다. 동방은 푸른 빛이 있는 곳인지라 동대의 북쪽 귀퉁이 밑, 북대의 남쪽 기슭 끝에 마땅히 관음방(觀音房)을 설치하여 둥근 형상의 관음과 푸른 바탕에 1만 관음상을 그려 모시고, 중 다섯 명이 낮에는 여덟 권의「금강경」과「인왕경(仁王經)」,「반야경(般若經)」과 천수(千手) 주문을 읽고, 밤에는 관음예참(觀音禮懺)[265]을 외우게 하여 이름을 원통사(圓通社)라고 부를 것이다. 남방은 붉은빛을 맡은지라 남대의 남쪽 면에 지장방(地藏房)을 두어 둥근 형상의 지장과 붉은 바탕에 8대 보살을 수위로 한 1만 지장의 화상을 그려 모시고, 중 다섯 명이 낮에는「지장경」과「금강반야경」을 읽으며 밤에는 점찰예참(占察禮懺)[266]을 외울 것이니 이를 금강사(金剛社)라고 부를 것이다. 흰빛은 서방인지라 서대의 남쪽 면에 미타방(彌陀房)을 두고 둥근 형상의 무량수 상과 흰 바탕에 무량수여래를 수위로 한 1만의 대세지보살을 그려 모시고, 중 다섯 명이 낮에는 여덟 권의「법화경(法華經)」을 읽고, 밤에는 미타예참을 외우게 하여 이름을 수정사(水精社)라고 부를 것이다. 검은빛은 북쪽 땅인지라 북대 남쪽 면에 나한당을 두고 둥근 형상의 석가 화상과 검은 바탕에 석가여래를 수위로 한 오백 나한을 그려 모시고, 중 다섯 명이 낮에는「불보은경(佛報恩經)」과「열반경(涅槃經)」을 읽고, 밤에는 열반예참을 외우게 하여 이를 백련사(白蓮社)라고 부를 것이다. 누런빛은 중앙에 처한지라 중대에 있는 진여원 가운데는 문수와 부동(不動)[267]의 소상을 모시고, 뒷벽에는 누런 바탕에 비로자나를 위수로 한 36가지로 변화하는 형상을 그려 모시고, 중 다섯 명이 낮에는「화엄경」과「육백반야경」을 읽고, 밤에는 문수예참을 외우게 하여 이를 화엄사(華嚴社)라고 부를 것이다. 보천암을 고쳐 화장사(華藏寺)로 다시 세우고 둥근 형상의 비로자나 삼존과 대장경을 모시고, 중 다섯 명이「장문장경(長門藏經)」을 읽고, 밤에는 화엄신중(華嚴神衆)을 외우게 하고, 해마다 100일 화엄회를 베풀고 이름을 법륜사(法輪社)라고 부를 것이다. 이 화장사를 오대사(五臺社)의 본절로 삼아 튼튼히 부지하고 행실이 깨끗한 중을 시켜 길이 공양하면, 국왕은 천추를 누리고 백성들이 평안할 것이요,

---
265) 예참은 불교 기도문의 일종.
266) 원문의 "夜念"은 "夜念占察"의 결자로 보고 번역하였고, 점찰은 불경의 이름이다.
267) 부처가 악마를 진압하기 위하여 분노한 표정.

모든 정치가 화평하고 온갖 곡식이 풍성하게 잘될 것이다. 또 하원(下院)의 문수갑사(文殊岬寺)를 배치하여 여러 모임들의 도회청(都會廳)으로 삼고 중 일곱 명이 밤낮으로 늘 화엄신중 예참을 행할 것이다. 이상 중 37명의 불공에 드는 비용과 의복 값은 하서부(河西府)의 도내 여덟 고을의 세(稅)를 네 가지 일[268]의 비용으로 충당할 것이므로 대대로 임금들은 잊지 말고 준행할 것이다."

### 명주[269] 오대산의 보질도(寶叱徒) 태자 전기

신라 정신왕의 태자 보질도가 그 아우 효명태자와 함께 하서부에 이르러 세헌 각간의 집에서 하룻밤 묵고 이튿날 큰 재를 넘어 각각 사람 1,000명씩을 데리고 성오평(省烏坪)에 와서 여러 날 동안 유람을 하다가 태화 원년 8월 5일에 형제가 함께 오대산에 들어가니 따르던 무리들 중에서 시위하던 자들이 찾다가 만나지 못하고 모두 함께 서울로 돌아갔다.

형 되는 태자는 중대의 남쪽 진여원 터 아래 산 가장자리에 푸른 연꽃이 핀 것을 보고 그곳에 초가로 암자를 짓고 살았으며, 아우 되는 효명은 북대의 남쪽 산 가장자리에 푸른 연꽃이 핀 것을 보고 역시 초가로 암자를 짓고 살았다. 형제 두 사람이 예불과 염불로 도를 닦아 5대에 나아가 삼가 예배를 드리니 푸른빛 방위인 동대의 만월형산(滿月形山)에는 관음의 산 형체 1만이 항상 머물고 있었으며, 남대인 기린산(麒麟山)에는 8대 보살을 수위로 하여 1만의 지장보살이 항상 머물고 있었으며, 흰빛 방위인 서대 장령산(長嶺山)에는 무량수여래를 수위로 하여 1만 대세지보살이 늘 머물렀으며, 검은빛이 방위를 맡은 북대 상왕산(相王山)에는 석가여래를 수위로 하여 오백 대아라한이 항상 머물러 있으며, 누른 방위가 처하고 있는 중대의 풍로산(風爐山)은 이름을 지로산(地爐山)이라고도 하여 비로자나를 수위로 한 1만 문수가 항상 머물러 있으며, 진여원 터에는 문수보살이 매일 이른 아침이면 36가지 형상으로 변화하여 현신하니,[270] 두 태자는 함

▶**오대산**은 구배가 순하여서 모난 데가 없어 보이는 산이다. 그러나 그 속에 들어가보면 그 깊이에 놀라게 된다.

268) 네 가지 일[四事]은 중들의 생활에서 의복, 음식, 주거, 탕약을 말한다.
269) 옛적 하서부(河西府)이다.
270) 36가지 형상은 「오대산 5만 진신전」에 기재되어 있다.

께 예배하고 매일 이른 아침이면 골짜기의 물을 길어 차를 달여 1만 분 산 형체인 문수보살에게 공양하였다.

정신왕 태자의 아우 되는 태자가 신라에서 왕위를 다투다가 죽게 되자 나라 사람들이 장군 네 사람을 보내어 오대산에 이르러 효명태자 앞에 와서 만세를 부르니, 즉시 오색 구름이 나타나서 오대산으로부터 신라 서울까지 뻗치고 이레 밤 이레 낮을 광명이 떠돌았다. 나라 사람들이 광명을 찾아 오대산에 이르러 두 태자를 모시고 서울로 돌아가려 하니 보질도 태자는 울면서 돌아가지 않으므로 효명태자만 모시고 서울로 돌아와 즉위하였다. 왕위에 있은 지 20여 년이었는데 신룡 원년 3월 8일 처음으로 진여원을 세웠다고 하였다.

보질도 태자는 언제나 골짜기의 신령한 물을 마시고 육신이 공중으로 올라갔는데 유사강(流沙江)에 이르러 울진대국(蔚珍大國)의 장천굴(掌天窟)에 들어가 도를 닦다가 돌아와 오대산 신성굴에 이르러 50년 동안 도를 닦았다고 하였다. 오대산은 바로 백두산의 주맥으로 각 대에는 부처님의 산 형체들이 항상 머물러 있었다고 한다.

## 오대산의 월정사와 오류 성중(五類聖衆)

절에 전해오는 옛 기록을 상고해보면 자장법사가 처음 오대산에 이르러 부처의 산 형체를 뵈려고 산기슭에 띠[茅]를 엮어 움집을 짓고 머무는데 이레가 되어도 나타나지 않으므로 묘범산(妙梵山)에 이르러 정암사(淨嚴寺)를 세웠다.

그뒤에 신효거사(信孝居士)[271]라는 이가 있었으니 혹은 말하기를 어린아이 보살의 화신이라고도 한다. 그의 집은 공주(公州)에 있었는데 어머니 봉양을 극히 효성스럽게 하였다고 한다. 그 어머니가 고기 반찬이 아니면 식사를 않으므로 거사는 고기를 구하고자 산과 들에 나가 돌아다니다가 길에서 학 다섯 마리를 보고 이것을 쏘았더니 학 한 마리가 깃 하나를 떨어뜨리고 날아갔다. 거사가 그 깃을 들고 눈을 가린 채 사람을 보니 사람

---

271) 거사는 불교를 독신하는 속인의 칭호.

들이 모두 짐승으로 보이므로 거사는 고기를 얻지 못하고 자기 넓적다리 살을 베어 어머니에게 드렸다.

그후 곧 중이 되어 자기 집을 희사하여 절을 만들었는데 지금은 효가원(孝家院)이 되었다. 거사가 경주 땅으로부터 하솔(河率)에 이르러 사람들을 보니 모두 사람의 형상으로 보였다. 이리하여 이곳에 살 생각으로 길에서 늙은 여인을 만나 살 만한 곳을 물었더니 여인이 말하기를, "서쪽 재를 넘으면 북쪽으로 향한 골이 있어 살 만하다" 하고는 말을 마치자 간 곳이 없었다.

거사는 관음보살의 가르침인 줄 알고 곧 성오평을 지나 자장법사가 처음으로 움집을 지었던 자리에 들어가 살았다. 조금 후에 문득 다섯 명의 중이 와서 말하기를, "네가 가지고 온 가사 한 폭이 지금 어디 있는가?" 하였다. 거사가 어리둥절해하고 있었더니 중이 말하기를, "네가 쥐고 있는 사람 보는 것이 바로 그것이다" 하였다. 거사는 곧 그 깃을 내어 바쳤다. 중이 그 깃을 가사의 떨어진 폭에 대어보니 꼭 맞았으며 깃이 아니라 베였다. 거사는 다섯 명의 중과 작별한 뒤에야 그들이 오류 성중의 화신들임을 알았다.

이 월정사는 자장법사가 처음으로 움집을 지었고, 다음에 신효거사가 와서 살았으며, 그 다음은 범일의 제자인 중 신의(信義)가 와서 암자를 짓고 살았다. 그후에 수다사(水多寺)의 장로 중 유연(有緣)이 와서 살면서 점차 큰 절이 되었다. 절에 있는 오류 성중과 9층 석탑은 모두 거룩한 유적들이다. 땅 보는 풍수의 말로는 국내의 명산에서 이 자리가 제일 좋아 불교가 길이 홍왕할 자리라고 하였다.

### 남월산(南月山)[272]

이 절은 신라 서울 동남쪽 20리쯤 되는 곳에 있으니 금당의 주장 부처인 미륵 존상의 불꽃 배경 뒷등에 쓰인 기록[火光後記]은 이러하다. "개원[273] 7년 기미(719) 2월 15일 중아찬(重阿飡)[274] 김지성(金志誠)[275]이 그의 죽은

---

272) 감산사(甘山寺)라고도 한다.
273) 당나라 현종의 연호.
274) 중아찬은 신라의 17등 관등 중 6등인 아찬직에서 4중 아찬까지 있다.

▲ 오대산 들목에 **월정사**가 있는데 평창군 진부면 동산리에 속한다. 본당인 적광전 앞뜰인데 팔각구층 석탑도 보인다. 이 탑은 자장율사가 세운 것이라고 하나 고려 때 만든 것이라는 학자들의 견해가 타당한 것으로 알려져 있다.

아버지 인장 일길간(仁章一吉干)과 죽은 어머니 관초리 부인(觀肖里夫人)을 위하여 삼가 감산사(甘山寺) 절 한 채와 돌미륵 한 개를 세우고, 또 개원 이찬(愷元伊湌)과 아우인 양성 소사(良誠小舍)[276]와 현도법사(玄度法師)와 그의 맏누이 고파리(古巴里), 전처 고로리(古老里), 후서 아호리(阿好里)와 또 서형 급한 일길찬(及漢一吉湌), 일당 살찬(一幢薩湌), 총경 대사

---

275) 여기 실린 두 개 문건은 한문체와 이문체가 섞인 글로서 저자가 약(略)하여 전재하면서 오자가 많다. 원문을 「금석총람」에 채록된 대로 일일이 교감한 데에 기초하여 번역하였다.
276) 소사는 신라 관등의 제13위인 사지(舍知)의 별칭.

(聰敬大舍)[277]와 누이 수힐매리(首肹買里) 등을 위하여 이번에 함께 이 좋은 일을 경영하였다. 죽은 어머니 관초리 부인은 옛사람이 되어 동해 흔지(欣支) 가에 화장한 뼈를 뿌렸다."[278]

미타불의 불꽃 배경 뒷등에 쓴 기록은 이러하다.

"중아찬 김지전(金志全)[279]이 일찍이 상사봉어(尙舍奉御) 벼슬을 지내고 다시 집사시랑(執事侍郎)으로서 나이 67세가 되었을 때에 벼슬을 그만두고 한가로이 지내면서 나라 임금과 개원 이찬과 죽은 아버지 인장 일길간, 죽은 어머니, 죽은 아우, 소사 양정, 중 현도, 죽은 처 고로리, 죽은 누이 고보리와 후처 아호리 등을 위하여 감산 농장 전토를 희사하여 절을 지었으며 또 죽은 아버지 인장 일길간을 위하여 돌로써 미타상 한 개를 만들었다. 그는 옛사람이 되어 동해 흔지(欣支) 가에 화장한 뼈를 뿌렸다."[280]

### 천룡사(天龍寺)

경주의 남산 남쪽에 봉우리 하나가 우뚝 일어섰는데 세상에서는 고위산(高位山)이라 이르고 이 산 남쪽에 절이 있어 속칭 높은 절[高寺]이라고 하며 더러는 천룡사라고도 한다.

「토론삼한집(討論三韓集)」에 이르기를, "계림 땅 안에는 객수(客水)가 두 줄기 있고 거슬러 오르는 물이 한 줄기 있는데 두 물의 근원에 천재(天災)를 진압하지 않으면 하늘 용이 물로써 침몰시킬 재앙을 내릴 것이다"라고 하였다.

속전(俗傳)에는 이르기를, "거슬러 흐르는 물이란 고을의 남쪽 마등오촌(馬等烏村) 남쪽으로 흐르는 냇물이 바로 이 물이다"하였으며 또 "이

---

277) 대사는 신라 관등의 제12위.
278) 원문의 "古人成之" 이하는 뜻을 잘 알 수 없으나 옛날 글 그대로 적어둔다. 아래도 같다.
279) 원문의 "金志全"은 앞에 나온 미륵 존상 기록과 그 아우의 이름에 비추어보아 "全"은 "誠"과 통하는 음으로 쓴 것 같다.
280) 임금 족보를 보면 김개원은 바로 태종 춘추의 아우인 태자 개원 각간이니 바로 문희가 낳은 아들이다. 김지전은 곧 인장 일길간의 아들이다. "東海欣支"*는 아마도 법민을 동해에 장사 지낸 일일 것이다.
　* 원문의 "攽反"은 지명으로 "欣支"의 오기인 듯하다.

물의 근원이 천룡사로 되어 있다"하였다. 중국에서 온 사신 악붕귀(樂鵬龜)가 와서 보고 말하기를, "이 절을 없애면 며칠 안 가서 나라가 망하리라"고 하였다.

또 내려오면서 전하는 말로는 옛적에 한 신자에게 딸 둘이 있어 천녀와 용녀로 불렸는데, 양친이 두 딸을 위하여 절을 세우고 딸의 이름을 따서 절 이름을 지었다. 경내에 영험 있던 도량(道場)은 신라 말년에 허물어져 버린 지 오래되었는데, 중생사 관음보살이 젖을 먹였다는 최은함(崔殷諴)의 아들 승로(承魯)가 숙(肅)을 낳고 숙이 시중(侍中) 제안(齊顔)을 낳았던 바, 제안이 바로 이 폐사를 일으켜 중수하고 드디어 석가의 만일도량(萬日道場)281)을 설치하였으며, 조정의 뜻을 받고 겸하여 그의 기록과 발원문들을 절에 남겨두었다. 그가 죽으매 절을 수호하는 귀신이 되어 매우 영험이 있었다.

그가 남긴 기록의 대략은 다음과 같다.

"시주(施主) 내사시랑 동내사 문하평장사 주국(內史侍郎同內史門下平章事柱國) 최제안이 글을 쓴다. 경주 고위산(高位山) 천룡사가 파괴된 지 여러 해가 되었다. 제자는 특히 임금님의 만수무강과 백성과 나라가 태평하기를 발원하여 불전·불당과 행랑, 방실, 주방, 창고 등 그동안 역사를 일으켜 다 마치게 되었으며 돌과 흙으로 빚어 부처 여러 개를 만들고 석가 만일도량을 개설하였다. 이는 원래 국가를 위하여 이룩한 것이매 응당 관가에서 절 주지를 임명하는 것도 좋으나 사람이 갈려 교대될 때를 당하여는 도량의 중들이 안심을 할 수 없다. 다른 예로 보아 절에 바친 전지(田地)가 풍족한 절로서 공산(公山)의 지장자(地藏寺) 같은 곳은 들어온 전토가 200결이요, 비슬산(毗瑟山)의 도선사(道仙寺) 같은 곳은 들어온 전토가 20결이요, 서경(西京)282)의 사면에 있는 절도 각각 전토가 20결씩이다. 이 절들에서는 어디서나 직책이 있고 없음을 막론하고 반드시 계율을 갖추고 재주가 높은 이로서 사중의 중망에 의하여 골라서 차례를 이어 주지를 시켜 불공 직책을 닦게 함을 정상적인 규례로 삼았다. 제자는 이 소문을 듣고 기뻐하였다. 우리 천룡사도 역시 도량에 모이는 중들 가운데서 재주와 덕망이 함께 높은 고명한

---
281) 불교 교리만 설교하는 특별 집회의 명칭.
282) 평양.

중을 골라 뽑아 주장되는 인물로 삼는 동시에 주지를 임명하여 절의 불공 직책을 길이 다하게 할 것이다. 이를 자세히 문서로 기록하여 강사(剛司)[283] 에게 맡기니 이번 주지부터 시행할 것이다. 관청의 문건을 받아 도량의 대중들에게 돌려 보이니 각자 자세히 알아야 할 것이다. 중희(重熙) 9년(1040) 6월 일”이라 하고 자세한 관직 직함은 앞에서처럼 서명하였다. 상고하건대 중희는 바로 거란의 흥종(興宗) 연호요 고려 정종(靖宗) 7년 경진이다.

## 무장사(鍪藏寺)의 미타전(彌陀殿)

신라 서울 동북쪽 20리쯤 되는 암곡촌(暗谷村)의 북쪽에 무장사가 있다. 이 절은 제38대 원성대왕(元聖大王)의 아버지이자 효양 대아간(孝讓大阿干)으로 추봉된 명덕대왕(明德大王)이 그의 숙부 되는 파진찬(波珍飡)을 추모하여 받들기 위하여 세운 절이다. 그윽한 골짜기가 아주 떨어져서 산은 깎아선 듯하며 장소가 침침하고 깊숙하여 주위가 절로 적적하니 이야말로 마음을 휴식하고 도를 즐길 수 있는 신령스러운 장소라 할 것이다.

절의 윗녘에는 미타를 모신 옛 전각이 있다. 소성왕비(昭成王妃)[284]인 계화왕후(桂花王后)는 대왕이 먼저 세상을 떠나자 창황스럽고도 지극히 슬퍼하여 피눈물을 흘리면서 마음이 아프던 나머지 살았을 적의 아름다운 행적을 죽어서 드날리고 그의 명복을 빛나게 하고자 생각하였다. 이때 서방에 미타라고 부르는 큰 성인이 있어 지성으로 그를 믿고 받들면 잘 구원하여 와서 맞아준다는 소문을 듣고 왕비는, “이 말이 참말일진대 어찌 나를 속이리요!” 하고 즉시 자기가 입는 화려한 의복을 희사하고 궁중에 쌓아두었던 재물을 털어서 이름난 재인바치들을 소집하여 미타상 하나와 아울러 따르는 귀신 무리들을 만들어 모실 것을 지시하였다.

이보다 앞서 이 절에 늙은 중 하나가 있었는데 문득 꿈에 신선같은 사람 하나가 석탑의 동남쪽 언덕 위에 앉아서 서편을 향하고 대중을 위하여 설법을 하는 것을 보고, 이곳이 필시 부처님이 머물던 곳이라고 생각했으나

---

283) 원문 “剛司”의 ‘剛’은 “綱”의 오기인 듯하며, 강사는 절의 간부되는 직명이다.
284) “成”을 “聖”으로도 쓴다.

▲ 경주시 암곡동의 산중에 **무장사 터**가 있다. 야산 자락에 불과하지만 뜻밖으로 깊고 그윽한 곳이다. 반듯한 삼층 석탑이 남아 있다.

마음속에 감추고 다른 사람에게는 말하지 않았다. 이곳은 바윗돌이 우뚝 솟고 개울물이 빠르게 부딪쳐 흐르는 곳이므로 목수는 돌아보지도 않았고 다들 좋은 터가 못 된다고 하였다. 그러나 급기야 터를 개척하자 평탄한 곳을 얻어서 큰 집을 세울 만하고 아주 신령스러운 터나 다름없으므로 보는 자들이 깜짝 놀라 좋다고 칭찬하지 않는 자가 없었다. 근래에 와서 불전은 무너졌으나 절만은 남아 있으니 세간에서 전하기는 태종이 삼한을 통일한 이후 병기와 갑옷들을 이 골짜기 속에 간직해 두었다 하여 이 때문에 무장사라고 이름지었다.

백엄사(伯嚴寺) 석탑의 사리

개운(開運)[285] 3년 병오(946) 10월 29일 강주(康州)[286] 땅 임도(任道) 대감

---

285) 후진(後晉) 출제(出帝)의 연호.
286) 지금의 경남 진주.

▲무장사 위쪽의 아미타를 모시던 전각이 있던 곳에 세웠던 **아미타조상 사적비의 이수와 귀부**이다. 근처 사람들이 쪼개서 빨래판으로 쓰고 있던 비신 세 쪽이 1915년에 발견되었고, 그것에서 이곳이 무장사이며 아미타조상 사적지라는 것을 읽어낼 수 있었다고 한다.

의 문건 글에 이르기를 "백엄선사(伯嚴禪寺)는 초팔현(草八縣)[287]에 있으니 절의 중 간유 상좌(侃遊上座)가 나이 서른아홉 살이라 하였고 절의 내력은 알지 못한다"고 하였다. 다만 고전에는 이르기를 전조인 신라 때에 북택(北宅)[288]의 집터를 희사하여 이 절을 세웠더니 중간에 오랫동안 폐사가 되었다가 지난 병인년 중에 사목곡(沙木谷)의 양부화상(陽孚和尙)이 다시 지어 주지가 되었는데 성축년에 세상을 떠났다. 을유년에 희양산(曦陽山)의 긍양화상(兢讓和尙)이 와서 10년 동안 살다가 을미년에 희양으로 다시 돌아가자 때마침 신탁화상(神卓和尙)이 남원(南原) 백암수(白嵓藪)로부터 이 절에 들어와서 충실한 주지가 되었다. 또 함옹(咸雍) 원년(1065) 11월에는 이 절의 주지 득오미정(得奧微定) 대사와 중 수립(秀立)이 절에서 지킬 규정 열 조항을 정하고 새로 5층 석탑을 세워서 부처 사리 42개를 봉안하였다. 자기 사재를 털어 밑천으로 적립하여 해마다 공양하는 조항과

---

**287)** 지금의 초계.
288) 권 제1 진한 편의 35개 금입택(金入宅) 참조.

첫째로 이 절에서 불교를 수호하던 중 엄흔(嚴欣)과 백흔(伯欣) 두 분 신명(神明)과 근악(近岳) 등 세 분 앞에 제사 모실 밑천을 적립하는 조항[289]과 금당의 약사(藥師) 부처 앞에 있는 나무 바리때에 초하루마다 쌀을 바꾸어 넣는 조항 등인데 이하는 기록하지 않는다.

## 영취사(靈鷲寺)

절에 있는 옛 기록에 일렀다.

"신라의 진골[290] 제31대 임금 신문왕 시대 영순(永淳)[291] 2년 계미(683)[292]에 재상 충원공(忠元公)이 장산국(萇山國)[293]의 온정(溫井)에서 목욕을 하고 서울로 돌아오던 차에 굴정역(屈井驛) 동지(桐旨) 들판에 이르러 머물러 쉬었더니 갑자기 웬 사람이 나타나 매를 놓아 꿩을 잡는데 꿩이 날아 금악(金岳)을 지나서는 자취가 아주 없어졌다. 매 방울 소리를 따라 찾아가서 굴정현 관가의 북쪽 우물가에 이르니 매는 나무 위에 앉았고 꿩은 우물 속에 있었는데, 우물물이 온통 핏빛이 되었고 꿩이 두 날갯죽지를 펴는데 새끼 두 마리를 안고 있었다. 매도 역시 측은하게 여기는 듯 감히 차서 잡지를 못하였다. 충원공은 이것을 보고 측은하게 여긴 끝에 느낀 것이 있어 그 땅을 점쳐 물으니 절을 세울 만하다 하므로 서울로 돌아와 국왕에게 아뢰어서 그 고을 관가를 딴 곳으로 옮기고 그 터에 절을 세우고 이름을 영취사라고 하였다."

## 유덕사(有德寺)

신라의 태대각간 최유덕(崔有德)이 자기가 살던 집을 희사하여 절을 만들고 이름을 유덕사라고 하였다. 그의 먼 후손인 삼한 공신 최언휘(崔彦

---

**289)** 세간에서 전하기는 엄흔, 백흔 두 사람이 집을 희사하여 절을 만들었으므로 이로 인해 절 이름을 백엄이라고 하니 그들은 불교를 수호하는 신이 되었다고 한다.
290) 신라 골품의 하나로 부모 중 어느 한쪽만이 왕족인 사람.
291) 당나라 고종의 연호.
**292)** 본문에 원년이라고 한 것은 틀렸다.
**293)** 즉 동래현이니 또한 내산국이라고도 한다.

攝)가 유덕의 화상을 걸어서 모시고 또 비석까지 세웠다고 한다.

## 오대산 문수사의 석탑기

  절 마당 옆의 석탑은 아마 신라 사람이 세운 것 같다. 솜씨가 소박하고 정교하지는 못 하나 매우 영험이 있어서 이루 다 기록할 수 없다. 그중에서도 한 가지 일을 여러 노인들에게 물었더니 그들의 말로는 옛적에 연곡현(連谷縣) 사람이 배를 타고 바닷가에서 고기잡이를 하는데 갑자기 탑 하나가 나타나서 배를 따라오니 이 탑의 그림자를 본 물고기 종자란 종자는 죄다 흩어져 사방으로 달아나 어부는 고기를 한 마리도 잡지 못하였다. 어부가 분개하여 그 그림자를 따라서 찾아가보니 바로 이 탑이었다. 이에 어부는 도끼를 휘둘러 탑을 찍고 가버렸다. 지금도 이 탑의 네 귀퉁이가 떨어져 있으니 이 때문이라 한다.
  나는 이 말에 놀라고 감탄해 마지 않았다. 그러나 그 탑이 마당 가운데 놓이지 않고 조금 동쪽으로 놓여 있는 것이 이상하여 현판 하나를 쳐다보니 거기에 이르기를, "중 처현(處玄)이 이 절에 있으면서 냉큼 탑을 마당 복판에 옮겼더니 20년 동안 아무런 영험이 없었다. 풍수가 집터를 구하려고 이곳에 와서는 탄식을 하고 말하기를, '이 뜰 복판은 탑을 세울 자리가 못 된다. 왜 동쪽으로 옮기지 않는가?'라고 하였다. 이때야 중들이 곧 깨닫고 다시 예전 자리에 옮겼으니 지금 서 있는 데가 바로 이곳이다"라고 하였다.
  나는 괴이한 것을 좋아하는 사람은 아니나 부처님의 신령한 위엄을 보건대 이적을 보여 만물을 이롭게 함에 서두르는 품이 이와 같은데 불교도가 된 자로서 어찌 아무 말이 없을 수 있으랴! 때는 정풍(正豐) 원년 병자 10월 일 백운자(白雲子)는 기록한다.

권 제 4

# 권 제4

## 의해(義解) 제5

### 원광(圓光)의 서방 유학

당나라「속고승전(續高僧傳)」제13권에 쓰였으되 이러하다.

"신라 황륭사(皇隆寺) 중 원광의 속성은 박씨요 본래 삼한 — 변한, 진한, 마한 — 에 살았으니 원광은 즉 진한 사람이다. 이 땅에 대대로 살아 조상의 전통이 멀리 잇닿았고 총명한 바탕에 도량이 크고 넓었으며 글읽기를 좋아하여 유교의 깊은 이치를 연구하고 여러 대가들의 글과 역사 서적들을 분석 검토하여 문장이 삼한 역내에서 뛰어났다. 그러나 지식의 해박함과 풍부함에서는 중국에 비하여 부끄러운 바가 있었기에 그는 드디어 친한 친구도 끊어버리고 먼 해외로 갈 것을 골똘히 생각하였다. 나이 스물다섯 살이 되어 배를 타고 금릉(金陵)을 찾아가니 때는 진(陳)나라 시대였다. 진나라는 문교를 숭상하는 나라로 일컬어졌으므로 그는 이전에 가졌던 의문들을 질문하여 이해하고 도를 물어서 뜻을 깨달았다.

처음에 장엄사(莊嚴寺)의 중인 민공(旻公)의 제자에게 청강을 하였던 바 그는 본래 속세의 경전에 익숙하여 이론으로는 자신이 오묘한 지경에까지 궁리를 하였다고 생각하였다. 그런데 막상 불법의 강설을 듣고 보매 도리어 그것은 썩은 검불이나 다름없었다. 헛되이 성인의 교훈을 찾는다는 것이 실상은 자신의 일생에 걱정거리가 될 것이라고 생각하여 곧 진나라 임금에게 아뢰어 불교에 귀의할 것을 청하였더니 칙명으로 이를 허락하였다. 그는 처음으로 중이 되어 즉시 계율을 받고 강설하는 모임을 찾아 돌아다니며 좋은 방도를 다할 대로 다하여 오묘한 종지를 이해하기 위하여 세월을 아끼지 않았다. 이리하여 열반에서 얻은 성과를 마음속에 축적하게 되고 여러 가지 불경 이론을 두루 연구하였다. 나중에는 오(吳)

나라의 호구산(虎丘山)[1]으로 가서 참선을 계속하여 진리를 잊은 적이 없었다. 마음의 안식을 얻으려는 무리들이 구름처럼 산속으로 모여들었으며 아울러 사아함(四阿含)[2]을 널리 섭렵하니 공덕은 팔정(八定)[3]을 통하게 되고 선한 일을 밝혀서 바로잡게 되니 곧은 결심을 굽힐 수 없게 되었다. 평소에 먹었던 마음에 심절하게 맞는지라 그는 마침내 여기서 일생을 마칠 생각이 있어 즉시 사람의 접촉을 끊어버리고 거룩한 유적을 찾아 돌아다니며 높은 이상을 지향하면서 길이 세상 일을 하직하려 하였다. 이 당시에 한 신도가 있어 산 아래 집을 잡고 살았는데 원광에게 나와서 강설해주기를 청하였으나 그는 굳이 사양하고 허락하지 않았더니 간절하게 청하므로 마침내 그 뜻을 따랐다. 처음에 「성론(成論)」[4]을 진술하고 마지막은 「반야경」을 강설하매 모두를 명철하게 해석하여 아름다운 질문을 주고 받는데 말은 문채가 나고 깊은 뜻을 베 짜듯 짜내니 듣는 자들이 기뻐하고 만족하여 마음에 꼭 들었다. 이로부터 예전의 규례를 따라 사람들이 모르는 바를 계발시키는 것을 자신의 임무로 삼으니 법륜(法輪)[5]이 한 번 움직일 때마다 문득 강과 호수의 물을 기울여 쏟듯 하였다. 비록 이역이지만 설법에 통하여 도에 몸이 젖었기 때문에 모든 결함을 송두리째 없애버렸다. 그의 명망이 널리 퍼져 중국 남방 일대에 전파되매 험한 길을 돌보지 않고 보따리를 둘러메고 오는 자들이 끝없이 이어졌다.

때마침 수나라 천자의 세상이 되자 그 위세가 남방으로 덮여 왕조의 운수가 다하려 하였다. 수나라 군사가 양도(揚都)로 들어오니 원광은 마침내 난병(亂兵)에게 잡혀 살해될 처지에 놓여 있었다. 이때 수나라 대장이 절탑이 불타는 것을 보고 달려가서 끄려 하니 필경 불난 광경은 없고 다만 원광이 탑 앞에 결박을 당하여 막 죽임을 당할 찰나였다. 대장은 일을 괴이하게 여겨 즉시 그를 풀어놓았다. 위험한 고비를 당하여 부처님의 감응이 통하는 품이 이와 같았다.

---

1) 원문의 "虎山"은 "虎丘山"의 누락인 듯하다.
2) 불경에서 소승(小乘) 경론으로 4부 「아함경(阿含經)」을 말한다.
3) 참선하는 자가 말하는 색계(色界)의 네 가지 선정(禪定)과 무색계(無色界)의 네 가지 선정.
4) 불경의 성실론(成實論).
5) 불교 이치가 강력하다는 위력을 표현하는 말.

원광은 학문이 중국의 남방지역[吳越]에는 통하였으므로 한번 북방지역[周秦]의 문화를 보고자 하여 개황(開皇) 9년(589)에 황제가 있는 수나라의 서울로 와서 지냈다. 때는 바로 불교의 첫 시기요 섭론종(攝論宗)[6]이 처음 일어나매 그는 오묘한 말씀을 삼가 명심하고 작은 데로부터 시작하여 큰 공적을 떨치면서 또 총명한 해석을 재빨리 하여 그 명성이 서울 일대에 드날렸다. 커다란 업적을 이룩하고 나매 그제는 꼭 동방으로 전도를 하려 하였던바 이 소문이 멀리 본국에까지 들렸다. 그는 황제에게 여러 번 귀국을 청하였더니 황제가 칙명으로써 친절히 위문을 하고 고국으로 돌아가게 하였다.
  원광이 수십 년 만에 고국으로 돌아오니 늙은이 젊은이 할 것 없이 모두가 반가워하였다. 신라왕 김씨[7]도 직접 존경하는 뜻을 표하고 성인처럼 떠받들었다. 원광은 성품이 담박하고 인정이 많아 누구나 사랑하여 말할 때는 언제나 웃음을 머금었고 성낸 기색을 얼굴에 드러내지 않았다. 그리고 임금에게 바치는 글들이라든가 외국과 내왕하는 국서들이 모두 그의 가슴속에서 나왔다. 온 나라가 그에게 쏠려 떠받들어 정치하는 방법을 맡기고 교화하는 도리를 묻게 되었으니 비단옷을 입은 고귀한 신분은 아니었으되, 실제로는[8] 국정을 보는 자와 다름없어서 시기에 알맞게 교훈을 폈으므로 그 법도가 지금까지 내려오고 있다.
  늙어서는 가마를 탄 채 대궐을 출입하고 그의 의복과 약과 음식을 모두 왕이 손수 장만하고 다른 사람이 돕는 것을 허락치 않음으로써 복을 독차지하려 하였으니 왕의 감격과 존경이 이와 같았다. 그가 죽기 바로 전에 왕이 친히 붙잡고 위로하면서 백성들을 함께 구원할 법을 유언해주기를 여러 번 부탁하니 원광은 좋은 일이 생길 상서와 조짐을 설명하여 그 혜택이 방방곡곡에 이르렀다. 건복(建福) 58년[9](641)에 그는 몸이 조금 불편한 것을 느꼈다. 이레 만에 절실한 훈계로 유언을 남기고 거처하던 황륭사(皇隆寺)에서 단정히 앉아 죽으니 나이가 아흔아홉이요 당나라 정관(貞觀)

---

6) 이 시대 유행하던 대승불교의 한 종파.
7) 신라왕 김씨는 진평왕을 가리킨다.
8) 원문의 "請"은 "情"의 오간인 듯하다.
9) 건복은 진평왕의 연호로서 50년뿐이다.

4년[10]이다. 죽을 당시에 절 동북쪽 하늘에서 음악 소리가 공중에 가득 차고 이상한 향기가 절에 충만하였으니 승려와 속인들이 그의 죽음을 슬퍼하는 한편 그의 영감을 알고 경사로 여겼다. 마침내 교외에 장사지내니 나라에서는 장사하는 장한 예절을 임금의 장례와 같게 하여 치러주었다. 그 후에 속인이 사태(死胎)를 낳은 자가 있었는데, 민간 풍속에 유복한 사람의 무덤에 사태를 묻으면 자식이 끊어지지 않는다 하여 곧 그의 무덤 곁에 가만히 묻었더니 그날 태아의 시체에 벼락이 쳐서 묘지 밖으로 내쳐버렸다. 이로부터 불경스러운 생각을 품었던 자도 모두 떠받들어 공경하게 되었다.

그의 제자인 원안(圓安)은 천질[11]이 영민하고 성품이 유람을 좋아하여 그윽한 희망을 품고 드디어 북쪽으로는 환도(丸都)[12]에 가고 동쪽으로 불내(不耐)를 구경하고 다시 서쪽으로 연(燕), 위(魏) 지방을 거친 후에 중국 서울까지 가서 각 지방 풍속에 두루두루 정통하고 여러 경론(經論)을 탐구하여 그 큰 줄거리를 파악하고 자세한 뜻을 깊이 알게 되었다. 늦게서야 마음 공부[心學]로 돌아와서 높이 원광의 뒤를 계승하였다. 처음 서울의 절에 있을 때에 원래 도학(道學)으로 소문이 나서 특진(特進) 소우(蕭瑀)의 주청으로 남전(藍田)에 지은 진량사(津梁寺)에 머물렀는데, 네 가지 공양[13]과 여섯 참 시간[14]에 어김이 없었다.

원안이 일찍이 원광에 대하여 쓰기를, '신라 왕이 병에 걸려 의원이 치료하였으나 낫지 않으므로 원광을 청하여 대궐로 들어가서 궁전에 거처하게 하고 밤이면 두 시각으로 나누어 오묘한 설법을 하니 왕이 계(戒)를 받고 참회하여 열성으로 신봉하였다. 어느 날 초저녁에 왕이 원광의 머리를 보니 금색이 찬연하여 햇무리 모양 같은 것이 그의 몸을 따라왔는데 왕후와 궁녀들도 함께 보았다. 이로부터 원광은 거듭 신심을 분발하여 병실에 머물러 있으니 얼마 안 되어 병이 나았다'라고 하였다.

---

10) 정관 14년이 옳을 것이다.
11) 원문 "神忘機穎"의 "忘"은 "志"의 오기인 듯하다.
12) 원문의 "九都"는 "丸都"의 오기인 듯하다.
13) 네 가지 공양[四事]은 의복, 음식, 주택, 탕약.
14) 여섯 참 시간[六時]은 새벽, 정오, 저녁, 초야, 중야, 후야.

원광은 진한과 마한 사이에서 불교의 올바른 이치를 널리 전파하고 해마다 두 번씩 강설을 하여 후진들을 양성하였다. 시주받은 재물은 모두 절 짓는 데에 충당하였으니 남은 것은 옷과 바리때뿐이었다."[15]

또 경주 안일호장(安逸戶長)[16] 정효(貞孝)의 집에 있는 「고본수이전(古本殊異傳)」에 실린 "원광법사전"에는 다음과 같이 일렀다.

"법사의 속성은 설씨(薛氏)요 경주 사람이다. 처음에 중이 되어 불교 이치를 배우는데 나이 30세에 조용하게 거처하면서 수도할 것을 생각하고 삼기산(三岐山)에서 혼자 살았다. 그후 4년 만에 웬 중 한 명이 와서 법사가 사는 곳에서 멀지 않은 곳에 따로 절을 짓고 2년을 살았다. 그는 사람됨이 사납고 억세며 잡술(雜術)을 좋아하였다. 원광법사가 밤에 혼자 앉아 불경을 외우는데 갑자기 웬 귀신 소리가 나더니 그의 이름을 부르면서 '착하기도 하여라! 너의 공부하는 태도여! 대체로 불법 공부하는 자가 많지만 법사 같은 이는 드물도다. 지금 이웃에 사는 중을 보매 손쉽게 잡술을 공부하고 있으나 소득은 없고 떠드는 소리가 다른 사람의 고요한 상념을 번거롭게 하며 거처하는 곳이 내가 다니는 길목을 막아 매양 오고 가고 할 적마다 거의 미운 마음까지 나도록 하매 법사는 나를 위하여 그에게 이사를 하도록 말하라. 만일 오래 머문다면 내가 창졸간에 죄되는 일을 저지를까봐 걱정된다'고 하였다. 이튿날 법사가 그 중에게 가서 말하기를, '내가 어제 밤에 신의 말을 들었으니 대사는 다른 곳으로 옮기는 것이 좋겠다. 그렇지 않는다면 응당 재앙이 있을 것이다'라고 하니 그 중이 대답하기를, '독실한 공부꾼도 마귀에게 현혹되는가? 법사는 어째서 여우 귀신 따위의 말을 걱정하는가?' 하였다. 그날 밤에 신이 또 와서 말하기를, '전에 내가 말한 일에 대하여 그 중이 뭐라고 답이 있던가?' 하매 법사가 신의 진노를 염려하여 대답하기를, '아직 말은 하지 못하였으나 만약 굳이 말한다면 어찌 감히 듣지 않겠습니까?' 하니 신이 말하기를, '내가 이미 자세히 들었다. 법사는 말을 보탤 필요가 어디 있나? 잠자코 내가 하는 일을 보기나 하라' 하고는 그만 작별하고 갔다. 밤중에 뇌성벽력 소리가 나더니 이튿날 보매 산이 무너져 중이 사는 절을 묻어버렸다. 신이 또 와서 말하기를, '대

---

15) 달자함(達字函)에 실려 있다.
16) 지방의 하급 관직인 아전의 수석으로 퇴직한 자.

사 보기에는 어떠한가?' 하니 법사가 대답하기를, '보기에 매우 놀랍고 무섭습니다' 하였다. 신이 말하기를, '내 나이 거의 3,000살에 술법이 가장 장한지라 이런 일은 작은 일인데 무엇이 그리 놀랄 만할 것인가. 이밖에도 장래의 일을 모르는 것이 없고 천하의 일을 못 하는 것이 없을 따름이다. 지금에 생각건대 법사가 그저 이곳에만 산다면 비록 자기에게 이로운 공부는 할 수 있으나 다른 사람에게 공덕은 없을 것이다. 이 세상에서 높은 이름을 드날리지 못하면 오는 세상에서 좋은 과보를 거두지 못하나니 어찌하여 중국의 불법을 탐구하여 이 나라에 헤매고 있는 인간들을 인도하지 않겠는가' 하니 법사가 대답하기를, '중국에 가서 도를 배우는 것은 본시 저의 소원이나 바다와 육지가 멀리 막혀 제 스스로 왕래할 수가 없을 뿐이외다'고 하였다. 신이 중국으로 갈 계책을 자세히 일러주자 법사는 그 말에 따라 중국으로 가서 11년 동안 머물면서 불경들을 널리 통달하고 유학(儒學)까지 겸하여 배웠다. 진평왕 22년 경신(600)[17]에 법사가 행장을 정리하고 고향으로 막 돌아오려 하던 차에 마침 중국에 갔던 사신을 따라 귀국하였다. 법사가 신에게 사례하고자 전일에 살던 삼기산 절에 갔더니 밤중에 역시 신이 와서 그의 이름을 불러 말하기를, '바다와 육지 먼 길에 어떻게 다녀왔는고?' 하였다. 법사가 대답하기를, '신의 넓으신 은혜를 입사와 편안히 다녀왔습니다' 하니 신이 말하기를, '나 역시 신으로부터 계율을 받아서 거듭되는 세대를 통하여 서로 구제해주는 약속을 하였다'고 하였다. 법사는 다시 신에게 청하여 말하기를, '신의 얼굴을 볼 수 있겠습니까?' 하니 신이 말하기를, "만약 내 형체를 보려거든 밝은 아침에 동쪽 하늘 끝을 바라보라!' 하였다. 법사가 이튿날 그대로 바라보니 큰 팔뚝이 구름을 꿰뚫고 하늘가에 닿고 있었다. 그날 밤에 신이 역시 와서 말하기를, '법사는 내 팔뚝을 보았던가?' 하니 법사가 대답하기를, '보았습니다. 비할 바 없이 기이하였습니다'고 하였다. 이로 인하여 삼기산을 속칭 비장산(臂長山 : 긴 팔뚝 산)이라고 한다. 신이 말하기를, '비록 이 몸은 있으나 덧없는 죽음을 면하지 못할 것이므로 나는 얼마 못 되어 그 고갯마루에서 세상을 떠날 것이다. 법사는 와서 길이 가는 나의 혼을 바래어 보내시라!' 하였다.

---

17) 「삼국사」에는 이듬해 신유년에 왔다고 하였다.

약속한 날에 법사가 가서 보니 웬 칠(漆)빛처럼 검은 늙은 여우 한 마리가 있었는데 헐떡이면서 숨을 쉬지 못하다가 그만 죽어버렸다.

법사가 중국에서 돌아온 뒤로부터 신라의 임금과 신하들이 그를 소중하게 공경하여 스승으로 삼으니 항상 대승 경전을 강설하였다. 이때에 고구려와 백제가 늘 변경을 침노하므로 왕이 이것을 매우 걱정하여 수나라[18]에 청병을 하고자 법사에게 글을 청하였다. 황제가 그 글을 보고 30만 군사로써 친히 고구려를 정벌하였는데 이로부터 법사가 유학도 심오하게 안다는 것이 알려졌다. 그는 나이 여든네 살에 세상을 떠나니 명활성(明活城) 서쪽에 장사하였다."

또 「삼국사」"열전"에는 다음과 같이 일렀다.

"어진 선비 귀산(貴山)이라는 사람은 사량부(沙梁部) 사람이다. 같은 동리의 추항(箒項)을 벗으로 삼아 두 사람이 서로 말하기를, '우리들이 점잖은 선비들을 상대로 사귀기를 기약하지만 먼저 마음을 바로잡고 몸을 잘 가지지 않으면 욕을 가져올 염려가 있는지라 어찌 어진 분 곁에 가서 도를 배우지 않을 것인가' 하였다. 이때에 원광법사가 수나라에 들어갔다가 돌아와서 가슬갑(嘉瑟岬)[19]에 머물고 있다는 소문을 듣고 두 사람은 그의 처소를 찾아가서 고하기를, '속세의 선비로서 어리석고 유치하여 아는 지식이 없사오니 바라옵건대 한 말씀 해주시면 죽을 때까지 계명으로 삼겠습니다' 하였다. 원광이 말하기를, '불교에는 보살 계명이 있어 그것은 열 가지로 되어 있으나 너희들은 남의 신하가 되었으니 아마도 지켜낼 수 없을 것이다. 여기에 속세의 다섯 가지 계명이 있다. 첫째로 충성으로 임금을 섬기는 것이요, 둘째로 효도로써 부모를 섬기는 것이요, 셋째로 친구와 사귀어 신의가 있음이요, 넷째로 싸움에 다다라서는 물러섬이 없는 것이요, 다섯째로 생물을 죽이는 데는 가려서 하라는 것이니 너희들은 이것을 실행하되 소홀히 하지 말라!' 하였다. 귀산 등이 말하기를, '다른 것은 이미

---

18) 당나라가 옳다.
19) 혹은 "加西"라고도 하고 "嘉栖"라고도 하는데 모두 우리말이다. "갑"은 속어로는 "고시"라고 하므로 더러는 "고시절"이라고도 하는바 "갑사" 말과 같다. 지금의 운문사 동쪽 9,000보쯤 되는 곳에 가서현 혹은 가슬현이 있고 이 고개 북쪽 끝에 있는 절터가 바로 여기다.

잘 알았사오나 생물을 죽이는 데는 가려서 하라는 말씀은 특히 깨닫지 못하겠습니다' 하니 원광이 말하기를, '여섯 가지 재 올리는 날과 봄 여름 철에 살생을 않음은 때를 가리는 것을 이름이요, 부리는 짐승을 죽이지 않음은 말, 소, 닭, 개를 이름이요, 사소한 것들을 죽이지 않음은 한 점 고기 축에도 들지 못하는 것을 의미함이니 이는 물건을 가리는 것이다. 이 역시 그 소용되는 것만 하고 많은 살생을 필요로 하지 않음이니 이것이 바로 세속의 좋은 계명이다'라고 하였다. 귀산 등이 말하기를, '이제부터는 삼가 시행하여 감히 어김이 없겠나이다'고 하였다. 그후 두 사람이 모두 군사에 종군하여 다 국가에 특출한 공로를 세웠다."

또 건복 30년 계유(613)[20] 가을에 수나라 사신 왕세의(王世儀)가 와서 황룡사에 백좌도량(百座道場)[21]을 베풀고 여러 고명한 중을 청하여 불경을 강설하는데 원광이 가장 윗자리에 앉았다.

평하여 말하건대 법흥왕이 불교를 일으킨 이래로 중생을 건질 길은 비로소 닦아놓았으나 아직 안채인 전당은 이룩되지 못하였으므로 마땅히 계명을 지키는 데로 돌아가 일체 번뇌를 소멸하는 법으로써 어리석고 미욱한 중생을 환하게 깨닫게 한 것이다. 그러므로 원광이 살던 가서갑(嘉栖岬)에 점찰보(占察寶)[22]를 두는 것을 일정한 규례로 삼았다. 이때에 시주 여승이 있어 점찰보에 전토를 바쳤으니 지금의 동평군(東平郡) 전토 100결이 이것으로서 옛 토지 문서가 아직도 보존되어 있다. 원광은 성질이 허무와 정적을 좋아하고 말할 때는 늘 웃음을 머금으며 얼굴에는 성내는 기색이 없고 나이가 이미 많아져서는 수레를 타고 대궐로 직접 들어가니 당시의 많은 인사들이 덕행으로나 의리로나 그에게 붙어 감히 그보다 나은 자가 없었고 문장이 넉넉하여 일국이 그에게 쏠리었다. 나이 80여 살이 되어 정관 연간에 죽으니 부도(浮圖)는 삼기산 금곡사(金谷寺)에 있다.[23]

당나라 전기에는 이르기를, "황륭사(皇隆寺)에서 죽었다"고 하였으나

---

20) 즉 진평왕 즉위 35년이다.
21) 불교를 강설하는 모임의 명칭.
22) 길흉을 점치는 불경인 「점찰경」 연구를 중심한 모임의 비용을 담당하는 적립재산.
23) 지금의 안강 서남쪽 골짜기로서 명활의 서편이다.

▲ 원광법사의 부도는 삼가산의 깊은 골짜기인 경주시 안강읍 두류리에 있다. 금곡사에 무덤이 있다고 했으니 그 부도 근처 어딘가에 그 절이 있었을 것이다. 부도는 임진왜란 때 파손되어서 이런 모습으로 되었다고 한다.

그 땅이 자세하지 못하니 아마 "황룡(皇龍)"의 와전인 듯하며 "분황사(芬皇寺)"를 "왕분사(王芬寺)"라고 쓰는 예와 같다. 이상의 당나라와 우리나라의 두 전기 기사에 의하면, 성씨가 박씨, 설씨라고 한 것이라든가, 중이 되어 동과 서로 갔다는 것이라든가 하여 마치 두 사람 같은데 자세히 규정할 수 없으므로 두 편 다 여기 남겨둔다. 그러나 당나라의 여러 전기에는 모두 작갑(鵲岬), 이목(璃目), 운문(雲門)의 사건들이 없으나, 우리나라 사람 김척명(金陟明)이 그릇되게 항간의 이야기를 윤색하여 원광법사 전기를 짓고 운문사(雲門寺)를 창건한 시조[開山祖]인 보양(寶壤) 스님의 사적을 잘못 기록하여, 합쳐서 한 전기를 만들었는데 뒤에 「해동승전(海東僧

傳)」을 지은 자가 그릇된 것을 계승하여 이를 기록하였으므로 사람들이 많이 잘못 알고 있다. 따라서 여기에 이를 분별하고자 하여 한 자도 가감하지 않고 두 전기 기사를 자세히 실은 것이다.

　진나라, 수나라 시대에 우리나라 사람으로 해외로 나가 불도를 탐구하는 자가 드물었고 설혹 있다고 하더라도 아직 그리 크게 떨치지 못하였으나 원광의 뒤로부터는 서방으로 유학하는 자들이 끊이지 않았으니 이는 원광이 바로 길을 개척했기 때문이다.

　찬미하는 시에 일렀다.

> 배를 띄워 처음으로 중국 땅 구름 뚫고,
> 그 몇 사람 내왕하며 맑은 향기[淸芬:德] 길었을까.
> 그 옛날 유적으론 푸른 산만 남았으니,
> 금곡과 가서(金谷, 嘉西:원광법사의 유적) 일을 들을 수 있도다.

## 보양(寶壤)과 배나무

　중 보양의 전기에는 그의 고향과 씨족이 실리지 않았다. 청도군(淸道郡)의 관청 장적을 자세히 상고해보면 천복 8년 계묘(949)[24] 정월 일 청도군 계리심사(界里審使)[25] 순영(順英)과 대내말(大乃末)[26] 수문(水文) 등의 주첩공문(柱貼公文)이 실렸는데 거기에는 "운문산 선원의 경계표[長生][27]에는 남쪽은 아니점(阿尼岾), 동쪽은 가서현(嘉西峴)이다" 하였고 "이곳 본사, 말사들의 삼강(三綱)[28]의 전주인은 보양화상이요, 원주(院主)가 현회장로(玄會長老), 정좌(貞座)는 현량상좌(玄兩上座), 직세(直勢)[29]는 신원선사

---

24) 태조 즉위 26년이다. 원문의 "癸酉"는 "癸卯"의 오기.
25) 지방의 경제나 공영물의 경계를 조사 판정하는 관리로 추정된다.
26) 신라 관등 제10위인 대나마(大奈麻)의 유음.
27) 원문의 "長生"은 장생표로서 경계표이다.
28) 삼강은 큰 절의 간부 직원으로 사주(寺主), 상좌(上座), 도유나(都紐那)인바 원문의 "貞座玄" 구절에 글자 한 자가 결자인 것으로 생각된다.
29) 능란한 술객들을 의미하는 말로 여기서는 품격을 표시.

(信元禪師)이다"라고 기재되어 있다.[30] 또 개운 3년 병오[31](946) 운문산 선원의 경계표 탑 공문 한 통에는 "경계표 11개가 있는데 아니점, 가서현, 묘현(畝峴), 서북쪽은 매현(買峴),[32] 북쪽은 저족문(猪足門) 등"이라고 하였다. 또 경인년 진양부(晉陽府)[33]가 5도 안찰사에게 공문을 내려 각도 선종(禪宗) 교종(敎宗) 각 사원들의 창립 연월과 내력을 조사하여 문서를 만들 때에 차사원(差使員) 동경장서기(東京掌書記) 이선(李僐)이 조사한 기록에는 정륭(正隆)[34] 6년[35] 신사(1161) 9월에 고을의 묵은 장적을 보충한 기록과 청도군의 전 부호장(副戶長) 어모부위(禦侮副尉)[36] 이칙정(李則楨)의 집에 살던 옛 사람들의 이야기와 또 세속 전기의 기록과 상호장(上戶長) 벼슬을 지낸 김양신(金亮辛), 호장 벼슬을 지낸 민육(旻育), 호장(戶長) 대우 윤응전(尹應前), 기인(其人)[37] 진기(珍奇) 등과 당시의 상호장인 용성(用成) 등의 말이 실렸는데 당시의 태수 이사로(李思老)와 호장 김양신의 나이는 89세요, 나머지 사람들은 모두 70세 이상이요, 용성의 나이는 60세 이상[38]이라고 하였다. 그 자료들을 종합하면 신라 시대 이래로 이 고을 사원(寺院)들로서 작갑(鵲岬) 이하 중소 사원들은 삼한이 난리로 망하는 통에 대작갑(大鵲岬), 소작갑(小鵲岬), 소보갑(所寶岬), 천문갑(天門岬), 가서갑(嘉西岬) 등 다섯 갑사가 모두 무너져 없어지고 다섯 갑사의 기둥만 모아 대작갑사에 두었다.

이 절의 시조 되는 중[祖師智識][39]이 중국에 가서 불법을 전수하여 돌아오는데 서해 바다에 이르렀을 때에 용이 용궁 속으로 맞아들여 불경을 외우고 금색 비단 가사 한 벌과 겸하여 아들 이무기[璃目]를 시켜 그를 모시고 따라가게 하면서 부탁하여 말하였다.

---

30) 이상 공문은 청도군의 도전장(都田帳)에 의거했다.
31) 원문의 "丙辰"은 "丙午"의 오간.
32) 면지촌(面知村)이라고도 한다.
33) 고려 고종 시대의 집정자 최우(崔瑀).
34) 원문의 "正豊"은 금나라의 연호인 "正隆"의 오기.
35) 고려 의종 즉위 16년이다.
36) 무관의 직명.
37) 지방 장관의 볼모로 서울에 번을 들던 하급관리.
38) 이하는 생략한다.
39) 위의 글에는 보양(寶壤)이라고 하였다.

"지금 삼국이 소란하여 불교를 신봉하는 임금이 없으매 만약 그대가 내 아들과 함께 본국으로 돌아가 작갑에 절을 세우고 살면 도적을 피할 수 있을 것이다. 또 수년이 못 되어 반드시 불교를 호위할 현명한 임금이 나서 삼국을 평정할 것이다."

말을 마치자 서로 이별하고 돌아와서 이 동리에 왔더니 갑자기 웬 늙은 중이 자칭 원광이라고 하면서 인궤(印櫃)를 안고 나와 이것을 주고는 사라졌다.[40]

여기서 보양법사가 폐사를 부흥시키고 북쪽 고개 위에 올라가 바라보니 뜰에 5층으로 된 누런 탑이 있으므로 내려와서 찾아가본즉 자취가 없었다. 다시 올라가 바라다보니 까치떼가 와서 땅을 쪼고 있었다. 여기서 바다 용이 작갑이라고 말하던 것이 생각나서 여기를 파보니 과연 옛날 벽돌이 무수히 나왔다. 이것을 모아서 높이 쌓으니 탑이 되면서 남는 벽돌이 없었으므로 여기가 전시대의 절터였음을 알게 되었으며, 절을 세워 역사를 마치고 여기에 살면서 절 이름을 따라서 작갑사라고 하였다.

얼마 안 되어 태조가 삼국을 통일하고 보양법사가 여기에 와서 절을 짓고 산다는 말을 듣고서 다섯 갑(岬)의 밭의 짐수 500결을 절에 바치고 청태(清泰) 4년 정유(937)에 절 이름 현판을 내렸는데 운문선사(雲門禪寺)라고 하여 가사의 영험을 받들게 하였다. 이무기는 늘 절 곁에 있는 작은 못에 살면서 음으로 불법의 교화를 돕더니 한 해는 갑자기 몹시 가물어 밭의 채소가 말라서 타므로 보양이 이무기를 시켜 비를 부르게 하여 온 경내가 흡족하였다. 하느님이 이무기의 건방진 행동을 벌주고서 죽이려 하였다. 이무기가 법사에게 급히 고하니 법사가 마루 밑에 숨겼다. 조금 있으니 하늘 사자가 뜰에 와서 이무기를 내놓으라고 청하므로 법사가 뜰 앞에 있는 배나무를 가리키니 그는 당장 배나무에 벼락을 치고 하늘로 올라갔다. 배나무가 꺾어지고 시들매 용이 어루만지니 곧 살아났다.[41] 그 배나무가 근

---

**40)** 상고하건대 원광은 진나라 말년에 중국에 들어갔다가 개황 연간에 돌아와서 가서갑에 살다가 황룡사에서 죽었으니 청태(清泰)의 초기까지 햇수를 꼽는다면 무려 300년일 것이다. 여기서 여러 갑의 절이 다 없어진 것을 슬퍼하다가 보양이 와서 부흥하려는 것을 보고 기뻤으므로 이렇게 일러준 것이다.

**41)** 법사가 주문으로 살렸다고도 한다.

년에 땅에 넘어졌는데 어떤 사람이 그 나무로 빗장 방망이를 만들어 법당과 식당에 안치해두었는데, 그 방망이 자루에는 글이 쓰여 있었다.

법사가 처음 당나라에 들어갔다가 돌아와 먼저 추화(推火)⁴²⁾의 봉성사(奉聖寺)에 머물렀다. 때마침 태조가 동쪽을 정벌하는 길에 청도(淸道) 지방에 이르매 산적들이 견성(犬城)⁴³⁾에 모여 교만하게도 항복하지 않으므로 태조가 산 밑에 이르러 법사에게 손쉽게 진정시킬 계책을 물었더니 법사가 대답하기를, "무릇 개라는 짐승은 밤을 맡고 낮은 맡지 않으며 앞을 지키면서 뒤는 잊고 있으므로 낮에 그 뒤를 치는 것이 좋을 것입니다"라고 하였다.

태조가 그대로 따랐더니 과연 적이 패하여 항복하였다. 태조가 그의 신통한 계책을 가상히 여겨 해마다 가까운 고을의 벼 50석을 주어 공양하게 하였다. 이 때문에 절에는 두 분의 화상을 모시고 따라서 절 이름을 봉성사라고 하였다. 법사는 그뒤에 작갑으로 와서 크게 불법을 이룩하고 죽었다.

법사의 이력은 옛 전기에는 실리지 않았으니 속설에 이르기를 석굴(石崛)의 비허사(備虛師)⁴⁴⁾와 형제가 되어 봉성, 석굴, 운문 세 절이 봉우리를 나란히 연하여 서로 왕래하였다고 한다. 뒷날 사람이 「신라이전(新羅異傳)」을 개작하여 작탑(鵲塔)과 이목(璃目)의 사건을 함부로 원광의 전기 속에 기록하였으며 견성 사건에 관계된 것을 비허전에 넣었으니, 잘못된 것이다. 또 「해동승전」을 지은 자가 여기에 따라 글을 보태어 보양의 전기는 없애서 뒷날 사람들이 의혹하고 잘못 알도록 하였으니 그 얼마나 그릇된 일인가.

### 양지(良志)가 지팡이를 부리다

중 양지는 조상과 고향이 자세치 않으나 다만 선덕여왕 시대에 그 행적

---

42) 지금의 밀양 지방.
43) 산봉우리가 물에 다다라 깎은 듯이 섰는데 지금 사람들이 그것을 미워하여 이름을 고쳐서 견성이라고 하였다.
44) "備虛"를 "毗虛"로도 쓴다.

이 세상에 드러났다. 그가 지팡이 머리에 베 자루 한 개를 달아놓으면 지팡이가 저절로 시주하는 집으로 날아간다. 지팡이가 흔들려 소리가 나면 그 집에서 이것을 알고 재 올릴 비용을 집어넣는다. 자루가 다 차면 날아서 되돌아온다. 이 때문에 그가 사는 절 이름을 석장사(錫杖寺)라고 하였으니 그의 신통하고 이상한 행적이 모두 이와 같다.

그는 여러 가지 재주[45]에 두루 능통하여 비할 바 없이 신묘하며 글씨도 잘 썼다. 영묘사(靈妙寺)의 장륙삼존, 천왕상 및 전각탑의 기와와 천왕사 탑 아랫도리의 8부 신장, 법림사(法林寺)의 주불 삼존, 좌우의 금강신 등은 모두 그가 빚어 만든 것이다. 영묘, 법림 두 절의 이름 현판도 그가 썼으며 또 일찍이 벽돌을 조각하여 작은 탑 한 개를 만들고 이와 함께 부처 3,000개를 만들어 그 탑에 모시어 절 가운데 두고 예를 드렸다. 그가 영묘사의 장륙상을 빚어 만들 때에 스스로 선정[46]에 들어가 잡념 없는 상태에서 뵌 부처를 모형으로 삼으니, 이 때문에 온 성중 남녀들이 다투어가면서 진흙을 날랐다. 유행하는 노래[風謠]에 일렀다.

| | |
|---|---|
| 오라 오라 오라 | 오다 오다 오다 |
| 오라, 서럽더라 | 오다 서러운 이 많아라 |
| 서럽다 우리들이여 | 서러운 중생의 무리여 |
| 공덕 닦으러 오라 | 공덕 닦으러 오다 |

지금까지 이 지방 사람들이 방아를 찧거나 힘든 일을 할 때는 다들 이것을 부르는데 이는 대개 여기서부터 시작된 것이다. 불상을 만드는 비용으로 곡식 2만3,700석이 들었다.[47]

평하여 말하건대 이 스님이야말로 재주를 구비하고 덕행이 충실하였지만 큰 인물로서 작은 기술에 숨었던 자라고 할 것이다.

찬미하는 시에 일렀다.

---

45) 원문의 "譽"는 "藝"의 오기인 듯하다.
46) 참선하는 자가 잡념을 다 버리고 맑은 심경에 도달하는 것.
47) 혹은 다시 도금할 때의 비용이라고도 한다.

재 끝난 불당 앞에 지팡이 한가할새,
향로를 차려놓고 향불이나 피울거나.
남은 불경 읽고 나니 다른 일 더 없으매,
부처님 빚어두고 합장하고 뵈오리.

## 천축에 갔던 여러 스님들

광자함(廣字函)의 「구법고승전(求法高僧傳)」에 일렀다.

"중 아리나발마(阿離那跋摩)[48]는 신라 사람이다. 그는 처음에 올바른 교에 뜻을 두고 일찍이 중국에 들어갔던바 거룩한 유적을 찾아 참배할 것을 생각하고 용기를 더욱 내더니 정관 연간에 장안(長安)을 출발하여 오천축[49]에 이르러 나란타(那蘭陀) 절에 머물러 계율과 불교 이론을 많이 열람하면서 불경을 베꼈다. 그는 간절한 고향 생각으로 인하여 목적을 달성하지 못하고 절에서 갑자기 죽으니 나이가 70여 세였다. 그의 뒤를 이어 혜업(惠業), 현태(玄泰), 구본(求本), 현각(玄恪), 혜륜(惠輪), 현유(玄遊)가 있었고, 이밖에 이름이 없어진 두 법사가 있었던바 다들 불교에 몸을 바쳐 중천축국(中天竺國)에서 불교 이치를 탐구하다가 중도에 일찍 죽기도 하고 더러는 생존하여 그 절에서 살기도 하였으나 다시 신라[雞貴]나 당나라로 돌아온 자는 필경 없었다. 오직 현태법사만이 당나라로 돌아왔으나 역시 끝마친 곳은 모른다."

천축 사람들은 우리나라를 불러서 "구구타예설라(矩矩吒䃜說羅)"라고 하니 구구타는 닭[雞]이라는 말이요, 예설라는 귀하다[貴]는 말이다. 그 나라에서 전해오는 말로는, "신라는 닭 귀신을 떠받들므로 날개 깃을 머리에 꽂아서 꾸미개로 표시하였다"라고 하였다.

찬미하는 시에 일렀다.

천축 하늘은 멀기도 해라 첩첩이 가린 산,
기어오르는 저 선비들 가상도 하여라.

---

48) "나(那)"를 "야(耶)"라고도 한다.
49) 인도를 동, 서, 남, 북과 중앙으로 나누어 부르는 천축국들.

▲ 운제산 자락인 포항시 오천읍 항사동에 **오어사**가 있다. 거기서 더 올라간 골짜기에는 원효암도 있다.

저 달은 몇 번이나 외로운 배 보냈던가.
구름 따라 돌아오는 그 누구도 못 보았네.

### 혜숙(惠宿)과 혜공(惠空)이 속세에 들어가 민중을 교화하다

　중 혜숙이 화랑 호세(好世)의 무리 속에 파묻혀 지냈는데, 호세랑이 이미 화랑 명부[黃卷]에서 이름을 지운 뒤로는 혜숙스님도 적선촌(赤善村)[50]으로 은퇴하여 20여 년 살았다.
　당시의 국선 구참공(瞿旵公)이 언젠가 그가 사는 들판에 나가서 온종일 사냥을 하는데 혜숙이 길 옆에서 튀어나와 그의 말고삐를 붙잡고 청하기를, "소승도 따라가고 싶은데 좋겠습니까?" 하니 구참공이 이를 허락하였다. 이에 이리저리 내달리면서 웃통을 벗고 앞을 다투매 공이 기뻐하였다. 피로하여 앉아 쉬는 동안 연이어 고기를 굽고 삶고 잣거니 잣거니 하는데

---

50) 안강현(지금의 경주시 안강읍)에 적곡촌이 있다.

▲ 혜공과 원효스님이 고기를 잡던 개천은 거대한 저수지가 되었다. 사진의 오른쪽 멀리로 보이는 능선 끝에 오어사가 있다.

혜숙도 역시 함께 먹으면서 조금도 얼굴에 꺼리는 기색이 없었다.

조금 있다가 혜숙이 그의 앞에 다가서며 말하기를, "지금 이보다도 더 맛좋은 고기가 있는데 더 드려도 좋겠습니까?" 하니 구참공이 좋다고 하였다.

혜숙이 사람들을 물리치고 자기의 넓적다리를 베어 소반에 놓아 바치니 옷에 피가 뚝뚝 떨어졌다. 구참공이 깜짝 놀라면서, "어떻게 된 일이냐?" 하니 혜숙이 말하기를, "내가 처음에 공은 어진 분이라 자기를 생각하는 만큼 다른 물건에도 그 생각이 통할 줄 여겨 공을 따라왔습니다. 그런데 지금에 공이 좋아하는 것을 보니 오직 살육에 몰두하여 남을 해쳐서 자기를 살찌울 뿐이니 이것이 어찌 어질고 점잖은 분의 할 노릇이겠습니까. 우리의 동지는 못 되오리다" 하고는 드디어 옷을 털고 가버렸다.

구참공이 몹시 무안하여 혜숙이 먹은 데를 자세히 보니 소반에 고기가 그대로 있었다. 공은 매우 이상히 여겨 조정에 들어가 아뢰었다. 진평왕이 이 말을 듣고 사람을 보내어 불러 맞으러 갔더니 혜숙은 여자의 침상에 누위 자는 체하였다. 대궐에서 나온 사자가 그를 비루하게 여겨 7-8리나 되돌아오다가 길에서 혜숙을 만났다. 어디서 오는 길이냐고 물었더니 그가 말하기를, "성안 시주 집의 7일재에 갔다가 법석을 파하고 돌아온다"고 하였다. 사자가 이 말로써 임금께 사뢰었더니 다시 사람을 보내어 그 시주 집에 가서 알아본 결과 이 역시 사실이었다.

얼마 못 되어 혜숙이 갑자기 죽으니 마을 사람들이 이현(耳峴)[51] 동쪽에 장사지냈다. 그때 이 고개 서쪽으로부터 오던 마을 사람이 있어 길에서 혜숙을 만나 어디로 가는지를 물었더니 그가 말하기를, "이곳에 오랫동안 살았기에 다른 지방으로 가보려 한다" 하고 서로 인사를 하여 작별하였다. 혜숙은 반 리 남짓 가다가 구름을 타고 가버렸다. 그 사람이 고개 동쪽에 와서 장사 치르던 사람들이 아직 흩어지지 않은 것을 보고 그 사유를 자세히 말하여 무덤을 헤치고 보니 다만 짚신 한 짝이 있을 뿐이었다. 지금 안강현 북쪽에 혜숙사라고 부르는 절이 있으니 바로 그가 살던 곳이라고 하며 역시 부도(浮圖)도 여기에 있다.

중 혜공은 천진공(天眞公)의 집 품팔이 노파의 아들로서 아명은 우조(憂助)[52]였다. 천진공이 일찍이 종기를 앓아 거의 죽게 되매 문병하는 이들이 골목에 꽉 들어찼다. 이때 우조는 나이가 일곱 살이었는데 그 어머니에게 말하기를, "집안에 무슨 일로 손님이 이다지 많은지요?" 하였다.

어머니가 말하기를, "주인 어른이 나쁜 병에 걸려 돌아가시려 하는데 너는 어째서 모르느냐"고 하였더니 우조가 하는 말이 "제가 낫도록 하겠습니다" 하였다.

그 어머니가 그의 말을 이상하게 여겨 공에게 고하였더니 공이 불러오라고 시켜 침상 아래 와서 앉았으나 아무 말이 없었는데 잠시 후에 종기가 터졌다. 공은 이것을 우연으로 생각할 뿐 그렇게 이상하게 여기지 않았다. 그가 장성하매 공의 매 기르는 일을 맡아서 매우 공의 마음에 들었다. 처음에 공의 아우로서 벼슬을 얻어 외지로 가는 자가 있어서 공에게 좋은 매를 뽑아 얻어서 임지로 갔다. 하루 저녁은 공이 갑자기 그 매 생각이 나서 이튿날 아침에 우조를 시켜 매를 찾아오려고 하였더니 우조가 이것을 먼

---

51) 형현(硎峴)이라고도 한다.
52) 우리말인 듯하다.

저 알고 잠깐 사이에 매를 찾아서 날 밝을 녘에 가져다 바쳤다.

공이 크게 놀라 깨쳐 그제야 예전에 종기를 치료한 일이 모두 풀기 어려운 일임을 알고 말하기를, "제가 대단한 성인이 우리 집에 의탁하신 것을 모르고 종작없는 말과 무례한 짓으로 욕되게 하였으니 이 죄를 어떻게 씻겠사오리까. 지금부터 원컨대 지도하는 스승이 되시와 저를 인도해주소서"라고 하면서 드디어 내려와 절을 하였다.

신령스러운 이적이 이미 나타났으므로 우조는 드디어 출가하여 중이 되어 이름을 혜공으로 고치고 어느 작은 절에 살았다. 그는 매양 미치광이 행세를 하고 술이 억병 취하여 삼태기를 지고 거리에서 노래하고 춤추었으므로 호를 부궤화상(負簣和尙)이라고 하고, 살던 절을 부개사(夫蓋寺)라고 하였으니 "궤"의 우리말이 "부개"[53]이다.

또 매양 절 우물 속에 들어가면 몇 달씩 나오지 않았으니 이 때문에 법사의 이름으로써 우물 이름을 지었다. 우물에서 나올 때마다 푸른 옷을 입은 신동이 먼저 솟아나왔으므로 절의 중들이 이것을 보고 기다렸더니 막상 나오고 보매 옷이 물에 젖지 않았다.

만년에는 항사사(恒沙寺)[54]로 옮겨 살았는데 이때에 원효가 여러 불경들의 주해를 지으면서 매양 법사에게 와서 의심나는 것도 묻고 가끔 농담도 하였다. 하루는 두 분이 시냇가에서 고기를 잡아 먹고 돌 위에 똥을 누었는데 혜공이 이것을 가리키면서 장난 말로, "네 똥은 내 고기로구나!"라고 하였으므로 절 이름을 오어사(吾魚寺)라고 하였다. 어떤 사람은 이것을 원효대사의 말이라고 하는데 이는 종작없는 말이다. 세간에서는 이 시내를 잘못 불러 모의천(芼矣川)이라고 한다.

구참공이 언젠가 산에서 놀 때에 혜공이 산길 가운데 죽어 넘어져 있는데 그 시체가 부어 터져 구더기가 나므로 한참 동안 슬퍼하다가 말고삐를 돌려 성으로 들어갔을 때 혜공이 술이 몹시 취하여 거리 복판에서 노래하고 춤추는 것을 보았다고 한다.

또 어느날 그는 새끼줄을 가지고 영묘사에 들어가 금당과 좌우의 불경

---

53) 경상도 방언으로 짚으로 짠 섬.
54) 지금의 영일현 오어사인데 속설에는 항사 사람이 은거하였으므로 이름을 항사동(恒沙洞)이라 하였다고 한다.

을 둔 다락과 남문 행랑채를 둘러치고 주지에게 말하기를, "이 새끼줄은 꼭 사흘 뒤에 걷으라" 하였더니 주지가 이상히 여기면서 그대로 하였다. 과연 사흘 만에 선덕여왕이 절로 거동하여 오니 지귀심화(志鬼心火)⁵⁵⁾가 나와 그 탑을 태웠으나 다만 새끼줄을 매었던 곳은 타지 않았다.

또 신인종(神印宗)의 조사 명랑(明朗)이 새로 금강사(金剛寺)를 세우고 낙성회를 베푸는데 이렇다는 중[龍象]들이 다 모였으되 혜공스님만은 가지 않았다. 명랑이 향불을 피우고 경건하게 기도하니 조금 후에 공이 왔는 바 때마침 큰 비가 내렸으나 의복이 젖지 않았고 발에 진흙도 묻지 않았다. 그는 명랑에게 말하기를, "친절하게도 불러주었기에 여기 왔노라" 하였다. 이처럼 신령스러운 이적이 퍽 많았는데, 그가 죽을 때에는 공중에 떠서 세상을 마쳤으며 사리가 얼마나 되는지 셀 수 없었다. 그는 일찍이 「조론(肇論)」을 보고 말하기를, "이것은 옛날에 내가 지은 것이다"라고 하였으니 이로써 승조(僧肇)의 후신⁵⁶⁾임을 알겠다.

찬미하는 시에 일렀다.

> 벌판에서 사냥하다 평상에 누웠고
> 술집에서 노래하고 우물 속에서 잠을 잤네.
> 척리(隻履)와 부공(浮空)*은 어디로 갔는가.
> 불길 속의 고귀한 한 쌍의 연꽃일러라.
>
> * 척리(隻履)와 부공(浮空) : 혜숙이 신던 짚신 한 짝과 혜공이 죽어 공중에서 사라진 것을 말함.

## 자장(慈藏)이 계율을 정하다

중 자장은 김씨인데 본래 진한의 진골 무림 소판(茂林蘇判)⁵⁷⁾의 아들이다. 그 아버지는 요직의 벼슬들을 거쳤으나 대를 이을 자식이 없었으므로

---

55) 지귀심화의 지귀는 신라 활리(活里)라는 역 사람으로서 선덕여왕을 연모하여 너무 고민한 나머지 심화가 나서 불귀신이 되었다는 이야기가 「신라수이전(新羅殊異傳)」에 실려있다.
56) 원문의 "有"는 "身"의 오자.
57) 소판은 신라 17관등 중 셋째 급수의 관작 이름.

그만 불교에 귀의하여 천부관음(千部觀音)에게 가서 자식 하나 낳기를 바라 축원하기를, "만약 사내 자식을 낳는다면 희사하여 불교계의 대표적 인물을 만들겠다"고 하였더니 뜻밖에도 어머니의 꿈에 별이 떨어져 품속으로 들어왔다. 이후 태기가 있어 아이를 낳으매 석가의 탄일과 같은 날이었다. 이름을 선종랑(善宗郎)이라고 하니 정신과 지조가 맑고도 슬기로웠으며 총명이 날로 더하여 세간의 취미에 물들지 않았다. 일찍이 양친을 잃으니 이로 하여 더욱 시끄러운 세상을 싫어하여 처자를 버리고 전토를 희사하여 원녕사(元寧寺)를 만든 뒤 깊숙하고 험한 곳에 혼자 자리잡고 이리와 범을 피하지 않으면서 고골관(枯骨觀)[58]을 닦아 조금도 게을리함이 없었다. 이리하여 작은 방을 짓고 자리 주위를 가시나무로 둘러치고 그 속에 벌거벗고 들어앉아 움직이기만 하면 가시에 찔리게 하고 머리를 들보에 달아매어 정신이 흐려짐을 막았다.

때마침 재상 자리가 비었으므로 그의 문벌이 의논에 올라 여러 번 불렸으나 가지 않으니 왕이 이에 칙명하기를, "오지 않으면 죽인다"고 하였다. 자장이 이 말을 듣고 말하기를, "내가 차라리 하루라도 계율을 지키고 살지언정 100년이라도 파계하고는 살고 싶지 않다" 하였더니 이 말이 임금께 보고되어 임금은 그가 중이 되게 허락하였다.

이리하여 바위너덜 속에 깊이 숨어 사니, 양식 한 톨 주는 이가 없었다. 이때에 이상한 새가 있어 과실을 물어다가 바치니 손을 내밀어 받아 먹었다. 얼마 후 하늘 사람이 와서 다섯 가지 계율을 주는 꿈을 꾸고 그제야 처음으로 산골을 나왔는데 고을과 마을의 남녀들이 저마다 와서 계율을 받았다.

자장은 변방에서 난 것을 자탄하면서 서방의 교화를 희망하고 인평(仁平)[59] 3년 병신[60]에 칙명을 받아 제자 중 실(實) 등 10여 명과 함께 서쪽 당나라에 들어가 청량산(淸涼山)을 찾았다. 이 산에는 만수보살(曼殊菩薩)의 소상(塑像)이 있었는데 당나라에서 전해 오는 말로는 제석천왕이 재인바치를 보내와서 새긴 것이라고 하였다. 자장이 소상 앞에서 무언중에 감응이 있기를 기도하였더니 꿈에 소상이 자장의 이마를 어루만지면서 범게

---
58) 불교의 16관법 중 하나로 이른바 인생의 허무를 제목으로 삼은 관.
59) 신라 선덕여왕의 연호.
60) 즉 정관 10년이다.

(梵偈)를 주었다.

　꿈에서 깨어나서도 그 의미를 알지 못하였는데, 아침이 되어 한 이상한 중이 와서 해석하고[61] 또 말하기를, "비록 1만 가지 교를 배워도 이보다 더 나을 것이 없다"하고는 다시 가사와 사리 등을 주고 사라졌다.[62] 자장은 이미 거룩한 글을 받은지라 곧 북대(北臺)로 내려가 태화지(太和池)에 갔다가 당나라 서울로 들어가니, 당나라 태종이 사람을 보내어 위문하고 승광별원(勝光別院)에 편히 있게 하며 총애가 매우 두터웠다. 자장은 그 번잡스러움이 싫어서 천자에게 바칠 글을 가지고 종남산(終南山) 운제사(雲際寺) 동쪽 산비탈에 와서 바위에 걸쳐 집을 짓고 3년을 살았는데, 사람과 신들이 계율을 받고 영감을 날로 교환하였으나 이야기가 번잡하므로 기재하지 않는다. 얼마 후에 다시 서울로 들어갔더니 또 황제가 위문을 하고 비단 200필을 내려서 옷감에 쓰게 하였다.

　정관 17년 계묘(643)에 본국의 선덕여왕이 글을 올려 돌려보내기를 청하였으므로 이를 조서로 허락하고 대궐로 불러들여 비단 한 벌[領]과 채색비단 500끗[端]을 주고 태자가 역시 200끗을 주었으며 또 많은 선물들이 있었다. 자장이 본국의 불경과 불상들이 충분하지 못하므로 대장경 한 부와 깃발들과 꽃일산[花蓋] 등 복리가 될 만한 것은 가져가기를 청하여 싣고 돌아오니 온 나라가 기쁘게 맞았다.

　왕이 명하여 분황사(芬皇寺)[63]에 있게 하고 극진히 대우했다. 어느 해 여름에 궁중으로 청해다가 대승론(大乘論)을 강설하게 하고 또 황룡사에서 보살계본(菩薩戒本)을 이레 낮 이레 밤 동안 강연하게 하니 하늘에서 단비가 내리고 구름과 안개가 캄캄하게 끼어 강당을 덮어서 군중들이 그 이상함에 감복하였다.

　조정에서 의논하기를, "불교가 동쪽으로 퍼져서 들어온 지 백천년이 되었지만 주지에 관한 제도와 질서가 없으니 법규로써 다스리지 않으면 규율을 확립할 수 없다"고 하여 자장을 대국통[64]으로 명하고 무릇 승려들의

---

61) 해석은 황룡사 편에 이미 나왔다.
62) 자장공이 처음에는 이 사실을 숨겼으므로 「당승전」에는 실리지 않았다.
63) 「당전」에는 왕분사(王芬寺)라고 하였다.
64) 중의 최고 승직.

일체 규정을 승통에게 맡겨 이것을 주관하게 할 것을 아뢰었다.[65]

자장은 바로 이 좋은 기회를 만나서 불법의 전파에 용기를 분발하여 승려의 5부에 학습을 더 늘리고 보름씩 계율을 설법하며 겨울과 봄에 모두 시험을 보여 계율을 지키고 범하는 것[持犯]을 알게 하며 직원을 두어 관리하여 유지시켰다. 또 순행하는 사자를 보내어 지방의 절들을 돌아다니면서 검열하여 중들의 과오를 경계하고 독려하며 불경과 불상을 엄숙하게 치장할 것을 떳떳한 규례로 삼으니 한 시대의 불법 수호가 이때에 와서 융성해졌다. 마치 공자(孔子)가 위(衞)나라로부터 노(魯)나라로 돌아오매 음악을 바로잡아 아(雅)와 송(頌)이 각각 그 표준을 얻음과 같았다.

이 시기에 온 나라 사람들로서 계(戒)를 받고 부처를 공경하는 자가 열 집이면 여덟 아홉 집이 되고 머리를 깎고 중노릇을 하겠다는 자가 해마다 달마다 늘어갔다. 이에 통도사를 세우고 계단을 쌓아 사방에서 오는 자들

▶태백산의 서쪽 자락인 정선군 고한읍 고한리에 정암사가 있다. 그 절의 높은 자리에 **수마노 탑**이 있는데, 자장율사가 당나라에서 올 때 가져온 마노석으로 쌓은 것이라고 한다.

65) 상고하건대 북제 천보* 연간에 나라에서 10통을 두었더니 관원이 이것을 마땅히 구별해야 된다고 아뢰게 되어** 이때야 선제가 법상법사로 대통을 삼고 나머지는 통통으로 삼았다. 또 양나라와 진나라 중간 시대에 국통, 주통, 국도, 주도, 승도, 승정, 도유내 등의 명목이 있어 모두 소현조에 속하였으니, 소현조는 즉 중들을 거느리는 벼슬 이름이었다. 당나라 초기에는 또 10대덕을 두기까지 하였다. 신라 진흥왕 11년 경오(550)에 안장법사를 대서성*** 한 사람으로 삼았고 또 소서성 두 사람이 있었다. 이듬해 신미에는 고구려의 혜량법사를 국통으로 삼았는데 역시 사주(寺主)라고도 불렀으며, 보량법사가 대도유나(大都維那)****의 한 사람이 되었고, 주통 9인, 군통 18인 등을 두었다가 자장에 이르러는 다시 대국통 한 사람을 두었으니 대개 고정된 직임이 아니요, 부례랑이 대각간이 되고 김유신이 태대각간이 된 것과 같다. 뒤에 원성대왕 원년(785)에 이르러 또 정법전이라는 명칭의 승관을 두고 대사 한 명, 사(史)***** 한 명의 차지가 되어 중들 가운데 재주와 행실이 똑똑한 자를 뽑아 사고가 있으면 곧 바꾸어 일정한 연한이 없었다. 그러므로 지금의 자줏빛 복장을 하는 무리는 율사(律師)******의 다른 가닥이다. 「향전」에 이르기를, "자장이 당나라에 들어가니 태종이 무건전에 나와서 맞고 화엄경 강설을 청하였던바 하늘에서 감로*******가 내리고 처음으로 국사로 삼았다"고 한 것은 잘못이다. 「당전」과 「국사」에 모두 그런 기사가 없다.

* 원문의 "天寶"는 "天保"의 오기.
** 원문의 "卷"은 "奏"의 오간.
*** 대서성(大書省)과 소서성(小書省)은 신라 관제의 불교 행정 관직.
**** 큰 절을 주관하는 삼강(三綱) 직의 한 사람.
***** 신라 관직 중 최하급 관명.
****** 불교의 계율에 철저한 자로 중들의 범계를 감찰하는 승직.
******* 하늘이 상서로 내린다는 단맛이 나는 이슬.

을 구제하였다.[66] 또 출생한 마을 집인 원녕사를 고치고 낙성회를 베풀어 잡화(雜花)[67] 1만 게송을 강설하니 52녀(女)[68]가 감응하여 몸을 드러내고 청강하였으므로 제자를 시켜 그 수대로 나무를 심어서 이적을 표창하고 나무 이름을 지식수(知識樹)라고 불렀다.

일찍이 우리 나라 의복이 중국과 같지 않아서 조정에 의견을 제기하였더니 허락하여 좋다고 하였으므로 바로 진덕여왕 3년 기유(649)에 처음으로 중국 의복과 쓰개[衣冠]를 착용하였다. 이듬해 경술년에는 또 중국의 정삭(正朔)을 받들어 처음으로 영휘(永徽) 연호를 시행하고 그후로부터 매번 황제를 찾아볼 때는 좌석의 차례가 여러 외방 나라들의 윗자리가 되었으니 이는 자장의 공로이다.

만년에는 서울을 떠나 강릉군(江陵郡)[69]에 수다사(水多寺)를 세우고 그곳에 머물렀다. 다시 꿈에 북대(北臺)에서 보았던 모습을 한 이상한 중이 와서 고하기를, "내일은 너를 대송정(大松汀)에서 보리라" 하였다.

깜짝 놀라 일어나 이른 아침 송정까지 갔더니 과연 문수보살이 감응하여 온지라, 그는 불법의 요지를 물었더니 보살이 말하기를, "태백산 갈반지(葛蟠地)에서 다시 만나자" 하고는 드디어 사라졌다.[70] 자장이 태백산으로 가서 찾으니 큰 구렁이가 나무 아래에 둥지를 사리고 있었다.

수종하는 자에게 "여기가 소위 갈반지이다" 하고 곧 석남원(石南院)[71]을 세우고 보살이 내려오기를 기다렸더니, 어떤 늙은 거사가 남루한 옷을 입고 칡삼태기에 죽은 강아지를 담아 지고 수종하는 자에게 와서 말하기를, "자장을 만나보려고 왔노라" 하였다.

문을 지키던 자가 말하기를, "우리 스승을 모시고 수종해온 이래로 아직 감히 이름 부르는 자를 보지 못하였거늘 너는 대관절 누구인데 이런 종작없는 소리를 하느냐" 하니 거사가, "너의 선생에게 고하기만 하려무나"라고 하여 드디어 들어가 고하니 자장이 이를 깨닫지 못하고 말하기를,

---

66) 계단 이야기는 이미 앞에 나왔다.
67) 화엄게(華嚴偈)의 다른 칭호로「화엄경」요지의 경구.
68) 52녀는 여러 보살들을 의미한다.
69) 명주(지금의 江陵).
70) 송정은 지금까지 가시나무가 나지 않고 또한 매와 같은 날짐승들도 깃들이지 않는다고 한다.
71) 정암사(淨巖寺).

"미친 사람인가 보구나" 하였다.

문지기가 나와 욕을 하여 그를 쫓으니 거사가 말하기를, "돌아가리라, 돌아가리라! 자기의 주관이 강한 자가 어떻게 나를 볼 것이랴!" 하고는 이내 삼태기를 거꾸로 엎어서 터니 개가 변하여 사자 보좌가 되면서 그는 보좌에 태우고 광명을 뿜다가 가버렸다. 자장이 이 말을 듣고 그제야 위의를 갖추고 그 광명을 찾아 남쪽 고개로 달려 올라가니 벌써 까마득하여 따를 수 없었다. 자장은 마침내 그곳에서 쓰러져 죽었다. 시체는 화장하여 돌구멍 속에 뼈를 모셨다.

자장이 세운 탑이 대개 여남은 곳이 되는데 탑 하나를 세울 적마다 반드시 이상한 상서가 있었으므로 불공하는 자가 저자처럼 모여들어 삽시간에 낙성되었다. 자장의 세간과 버선이며 태화지의 용이 바친 오리 형상의 목침과 함께 석가의 옷 등이 모두 통도사에 있다. 또 헌양현(巘陽縣)[72]에 압유사(鴨遊寺)가 있으니 오리 목침을 베고 일찍이 이곳에서 놀 때에 이적이 나타났으므로 이름한 것이다.

또 원승(圓勝)이라는 중이 있어 자장보다 먼저 서방에 유학하여 함께 고향으로 돌아와서 율부(律部)의 전도사업을 도왔다고 한다.

찬미하는 시에 일렀다.

일찍이 청량산 갔다가 꿈을 깨고 돌아오니
여러 가지 불경 이치 단번에 깨쳤네.
승(僧)·속(俗) 의복을 부끄럽게 여겨
우리나라의 의관을 중국의 의관처럼 만들었네.


## 원효(元曉)의 대담성

거룩한 법사[聖師] 원효의 속성은 설씨(薛氏)이니 할아버지는 잉피공(仍皮公)인데 또한 적대공(赤大公)이라고도 한다. 지금의 적대연(赤大淵) 옆에 잉피공의 사당이 있다. 아버지는 담날내말(談捺乃末)이다. 처음에 압

---

72) 언양(彦陽).

▲ 문천교의 석재들. 경주 반월성을 끼고 도는 모래내(남천)를 건너 요석궁으로 가던 다리인 문천교는 흔히 월정교라고 알려져 있다. 그 다리의 잔해가 몇 년 전에 발굴되어서 월정교의 위치가 밝혀졌다. 반월성 서쪽 끝에 그 석재들이 모아져 있다.

량군(押梁郡)[73] 남쪽 불지촌(佛地村) 북쪽 율곡(栗谷) 사라나무[娑羅樹] 밑에서 났다. 마을 이름은 불지이니 혹은 발지촌(發智村)[74]이라고도 한다. 사라나무라는 것은 속설에 법사의 집이 본래 이 골짜기 서남쪽에 있었는데 그 어머니가 아이를 배어 달이 찼던바 마침 이 골짜기 밤나무 밑을 지나다가 갑자기 해산을 하고 창황하여 집으로 돌아가지 못한 채 그만 남편의 옷을 나무에 걸고 그 안에 누워 있었으므로 나무이름을 사라나무라고 하였다. 그 나무의 열매가 여느 것과 달라서 지금도 사라밤이라고 한다.

고전(古傳)에는, "옛적에 절을 주관하는 자가 있어 절의 종에게 한 끼 저녁으로 밤 두 개씩을 주었더니 그 종이 관청에 송사를 걸었다. 관리가 이를 괴상하게 여겨 밤을 가져다가 자세히 보니 한 개가 한 바리때에 찼다. 이래서 도로 한 개씩 주라고 판결하였으니 이 때문에 이름을 율곡(栗谷)이라고 하였다. 법사가 중이 된 후 그 집을 희사하여 절로 삼으니 이름

---

73) 장산군(章山郡).
74) 속어로는 불등을촌(弗等乙村).

▲ 반월성을 끼고 도는 **남천**이다. 사진에 보이는 물줄기의 끝에서 조금 더 나아간 지점에서 월정교의 석재들이 발견되었다.

이 초개사(初開寺)요, 밤나무 옆에 세운 절은 사라사라고 하였다.

　법사의 행장(行狀)에는 일렀으되, "그는 서울 사람이니 그의 할아버지의 본향을 따랐다"고 하였는데, 「당승전」에는 본래 하상주(下湘州) 사람이라고 하였다. 상고하건대 인덕 2년 중에 문무왕이 상주와 하주의 땅을 떼어 삽량주(歃良州)를 두었은즉 하주는 바로 지금의 창녕군(昌寧郡)이요, 압량군은 본래 하주의 속현이며, 상주(上州)는 지금의 상주(尙州)로서 역시 상주(湘州)로도 쓴다. 불지촌은 지금 자인현(慈仁縣)에 속해 있은즉 바로 압량 땅을 나눈 곳이다.

　법사가 나서 아명은 서당(誓幢)이요 다음 이름은 신당(新幢)[75]이니 처음에 그 어머니가 별이 떨어져 품속으로 들어오는 꿈을 꾸고 이로 하여 태기가 있었는데 해산을 하려는 때가 되자 오색 구름이 땅을 덮었다. 이 해가 진평왕 39년이요, 대업 13년 정축(617)이다. 그는 나면서 특이하여 선생에게 배우지 않았다. 그가 여러 지방으로 돌아다니던 내력과 불교를 전파하

---

[75] 당은 속어로 털이다.

던 많은 업적은 「당전」과 행장에 자세히 실렸으므로 이루 다 쓸 수 없고 다만 「향전(鄕傳)」에 기록된 한두 가지 특이한 사적만 쓰기로 한다.

법사가 하루는 미친 듯이 거리에서 외치기를, "자루 없는 도끼를 누가 빌려줄 것인가? 하늘 받칠 기둥을 찍을 터인데!"라고 하니 사람들이 모두 그 뜻을 깨닫지 못하였다. 이때에 태종무열왕이 이 말을 듣고 말하기를, "그 법사가 아마 귀한 집 딸을 얻어 착한 아들을 낳으려고 하는 것이다. 나라에 큰 인물이 있는 것보다 더 큰 복이 어디 있으랴" 하였다.

이때에 요석궁(瑤石宮)[76]에 혼자된 공주가 있었는데 궁중의 관리를 시켜 원효를 찾아 들이라고 명하였다. 그 관리가 칙명을 받들고 그를 찾으려니 이미 남산으로부터 내려와 문천교(蚊川橋)[77]에 있었기에 만나니 그는 일부러 물에 떨어져 옷을 적셨다. 관리가 법사를 대궐로 인도하여 옷을 갈아입히고 젖은 옷을 말렸다. 이 때문에 대궐에서 묵게 되었더니 그후 공주가 과연 태기가 있어 설총(薛聰)을 낳았다.

설총은 나면서 명민하여 경서와 역사를 두루 통달하니 신라의 열 명현인 중의 하나이다. 그는 우리나라 말로 중국과 우리나라의 지방 풍속, 물명(物名) 등에 통달하여 육경(六經)[78] 문학의 뜻을 새김으로 풀었으니 지금까지 우리나라에서 경학을 전문하는 학자들이 끊이지 않고 전습하고 있다.

원효는 이미 계율을 범하여 설총을 낳은 이후로는 속인의 복색으로 바꾸어 입고 자칭 소성거사(小姓居士)라고 불렀다. 그는 우연히 광대가 가지고 노는 큰 박을 얻었는데 그 모양이 이상하였다. 그 형상에 따라서 중들이 쓰는 도구를 만들고 「화엄경」에 있는 "일체 거리낄 것이 없는 사람은 한결같이 죽고 사는 관념에서 초월한다[一切無碍人 一道出生死]"라는 말을 따다가 "무애(無碍)"라고 이름짓고 이에 노래를 지어 세상에 퍼뜨렸다. 언제나 이것을 들고 수많은 촌락을 돌아다니면서 노래를 부른다 춤을 춘다 하여 노래로써 교화를 시키고 돌아오매 오막살이 가난뱅이와 어중이

---

[76] 지금의 학원(學院)이 여기이다.
[77] 사천(沙川)이니 세간에서는 모천(牟川) 또는 문천(蚊川)이라고 하고 또 다리 이름을 유교(楡橋)라고 한다.
[78] 시(詩), 서(書), 역(易), 춘추(春秋), 예기(禮記), 주례(周禮).

떠중이들까지도 죄다 부처님 이름을 알게 되고 모두 염불 한 마디는 할 줄 알게 되었으니 원효의 교화야말로 컸던 것이다. 그가 태어난 마을 이름은 불지요, 절 이름은 초개요, 자칭 원효라고 부른 것은 부처님의 광명이 처음으로 번쩍인다는 뜻이다. 원효는 역시 우리말이니 당시 사람들은 모두 우리나라 말로 "첫새벽[始旦]"이라 불렀던 것이다. 그는 일찍이 분황사로 가서「화엄경소(華嚴經疏)」[79]를 편찬하였는데, 제40회향품(廻向品)[80]에 이르러 마침내 붓대를 놓고 말았다.

또 일찍이 그의 몸을 100개의 형상으로 갈랐다고 말하였는바 그러므로 모두 이르기를 원효가 도통할 첫 자리가 잡혔다고 하였다. 또 바다 용의 권유로 길바닥에서 임금의 조서를 받아「삼매경소(三昧經疏)」를 짓더니 붓과 벼루를 소의 두 뿔 위에 놓아두었으므로 책의 이름을 각승(角乘)이라 일렀는데, 역시 본래 두 가지 깨달음[二覺][81]으로부터 시작되었다는 오묘한 뜻을 나타낸 것이요, 대안법사(大安法師)가 와서 종이를 발랐으니 역시 그의 속을 알아 협력해준 것이라 할 것이다.

그가 죽자 설총이 그 해골을 부수어 그의 모습을 빚어 분황사에 모셔 한 평생 경모하는 뜻을 표하였다. 당시 설총이 옆에서 예배를 하니 소상(塑像)이 갑자기 돌아보았다는데 지금까지도 아직 몸을 돌린 채로 있으며 원효가 살던 구멍 절[穴寺] 옆에 설총의 집터가 있다고 한다.

찬미하는 시에 일렀다.

> 삼매경에 주석 달아 그 책 이름 각승이라,
> 호로병 들고 춤추면서 거리거리 쏘다니네.
> 달 밝은 요석궁에서 봄 잠이 깊었는데,
> 절문 닫고 생각하니 걸어온 길 허망도 하여라.

---

79)「화엄경」의 주석.
80) 제40회향은 불교의 보살 수행 52단계 중에서 40번째 단계를 말한 것이요, "품(品)"은 불경에서 일반 서적의 편과 같은 의미이다.
81) "角乘": 覺과 角은 음이 같기 때문에 소의 두 뿔[角]로써 두 가지 깨달음[二覺]을 나타낸다. 승(乘)은 불법을 뜻한다. 두 가지 깨달음은 자각과 타각이다.

## 의상(義湘)의 불교 전도

　의상법사의 아버지는 한신(韓信)이라 하니 성은 김씨이다. 나이 스물아홉에 서울의 황복사(皇福寺)에 가서 중이 되었다. 얼마 못 되어 서방으로 가서 불교의 교화를 참관하고자 하더니 드디어 원효와 함께 요동으로 길을 잡아 나가다가 변경의 수비군에게 첩자라 하여 붙잡혀 수십 일 동안 갇혔다가 간신히 풀려 돌아왔다.[82] 영휘 초년에 마침 당나라 사신의 배로 서방으로 귀환하는 편이 있어 그 배를 타고 중국으로 들어가 처음에는 양주(揚州)에 머물더니 고을의 장수[州將] 유지인(劉至仁)이 관사 안에 머물기를 청하고 공양하기를 풍부하게 하였다. 그는 종남산[83] 지상사(至相寺)로 찾아가서 지엄(智儼)을 배알하였다. 지엄의 전날 밤 꿈에, 큰 나무 하나가 신라 지역에 나서 가지와 잎이 널리 펴져 중국[神州]을 그늘로 덮었다. 나무 위에는 봉황의 둥지가 있어 올라가보니 마니(摩尼)[84] 구슬 한 개가 있어 그 광명이 멀리 비쳤다. 잠을 깨어 놀랍고 이상하여 청소를 하고 기다리자니 의상이 바로 왔다. 남다른 예절로 영접하여 조용히 이르기를, "어젯밤 꿈에 그대가 내게로 올 조짐을 보았노라" 하고 방으로 들어오게 하였다.
　의상은 여러 가지 묘한 뜻을 세밀하게 분석하였다. 지엄이 뛰어난 자질의 인물[郢質]을 만난 것을 기뻐하고 새로운 이치를 잘 발명해내었으니, 가위 깊은 것을 파고 숨은 것을 찾아낸 것이 쪽[藍]과 꼭두서니[茜]가 본색을 잃음이나 다를 바 없었다. 얼마 뒤에 본국의 재상 김흠순(金欽純),[85] 양도(良圖) 등이 당나라에 가서 구금되었는데, 고종이 대부대로 신라를 치려 하니 흠순 등이 비밀리에 의상에게 앞질러가도록 권고하였다. 그가 함형(咸亨) 원년 경오(670)에 귀국하여 사건을 조정에 보고하니 조정에서는 신인종(神印宗)의 대덕 명랑(明朗)을 시켜 임시로 비밀 제단을 설치하여 기도를 하니 나라가 화를 면하였다. 의봉(儀鳳) 원년(676)에 의상이 태백산으로 가서 조정의 뜻을 받들어 부석사(浮石寺)를 세우고 대승의 교법을

---

82) 이 사건은 최치원(崔致遠)이 지은 의상의 본전과 원효의 행장에 실렸다.
83) 당나라 서울 장안(長安)의 남산.
84) 마니 구슬은 여의주와 같은 구슬로 용왕의 머릿속에서 나왔다는 것.
85) 인문(仁問)이라고도 한다.

널리 펴니 영감이 많이 나타났다.

종남산 지엄의 제자 현수(賢首) 법장법사가 「수현소(搜玄疏)」를 지어서 그 부본을 의상에게 보내면서 함께 친절한 편지를 전했는데 그것은 다음과 같았다.

"서경 숭복사의 중 법장(法藏)은 해동 신라 화엄법사 앞에 글을 드립니다. 한번 작별한 뒤로부터 20여 년에 사모하옵는 정성이 어찌 마음에서 떠나겠습니까. 구름만 자욱한 만리길, 바다와 육지가 천 겹으로 막혀 이 한 몸이 다시는 만나뵐 수 없음이 한스럽습니다. 그리운 회포를 무엇이라고 다 말하리까. 전세상에서 인연이 같았으므로 이생에서도 도를 같이 하여 이 과보를 얻어서 함께 큰 도에 목욕하였으며 특히 돌아가신 스승(지엄)으로부터 이 오묘한 경전(「화엄경」)을 배우게 되었습니다. 듣자옵건대 스님께서 고향으로 돌아가신 후 「화엄경」을 강연하여 불교계에 드날리셨다 하니 이는 한량없는 인연이오며 높은 하늘 아래와 새로운 불교 국가에 복리를 널리 퍼뜨렸으매 기쁘기 한량없사외다. 이러므로 석가여래가 돌아가신 후 불법의 태양을 밖에 빛내고 법륜을 다시 돌려 불법을 오래 유지하게 한 분으로는 오직 법사가 있을 뿐이란 것을 알았습니다. 법장은 정진하여 성공한 것이 없고 활동에서 볼 만한 것이 없으매 이 경전을 우러러 생각할 때에 돌아가신 선생님을 저버림이 되어 부끄럽습니다. 분수에 따라 전수해가진 것을 버려둘 수도 없어서 이 공부에 희망을 걸고 오는 세상의 인연을 맺고자 할 뿐입니다. 다만 스님의 주해가 뜻은 풍부하나 글이 간략하여 뒷날 사람들이 뜻을 알기에 어려운 대목이 많으므로 스님이 하신 은미한 말씀과 오묘한 뜻을 기록하여 간신히 의기(義記)[86]를 작성하였더니 근래에 승전법사(勝詮法師)가 베껴서 고향으로 돌아가서 그곳 사람들에게 전파하였사온바 스님께서는 좋고 나쁜 것을 자세히 검열해보시고 다행히 깨우쳐 주시기를 간청하옵니다. 꼭 보고야 말 오는 세상[來世]에서는 이 몸을 버리고 새 몸을 받아 서로 노사나(盧舍那)에서 함께 지내면서 이와 같이 다함 없이 오묘한 불법을 듣고 이와 같이 무한량한 보현의 발원을 공부하기를 삼가 바라옵니다. 혹 악업이 남아 하루아침에 지옥에 떨어지더라도 스

---

86) 뜻을 주석한 기록.

님은 옛일을 잊지 마시고 여러 가지 뜻에서 바른 길을 가르쳐 주시기를 삼가 바랍니다. 인편과 서신편이 있을 때마다 생사나 물어주시기 바랍니다. 이만 사뢰나이다."[87]

　의상이 곧 열 군데 절로 하여금 교를 전하게 하니 태백산(太伯山) 부석사(浮石寺), 원주(原州) 비마라사(毗摩羅寺), 가야산(伽耶山) 해인사(海印寺), 비슬산(毗瑟山)[88] 옥천사(玉泉寺), 금정산(金井山)[89] 범어사(梵魚寺), 남악산(南嶽山)[90] 화엄사(華嚴寺) 등이 이것이다. 또「법계도서인(法界圖書印)」을 저작하고 겸하여 간략한 주석을 지으니 불교 이치의 요긴한 알맹이를 전부 종합하였는바 1,000년을 두고 볼 표본이 되어 저마다 진중하게 간직하였다. 이밖에는 저술이 없으나 한 솥 음식의 맛을 보는 데에는 한 점 고기로도 충분할 것이다.「법계도서인」은 총장 원년 무진(668)에 완성되었으며, 이 해에 지엄도 역시 죽었는바 공자가 기린을 잡던 해에 붓대를 놓게 된 것이나 같은 것이다.[91] 세상에서 전하기는 의상은 바로 불보살(佛菩薩)의 환생한 몸이라고 한다.

　그의 제자로서 오진(悟眞), 지통(智通), 표훈(表訓), 진정(眞定), 진장(眞藏), 도융(道融), 양원(良圓), 상원(相源), 능인(能仁), 의적(義寂) 등 열 명의 고명한 중들은 영수가 되어 모두 버금가는 성인들이었고 각자 전기가 있다. 오진은 일찍이 하가산(下柯山) 골암사(鶻巖寺)에 살면서 매일 밤 팔을 뻗쳐서 부석사 방안 불을 켰으며, 지통은「추동기(錐洞記)」를 저술하였으니 대개 친히 의상의 가르침을 받들었으므로 오묘한 말이 많았으며, 표훈은 일찍이 불국사에 살면서 늘 하늘나라에 내왕하였다고 한다. 의상이 황복사에 있을 때에 제자들과 탑돌이를 하였는데 매양 발자국이 허공에 떴으며, 층계를 밟고 오르지 않으므로 그 탑에는 돌층대를 만들지 않았으며, 제자들도 섬돌 위를 석 자나 떨어져 허공을 밟고 돌았다. 이때에 의상이 돌아보고 말하기를, "세상 사람들이 이것을 본다면 필연코 괴변으로 여

---

**87)** 이 글은「대문류(大文類)」에 실려 있다.
88) 경북 현풍(玄風) 지방 소재.
89) 부산 동래(東萊) 지방 소재.
90) 지리산(智異山)의 별칭.
91) 공자가 저술한「춘추(春秋)」의 마지막 대목인, 노나라에서 기린을 잡던 해를 의미한다.

길 터이니 세상에 이것을 알게 해서는 안 된다"고 하였다. 나머지는 최후(崔侯)가 지은 의상의 본전과 같다.

찬미하는 시에 일렀다.

> 덤불을 헤치고 바다 건너와서 연기와 먼지를 무릅쓰니
> 지상사 문 열리며 서광을 접했도다.
> 화엄(華嚴)을 캐어다가 고국에 심으니
> 종남산(당나라)과 태백산(신라)은 똑 같은 봄일러라.

## 말 않는 사복(蛇福)

서울 만선북리(萬善北里)에 과부가 있어 남편도 없이 잉태하여 아이를 낳으매 나이 열두 살이 되어도 말을 하지 못하고 일어나지도 못하였다. 이 때문에 이름도 사동(蛇童)[92]이라고 하였다.

어느날 그 어머니가 죽으니 이때에 원효는 고선사(高仙寺)에 있었다. 원효가 그를 보고 맞으면서 예를 하였으나 사복은 답례하지 않고 말하기를, "그대와 내가 옛날에 불경을 싣던 암소[93]가 지금 죽어버렸으니 함께 가서 장사를 치르는 것이 어떨꼬?" 하였다.

원효가 좋다고 승낙하자 함께 집에 이르러 원효를 시켜 설법을 하고 계율을 주게 하였다. 원효가 시체 앞에 나와 빌기를 "살지 말자니 그 죽음이 괴롭구나! 죽지 말자니 그 삶이 괴롭도다!" 하니 사복이 말하기를, "사설이 복잡하구나!" 하여 원효는 다시 고쳐서 말하기를, "죽고 사는 것이 괴롭도다"라고 하였다.

두 사람은 상여를 메고 활리산(活里山) 동쪽 기슭으로 갔다. 원효가 말하기를, "지혜 있는 범을 지혜의 숲 속에 묻는 것이 역시 좋지 않겠소?" 하니 사복이 귀글[偈]을 지어 일렀다. "그 옛날 석가모니 부처님은 사라수(娑羅樹)[94] 사이에서 열반[95]에 드셨는데 지금도 역시 그와 같은 자가 있어 극락

---

92) 이하에서 사복(蛇卜)이라고도 하고 파(巴) 또는 복(伏)이라고 하였으니 모두 아이라는 말이다.
93) 사복의 어머니를 가리킨다.
94) 석가모니가 죽은 나무 숲.

▲ 고선사 터는 경주시 덕동에 만든 덕동호 물 속에 잠겨버렸다. 앞에 보이는 산의 오복한 곳 앞이다. 거기 남아 있던 석탑은 경주박물관으로 옮겨졌다.

세계[蓮華藏世界]로 편히 들어가네." 말을 마치고 풀줄기를 뽑으니 그 밑에 세계가 나타나는데 명랑하고도 맑은 허공이었으며, 칠보난간을 두른 누각이 장엄하여 인간의 세상이 아닌 것만 같았다. 사복이 시체를 업고 함께 들어가니 그 땅이 갑자기 합쳐지므로 원효는 그만 돌아왔다.

후세 사람들이 금강산 동남쪽에 절을 세우고 도량사(道場寺)라고 하였으며 해마다 3월 14일에 점찰회(占察會)를 행하는 것으로 일정한 법을 삼았다. 사복이 세상에 이바지한 것이 오직 이것을 보였을 뿐인데, 속설로는 많은 황당한 이야기를 끌어대고 있으니 우스운 일이다.

찬미하는 시에 일렀다.

　　잠자코 잠자는 용 어찌 만만히 보랴.
　　이 세상 떠날 때에 간단한 한 말씀.
　　살고 죽음이 괴롭다 하되 원래가 괴로움이 아니럿다.

---

95) 불교의 최고 이상 경지.

극락세계[蓮華藏世界]는 넓기도 해라.

## 진표(眞表)가 패쪽을 전하다

중 진표는 완산주(完山州)[96] 만경현(萬頃縣)[97] 사람이다. 아버지는 진내말(眞乃末)이요 어머니는 길보랑(吉寶娘)이며 성은 정씨(井氏)이다.

나이가 열두 살에 금산사(金山寺) 숭제법사(崇濟法師)의 문하에 몸을 붙여 머리를 깎고 중이 되기를 청하였다. 그의 스승이 한 번은 말하기를, "내가 일찍이 당나라에 들어가서 고명한 중 선도(善道)에게 가르침을 받고 그 후 오대산에 들어가서 문수보살의 현신(現身)에게 감응되어 나타나 다섯 가지 계율을 받았노라" 하였다.

진표가 아뢰기를, "얼마나 공부를 하면 계율을 얻게 되나이까?" 하니 숭제가 말하기를, "정성이 지극하다면 1년 넘을 것도 없느니라" 하였다.

진표는 스승의 말을 듣고 유명한 산들을 두루 다니다가 선계산(仙溪山) 불사의암(不思議庵)에 와서 행장을 풀고 삼업(三業)[98]을 공부하는데, 망신참(亡身懺)[99]으로써 계를 받았다. 그는 처음에 이레 밤을 기한으로 하여 오륜(五輪)[100]을 돌에 쳐서 무릎과 팔이 다 부서지고 피가 바위 언덕에 비오듯 흘렀으되 영험이 없는 것 같으므로 몸을 희생할 결심을 다지고 다시 이레를 연기하여 14일간에 마쳤더니 지장보살이 현신하여 계율을 받게 되었다. 이때는 즉 개원 28년 경진(740) 3월 15일 진시(辰時)요 이때 나이가 스물세 살이었다.

그러나 그는 뜻이 미륵보살[慈氏]에게 있었으므로 만만히 중지하지 않고 바로 영산사(靈山寺)[101]로 옮겨 다시 처음처럼 근면과 용기를 내었더니

---

▶ 금산사는 김제시 금산면 금산리의 모악산 기슭에 있다. 그곳의 미륵전은 우리나라에서는 하나밖에 없는 삼층 법당이다. 그 안에 미륵삼존입불이 있다.

96) 지금의 전주목.
97) 혹은 두내산현이라고도 하고 혹은 나산현이라고도 하니 지금의 만경이요, 옛 이름은 두내산현이다. 「관녕전」에 중 진표의 고향이라고 한 것은 금산현 사람이니 절 이름과 현 이름이 섞인 것이다.
98) 신업(身業), 구업(口業), 의업(意業)으로서 인간의 동작, 언어, 의지를 뜻한다.
99) 자기의 육신을 학대하는 참회 방법.
100) 사지와 머리, 즉 5체를 뜻한다.
101) 다른 이름은 변산(邊山) 또는 능가산(楞伽山)이라고 한다.

과연 미륵이 나타나 「점찰경(占察經)」[102] 두 권과 증과(證果)의 패쪽[簡子][103] 189개를 주면서 말하였다.

"그중에 여덟째 패쪽은 새로 얻은 오묘한 계율을 말한 것이요, 아홉째 패쪽은 더 얻은 자세한 계율인데 이 두 패쪽은 바로 내 손가락 뼈요, 나머지는 모두 침단목(沈檀木)으로 만든 것이다. 여러 가지 번뇌를 말한 것이니 너는 이것으로써 세상에 불법을 전하고 인간을 구제하는 인도자가 되거라."

진표는 거룩한 문건[聖莂]을 받고 금산사로 가서 살았다. 해마다 단을 만들고 널리 설교를 하니 단을 베푼 좌석의 정결하고 엄숙한 품이 말세에서는 볼 수 없었다. 불법의 교화가 고루 퍼지매 그는 유람 걸음으로 아슬라주에 이르렀다. 섬과 섬 사이에 어족들이 다리가 되어 그를 물 속으로 맞아들여 설법을 하고 계를 받았으니 이때가 천보 11년 임진(752) 2월 보름날이었다. 어떤 책에는 원화 6년(811)이라 하였으나 이는 틀린 것이니 원화는 헌덕왕 시대이다.[104]

경덕왕이 이 소문을 듣고 대궐로 맞아들여 보살계율을 받고 벼 7만 7,000석을 시주하였으며, 임금의 친척들도 모두 계율을 받고 비단 500끗과 황금 50냥을 시주하니 이것을 모두 받아서 여러 절에 갈라주어 불교 행사를 널리 일으켰다. 그의 무덤은 현재 발연사(鉢淵寺)에 있으니 바로 어족들을 위하여 계율을 강연하던 자리이다. 그로부터 불교 이치를 체득한 수제자들로 영심(永深), 보종(寶宗), 신방(信芳), 체진(體珍), 진해(珍海), 진선(眞善), 석충(釋忠) 등은 다들 큰 절들의 창시자가 되었다. 영심은 진표의 상속자로서 속리산에 머물면서 그의 의발을 계승할 만한 제자가 되었는데 단을 만드는 법이 점찰 육륜(占察六輪)과는 조금 다르나 절에서 전하는 본규정과는 같았다.

「당승전」을 상고해보면 개황 13년(593)에 광주(廣州)에 참법(懺法)을 하는 중이 있어 가죽으로 쪽지 두 장을 만들어 선과 악 두 글자를 써서 사람

---

102) 이 불경은 진나라, 수나라 때에 외국에서 번역된 것이니, 여기서 처음 나온 것은 아니다. 미륵보살이 이 불경을 쓴 것이다.
103) 불교의 수업으로 얻은 영험의 증명을 기록한 점치는 패쪽.
104) 성덕왕과의 차이가 70년이다.

을 시켜 이것을 던지게 하고 "선"자를 얻으면 길하다고 하였다. 또 제 몸을 치는 참법[撲懺法]으로 죄를 소멸한다 하여 남녀가 함께 모여 요망스럽게 비밀 수업을 하였다. 청주(青州)에까지 이 소문이 퍼져 같이 간 관원이 검찰하고 이것이 요망스럽다고 하였더니 그가 말하기를, "이 탑참법(搭懺法)은「점찰경」에 의거한 것이요, 박참법(撲懺法)은 여러 불경에 의거한 것인데 전신을 땅바닥에 던지면 큰 산이 무너지는 듯하다"고 하여 그 말대로 임금께 아뢰었더니 내사시랑 이원찬(李元撰)을 시켜 대흥사(大興寺)로 가서 여러 지위 높은 중들에게 물었다.

고명한 중 법경(法經)과 언종(彦琮)이 대답하기를, "「점찰경」은 현재 두 권이 있는데 머리제목에 '보리(菩提)'라고 한 것은 외국에서 번역한 것이 있어 근대에 나온 것 같고 또한 베껴서 전한 것이 있으나 여러 가지 기록을 조사해보아도 모두 바른 이름과 번역한 사람과 일시, 장소들이 없으며 탑참은 여러 불경과는 달라서 여기에 따라서 행할 것은 못 됩니다"고 하여 곧 칙명으로 이를 금지시켰다.

지금 이것을 논평한다면 청주 교도들의 탑참 사건 등은 큰 선비가 경서를 읽고도 무덤을 파는[詩書發塚]105) 것이나 다름없으니 가위 범을 그리다가 개 모양처럼 만든 것이나 다름없을 것이다. 부처님이 미리 예방한 것은 바로 이런 것 때문이다. 만약에「점찰경」이 번역한 사람과 일시, 장소가 없다 하여 의심해야 한다면 이야말로 삼[麻]을 가지면서 금(金)을 버리는 격이 될 것이다. 왜냐하면 그 경문을 상세히 보면 즉 실단(悉壇)106)에 자세하여 심오한 이치로 더러운 때를 씻고 게으른 자로 하여금 격려 발분시키는 데에는 이 경전만한 것이 없을 것이기 때문이다. 그러므로 또한「대승참(大乘懺)」이라고도 하고 또「육근취중(六根聚中)」107)에서 나왔다고도 한다. 개원, 정원 두 대의「석교록(釋教錄)」중에는 정식 경전으로 편입하여 비록 성종(成宗)108)과는 다르나 그 불교의 상교대승(相教大乘)으로는 역시

---

105)「장자(莊子)」에서 인용한 말.
106) 범어로 성취한다는 말로 여기서는 범어 교과서를 말한다.
107) 불경의 일종.
108) 불교를 상(相)과 성(性)으로 나누어 한편으로 상교(相教)라고 할 때 한편으로 성종이라고 한다.

자못 나은 편이니 어찌 탑, 박 두 참과 같이 말할 수 있으랴. 「사리불문경(舍利佛問經)」을 보면 부처님이 장자(長者)의 아들 빈약다라(邠若多羅)에게 말하기를, "네가 이레 낮 이레 밤 너의 전생 죄를 뉘우쳐 모두 맑게 씻도록 하라" 하니 빈약다라가 지시를 받고 밤낮 지성껏 기도하였더니 닷새 되는 날 저녁에 이르러 여러 가지 물건들이 비오듯 내렸다. 수건, 두건, 빗자루, 칼, 송곳, 도끼 같은 것들이 눈앞에 떨어지니 빈약다라가 기뻐서 부처에게 물으니 부처님이 말하기를, "이는 티끌세상을 떠나는 장면이요, 쓸어버리는 물건들이다"라고 하였다. 이로써 미루어본다면 「점찰경」에서 윤(輪)을 던져 상(相)을 얻는 방법과 무엇이 다르랴.

여기서 진표공이 애써 참을 하여 증과의 패쪽을 얻게 되고 불법을 받들어 부처를 보게 된 것은 거짓이 아니라고 말할 수 있을 것이다. 더구나 이 불경이 만약 거짓이요 헛된 것이라면 미륵보살이 어찌 친히 진표법사에게 주었을 것이랴. 이 경전을 금해야 한다면 「사리불문경」을 금해도 좋을 것인가? 언종의 무리야말로 가위 금을 움켜잡으면서 사람은 못 보는 격일 것이다. 독자들은 자세히 살펴볼 일이다.

찬미하는 시에 일렀다.

> 말세에 나타나서 몽매한 인간을 깨우치니,
> 신령한 산과 개울에 감응이 통했네.
> 탑참을 전하기에 애썼다고만 말하지 말라.
> 동해에 다리 놓은 어룡(魚龍)도 감화했네.

### 관동(關東) 풍악(楓岳)[109] 발연수(鉢淵藪) 돌에 새긴 기록[110]

"진표율사는 전주(全州) 벽골군(碧骨郡) 도나산촌(都那山村) 대정리(大井里) 사람이다. 나이가 열두 살이 되어 중이 될 뜻이 있으매 그 아버지가

---

109) 금강산.
110) 이 기록은 바로 절 주지 영잠(瑩岑)이 지은 글인데, 승안(承安)* 4년 기미(1199)에 비를 세웠다.
　　* 금(金)나라 장종(章宗)의 연호.

이를 허락하였다. 그는 금산수(金山藪)[111] 순제법사(順濟法師)에게로 찾아가서 중이 되니 순제가 중의 계법을 주고「공양차제비법(供養次第祕法)」한 권과「점찰선악업보경(占察善惡業報經)」두 권을 전하면서 말하기를, '네가 이 계법을 가지고 미륵과 지장 두 보살 앞에서 지성껏 빌어 참회를 하고 직접 계를 받아 세상에 전파하라' 하였다.

　율사는 교시를 받들고 물러나와 유명한 산으로 두루 돌아다니더니 나이가 벌써 27세 되던 상원(上元)[112] 원년 경자(760)에 쌀 스무 말을 쪄서 이것을 말려 양식으로 삼고 보안현(保安縣)을 찾아 변산(邊山) 불사의방(不思議房)에 들어갔다. 쌀 다섯 홉으로 하루를 먹고 한 홉은 덜어서 쥐를 먹이면서 부지런히 미륵상 앞에서 계법을 구하였으나 3년이 되어도 수기(授記)를 받지 못하였다. 그는 분발하여 바위 아래로 몸을 던졌더니 갑자기 푸른 옷 입은 동자가 손으로 받아 돌 위에 놓았다. 율사는 다시 발원하여 약 21일간을 밤낮 부지런히 수행하고 돌을 두드려가면서 참회하니 사흘이 되어 손과 팔이 꺾어져 떨어졌다. 이레째 되던 밤에 지장보살이 손으로 쇠지팡이를 흔들면서 와서 쓰다듬으니 손과 팔이 전과 같아졌다. 보살은 이때야 가사와 바리때를 주었다. 율사가 그 영험에 감복하여 전보다 갑절이나 정진을 계속하니 만 21일 만에 곧 하늘이 주는 시력[天眼]을 얻어 도솔천 무리들이 오는 광경을 보았다. 이때야 지장보살이 나타나 율사의 머리를 어루만지면서 말하기를, '착하다, 사내답구나! 이와 같은 계율을 구하기에 신명을 돌보지 않고 지성껏 힘써 참회를 하였다'고 하면서 지장보살이 율책을 주고 미륵보살은 다시 패쪽 두 개를 주었다. 하나에는 '9자(九者)'라고 썼고 다른 하나에는 '8자(八者)'라고 썼는데 율사에게 말하기를, '이 두 패쪽은 바로 내 손가락 뼈이니 이는 처음 되는 근본이 두 가지 깨달음[二覺]이라는 것을 비유한 것이다. 또 9자는 바로 불법이요 8자는 새로 부처가 되는 씨앗인바 이로써 마땅히 과보를 알 것이다. 너는 지금 몸을 버리고 대국왕의 몸을 받아 후생은 도솔천에 날지어다' 하여 말을 마치자 두 보살은 곧 사라지니 때는 임인 4월 27일이었다.

　율사가 교법을 받은 후 금산사를 세우고자 산에서 내려와 대연진(大淵

---
111) 금산사라는 말로 수(藪)는 본산과 말사를 모두 합한 총칭이다.
112) 당나라 숙종의 연호.

津)에 닿으니 갑자기 용왕이 나타나 옥가사를 내어 바치면서 8만 권솔을 데리고 금산수로 모시고 가니 사방 사람들이 모여들어 며칠이 못 되어 이를 완성하였다. 다시 감응이 있어 미륵보살이 도솔천으로부터 구름을 타고 내려와 율사에게 계법을 주니 율사가 신자들에게 시주를 권해서 미륵장륙상을 부어 만들고 다시 그가 내려와 계율을 주는 장엄한 광경을 금당의 남쪽 벽에 그리게 되어 갑진(764) 6월 9일에 주조가 끝나서 병오 5월 1일에 금당에 모시니 이 해가 대력(大曆)[113] 원년(766)이다.

 율사가 금산을 떠나 속리산으로 향하는데 길에서 소가 끄는 수레를 탄 자를 만났더니 그 소들이 율사 앞을 향하여 무릎을 꿇고 울었다. 수레를 탔던 사람이 내려와 묻기를, '이 소들이 어째서 스님을 보고 우는 것이며 스님은 어디로부터 오시나이까?' 하니 율사가 말하기를, '나는 금산수에 사는 진표라는 중인데 내가 일찍이 변산 불사의방에 들어가 미륵, 지장 두 보살 앞에서 친히 계법과 참 패쪽을 받고 절을 세워 오랫동안 수도할 자리를 찾고자 일부러 이렇게 온 것이다. 이 소들이 겉은 멍청하지만 속은 밝아 내가 계법을 받은 줄 알고 불법을 소중하게 여기기 때문에 무릎을 꿇고 우는 것이다'라고 하였다.

 그 사람이 듣기를 마치고 말하기를, '짐승도 이와 같은 신심이 있는데 더구나 사람된 나로서 어찌 마음이 없으리오!' 하고 즉시 제 손으로 낫을 잡아 머리카락을 베니 율사가 자비심으로 머리를 마저 깎아주고 계율을 주었다. 가다가 속리산 동구 안까지 이르러 길상초(吉祥草)[114]가 나는 자리가 있어 이것을 표해두었다. 명주 해변을 향하여 천천히 걸어 가던 차에 고기와 자라 종류들이 바다로부터 나와 율사의 앞을 향하여 몸뚱이를 잇대어 엮어 육지처럼 되었다. 율사는 이것을 밟고 바다로 들어가서 계법을 부르고 외우다가 돌아나왔다. 그는 고성군까지 와서 개골산(皆骨山 : 금강산)으로 들어가 처음으로 발연수를 세우고 점찰 법회를 열고 7년을 머물렀다. 이 당시 명주 땅에는 흉년이 들어 백성들이 굶주렸으므로 율사가 그들을 위하여 계법을 강설하니 사람마다 받들어 부처님 앞에 치성하더니 갑자기 고성 해변에 어족들이 수없이 절로 죽어 물에 떴다. 백성들은 이것

---

113) 당나라 대종(代宗)의 연호.
114) 상서로운 풀.

을 팔아서 식량을 장만하여 굶어죽음을 면할 수 있었다. 율사는 발연을 떠나 다시 불사의방으로 왔다가 그후에야 고향을 찾아가서 아버지를 뵙고 더러는 중 진문(眞門)의 처소에 가서 머물기도 하였다. 이때에 속리산의 중 영심(永深)이 중 융종(融宗), 불타(佛陀) 등과 함께 율사의 처소를 찾아가 청하기를, '우리들은 천 리를 멀다 않고 와서 계법을 구하오니 원컨대 불교에 들어가는 이치를 가르쳐주소서' 하니 율사가 잠자코 대답이 없었다. 세 사람이 복숭아 나무 위에 올라가 거꾸로 땅에 떨어져 용맹스럽게 참회를 하니 율사가 그제야 교를 전하고 머리를 물로 씻어주며 드디어 가사와 바리때와 「공양차제비법」 한 권과 「점찰[115]선악업보경(占察善惡業報經)」 두 권과 패쪽 189개를 주었다. 다시 미륵의 참 패쪽 '9자', '8자'를 주면서 경계하기를, '9자라는 것은 불법이요 8자라는 것은 새로 부처가 되는 씨앗이다. 내가 이미 너희들에게 부탁하노니 이것을 가지고 속리산으로 가면 산에 길상초가 난 곳이 있을 터이니 거기다가 절을 세우고 이 교법에 의하여 널리 산 사람과 죽은 사람을 구하고 후세에 전파하라'고 하였다. 영심 등이 교시를 받들고 바로 속리산으로 가서 길상초가 난 곳을 찾아서 절을 세우고 절 이름을 길상사(吉祥寺)라 하고 영심이 여기서 처음으로 점찰 법회를 배설하였다.

율사는 그의 아버지와 함께 다시 발연으로 가서 함께 도를 닦으면서 아버지에게 효성을 다하다가 세상을 마쳤다. 그는 세상을 떠날 때에 절 동쪽에 있는 큰 바위 위에 올라가 죽으니, 제자들이 시체를 그냥 둔 채로 해골이 되어 흩어져 떨어질 때까지 공양을 하다가 그후에야 흙으로 덮어 묻고 이로써 무덤을 만드니 즉시 푸른 소나무가 솟았다. 그 소나무는 오랜 시일이 지나서야 말라 죽고 다시 나무 하나가 났는데 그 뿌리는 하나였다. 지금도 두 나무가 쌍으로 서 있는데 이 나무를 위하는 자들은 누구나 할 것 없이 소나무 밑에서 뼈를 찾아 더러는 얻기도 하고 더러는 못 얻기도 한다. 내가 이 성스러운 뼈들이 없어질까 염려되어 정사년(1197) 9월에 일부러 이 소나무 밑을 찾아가서 뼈를 주워 통에 담으니 세 홉쯤은 되었으므로 큰 바위 위 쌍으로 선 나무 밑에 비를 만들어 세우고 뼈를 모셨다."

▶정읍의 두승산에서 망원렌즈로 본 **변산반도 일대의 저녁 풍경**이다. 오른쪽 위에 나와 있는 것이 변산반도이다. 불사의방(또는 불사의 암)이 변산의 어디에 있었는지는 아직 밝혀지지 않았다.

---

115) 원문의 "日察"은 "占察"의 오간.

이 기록에 실린 진표의 사적은 발연 비석 기록[鉢淵石記]과 서로 같지 않으므로 영잠(瑩岑)의 기록을 가감하여 적으니 뒷날 인사들은 마땅히 참고할 것이다. 무극(無極)은 기록한다.

## 승전(勝詮)과 머리 해골

중 승전은 그 근본이 자세치 못하다. 일찍이 배 편으로 중국에 가서 현수국사(賢首國師)의 문하를 찾아 현묘한 말씀을 받고 극히 미묘한 데까지 연구하여 조예가 특히 깊었다. 그는 은미한 데를 찾아들고 오묘한 데까지 다하매 인연이 닿는 데를 가고자 하여 고국으로 돌아오게 되었다. 처음에 현수는 의상과 같이 공부하게 되어 함께 지엄화상으로부터 자비로운 교훈을 받았다. 현수가 그의 스승의 법설에 따라 그 뜻을 연술(演述)하였던바 승전법사가 고향으로 돌아오는 편에 그 부본을 보내었고 여기에 대하여 의상이 곧 답장을 하였다 한다. 별지에 일렀으되 다음과 같다.

"「탐현기(探玄記)」스무 권 — 두 권 미완성 — 과 「교분기(敎分記)」세 권과 「현의장(玄義章)」등 잡의(雜義) 한 권과 「화엄범어(華嚴梵語)」한 권과 「기신소(起信疏)」두 권과 「십이문소(十二門疏)」한 권과 「법계무차별론소(法界無差別論疏)」한 권 등은 모두 승전법사 편에 베껴서 보내드립니다. 얼마 전에 신라의 중 효충(孝忠)이 금 9푼쭝을 갖다주면서 이는 스님이 보낸 것이라고 하였는데 비록 편지는 받지 못하였지만 고마움은 다함이 없습니다. 이제 서방 나라의 물병[軍持]116)과 주전자 한 개를 부쳐서 변변찮은 정성을 표하오니 다행히 받아주시기 바랍니다. 삼가 올림."

법사가 돌아와서 의상에게 편지를 전하였는데 의상이 곧 글을 열람해보니 지엄의 가르침을 귀로 듣는 것만 같았다. 수십 일 동안 검토하여 문하의 제자들에게 주어 이 글을 널리 강연하였으니 그 말은 「의상전」에 있다. 상고해보아 이 원융의 교훈이 우리나라에 두루 퍼진 것은 진실로 법사의 공로이다. 그후 범수(梵修)라는 중이 있어 멀리 저 나라로 가서 새로 번역한 「후분화엄경관사의소(後分華嚴經觀師義疏)」를 구해가지고 돌아와서

---

116) 군지 : 원문의 "軍特"은 "軍持"의 오기인 듯하며, 軍持는 천수보살의 40번째 손에 든 물병을 가리킨다.

뜻을 강연하였다고 하니 때는 바로 정원 기묘(799)이다. 이 역시 불법을 탐구하여 널리 드날린 전통일 것이다.

　승전은 바로 상주 관내 개녕(開寧) 지방에 정사(精舍)를 세우고 돌 머리 해골[石髑髏]을 졸개로 삼고 「화엄경」을 강의하였다. 신라의 중 가귀(可歸)가 매우 총명하고 불교 이치를 알아 법통을 이어 「심원장(心源章)」을 저술하니 그 대략을 이르면, "승전법사가 돌 무리들을 데리고 강연과 토론을 하였으니 지금의 갈항사(葛項寺)이다. 그 머리 해골 80여 개는 지금까지 절의 강사(綱司)가 전하고 있으니 영험과 이적이 자못 있다"고 하였다. 기타 사적은 비문에 자세히 실려 있는데 「대각국사실록(大覺國師實錄)」 중의 기사와 같다.

## 심지(心地)가 유업을 계승하다

　중 심지는 신라 제41대 임금 헌덕대왕(憲德大王) 김씨의 아들이다. 나면서 효도와 우애를 하고 천성이 매우 슬기로웠다. 나이 15세에 중이 되어 선생을 따라 도를 부지런히 닦으면서 중악(中岳)[117]에 머물러 있더니 마침 속리산에서 영심(永深)이 진표율사의 부처 뼈로 만든 패쪽을 전해받는 과증(果證)[118] 법회가 배설된다는 소문을 듣고 뜻을 결단하고 찾아갔더니 도착하자 기일이 늦어 참례를 허락하지 않았다. 이에 마당에 자리를 펴고 뜰을 치면서 다른 무리들을 따라 참회를 하였다. 이레를 지나니 하늘에서 비와 눈이 몹시 내리는데 그가 서 있는 자리 열 자 사방에는 눈이 내리지 않으므로 여럿이 그 신기로움을 보고 허락하여 불당 안으로 끌어들였다. 심지가 병을 칭탈하고 사양하여 겸손하게 방 안에서 물러나와 자리를 잡고 불당을 향하여 묵례하니 그의 팔뚝과 이마에서 피가 흘러내려 마치 진표공의 선계산(仙溪山) 때의 일과 비슷하였다.

　지장보살이 날마다 와서 위문하더니 법회 자리가 파하고 절로 돌아가게 되어 도중에서 보니 두 패쪽이 옷깃이 겹친 틈에 있었다. 그가 이것을 가지고 돌아가 영심에게 고하였더니 영심이 말하기를, "패쪽이 함 속에 들었

---

117) 지금의 공산(公山).
118) 원문의 "訂"은 "證"의 오기.

는데 어떻게 여기까지 왔을 것이랴?"하고 검열을 해보았다. 함을 봉한 쪽지는 전과 다름없는데 열어보니 패쪽이 없었다. 영심은 매우 이상히 여겨 겹겹으로 싸서 감추었다.

심지가 또 가다가 보니 처음과 마찬가지였다. 그는 두번째 돌아와 이 일을 고하였더니 영심이 말하기를, "부처님의 뜻이 그대에게 있으니 그대가 받들어 봉행할 것이다"하고 이에 패쪽을 주니 심지가 공손히 받아서 절로 돌아오는데 산신이 한 신선을 데리고 맞아 산기슭에 이르러 심지를 끌어다가 바위 위에 앉히고 바위 밑으로 가서 엎드려 공손히 바른 계율을 받았다.

심지가 말하기를, "이제 터를 골라서 거룩한 패쪽을 모시려고 하는데 우리들로서는 터를 지정할 수 없다. 청컨대 세 분과 함께 높은 곳에 올라가 패쪽을 던져 점을 치자"하고 곧 산신들과 함께 봉우리 마루턱에 올라가 서쪽을 향하여 던지니 패쪽이 바람에 날려 날아갔다. 이때에 산신이 노래를 지었다.

　　막혔던 바위가 썩 물러서니 숫돌처럼 평평해지고
　　낙엽이 흩어지니 길이 말쑥하여라.
　　부처님 뼈 패쪽을 찾게 되면
　　깨끗한 자리에 맞아 정성을 드리리라.


노래를 부르고 나서 패쪽을 숲속에서 찾았다. 바로 그 자리에 불당을 지어 이를 모시니 지금의 동화사(桐華寺) 참당(籤堂) 북쪽에 있는 작은 우물이 이곳이다. 고려조의 예종[119] 임금이 일찍이 이 거룩한 패쪽을 맞아 궐내로 들여 예배하더니 뜻밖에 '9자' 패쪽 한 개를 잃어버리고 상아로 대신 만들어 본래 두었던 절로 돌려보냈는데 지금은 점점 빛이 변하매 한 빛이 되어 새것과 옛것을 분간하기 어려우며 그 바탕은 상아도 옥도 아니다.

「점찰경」 상권을 상고해보면 189패쪽의 이름을 서술하였는데 1자는 상승(上乘)[120]을 구하여 물러서지 않음이요, 2자는 구하던 과보가 나타나 바

---

119) 고려조 제16대 왕.
120) 불교에서 가장 심오한 교리를 상승(上乘) 또는 대승(大乘)이라고 하고 반대로 가장 비근한 교리를 하승 또는 소승이라고 하고 그 중간을 중승이라고 한다.

로 증명함이요, 3자와 4자는 중승(中乘)과 하승(下乘)을 구하여 물러서지 않음이요, 5자는 신통을 구하여 성취함이요, 6자는 사범(四梵)[121]을 닦아서 성취함이요, 7자는 세선(世禪)[122]을 닦아서 성취함이요, 8자는 받고 싶던 오묘한 계율을 얻음이요, 9자는 전생에 받은바 계를 얻음이요,[123] 10자는 하승을 구하여 신앙을 확보하지 못함이요, 그 다음은 중승을 구하여 신앙을 확보하지 못함이다.

이렇게 하여 172자까지는 모두가 지난 세상과 금생에서 더러는 선하고 더러는 악한 성공과 실패에 관한 일이다. 173자는 몸을 던져 벌써 지옥에 들어간 것이요,[124] 174자는 죽어서 이미 짐승이 된 것인바 이렇게 하여 아귀(餓鬼),[125] 수라(修羅),[126] 사람, 인왕(人王), 하늘, 천왕(天王), 문법(聞法),[127] 출가(出家),[128] 치성승(値聖僧), 생도솔(生兜率), 생정토(生淨土) 부처와 대면, 하승을 확보하는 것, 중승을 확보하는 것, 상승을 확보하는 것, 끝으로 해탈[129]을 얻는 것이니 제189등이 바로 이것이다.[130] 모두가 전생, 차생, 후생의 선악 과보의 차별상이다. 이것으로 보아 마음과 행동이 서로 맞게 되면 감응이 되는 것이요, 그렇지 못하면 지극하지 못한 마음이니 실상 거짓이라 하는 것이다. 그러므로 이 8자, 9자 두 패쪽은 다만 189개 패쪽에서 나온 것이다. 그러나 「송전(宋傳)」에는 다만 108패쪽으로 말하였으니 무슨 까닭일까? 이는 아마도 저 백팔번뇌(百八煩惱)[131]의 명목으로써 이를 일컬었

---

121) 자비희사(慈悲喜捨)의 네 가지 어진 마음.
122) 보통사람들이 닦는 참선.
**123)** 이 글로써 미륵보살이 말한바 "새로 계를 얻는다는 것"은 이생에서 처음으로 계를 얻는 것을 이름이요, 이전에 계를 얻었다는 것은 전생에서 한 번 계를 얻었고 이생에서 또 계를 더 받음을 말하는 것이며, 공부를 하여 얻는[修生] 계가 아니라 본래부터 있는 새것 이전 것을 말함이라는 것을 바로 알 수 있다.
**124)** 이상은 모두 미래에 닥칠 과보이다.
125) 굶은 귀신이라는 뜻으로 불교에서 지옥의 일종.
126) 싸움을 주로 하는 악마가 사는 지옥.
127) 불교의 전도를 받는 것.
128) 중이 되는 것.
129) 불교 수업의 최종 목표로서 아귀로부터 시작하여 신앙발전의 단계를 보이는 것이다.
**130)** 위에서는 하승을 확보하는 데부터 상승에 이르기까지 물러서지 않음을 말하였고, 지금은 상승에서 해탈 등을 얻는다고 하여 이것으로 구별한 것이다.
131) 인간이 과거, 현재, 미래에 가진다는 108가지 고민.

음이요 경문을 잘 상고하지 못한 것이다.

또 고려의 문사 김관의(金寬毅)가 지은 「왕대종록(王代宗錄)」 두 권에는 일렀으되 신라 말년에 중 석충(釋沖)이 태조에게 진표율사(眞表律師)의 가사 한 벌과 계율을 쓴 패쪽 189개를 바쳤다고 하였는데 지금의 동화사에 전하는 패쪽이 그것인지는 자세하지 않다.

찬미하는 시에 일렀다.

> 궁중에서 자란 몸이 일찍이 출가하니,
> 부지런하고 슬기로움은 천작(天作)으로 타고났네.
> 눈 쌓인 절 뜰에서 패쪽을 얻은지라.
> 동화산 상상봉에 갖다놓았네.

### 대현(大賢)의 유가(瑜伽)[132]와 법해(法海)의 화엄(華嚴)

유가종의 시조인 중 대현은 남산 용장사(茸長寺)에 살았다. 절에 관세음보살의 돌 부처가 있어 대현이 언제나 그 석불의 주위를 도는데 석불도 역시 대현을 따라 얼굴을 돌렸다.

대현은 교리의 해석에 명쾌하여 판단과 선택하는 것이 분명하였다. 대개 법상종(法相宗)을 평가함에는 그 이치가 심오하여 뜻을 분석하기가 어려워 중국의 명사인 백거이(白居易)도 일찍이 이것을 알아내지 못하고는, "오묘하여 뚫어내기 어려움을 알았을 뿐, 밝게 쪼개어 드러낼 수 없다"고 하였다. 이리하여 학자들이 알려고 애쓴 지가 오래되었다. 대현이 홀로 그릇된 것을 고쳐서 결정하고 심오한 데를 파헤쳐 능란하게 분석하여 동방의 후진들이 다 그의 교훈을 준수하고 중국의 학자들도 때때로 이것을 얻어서 안목으로 삼았다.

경덕왕 천보 12년(753) 계사 여름에 크게 가물자 왕이 대현을 내전으로 불러들여 「금광경(金光經)」을 강설하여 단비가 오도록 기도하게 하였다. 재를 올리는 첫날에 바리때를 펴놓고 한참 되었으나 정화수 바치기를 더디게

---
132) 불교의 한 종파로서 법상종(法相宗)과 같다.

하였다. 일을 돌보는 관리가 심부름하는 자를 나무라니 그가 말하기를 대궐 우물이 말라서 멀리서 길어오기 때문에 늦다고 하였다. 대현이 이 말을 듣고 말하기를, "왜 진작 말하지 않았느냐?" 하고 낮 강연을 할 때가 되어 향로를 받들고 잠자코 있으니 조금 있다가 우물물이 솟아올라 높이가 일곱 길쯤이나 되어 절 깃대의 키와 같아지니 온 대궐 안이 깜짝 놀랐다. 따라서 그 우물을 금광정(金光井)이라고 하였다.

대현은 일찍이 스스로 호를 청구사문(靑丘沙門)이라고 하였다.

찬미하는 시에 일렀다.

> 남산의 불상돌이에 그 불상 얼굴도 따라 돌고,
> 이 땅에 부처님의 광명이 중천에 떴도다.
> 대궐 우물에서 치솟은 저 맑은 물이
> 금향로의 한 줄기 연기에서 비롯된 줄을 그 누가 알랴.

이듬해 갑오년 여름에 왕이 또 황룡사로 중 법해를 청하여 「화엄경」을 강설하였다. 왕이 거동하여 예불을 하고 조용히 말하기를, "지난 여름에 대현 법사가 「금광경」을 강설하였더니 우물물이 일곱 길이나 솟았는데 그대의 법술은 어떠한가?"라고 하였다.

법해가 말하기를, "그다지 대단찮은 일을 가지고 무엇을 말할 것이 있겠습니까? 곧바로 바다를 기울여 동악을 잠기게 하고 서울을 떠내려가게 함도 역시 어려울 것 없습니다"고 하니 왕이 믿지 못하고 농담으로 생각하였다.

낮 강설 시간이 되어 향로를 당겨 잠자코 있더니 조금 있자 대궐 안에서 갑자기 울음소리가 났다. 대궐 관리가 달려와 보고하기를 동쪽 못 물이 벌써 넘어 내전 50여 칸이 떠내려갔다고 하니 왕은 정신을 잃고 어쩔 줄 몰랐다. 법해는 웃으면서, "동해를 기울이고자 하니 물줄기부터 먼저 불어나는 것입니다"고 하였다. 왕은 자기도 모르는 사이에 일어나 절을 하였다. 이튿날 감은사에서 아뢰되 어제 오시(午時)에 바닷물이 불전의 섬돌 앞까지 넘쳤다가 저녁 나절이 되어 물러갔다고 하니 왕이 더욱 믿어 존경하였다.

찬미하는 시에 일렀다.

불법 바다에 파도가 일어도 법계는 넓은지라,
천하 바다가 차고 주는 것쯤 어려울 것 없네.
백억 리 드높은 수미(須彌)를 크다고 말 말라,
모두가 우리 스님 손가락 끝에 달렸네.[133]

◀용장사 터의 관세음보살. 경주 남산 용장사 터에 남아 있는 이 머리가 없어진 돌부처를 "대현을 따라 얼굴을 돌렸던" 관세음보살일 것이라고 짐작하는 사람들이 많다.

---

133) 석해(石海)가 말했다.

권 제 5

# 권 제5

국존 조계종 가지산 인각사 주지 원경충조 대선사 일연 지음

## 신주(神呪) 제6

### 밀본(密本)이 사특한 도를 부수다

　선덕여왕 덕만(德曼)이 병에 걸려 오래 끌어오매 흥륜사(興輪寺)의 법척(法惕)이라는 중이 왕명에 응하여 병구완을 했으나 오래도록 효험이 없었다.
　이때에 밀본법사(密本法師)라는 이가 있어 덕행으로 국내에 소문이 났으므로 왕의 측근자들이 법척과 바꾸기를 청하였더니 칙명으로 그를 대궐로 맞아들였다. 밀본이 임금이 거처하는 내전 밖에서「약사경(藥師經)」을 읽는데 두루마리가 막 풀려 끝나자 그가 가졌던 고리 여섯 개를 단 지팡이[六環]가 임금의 침실로 날아들어가 늙은 여우 한 마리와 법척을 함께 찔러서 뜰 아래에 거꾸러뜨리니 왕의 병이 곧 나았다. 이때에 밀본의 머리 위에 신비로운 오색 광명이 뻗치니 쳐다보던 이들이 모두 놀랐다.
　또 승상 김양도(金良圖)가 아이 적에 갑자기 입이 붙고 몸이 굳어져 말도 못하고 움직이지도 못하였다. 그때 매양 큰 귀신 하나가 작은 귀신을 데리고 와서 집 안에 있는 반찬이란 반찬은 모두 다 먹으며 무당이 와서 제사를 지내면 떼를 지어 모여들어 저마다 욕을 보이곤 하였다. 양도는 이를 물리치고 싶었으나 입으로 말을 할 수 없었다. 그의 아버지가 법류사(法流寺)에서 이름이 전하지 않는 중을 청해다가 경을 읽었더니 큰 귀신이 작은 귀신을 시켜 쇠망치로 중의 머리를 때려 땅에 거꾸러뜨려 피를 토하고 죽게 하였다.
　며칠 지나서 심부름꾼을 보내어 밀본을 청하였더니 심부름꾼이 돌아와 말하기를, "밀본법사가 우리의 청을 받고 곧 올 것입니다"라고 하니 여러 귀신들이 듣고 모두 실색을 하였다. 작은 귀신이 말하기를, "법사가 온다

면 이롭지 못할 것이니 피하는 것이 좋지 않으리까?"라고 하니 큰 귀신이 경멸스럽게 여기면서 태연하게 "무슨 걱정이 있으랴!"고 하였다.

조금 뒤에 사방의 힘센 귀신들이 모두 쇠 갑옷에 긴 창을 들고 와서 뭇 귀신을 잡아 묶어갔다. 그 다음에는 수많은 천신(天神)들이 둘러서서 기다렸다. 조금 지나 밀본이 이르러 경문을 펼 사이도 없이 그의 병은 곧 나아 말이 통하고 몸이 풀려 사건 이야기를 자세히 하였다. 양도는 이로 인하여 불교를 독실히 믿어서 일생을 두고 게으르지 않았다. 그는 흥륜사 오당(吳堂)의 주장 부처와 미타 부처님상과 좌우의 보살을 빚어 만들었으며 이와 함께 그 불당을 금색 그림으로 채웠다.

밀본은 일찍이 금곡사(金谷寺)에 산 적이 있었다. 당시 김유신(金庾信)은 한 늙은 거사와 친분이 두터웠는데 세상 사람들은 그가 어떤 사람인지 알지 못하였다. 이때에 유신공의 친척 되는 수천(秀天)이 나쁜 병에 걸렸으므로 공이 거사를 보내어 병을 보게 하였더니 마침 수천의 친구인 인혜(因惠)라는 중이 중악(中岳)으로부터 찾아와서 거사를 보고 업신여겨 말하기를, "네 모양을 보니 사특한 사람이로구나! 어째서 다른 사람의 병을 고칠 수 있겠는가?"라고 하였다.

거사가 말하기를, "나는 김유신공의 명을 받았으니 어쩔 수 없노라"고 하니 인혜가 말하기를, "네가 나의 신통한 이적을 보라"고 하고는 곧 분향을 하고 주문을 외우니 조금 있다가 그의 머리 위에 오색 구름이 빙빙 돌고 하늘꽃[天花]이 떨어졌다.

거사가 말하기를, "스님의 신통력은 참말 불가사의하되 제자도 또한 변변찮은 재주가 있어 한번 시험코자 청하노니 스님은 잠깐 앞에 나와주오"라고 하니 인혜가 그대로 하였다. 거사가 손가락을 한 번 퉁기는 소리와 함께 인혜가 공중으로 한 길 높이나 거꾸로 떠오르더니 조금 뒤에 천천히 거꾸로 내려와 머리를 땅에 박고 말뚝 박은 것처럼 우뚝 섰다. 곁에 있는 사람이 밀고 당겨도 움직이지 않았다. 거사는 나가고 인혜는 그냥 거꾸로 선 채 밤을 세웠다. 이튿날 수천이 유신공에게 사람을 보내어 청하매 유신공이 거사를 시켜 풀어주어 구하였는바 인혜가 다시는 재주 자랑을 하지 못하였다.

찬미하는 시에 일렀다.

붉은색 자주색이 분분하게 주색(朱色)을 흐리게 하니
아, 물고기 눈알을 구슬이라고 시골뜨기를 속였네.
거사가 보인 그 재주 아니었다면,
가짜 옥을 상자 속에 얼마나 담았으리!

### 혜통(惠通)이 용을 굴복시키다

중 혜통은 가문이 자세하지 않다. 속인으로 있을 때에 집이 남산 서쪽 기슭 은천동(銀川洞) 어귀[1]에 있었다. 하루는 집 동쪽 시냇가에 나가서 놀다가 수달 한 마리를 잡아 죽이고 뼈를 뒷동산에 버렸더니 이튿날 새벽에 그 뼈가 없어졌다. 피 흘린 자취를 따라 찾아가니 뼈가 예전에 살던 구멍에 돌아가 새끼 다섯 마리를 안은 채 쭈그리고 앉아 있었다.

그는 바라보고 한동안 놀랍고 이상하여 감탄하면서 망설이다가 그만 인간살이를 버리고 중이 되어 혜통이라 이름을 고쳤다. 그뒤 당나라로 가서 고명한 중 무외삼장(無畏三藏)을 찾아뵙고 수업을 청하였더니 무외가 말하기를, "동쪽 변방 사람이 어찌 불법을 수업할 기량을 감당할 수 있으랴!" 하고 끝내 가르쳐주지 않았다.

혜통은 경솔히 떠나갈 수 없어 3년을 봉사하였으나 그래도 허락하지 않았다. 혜통이 분개하여 뜰에 서서 머리에 화로를 덮어쓰니 조금 있다가 정수리가 갈라지면서 벼락치는 듯한 소리가 났다. 무외가 이 소리를 듣고 와서 화로를 벗기고 손가락으로 갈라진 자리를 만지며 주문을 외우니 상처가 그전대로 아물었는데 임금 왕(王) 자 무늬로 흉터가 생겼다. 이 때문에 왕화상(王和尙)이라고 칭해졌다. 무외는 혜통을 매우 촉망하다고 여겨 그에게 비결을 전하였다.

이때에 당나라 왕실에 공주가 있었는데 병이 나 위독하였다. 고종(高宗)이 무외에게 치료를 청하니 무외가 혜통을 추천하여 자기를 대신하게 하였다. 혜통이 명령을 받고 별실에 거처하면서 흰콩 한 말을 은그릇에 담아 주술을 부리니 흰콩이 흰 갑옷을 입은 귀신 군사로 변하여 병마를 쫓았으

---

1) 지금의 남간사(南澗寺) 동쪽 마을.

나 이기지 못하였다. 다시 검은콩 한 말을 금그릇에 담아 주술을 부렸더니 그것이 검은 갑옷을 입은 귀신 군사로 변하여 두 빛깔 군사가 합쳐서 병마를 쫓게 되었다. 이리하여 갑자기 교룡(蛟龍) 한 마리가 달아나고 공주의 병은 나았다. 용은 혜통이 자기를 내쫓은 것을 원망하여 신라의 문잉림(文仍林)으로 가서 인명을 크게 해쳤다. 이때에 정공(鄭恭)이 사신으로 당나라에 갔다가 혜통에게 말하기를, "법사가 쫓은 나쁜 용이 본국으로 와서 해독이 심하니 빨리 가서 이를 없애도록 하라"고 하였다.

이리하여 혜통은 정공과 함께 인덕(麟德) 2년 을축(665)에 본국으로 돌아와 용을 축출하였다. 용이 또 정공을 원망하여 정씨의 대문 밖에 있는 버드나무에 의탁하고 있었다. 정공은 이런 줄을 알지 못하고 다만 그 버드나무가 무성한 것만 좋아하여 몹시 사랑하였다.

신문왕(神文王)이 죽고 효소왕(孝昭王)이 즉위하게 되매 산릉(山陵)을 수축하고 장의 행렬이 지나갈 길을 치울 적에 정씨의 버드나무가 길을 막고 있었으므로 관원이 이 나무를 베고자 하니 정공이 성을 내어, "차라리 내 머리를 베지 이 나무는 못 벤다"고 하였다.

관원이 보고하니 왕이 대단히 노하여 법관에게 명령하여 말하기를, "정공이 왕화상의 법술을 믿고 불손한 일을 꾸미려고 임금의 명령을 업신여겨 거역하여 '내 머리를 베라!'고 말하니 마땅히 제 좋아하는 대로 하리라"고 하고 곧 그를 죽이고 그의 집을 없애버렸다.

조정의 의논이 왕화상이 정공과 사이가 매우 좋아서 필시 원망하고 있을 터이니 마땅히 먼저 처치해야 한다고 하고 곧 군사를 소집하여 찾아가서 잡으려고 하였다. 혜통은 왕망사(王望寺)에 있다가 군사들이 오는 것을 보고 지붕 위에 올라가 주사(朱砂)가 든 병을 가지고 붉은 주사가 묻은 붓을 들고 소리쳐 "내가 하는 것을 보라!"고 하였다. 이어 병 목에 한 획을 긋고 말하기를, "각자 너희들의 목을 살펴보라"고 하였다.

각자가 보니 모두 붉은 획이 그려졌으므로 서로들 보고 깜짝 놀랐다. 또 그가 소리쳐 말하기를, "만약에 병 모가지를 자르면 응당 너희들 목도 잘린다. 그래도 좋으냐?" 하니 군사들이 목에 붉은 칠을 한 채 몰려 달아나 왕에게 갔더니 왕이 말하기를, "화상의 신통력을 어찌 사람의 힘으로 처치할 것이랴!"며 그만 내버려두었다.

그후 왕녀가 갑자기 병이 들어 혜통에게 명령하여 고치도록 하였더니 병이 나았으므로 왕이 매우 기뻐하였다. 혜통이 그제야 정공이 나쁜 용의 해를 입어 애매하게 나라의 형벌을 받았다고 말하니, 왕이 이 말을 듣고 마음으로 후회하여 곧 정공의 처자를 용서해주고 혜통을 임명하여 국사(國師)로 삼았다. 용은 정공에게 원한을 갚고 기장산(機張山)으로 가서 곰 신령이 되어 참혹한 해독이 자심하였으므로 백성들이 숱한 애를 먹었는데, 혜통이 이 산중에 이르러 용을 타이르고 살생하지 말라는 계율을 주었더니 용의 해독이 멎었다.

처음에 신문왕이 등창이 나서 혜통에게 보아주기를 청하였더니 혜통이 이르러 주문으로 당장에 낫게 하였다. 그리고 말하기를, "폐하께서 예전에 고을 원으로 있을 때에 양민인 신충(信忠)을 종으로 잘못 판결하였으므로 신충의 원한이 맺혀 두고두고 보복을 하는 것이외다. 지금의 이 몹쓸 종기도 신충의 빌미일 것이외다. 신충을 위하여 절을 짓고 그의 명복을 빌어 풀어주어야 할 것이외다"라고 하니 왕이 매우 옳게 여겨 절을 세워 이름을 신충봉성사(信忠奉聖寺)라고 하였다.

절이 낙성되자 공중에서 외치기를, "왕이 절을 지어주었기 때문에 괴로움을 벗어나 하늘에 태어나게 되었으므로 원한이 이제 풀렸노라!"고 하였다.[2] 그 외침 소리가 나던 곳에 절원당(折怨堂)을 세우니 그 불당과 절이 지금도 남아 있다.

이보다 앞서 밀본의 뒤에 고명한 중 명랑(明朗)이 용궁에 들어가서 신인(神印:신의 도장)[3]을 얻어서 처음으로 신유림(神遊林)[4]을 창건하고 여러 번 이웃 나라의 침범을 물리쳤다.

이제는 왕화상이 무외의 알맹이 도를 받아서 온 세상으로 두루 다니면서 사람을 구원하고 만물을 교화시키며 겸하여 타고난 총명으로 절을 세워 원한을 푸니 밀교의 교화가 이때야 크게 떨쳐졌다. 천마산(天磨山)의 총지암(總持巖)과 모악(母岳)의 주석원(呪錫院) 등이 모두 거기에서 갈려 나온 것이다. 혹자는 말하기를 혜통의 속명은 존승 각간(尊勝角干)이라고

---

2) 어떤 책에는 이 사건을 진표전(眞表傳) 속에 실었으나 잘못이다.
3) 범어로는 문두루(文豆婁)라고 하는데 여기에서는 신인이라고 하였다.
4) 지금의 천왕사(天王寺).

하니 각간은 신라의 재상급인 높은 자리인데 혜통이 벼슬을 지낸 이력은 듣지 못하였다. 더러는 말하기를 늑대를 쏘아 잡았다고 하는데 모두 자세하지 않다.

찬미하는 시에 일렀다.

> 산 복숭아 개울 살구 울 밖에 심었더니,
> 한 가닥 길에 봄이 깊어 두 편 언덕이 꽃밭이네.
> 낭군이 수달을 잡아 없앤 덕분에
> 악마를 서울 밖으로 죄다 멀리 몰아내었네.

## 명랑(明朗)과 신인종(神印宗)

「금광사본기(金光寺本記)」에 보면 이러하다. 명랑법사는 신라에 태어나서 당나라에 들어가 도를 공부하고 돌아올 때에 바다 용의 청으로 용궁에 들어가 비법을 전하였더니 용왕이 황금 1,000냥[5]을 주었다. 그는 땅 밑으로 잠행하여 자기 집의 우물 밑에서 솟아나와 곧 자기 집을 희사하여 절을 만들고 용왕으로부터 시주받은 황금으로 탑과 불상을 꾸미니 번쩍이는 광채가 별달라서 이름을 금광사(金光寺)라고 하였다.[6]

법사의 이름은 명랑(明朗)이요 자는 국육(國育)이니 신라 사간(沙干) 재량(才良)의 아들이다. 그의 어머니는 남간부인(南澗夫人)으로서 혹은 법승랑(法乘娘)이라고도 하니 무림 소판(茂林蘇判)의 아들 김씨, 즉 자장(慈藏)의 누이다. 아들 셋이 있는데 맏이가 국교대덕(國教大德)이요, 다음이 의안대덕(義案大德)이요, 법사가 막내이다. 처음에 그의 어머니가 푸른 구슬을 삼키는 꿈을 꾸고 태기가 있었다.

선덕여왕 원년(632)에 당나라에 들어갔다가 정관(貞觀) 9년 을미(635)에 돌아왔다. 총장(總章) 원년 무진(668)에 당나라 장수 이적(李勣)이 대부대의 군사를 거느리고 신라와 합작하여 고구려를 멸하였다. 그뒤에 남은 군사가 백제에 머물면서 장차 신라를 습격하여 멸망시키려고 하는 것을 신

---

5) 1,000근이라고도 한다.
6) 「승전(僧傳)」에서 금우사(金羽寺)라고 한 것은 틀렸다.

라 사람이 알아채고 군사를 내어 이에 대항하더니 고종이 이 소문을 듣고 분노하여 설방(薛邦)을 시켜서 군사를 동원하여 치려고 하였다. 문무왕이 이 말을 듣고 걱정하여 법사에게 청하니 비법으로 액막이를 하여 이를 물리쳤다.[7] 이로 인하여 그는 신인종의 시조가 되었다.

우리 태조가 고려를 세울 때에 역시 해적이 와서 소동하므로 즉시 안혜(安惠)와 낭융(朗融)의 후예인 광학(廣學)과 대연(大緣) 등 두 중에게 청하여 비법을 써서 기도로 진압하였으니 모두가 명랑의 계통이다. 이 때문에 법사를 포함하여 위로 용수(龍樹)까지를 9조로 칭하고 있다.[8] 또 태조는 현성사(現聖寺)를 세워 이 신인종의 근본도량으로 삼았다.

또 신라의 서울 동남쪽 20여 리 되는 곳에 원원사(遠源寺)가 있다. 속설에는 안혜 등 네 대덕(大德)이 김유신(金庾信), 김의원(金義元), 김술종(金述宗) 등과 함께 발원하여 세운 것이라 한다. 네 대덕의 유골을 모두 절의 동쪽 봉우리에 모셨으므로, 이 때문에 이 봉우리를 사령산(四靈山) 조사암(祖師巖)이라고 불렀는바, 즉 네 대덕은 모두 신라 시대의 고명한 중들이다. 돌백사(埃白寺) 기둥에 붙인 글 주석〔柱貼注脚〕을 상고해보면 "경주 호장(戶長) 거천(巨川)의 어머니는 아지녀(阿之女)요 아지녀의 어머니는 명주녀(明珠女)요 명주녀의 어머니 적리녀(積利女)의 아들은 광학대덕(光學大德)과 대연삼중(大緣三重)[9]인데, 형제 두 사람이 다 신인종에 입문하였다. 장흥(長興) 2년 신묘(931)에 성조(聖祖) 고려 태조를 수종하여 서울로 왔는데 임금의 수레를 따라오면서 분향 예불을 하였으므로 그 수고에 대한 상급으로 두 사람의 부모 제사 밑천으로서 돌백사에 전답 얼마를 주었다고 한다"고 하였다.

그러고 보니 광학과 대연 두 사람은 성조를 따라서 서울로 온 이들이요, 안혜법사 등은 바로 김유신 등과 함께 원원사(遠源寺)를 세운 이들이다. 또 광학 등 두 사람의 유골이 여기에 안치되었을 뿐이며 네 대덕이 다 원원사를 창건하였거나 모두 성조를 따라온 것이 아니다. 이것은 자세히 살펴야 할 것이다.

▶ **원원사 터**는 경주시 외동읍 모화리에 있다. 기단과 탑신에 새겨져 있는 십이지신 상과 사천왕상이 아름다운 삼층석탑 두 기와 그리로 올라가는 돌계단들이 남아 있다.

---

**7)** 이 기사는 문무왕 전기 중에 있다.
**8)** 본사기(本寺記)에 세 법사로 율조(律祖)를 삼았다고 한 것은 자세히 알 수 없다.
**9)** 옛 이름은 선회(善會).

# 감통(感通) 제7

## 선도 성모(仙桃聖母)가 불교 행사를 좋아하다

진평왕(眞平王) 시대에 여승이 있어 이름을 지혜(智惠)라고 하니, 어진 행실이 많았고 안흥사(安興寺)에 살았다. 그녀가 새로 불전(佛殿)을 수축하고자 하였으나 힘이 부족하여 못하더니, 꿈에 한 선녀가 아름다운 자태로 머리를 보옥으로 꾸미고 와서 위로하여 말하였다.

"나는 선도산(仙桃山)의 신모(神母)이다. 네가 불전을 수리코자 하는 것이 반가워서 금 열 근을 시주하여 돕고자 하니 내가 앉은 좌석 밑에서 금을 찾다가 주장 부처님 세 분을 꾸미고 벽에다가 오십삼불(五十三佛)과 육류성중(六類聖衆)과 여러 천신(天神)들과 오악(五岳)[10]의 신들을 그리도록 하라. 또한 매년 봄 가을 3월과 9월 10일에는 선남선녀들을 모으고 일체 중생을 위하여 점찰법회를 배설하여 이를 규례로 삼으라."[11]

지혜가 꿈을 깨어 무리를 데리고 신당으로 가서 좌석 밑을 파서 황금 160냥을 얻어 과업을 잘 성취하여 모두 신모의 지시대로 하였다. 그 사적만은 지금까지 남아 있으나 불법(佛法) 행사는 폐절되었다.

신모는 본래 중국 황실의 딸로 이름은 사소(娑蘇)이다. 일찍이 신선의 술법을 체득하여 우리 나라에 와서 머물면서 오랫동안 돌아가지 않았더니 아버지인 황제가 솔개의 발에 편지를 매어 부쳐 이르기를, "솔개가 머무는 곳을 따라가서 집을 삼아라"고 하였다.

사소가 편지를 받고 솔개를 놓았더니 날아서 이 산에 이르러 머무르므로 따라와서 이곳을 집으로 삼고 땅 신선이 되었다. 이 때문에 산 이름을 서연산(西鳶山)이라 하였다. 신모가 오랫동안 이 산에 자리를 잡고 나라를 보위하니 신령한 이적이 매우 많았다. 이 산은 나라가 창건된 이래로 언제

---

10) 신라시대의 오악은 동은 토함산이요, 남은 지리산이요, 서는 계룡산이요, 북은 태백산이요, 중앙은 부악(父岳) 또한 공산(公山)이라고도 한다.
11) 고려조에 굴불지(屈弗池)의 용이 현몽으로 임금에게 영취산(靈鷲山)에 약사도량(藥師道場)을 늘 열도록 청하여 바닷길을 평온하게 한 것과 그 사건이 또한 같다.

나 세 개 신당[三祀]의 하나가 되었으며 그 차례도 여러 산천제사[望祭]의 윗자리를 차지하였다.

제54대 경명왕(景明王)이 매 사냥을 즐겨서 일찍이 이 산에 올라 매를 놓았다가 잃어버리고 신모에게 기도하기를, "만약에 매를 찾으면 꼭 봉작을 하리다"라고 하였더니 조금 있다가 매가 날아와서 책상 위에 앉으므로 신모를 대왕(大王)으로 봉작하였다.

신모가 처음으로 진한에 이르러 신령한 아들을 낳아 동쪽 나라의 첫 임금을 삼았으니 대체로 혁거세와 알영 두 성인의 시초가 된다. 그러므로 계룡이니 계림이니 백마 등으로 일컫는바 닭은 서쪽 방위에 속하기 때문이다. 신모는 일찍이 하늘 신선들을 부려 비단을 짜게 하고 붉은 물감을 들여 관복을 만들어 남편에게 주었다. 나라 사람들이 이로 말미암아 처음으로 그의 영험을 알게 되었다.

또 「국사」에 사기를 맡는 관원이 말하길, "식[12]이 정화(政和)[13] 연간에 사신의 임무를 받들고 송나라에 들어가 우신관(佑神館)을 방문하였더니 집 한 채가 있어 여자 신선의 상을 설치해 두었다. 접대 임무를 맡은 학사(學士) 왕보(王黼)가 말하기를, '옛적에 중국 황실의 딸이 바다를 건너 진한에 이르러 아들을 낳아 해동의 시조가 되었으며 그녀는 땅 신선이 되어 늘 선도산(仙桃山)[14]에 있으니 이것이 그녀의 형상이다'고 하였다. 또 송나라 사신 왕양(王襄)이 우리나라에 와서 동신성모(東神聖母)에게 제사를 지내면서 올린 제문 가운데 '어진 인물을 낳아 나라를 처음으로 세우다'라는 구절이 있었다"고 하였다.

여기서 금을 시주하여 부처님을 받듦으로써 중생을 위하여 불법을 열고 구원의 길을 만들었으니, 어찌 공연히 오래 사는 술법만 배워 컴컴한 속에 들어 있는 자로 볼 것이랴!

찬미하는 시에 일렀다.

　　서연산에 자리잡은 지 몇십 년이나 되었는가.

▶선도산의 마애삼존불. 경주의 서악동에 있는 높이 390미터의 선도산 꼭대기께에 신모의 유허지가 있으며 그 위패를 모신 성모사가 있다. 그 곁에 너무나 파손이 심해서 거의 추상이 다 되어버린 마애삼존불이 있다. 이 불상들과 도교적인 선도산 신모와는 무슨 관계라도 있는 것일까?

---
12) 「삼국사기」의 저자 김부식(金富軾).
13) 송나라 휘종(徽宗)의 연호.
14) 경주 서악으로서 앞에 나온 서연산과 같다.

선녀들을 불러 무지개 치마를 짰네.
길이 사는 것이 살지 않음과 다를 바가 없는지라,
부처를 찾아뵙고 옥황이 되었네.

### 계집종 욱면(郁面)이 염불을 하여 극락으로 가다

경덕왕(景德王) 시대에 강주(康州)[15]의 신도 수십 인이 극락으로 가고 싶은 뜻을 가지고 고을 지경에 미타사(彌陀寺)를 세우고 1만 일 동안을 두고 맹세를 정하였다. 이때에 아간(阿干) 귀진(貴珍)의 집에 계집종이 하나 있었는데 이름이 욱면이었다. 그가 주인을 따라 절에 가서 마당 복판에 서서 중을 따라 염불을 하였더니, 주인은 그가 제 직분을 모르는 것을 미워하여 매일 곡식 두 섬씩을 주고 하루 저녁에 다 찧으라고 하였다. 계집종은 초저녁에 이것을 다 찧어버리고 절로 와서 밤낮 쉬지 않고 염불을 하였다.[16]

그는 마당 좌우에 긴 말뚝을 세우고 노끈으로 두 손바닥을 꿰어 말뚝 위에 매어 합장을 하고 양쪽에서 이를 흔들게 하여 자신을 격려하였다. 이때에 공중에서 불러 "욱면 낭자는 불당에 들어와 염불하라"고 하였다.

절의 대중들이 이 말을 듣고 계집종을 불당으로 들어오게 하여 예에 따라 기도에 정진하게 하였다. 얼마 안 되어 하늘의 음악이 서쪽에서 들려오면서 계집종이 집 대들보를 뚫고 솟아나와 서쪽 교외로 나가 본래의 몸을 버리고 부처님 몸으로 변하여 나타났다. 그는 연화대(蓮花臺)에 앉아 대광명(大光明)을 내뿜으면서 천천히 떠나가니 음악 소리가 공중에서 그치지 않았다. 그 불당에는 지금도 뚫어진 구멍 자리가 있다고 한다.[17]

「승전」에 보면, "동량 팔진(棟梁八珍)이라고 한 것은 관음이 감응하여 나타난 것이다. 무리를 지어 모은 것이 1,000명이나 되었는데, 두 패로 나뉘어 한 패는 노력으로, 한 패는 공부로 마음을 닦더니 노력하는 무리 중에 일 처리하는 자가 계(戒)를 지키지 못한 탓으로 짐승으로 태어나서 부석사(浮石寺)의 소가 되었다. 그 소가 일찍이 불경을 싣고 다녔는데 불경

---

15) 지금의 진주(晉州)이다. '康'을 '剛'으로도 쓰는데 지금의 순안(順安)이다.
16) 속담에 "내 일이 바빠서 주인댁 방아 찧는다"는 말이 여기서 나왔다.
17) 이상은 향전(鄕傳)에 있다.

의 힘을 입어 다시 사람으로 환생하여 아간 귀진의 집 계집종이 되었는데 이름을 욱면이라고 하였다. 볼일이 있어 하가산(下柯山)까지 갔다가 꿈에 감응을 받고 드디어 신앙심을 내게 되었다. 아간의 집은 혜숙법사(惠宿法師)가 세운 미타사와 멀지 않았으므로 아간이 매양 그 절에 와서 염불을 하였는데 계집종도 따라가서 마당에서 염불을 하였다"고 하였다.

욱면은 9년 동안 이 같은 수행을 계속하였다. 을미년(755) 정월 21일 욱면은 예불을 하다가 지붕을 뚫고 사라졌다. 소백산에 이르러 신 한 짝이 떨어졌으므로 그 자리에 보리사(菩提寺)를 지었고, 산 밑에 이르러서는 그의 몸이 버려졌으므로 그 자리에 또 하나의 보리사를 짓고 그 전각에 '욱면등천지전(郁面登天之殿 : 욱면이 하늘로 올라간 곳)'이라고 써 붙였다. 지붕 용마루에 뚫린 구멍이 열 아름쯤이나 되는데 비록 폭우와 함박눈이 와도 젖지를 않았다. 뒤에 일 좋아하는 자가 있어 금탑 한 개를 본떠 만들어 바로 구멍난 반자 위에 안치하고 그 이적을 기록하였으니 지금까지 그 탑이 남아 있다. 욱면이 떠난 후 귀진이 역시 자기 집을 이인이 난 곳이라 하여 집을 희사하여 절을 만들고 법왕사(法王寺)라 하고 전토와 작인을 바쳤다. 오랜 뒤에 절은 폐사가 되고 빈 터만 남았다.

그후 회경대사(懷鏡大師)가 승선(承宣) 유석(劉碩)과 소경(小卿) 이원장(李元長)과 함께 발원하여 중창(重創)을 하였다. 회경이 몸소 토목 일을 하면서 처음 재목을 나르는데 꿈에 웬 늙은이가 삼신과 칡신 한 켤레씩을 주었다. 또 옛 신당에 가서 불교 이치로 설복하여 신당 곁에 있는 재목을 찍어내어 무릇 다섯 해 만에 일을 마쳤다. 또 노비들을 더 두어 동남 지방에서 아주 이름난 절이 되니 사람들이 회경을 귀진의 후신이라고 하였다.

평하여 말하건대 지방의 옛 전기[鄕中古傳]를 상고하면 욱면은 바로 경덕왕 시대의 일이요, 징(徵)[18]의 본전(本傳)에 의하면 원화(元和)[19] 3년 무자(809) 애장왕 때라 하였다. 이때는 경덕왕 이후 혜공왕, 선덕왕, 원성왕, 소성왕, 애장왕 등 다섯 왕대 60여 년 뒤이다. 귀진은 먼저요 욱면은 뒤가 되어야 하는데「향전」과는 그 선후가 다르니 여기에서는 두 가지 다 함께 기록하고 의심나는 것은 그만둔다.

---

18) 진(珍)이 아닐까 한다. 아래 역시 그렇다.
19) 당나라 헌종의 연호.

찬미하는 시에 일렀다.

서쪽 이웃 옛 절에는 불등(佛燈)이 밝은데,
방아 찧고 절로 가면 밤도 이경(二更)이네.
한마디 염불마다 성불할 것을 기약하매,
손바닥을 뚫어서 노끈 꿰니 형체를 잊었도다.

## 광덕(廣德)과 엄장(嚴莊)

문무왕(文武王) 시대에 광덕과 엄장이라고 하는 중 두 명이 사이좋은 동무로 지냈다. 그들은 언제나 약속하기를, "누구나 먼저 극락 세계로 가는 사람은 꼭 서로 알리자!"고 하였다.

광덕은 분황사 서쪽 마을[20]에 은거하면서 신 삼는 일을 생업으로 하여 처자를 데리고 살았으며, 엄장은 남악(南岳)에 암자를 짓고 농사일을 부지런히 하였다. 어느 날 해그림자에 따라서 붉은 놀이 비끼고 소나무 그늘이 고요히 저무는데 엄장의 집 창 밖에서 소리가 나서 알리기를, "나는 벌써 극락으로 가네. 그대가 서방정토에 살고 싶다면 빨리 나를 따라오게"라고 하였다. 엄장이 문을 밀치고 나가서 쳐다보니 구름 위에서 하늘 풍류 소리가 나고 광명이 땅에 뻗쳤다.

이튿날 그의 처소로 찾아갔더니 광덕이 과연 죽어 있었다. 여기에서 바로 그의 아내와 함께 시체를 수습하여 같이 북망산에 장사를 치렀다. 일을 마치고 나서 그의 아내에게 말하기를, "남편이 죽었으니 나하고 같이 살지 않겠소?"라고 하였더니 그녀는 "좋소!"라고 하였다.

드디어 머물러 밤에 자면서 관계를 하려고 드니 그 여자가 핀잔을 주면서 말하기를, "대사가 극락을 찾는 것은 나무에서 고기를 찾는 것이라고 이를 만하오"라고 하였다. 엄장이 놀라면서 괴이쩍어 말하기를, "광덕과 이미 그렇게 지냈는데 나와 또 못 살 것이 무엇이오?"라고 하니 여자가 말하기를, "남편이 나와 함께 10여 년을 동거하였지만 아직 하룻밤도 한 자리에서 잔 적이 없는데 더구나 몸을 더럽혔겠소? 다만 매일 밤 몸을 단정히

---

[20] 혹은 황룡사에 서거방(西去房)이 있다고 하니 어느 편이 옳은지 모르겠다.

하고 앉아 열심으로 아미타불만 외우면서 어떤 때에는 십육관(十六觀)[21]을 실천하는데 관이 절정에 이르면 밝은 달빛이 문 안으로 들어와 때로는 그 빛을 타고올라 그 위에 가부좌를 하고 앉는답니다. 이토록 정성을 들일진대 비록 극락을 가려고 아니한들 어디로 가겠소? 무릇 천 리 길을 가는 자도 한 걸음에서 알아볼 수 있는 것이오. 지금 스님의 태도는 동쪽으로나 갈 만하고 서방정토는 모를 일인가 하오"라고 하였다.

엄장은 부끄럽고 무안하여 물러나와 바로 원효법사의 처소로 가서 도 닦는 묘방을 간절히 청하매 원효가 정관법(淨觀法)을 지어 지도하였는데, 엄장이 이때야 조행을 깨끗이 하고 잘못을 뉘우쳐 한마음으로 관(觀)을 공부하여 역시 극락에 갈 수 있었다. 정관법은 원효법사의 전기와 「해동승전」에 실려 있다.

그 부인은 바로 분황사의 계집종이니 부처님의 열아홉 응신(應身)[22]의 한 분이다.

일찍이 광덕의 노래가 있어 다음과 같이 일렀다.

| | |
|---|---|
| 달아, 이제 서쪽을 지나갈 것인가? | 달하, 이제 서방까지 가셔서 |
| 무량수불 앞에 말씀을 가져다 전해다오. | 무량수불 전에 일러다가 사뢰소서 |
| 다짐 깊으신 부처님 우러러 두 손 모아 | 다짐 깊으신 부처님을 우러르며 |
| 꽂으며 사뢰기를 | 두 손 곧추 모아 |
| 원왕생(願往生) 원왕생 | 원왕생 원왕생 |
| 염원하는 사람 있다고 전해다오. | 그리는 이 있다고 사뢰수서 |
| 아아, 이 몸을 끼쳐 두고 | 아아, 이 몸 남겨두고 |
| 마흔여덟 큰 소원 이루실까? | 사십팔대원(四十八大願)* 이루실까? |

* 사십팔대원(四十八大願) : 아미타불이 법장비구(法藏比丘)였을 때 세운 48가지 소원.

## 경흥(憬興)이 성인을 만나다

신문왕(神文王) 시대에 중 경흥의 성은 수씨(水氏)요 웅천주(熊川州) 사

---
21) 불교의 참선에서 묵상을 하는 방법으로 하는 16가지 관법.
22) 열아홉 응신은 19가지 설법에 의한 관음의 화신.

람이다. 나이 열여덟 살에 중이 되어 일체 불경[三藏]에 정통하니 명망이 당대에 높았다.

개요(開耀)[23] 원년(681)에 문무왕이 장차 세상을 떠나려 하면서 신문왕에게 유촉하기를, "경흥법사는 국사가 될 만하니 나의 부탁을 잊지 말라!"고 하였다. 신문왕이 즉위하매 특히 국로(國老)[24]로 삼아 삼랑사(三郎寺)에 있게 하였더니 갑자기 병이 들었다. 달포가 되자 웬 여승이 와서 찾아보고 「화엄경」 중에 있는 '착한 벗이 병을 낫게 한다[善友原病]'는 말로써 이르기를, "지금 스님의 병은 걱정으로 생긴 것이니 기쁘게 웃으면 나을 것이외다"라고 하고 곧 열한 가지 모양의 탈을 만들어 각각 우스꽝스런 춤을 추었다. 뾰족하기도 하고 깎은 듯도 하여 그 변하는 모습을 이루 다 말할 수 없어 모두가 입을 가누지 못할 만큼 우스웠던지라 국사의 병이 감쪽같이 씻은 듯 나았다. 여승은 대문을 나서서 바로 남항사(南巷寺)[25]에 들어가 사라졌는데 그가 가졌던 지팡이만 십일면원통상(十一面圓通像)[26]을 그린 화폭 앞에 놓여 있었다.

하루는 경흥이 왕궁으로 들어가려고 하매 수종하는 자가 먼저 동쪽 대문 밖에서 준비를 하는데, 말이며 안장이 매우 훌륭하고 신발이며 갓이며 차림차림이 버젓하게 늘어서니 사람들이 모두 길을 피하는데, 웬 거사[27]가 볼품없는 모양으로 손에는 지팡이, 등에는 광주리를 지고 와서 하마대(下馬臺)[28] 위에 쉬고 있었다. 광주리 속을 보니 마른 고기가 있었다.

따르는 자가 꾸짖어 "네가 중의 복색을 하고 어째서 더러운 물건을 졌느냐?"라고 하니 중이 말하기를, "두 다리 사이에 생고기를 끼울 바에는 등에다가 시장의 마른 고기를 지는 것이 무슨 흉이 되랴?" 하고 말을 마치자 일어나 가버렸다.

경흥이 막 대문을 나서다가 그 말을 듣고 사람을 시켜 그의 뒤를 쫓으니 남산 문수사(文殊寺) 대문 밖에 와서 광주리를 던져버리고 사라졌는데 지

---
23) 당나라 고종의 연호.
24) 중의 최고 관직인 국사의 다른 칭호.
25) 삼랑사 남쪽에 있다.
26) 얼굴 열한 개를 가진 관음상.
27) 혹은 중이라고도 한다.
28) 말에서 내릴 때 밟는 돌움돌.

팡이는 문수보살상 앞에 있고 마른 고기는 바로 소나무 껍질이었다. 심부름한 사람이 와서 고하니 경흥이 이 말을 듣고 감탄하여 말하기를, "관세음보살님이 오셔서 내가 짐승 타는 것을 경계하심이다" 하고 죽을 때까지 다시는 말을 타지 않았다. 경흥의 아름다운 덕행과 남긴 사적은 중 현본(玄本)이 지은 삼랑사(三郞寺) 비문에 자세히 실려 있다.

일찍이 「보현장경(普賢章經)」을 보니 미륵보살이 말하기를, "내가 오는 세상[來世]에는 꼭 염부제(閻浮提)[29]에 나서 먼저 석가의 말세 제자를 득도시켜줄 것이되 다만 말을 탄 중만은 부처님을 보지 못할 것이다"라고 하였으니 어찌 경계하지 않을 것인가!

찬미하는 시에 일렀다.

> 옛 성현이 모범을 보인 것은 뜻한 바가 더욱 클세라
> 자손들은 어찌하여 그 공부를 않는가.
> 등에 진 마른 고기가 여기에서 말썽이라면
> 산 짐승 타는 놈이 어찌 부처님이 될 수 있으랴?

## 부처의 산 형체가 공양을 받다

장수(長壽)[30] 원년 임진(692)에 효소왕(孝昭王)이 즉위하자 비로소 망덕사(望德寺)를 창건하여 당나라 황실의 복을 빌고자 하였다. 그후 경덕왕 14년(755)에 망덕사 탑이 흔들리더니 이 해에 안녹산(安祿山)의 난리[31]가 나매 신라 사람이 말하기를, "당나라 황실을 위하여 이 절을 세웠기 때문에 그 감응은 당연하다"고 하였다.

8년 정유에 낙성회(落成會)를 베풀고 왕이 친히 거동하여 공양을 하는데 웬 중이 허수룩한 꼴로 마당에 쭈그리고 서서 청하기를, "소승도 역시 재(齋)에 참가하기를 바랍니다"라고 하니 왕이 말석에 참예할 것을 허락하였다.

재가 파할 무렵에 왕이 농담조로 말하기를, "어느 절에 사는고?"라고 하

---

29) 인도.
30) 당나라 중종의 연호.
31) 당나라 현종 때 안녹산(安祿山), 사사명(史思明) 등이 일으킨 반란.

니 중이 말하기를, "비파암(琵琶巖)이외다"라고 하였다.

왕이 말하기를, "이 참에 돌아가면서 누구에게도 국왕이 친히 공양하는 재를 받았다고 말하지 말라"고 하니 중이 웃으면서 대답하기를, "폐하 또한 남에게 석가의 산 형체[眞身]에게 공양하였다고 말하지 마시오" 하고 말을 마치자 몸을 솟아 허공에 떠서 남쪽으로 향하여 갔다.

왕이 놀랍고도 무안하여 동쪽 언덕으로 달려올라가 그쪽을 향하여 절을 하고 사람을 시켜 찾게 하였던바 중은 남산 참성곡(參星谷)³²⁾ 돌 위에 이르매 지팡이와 바리때를 두고 사라졌다. 심부름 갔던 사람이 와서 복명하매 드디어 비파암 밑에 석가사(釋迦寺)를 세우고 그의 자취가 사라진 곳에 불무사(佛無寺)³³⁾를 세워 지팡이와 바리때를 나누어 모셨는데 두 절은 지금까지 남아 있지만 지팡이와 바리때는 없어졌다.

「지론(智論)」 제4에서 일렀다.

"옛날 계빈삼장(罽賓三藏)이 아란야법(阿蘭若法)을 가지고 수행을 쌓아 일왕사(一王寺)에 갔더니 절에서 큰 법회가 열렸는데, 문 지키는 사람이 그의 의복이 남루함을 보고 문을 막고 들이지 않았다. 이러기를 여러 번 하였으나 의복이 해졌다고 하여 매번 들이지 않으매 방편을 써서 좋은 옷을 빌려 입고 왔더니 문지기가 보고 들어가기를 허락하고 막지 않았다. 좌석을 얻어 참예하게 되어 여러 가지 좋은 음식을 얻어서 먼저 의복에 주었더니 여러 사람들이 그 까닭을 물었다. 그가 대답하기를, '내가 앞서 여러 번 왔으나 매번 들어오지 못하다가 이번은 의복 때문에 이 좌석에 들게 되어 여러 가지 음식을 얻었으매 이 의복에 주는 것이 마땅할까 하오'라고 했다"고 하였으니 사건이 같은 사례라고 할 만하다.

찬미하는 시에 일렀다.

> 부처님 새로 모시고 치성 올릴 제,
> 음식 만들어 중을 대접하고 옛 친구를 불렀네.
> 비파암 위의 달빛은 그때부터 흐려져서,
> 언제 이 세상을 비출는지!

◀ **망덕사 터의 당간지주.** 앞에도 나온 경주 배반동의 논 가운데 있는 망덕사 터에는 당간지주가 반듯하게 남아 있다. 특별한 장식도 없지만 만들어진 시기(절의 창건 시기)가 확실한 것이라고 하여 중요한 취급을 받는다.

32) 혹은 대적천원(大磧川源)이라고도 한다.
33) 원문의 "佛無事"는 "佛無寺"의 오기인 듯하다.

## 월명사(月明師)의 도솔가(兜率歌)

경덕왕 19년 경자(760) 4월 초하룻날 해가 둘이 나란히 나타나서 열흘이 되도록 그대로 있었다. 천문 맡은 관리가 아뢰기를 인연이 닿는 중을 청하여 산화공덕(散花功德)³⁴⁾을 베풀면 액막이를 할 수 있다고 하였다. 이렇게 해서 조원전(朝元殿)에 깨끗이 단을 만들고 왕이 청양루(靑陽樓)로 거동하여 인연이 닿는 중을 기다렸다. 이때에 월명 스님이 절 남쪽 길인 밭둑 길로 가는 것을 왕이 불러오게 하여 단에 올라가 기도를 시작하라고 시켰다.

월명이 아뢰되, "소승이 화랑의 무리에 속하였을 따름이라 안다는 것이 향가(鄕歌)뿐이요 불교 노래는 서투릅니다"라고 하니 왕이 말하기를, "이왕 인연 닿는 중을 만났으니 향가를 사용하더라도 좋다"고 하였다.

월명이 곧 도솔가를 지어 읊으니 그 가사는 이러하다.

| | |
|---|---|
| 오늘 이렇게 산화가(散花歌) 부를 제 | 오늘 이에 산화가 부를 제 |
| 뽑히어 나온 꽃아 너희는 | 뿌린 꽃아, 너는 |
| 참다운 마음 시키는 그대로 | 곧은 마음의 명(命)을 따라 |
| 부처님 모시어라 | 미륵좌주(彌勒座主) 모셔라! |

노래를 해석하면 이러하다.

청양루에서 부른 이 날의 산화가를
한 송이 꽃인 양 하늘로 보냅니다.
지극한 정성 다하여
멀리 도솔천의 부처님 모시려고.

지금 세상에서 이것을 두고 산화가라고 함은 잘못이요 도솔가라고 해야 옳을 것이다. 따로 산화가가 있으나 글이 길어서 싣지 않는다.

얼마 후에 해의 괴변이 없어지니 왕이 이를 가상히 여겨서 좋은 차 한 봉과 수정 염주 108개를 주었다. 이때에 난데없이 아이 하나가 몸차림을 깨끗이 하고 무릎을 꿇고 차와 염주를 받아 전각 서쪽의 작은 문으로부터

---
34) 불교의식에서 꽃을 뿌려 공양하는 절차.

나갔다. 월명은 이가 안대궐에서 심부름하는 아이이거니 생각하였고, 왕은 월명 스님의 상좌이거니 생각하였더니 서로 알아본즉 이도저도 아니었다. 왕이 매우 이상하게 여겨 사람을 시켜서 뒤를 따르게 하였더니 아이는 내원의 탑 속으로 들어가 사라지고 차와 염주는 남쪽 벽에 그린 보살님상 앞에 놓여 있었다. 이것으로 월명의 지극한 덕과 정성이 이렇게도 부처님을 감동시킬 수 있음을 알았다. 서울이나 시골이나 이 소문이 퍼졌으며 왕은 더욱 그를 존경하여 다시 비단 100필을 선사하여 그 크나큰 정성을 표창하였다.

월명은 또 일찍이 죽은 누이동생을 위하여 재를 올리고 향가를 지어 제사를 지냈더니 갑자기 광풍이 불어 종이돈[35]이 날려 올라가 서쪽 방향으로 사라졌다. 노래에 일렀다.

| | |
|---|---|
| 생사 길이란 | 삶과 죽음의 길은 |
| 여기 있으려나 있을 수 없어 | 예 있으매 머뭇거리고 |
| 나는 간다는 말씀도 | 나는 간다는 말도 |
| 이르지 못하고 가버리는가 | 못다 이르고 어찌 가나닛고 |
| 어느 가을날 이른 바람에 | 어느 가을 이른 바람에 |
| 이리저리 떨어질 나뭇잎처럼 | 이에 저에 떨어질 잎처럼 |
| 한 가지에서 떠나선 | 한 가지에 나고 |
| 가는 곳 모르는구나 | 가는 곳 모르온저 |
| 아아, 미타찰(彌陀刹)*에서 만날 것이니 | 아마, 미타찰에서 만날 나 |
| 내 도(道) 닦아 기다리리라. | 도 닦아 기다리겠노라 |

\* 미타찰(彌陀刹) : 아미타불이 있는 서방 정토.

월명은 언제나 사천왕사(四天王寺)에 살면서 젓대를 잘 불었다. 한번은 달밤에 젓대를 불면서 대문 앞 행길로 지나가니 달이 이 때문에 운행을 멈추었다. 이로 인하여 그 길을 월명리(月明里)라고 하였으며, 스님도 이 때문에 유명해졌다. 스님은 능준대사(能俊大師)의 제자이다. 신라 사람들은 향가를 숭상한 지가 오래되었는데 대개 시(詩)나 송가(頌歌)와 비슷한 것이었

---

35) 죽은 자가 극락으로 갈 때에 노비로 하라는 의미에서 장례 절차에 쓰는 것.

다. 이 때문에 때때로 천지와 귀신을 감동시킨 적이 한두 번이 아니었다.
찬미하는 시에 일렀다.

> 바람은 종이돈을 날려 죽은 누이의 노자를 삼게 하고
> 젓대 소리 저 달에 울려 항아(姮娥)의 걸음을 멈추게 하네.
> 하늘 저쪽 도솔천이 멀다고 하지 말라.
> 만덕화(萬德花) 한 곡조로 즐겁게 맞으련다.

## 선율(善律)이 다시 살아나다

망덕사 중 선율이 돈을 시주받아 「육백반야경(六百般若經)」을 이루려 하다가 과업을 아직 이루기 전에 갑자기 저승으로 잡혀가서 염라대왕에게 갔더니 그가 묻기를, "너는 인간 세상에 있으면서 무슨 일을 하였느냐?"고 하였다. 선율이 답하기를, "소승이 늘그막에 대품경(大品經)을 완성하려다가 과업을 못다 성취하고 왔나이다"라고 하니 염라대왕이 말하기를, "너의 정한 수는 비록 다 되었지만 좋은 발원을 아직 마치지 못하였으니, 마땅히 다시 인간 세상으로 돌아가 보귀로운 불전[寶典]을 끝마칠 것이다"라 하고 곧 놓아 돌려보냈다.

돌아오는 길에서 웬 여자가 울면서 앞으로 와서 절을 하고 말하기를, "저 역시 남염주(南閻州) 신라 사람인데 부모가 금강사 논 한 이랑을 몰래 훔친 죄에 연좌되어 저승에 잡혀와서 오랫동안 고초를 받사오니 지금 스님이 만약 고향으로 돌아가시거든 우리 부모에게 그 밭을 빨리 돌려주라고 말씀해 주십시오. 또 제가 인간 세상에 있을 때 평상 밑에 참기름을 묻어두었고 이부자리 속에 가는 베도 함께 간직해두었으니 스님께서 제 기름을 가져다가 부처님께 공양 등불을 켜주시고 베는 팔아 불경 베끼는 비용에 써주십시오. 그러면 황천에서도 은혜가 될 것이요 저는 이 고초를 벗어날 것만 같습니다"라고 하였다.

선율이 말하기를, "너의 집은 어디냐?"고 하니 그녀는 "사량부(沙梁部) 구원사(久遠寺) 서남리(西南里)외다"라고 하였다.

선율이 이 말을 듣고 막 가려 하자 이내 소생하였다. 이때는 선율이 죽은 지 벌써 열흘이 되어 남산 동쪽 기슭에 장사를 지낸 뒤였다. 선율이 무

덤 속에서 사흘 동안이나 외치자 목동이 이 소리를 듣고 본절에 와서 고하였으므로 중이 가서 무덤을 파내놓으니 선율은 지난 일을 자세히 이야기하였다. 선율이 그 여인의 집을 찾아갔더니 벌써 죽은 지 15년이 되었는데 기름과 베가 그대로 있는지라 부탁대로 명복을 빌어주었다. 여인의 넋이 와서 말하기를, "스님의 은혜를 입어 저는 벌써 고초를 벗어났소이다"라고 하였다. 당시 사람들이 이 소문을 듣고 모두가 놀라 감복하여 그를 도와 불경을 완성하였다. 그 불경책이 지금 경주의 중 맡아보는 관청 곳간[僧司書庫] 속에 있어 매년 가을 봄으로 펴널어서 액막이를 한다고 한다.

찬미하는 시에 일렀다.

> 우리 스님 황천길에 좋은 인연 맺으사,
> 떠나셨던 그 넋이 고향으로 돌아가네.
> 우리 부모 이내 안부 물으시거든,
> 나를 위해 한 이랑 밭 빨리 돌려주십사고!

## 김현(金現)이 범을 감동시키다

신라 풍속에 매년 2월이 되면 초여드렛날부터 보름날까지 서울 안 남녀들이 다투어 흥륜사(興輪寺)의 전각과 탑을 돌며 복을 받는 모꼬지로 삼는다. 원성왕 시대에 화랑으로 김현이라는 사람이 있어 밤이 깊은데도 혼자 쉬지 않고 돌더니, 한 처녀가 염불을 하면서 따라돌다가 서로 감정이 통하여 눈을 주게 되매 탑돌이를 마치고 그는 처녀를 끌고 으슥한 곳에 들어가 관계하였다. 처녀가 돌아가려고 하매 김현이 뒤를 따르니 처녀가 거절하는 것을 억지로 따라갔다.

서산 기슭에 와서 한 초막으로 들어가니 웬 노파가 있다가 처녀에게 묻기를, "따라온 사람이 누구냐?"고 하였다. 처녀가 사실대로 이야기하였더니 노파가 말하기를, "좋은 일이기는 하지만 없는 것만 못하구나! 그러나 저지른 일을 말린들 무엇하랴. 몰래 숨기기야 하겠지만 너의 형과 아우가 사나운 것이 염려된다"고 하고 낭을 안으로 들여 숨겨두었다.

조금 있다가 범 세 마리가 으르렁거리며 와서 사람의 말로 말하기를, "집 안에 누린내가 나니 요기하기 좋겠구나!"라고 하였다. 노파가 처녀와 함께 나무라기를, "네 코가 어떻게 되었구나! 무슨 미친 소리냐?"고 하였다.

이때에 하늘에서 소리를 쳐서 "너희들이 사람의 생명을 해치기 좋아함이 매우 심하니 마땅히 한 놈을 죽여 악행을 징계해야 하겠다!"고 하니 세 짐승이 듣고 모두 걱정하는 기색이 있었다. 처녀가 말하기를, "세 오빠가 만일 멀리 피하여 자진하여 회개한다면 제가 대신 그 벌을 받지요"라고 하니 모두 좋아서 머리를 숙이고 꼬리를 치면서 달아났다.

처녀가 들어와 낭에게 말하기를, "처음에는 제가 당신이 저희 족속에서 욕스럽게 오시는 것이 부끄러웠으므로 못 오시게 거절하였지만 이제는 이미 감출 것이 없으매 감히 속에 먹은 마음을 털어놓습니다. 설사 제가 서방님과 비록 유(類)는 다르나 하룻밤 즐거운 자리를 같이했으니 그 의리는 돌띠맺음만큼이나 소중한 것입니다. 세 오빠들의 죄악은 하늘이 이미 미워하여 온 가족이 당할 벌을 제가 당하고자 합니다. 다른 사람의 손에 죽는 것이 어찌 서방님의 칼날 밑에 죽어서 덕을 갚는 것과 같겠나이까. 제가 내일 시내로 들어가 살상을 심하게 하면 사람들이 어찌할 수 없을 것이요, 대왕은 반드시 높은 벼슬을 걸고 나를 잡을 사람을 찾을 것입니다. 당신은 겁내지 말고 나를 좇아 성 북쪽 숲속까지 오면 제가 거기에서 기다릴 것입니다"라고 하니 김현이 말하기를, "사람과 사람이 사귐은 인류의 원칙이요 다른 종류와 사귄다는 것은 대체 정상이 아닐 것이다. 그러나 이미 일이 잠잠하게 되었으매 참으로 천행이라고 할 것인데 어찌 차마 제 배필의 죽음을 팔아서 한때의 벼슬을 행으로 구할 수 있으랴!"라고 하였다.

처녀가 말하기를, "낭군은 그런 말을 마소서. 오늘 저의 목숨이 짧은 것은 바로 천명이며 또한 저의 소원이요, 낭군의 경사이며 우리 족속의 행복이요, 나라 사람들의 기쁨입니다. 한 번 죽어서 다섯 가지 이득이 갖추어지니 어찌 이를 어기겠사오리까. 다만 저를 위하여 절을 세우고 진리를 강설하여 좋은 과보를 장만해주시면 낭군의 은혜는 더할 수 없이 클 것이외다"라고 하면서, 드디어 서로 울며 작별하였다.

이튿날 과연 사나운 범이 성 안에 들어와 심하게 날뛰어 감당할 수 없었다. 원성왕이 이 말을 듣고 명령하기를, "범을 잡는 자는 2급 벼슬을 주리라!"고 하니 김현이 대궐로 들어가 아뢰되, "소신이 잡을 수 있습니다"라고 하매 곧 벼슬을 먼저 주어 그를 격려하였다.

김현이 칼 한 자루를 가지고 숲속으로 들어갔더니 범이 처녀로 변하여 반가이 웃으면서 말하기를, "간밤에 낭군과 함께 진심을 털어놓고 하던 말을 낭군은 소홀히 마소서. 오늘 내 손톱에 할퀴어 상한 사람들은 모두 흥륜사의 간장을 바르고 그 절의 나팔 소리를 들으면 나을 것이외다" 하고는 곧 김현이 찬 칼을 뽑아서 제 손으로 목을 찌르고 엎어지니 바로 범이었다.

　김현이 숲에서 나와 소리쳐 말하기를, "지금 여기에서 범을 대번에 잡았다"고 한 다음, 사정은 누설하지 않고 그의 말대로 상한 사람들을 치료하니 상처가 모두 나았다. 지금도 세간에서는 이 방법을 쓰고 있다.

　김현이 이미 등용되매 서천(西川) 가에 절을 세워 이름을 호원사(虎願寺)라 하고 언제나 「범망경(梵網經)」을 강설하여 범의 명복을 빌며 역시 몸을 희생하여 자기를 성공하게 한 은혜를 갚았다. 김현이 죽을 때에 이르러 이전에 당한 이상한 사적에 감동하여 그대로 적어 기록을 만드니 세상에서는 처음으로 들어 알게 되었으며 이로 인하여 그 기록을 「논호림(論虎林)」이라고 하여 지금까지 일컬어온다.

　정원(貞元) 9년(793)에 신도징(申屠澄)이 일개 평민으로서 한주(漢州) 십방현(什邡縣)의 위(尉) 벼슬을 임명받고 진부현(眞符縣)의 동쪽 10리 가량이나 가는데 눈보라와 큰 추위를 만나 말이 더 갈 수가 없었다. 길 옆에 초막이 있는데 그 안에는 불을 피워 매우 따뜻한지라 등잔불이 비치는 대로 가보니 늙은 영감 부부와 처녀가 불을 둘러싸고 앉아 있었다. 처녀는 나이가 얼네댓 살이 되었는데 비록 헝클어진 머리에 때묻은 옷을 입었으나 눈같이 흰 살결, 꽃 같은 얼굴에 몸가짐이 어여쁘고 고왔다.

　늙은 부부가 신도징이 오는 것을 보고 얼핏 일어나면서 "손님께서 찬 눈을 몹시 맞고 오셨는데 이리 불 가까이로 오시지요"라고 하여 신도징이 한동안 앉았으려니 날은 이미 캄캄해지고 눈보라는 그치지를 않았다.

　도징이 말하기를, "서쪽으로 읍내까지는 아직도 멀리 떨어졌으니 여기서 묵도록 해주시오"라고 하니 늙은 부부가 "이 오막살이 집을 더럽게 여기시지 않는다면 말씀대로 거행하오리다"라고 하매 말안장을 풀고 이부자리를 폈다.

　처녀가 손님이 유숙하려는 것을 보자 얼굴을 다듬고 단장을 곱게 하고 휘장 사이로 나오는데 얌전한 자태가 처음보다 훨씬 나았다. 도징이 말하기를, "따님의 총명한 품이 보통이 아닌데 다행히 혼사를 치르지 않았으면 이녁이 제 중매를 청하니 어떠하오?"라고 하니 늙은이가 말하기를, "뜻밖에 귀한 손님이 얻어가려고 하시니 어찌 천생연분이 아니겠소"라고 하여 도징이 드디어 사위로서의 예절을 치르고 바로 자기가 탔던 말에 처녀를 태우고 갔다.

임지에 가서는 급료가 매우 적었으므로 그의 아내가 노력하여 살림을 장만하니 모두가 마음에 들어 즐거웠다. 그후에 기한이 차서 돌아오려고 할 적에는 벌써 아들 하나 딸 하나를 두었는데 또한 매우 총명하였으므로 도징이 더욱더 존경하고 사랑하였다.

일찍이 아내에게 주는 시를 지었는데 다음과 같다.

> 한번 벼슬하니 매복(梅福)[36]에게 부끄럽고
> 3년이 지나니 맹광(孟光)[37]에게 부끄럽다.
> 이 정분 어디에 비할까
> 냇물에 뜬 원앙새라 할까.

그의 아내가 종일 시를 읊으면서 속으로 화답을 할 듯이 하면서도 좀처럼 입 밖에 내놓지를 않더니 도징이 벼슬을 그만두고 살림을 털어서 본가로 돌아가려고 하는데 그제야 서글프게도 도징에게 말하기를, "요전 주신 시 한 편에 대하여 뒤따라 화답을 하겠습니다."라고 하고 이어 읊었다.

> 부부의 정이야 비록 중하나
> 내 고향 산림 속이 절로 그립소.
> 시절이 변할까 언제나 걱정이요
> 백년가약 먹은 마음 저버릴까 하여.

이리하여 함께 그의 아내 집을 찾아갔더니 사람이라고는 없었다. 아내

---

[36] 한나라 때의 사람으로 처자를 버리고 신선이 되었다는 인물.
[37] 동한(東漢) 시대에 전형적인 현모양처로 일컬어지던 여자.

는 몹시 그리운 생각에 종일 울다가 별안간 벽 모서리에서 범가죽을 보고는 크게 웃으면서, "이것이 아직 있는 줄을 몰랐구나!" 하고 이내 집어서 입으니 당장에 범으로 변하여 으르렁거리며 할퀴고 차고 하다가 문을 박차고 나가버렸다. 도징이 놀라 피하여 두 아이를 데리고 그녀가 간 길을 찾아 산림을 바라보고 며칠을 소리쳐 울었으나 끝내 간 곳을 몰랐다.

슬프다! 신도징과 김현 두 사람이 사람이 아닌 종류를 접촉했을 때 그것이 변하여 사람의 아내가 된 것은 같으나 신도징의 범이 사람을 배반하는 시를 준 후에 으르렁거리며 할퀴고 차고 달아나는 것은 김현의 범과는 다르다. 김현의 범은 마지못하여 사람을 상하였으나 좋은 약방문으로 잘 가르쳐 사람을 구원하였다. 짐승으로서도 어진 품이 저와 같은데 지금은 사람으로서 짐승만도 못한 자가 있으니 무슨 까닭일까? 사건의 시말을 자세히 살펴보건대 절돌이를 하는 중에 사람을 감동시켰으며 하늘이 죄악을 징벌하겠다고 외치자 자신이 대신 받겠다고 하였으며 용한 약방문으로 사람을 구원하였으며 절을 세우고 부처님의 계명을 강론한 것은 허튼 짐승의 성질이 어질었다고만 할 것이 아니다. 대개 부처님의 감응은 여러 방법으로 사물에 미쳐 김현이 탑돌이에 정성을 들인 데에 감응되어 그 음덕에 보답하려 한 것이니 그 당시에 복을 받았음은 당연하다고 할 것이다.

찬미하는 시에서 일렀다.

> 산골집 삼형제는 모질기도 하거니와
> 한번 맺은 백년가약 이제 와서 어이하리.
> 의리가 중한지라 만번 죽어 싸건마는
> 숲속에서 맡긴 몸 낙화처럼 져갔네.

### 융천사(融天師)의 혜성가(彗星歌) — 진평왕 시대

다섯째 거열화랑(居烈花郎)과 여섯째 실처화랑(實處花郎),[38] 일곱째 보동화랑(寶同花郎) 등 세 화랑의 무리가 금강산을 유람코자 하는데 혜성이

---

**38)** 돌처 화랑이라고도 한다.

심대성(心大星) 주위에 나타났다. 화랑의 무리는 이것이 꺼림칙하여 여행을 그만두려고 하였다. 이때에 융천(融天) 스님이 노래를 지어 불렀더니 괴변이 사라지고 일본 군사도 저들 나라로 돌아가매 도리어 경사가 되었다. 임금이 기뻐서 화랑들을 금강산으로 보내어 유람하게 하였다.

그 노래는 이러하다.

| | |
|---|---|
| 동쪽 옛 나루 | 옛날 동해 물가 |
| 건달파(乾達婆)* 노니는 고장을 바라보고 | 건달파가 노닐던 성(城)을 바라보고 |
| 왜병이 들어왔다 | 왜군이 왔다! |
| 봉화를 올린 국경이고나 | 봉화를 든 변방이 있어라 |
| 세 화랑이 명산유람 가련다 | 세 화랑 산(山) 구경 오심을 듣고 |
| 듣고서 달수를 부지런히 헤어갈 제 | 달도 잦아들려 하는데 |
| 길을 쓸 별을 바라보고 | 길 밝히는 별 바라보고 |
| 혜성이라고 여쭙는 사람이 있다 | 혜성이여! 사뢴 사람이 있구나 |
| 아아, 드르르 떠갔더라 | 아아, 달은 흘러가버렸더라 |
| 이 벗아, 께름한 혜성이랄 게 있을까 | 이와 어울릴 무슨 혜성이 있었으리 |

* 건달파(乾達婆) : 인도 수미산 남쪽 금강굴에 살면서 향만 먹고 공중에 날아다녔다는 신. 건달파의 성(城)이란 신기루를 뜻함.

## 정수사(正秀師)가 추위에 언 여인을 구원하다

제40대 애장왕(哀莊王) 시대에 중 정수가 황룡사에 머물고 있었다. 겨울날 눈이 깊이 쌓이고 해는 벌써 저물었는데 삼랑사(三郎寺)로부터 돌아오면서 천엄사(天嚴寺) 대문 밖을 지나자니 한 거지 여인이 해산을 하고 추위에 얼어누워 거의 죽게 되었다. 스님이 보고 불쌍히 여겨 달려들어 안고 있으니 한동안 지나서 깨어났다. 즉시 옷을 벗어 그를 덮어주고 맨몸으로 자기 절로 달려가 짚으로 몸을 덮고 밤을 지냈더니 밤중에 대궐 뜰에서 하늘로부터 소리쳐 말하기를, "황룡사의 중 정수를 마땅히 왕사로 봉하라!"고 하였다. 급히 사람을 시켜 알아보고 자세히 사실을 아뢰었더니 왕이 위의를 갖추고 그를 대궐로 맞아들여 국사로 책봉하였다.

# 피은(避隱) 제8

## 낭지(郞智)가 구름을 탄 사실과 보현보살 나무〔普賢樹〕

삽량주(歃良州) 아곡현(阿曲縣) 영취산(靈鷲山)[39]에 비범한 중이 있었다. 수십 년을 암자에 살았지만 고을 사람들은 아무도 알지 못하였고 중 역시 성명을 말하지 않았다. 언제나「법화경」을 공부하여 그로 인해 신통력을 가지게 되었다. 용삭 초년에 지통(智通)이라는 상좌 중이 있었는데 이량공(伊亮公)의 집종이었다. 일곱 살에 중이 되니 까마귀가 와서 울면서 이르기를, "영취산으로 가서 낭지의 제자가 되어라"고 하였다.

지통이 이 말을 듣고 그 산을 찾아가서 골 가운데 있는 나무 아래에서 쉬는데 별안간 이상한 사람이 나타나서 말하기를, "나는 바로 보현보살인데 너에게 계율을 주려고 일부러 여기 왔노라"고 하면서 계(戒)를 베풀고 나서 그만 사라졌다.

지통은 정신이 활짝 열리고 지혜가 일시에 원만해졌다. 이리하여 앞으로 가는데 길에서 중 하나를 만났기에 "낭지 스님이 어디 계시나이까?"라고 하니 중이 말하기를, "낭지는 어찌하여 묻느냐?"고 하였다.

지통이 이상한 까마귀 이야기를 자세히 일렀더니 중이 빙그레 웃으면서 말하기를, "내가 바로 낭지이다. 지금 막 법당 앞에 역시 까마귀가 와서 알리기를 '거룩한 아이가 스님한테로 올 터이니 꼭 나가서 맞으라'고 하기에 이 때문에 와서 너를 마중하는 것이다" 하고는 손을 잡고 감탄하면서 "신령한 까마귀가 너를 깨우쳐[40] 나에게 오도록 하고 나에게도 알려 너를 맞도록 하니 이 무슨 상서로운 일인고! 아마도 산신령의 도우심인가 보다"라고 하였다. 전해오는 말에 따르면 산신령이 바로 변재천녀(辯才天女)라고 한다.

지통이 이 말을 듣고 울면서 사례하고 입문하는 절차를 치렀다. 얼마 후

---

39) 삽량은 양주(梁州)요, 아곡은 아서(阿西)라고도 하고 또 구불(求佛), 굴불(屈佛)이라고도 이르니 울주(蔚州 : 지금의 울산)에 굴불역을 두어 지금도 그 이름을 보존하고 있다.

40) 원문의 "驚"은 "警"의 오자.

에 장차 계를 주려고 하니 지통이 말하기를, "저는 동구에 있는 나무 아래서 벌써 보현보살님의 바른 계를 받았습니다"라고 하니 낭지가 감탄하며 말하기를, "참 좋구나! 너는 벌써 직접 보살님의 원만한 계를 받았구나! 나는 한평생 매일 자기 반성을 하면서 열심으로 보살님 만나기를 염원하였지만 아직도 만날 수 없었는데, 너는 벌써 계까지 받았으니 네가 나보다 훨씬 낫다" 하고는 도로 지통에게 절을 하고 따라서 그 나무를 보현이라고 이름지었다.

지통이 말하기를, "법사께서는 이곳에서 머무신 지 오래되셨습니까?" 하니 그가 말하기를, "법흥왕 정미년에 처음으로 발을 붙였으니 지금 얼마나 되는지 모르겠다" 하였다. 지통이 이 산에 왔을 때는 바로 문무왕 즉위 원년 신유(661)이니 세어보면 벌써 135년이 되었다.

지통이 그뒤에 의상의 처소로 찾아가서 그의 중견 제자가 되어 오묘한 이치에 접촉하여 진리를 터득하는 데에 커다란 도움이 되었으니, 그가 바로 「추동기(錐洞記)」의 저자이다.

원효가 반고사(磻高寺)에 머물고 있을 때에 늘 낭지를 찾아보았더니, 그는 「초장관문(初章觀文)」과 「안신사심론(安身事心論)」을 짓게 하였다. 원효가 짓기를 마치자 숨은 거사 문선(文善)을 시켜서 책을 가지고 낭지에게 바치게 하였다.

그 책 꽁무니에 글귀를 써서 일렀다.

> 서쪽 골짝 제자는 머리를 조아려
> 동쪽 산봉우리 선생님께 아뢰나이다.[41]
> 가는 먼지를 불어 영취산에 보태고
> 작은 물방울을 날려 용연(龍淵)에 던지나이다.

영취산 동쪽에 태화강(太和江)이 있으니 이는 중국 태화지(太和池)의 용이 복을 심기 위하여 만들었다고 하여 용연(龍淵)이라고 일렀다.

지통과 원효는 모두 큰 성인들이다. 두 성인으로서도 옷을 걷고 스승으

---

41) 반고사는 영취산 서북쪽에 있었으므로 "서쪽 골짝 제자 중"이라 함은 자신을 말함이다.

로 삼았으니 낭지의 도가 고매함을 알 만하다.

스님은 일찍이 구름을 타고 중국의 청량산(淸凉山)으로 가서 무리를 따라 강설을 듣고는 삽시간에 돌아오므로 저들 중국의 중은 필시 이웃에 사는 중으로만 생각하였으나 그가 사는 곳을 몰랐다. 하루는 모인 무리들에게 말하기를, "본사에 상주하는 이 외에 다른 절에서 온 중들은 저마다 사는 곳의 색다른 화초를 가지고 와서 도량에 바치라"고 하였다.

낭지가 이튿날 산중에 있는 이상한 나뭇가지 하나를 꺾어다 바치니 저곳 중이 보고 말하기를, "이 나무는 범어로는 '달제가(怛提伽)'라 하고 여기에서는 '혁(赫)'이라고 하는데 서축과 동방의 두 영취산에만 있는 나무이다. 이 두 영취산은 모두 제10 법운지(法雲地)[42]의 보살이 살던 곳으로 이는 필시 거룩한 이일 것이다" 하고 드디어 그의 행색을 살펴보았더니 동방의 영취산에 사는 것을 알았다. 이로 인하여 인식을 달리하매 그의 이름이 온 세상에 드러났다. 지방 사람들은 그가 있던 암자를 혁목암(赫木庵)이라고 부르니 지금의 혁목사 북쪽 언덕에 있는 옛터가 바로 그 유적이다.

「영취사기(靈鷲寺記)」에 일렀으되, "낭지가 일찍이 말하기를 '이 암자 터는 바로 가섭 부처님[迦葉佛] 때의 절터라' 하여 땅을 파서 등잔 기름병 두 개를 얻었다"고 하였다. 원성왕 시대에 중 연회(緣會)가 이 산중에 와서 살면서 낭지의 전기를 지었는데 세상에 전하고 있다.

「화엄경」에 실린 "열번째 이름난 법운지"를 보면 지금 낭지 스님이 구름을 탄 것은 대개 부처님이 세 손가락을 구부리고 원효가 몸을 100개로 나누는 것과 유사할 것이다.

찬미하는 시에 일렀다.

> 산속에서 정진한 지 한 백년에
> 그 이름은 한번도 세상에 드러나지 않았네.
> 산새가 지저귐을 말리지 않았고,
> 구름 타고 중국을 훨훨 내왕하였네.

---

42) 제10 법운지는 보살이 거주한다는 열번째 터이다.

## 공명을 피하던 연회(緣會)와 문수점(文殊岾)

고명한 중 연회는 일찍이 영취산에 숨어살면서 매양 「법화경」을 읽고 보현관(普賢觀)을 공부하였다. 뜰의 못에는 언제나 연꽃 몇 떨기가 나서 사철 시들지 않았다.[43] 국왕인 원성왕이 그 상서로운 이적을 듣고 그를 불러 국사로 삼으려 하였더니 스님이 이 말을 듣고 그만 암자를 버리고 달아났다. 서령(西嶺) 바위 틈을 건너가자니 한 늙은이가 밭을 갈다가 "스님은 어디로 가시오?"라고 물었다.

그는 답하기를, "내가 들으매 나라에서 잘못 알고 벼슬로써 나를 구속하려고 하므로 이곳을 피하는 길이요"라고 하니 늙은이가 듣고 말하기를, "여기서 팔 일이지 수고스럽게 멀리 가서 팔 것 있소? 스님이야말로 매명(賣名)을 몹시 좋아하는구료!"라고 하니 연회는 자기를 조롱하는 줄로만 여기고 그 말을 듣지 않았다. 그래서 몇 리를 더 가서 냇가에서 한 노파를 만났더니 또 어디로 가느냐고 물었으므로 처음과 같이 대답하였다.

노파가 "여기 오기 전에 누구를 만났던가?"라고 하여 대답하되 "웬 늙은 첨지가 나를 매우 모욕하므로 골이 나서 왔소"라고 하였더니 노파가 말하기를, "그는 문수보살이요. 그 말씀을 왜 듣지 않았소?"라고 하였다.

연회가 놀랍고 송구스러워 늙은이가 있던 곳으로 급히 가서 이마를 조아리고 후회하여 말하기를, "보살님의 말씀을 감히 어찌 거역하오리까! 지금 되돌아왔지만 냇가의 노파는 그 누구이신지요?"라고 하니 늙은이가 말하기를, "변재천녀로다"라고 말을 마치자 그만 사라졌다.

연회가 도로 암자로 돌아왔더니 조금 뒤에 칙사가 조서를 받들고 와서 불렀다. 연회가 꼭 받아야 될 명임을 알고 곧 조서에 응하여 대궐로 갔더니 국사로 봉하였다.[44] 연회가 늙은 노인에게 감동받은 곳을 문수점(文殊岾)이라고 이름짓고 노파를 만난 곳을 아니점(阿尼岾)이라고 불렀다.

찬미하는 시에 일렀다.

---

**43)** 지금의 영취사 용장전(龍藏殿)이 바로 연회가 살던 곳이다.

**44)** 「승전」에서는 이르기를 '헌안왕이 봉하여 두 왕대의 왕사로 삼고 호를 조(照)라고 하였으니 함통 4년에 죽었다'고 하였는바 원성왕의 연대와 서로 다르니 어느 것이 옳은지 모르겠다.

번화한 곳 가까우면 오래 묻혀 못 있을걸,
이름 한번 드러나매 수습하기 어려워라.
내가 사는 이 산이 얕다고 말을 마소.
뜰 아래 연꽃 피니 그 탓인가 하노라.

## 혜현(惠現)이 정적(靜寂)을 구하다

중 혜현은 백제 사람인데 어려서 중이 되어 정신을 통일시키기에 애써서 「법화경」 공부를 과업으로 삼고 기도로써 복을 구하고 영험이 많았다. 겸하여 삼론(三論)[45]을 연구하여 신명과 통하였다.

처음에 북부 수덕사(修德寺)에 있으면서 무리들이 있으면 강설하고 없으면 불경 외우기에 열중하니 사방에서 그의 풍격(風格)을 흠모하여 창 밖에는 신발이 들어찼다. 차츰 귀찮게 떠받드는 것이 싫어져서 드디어 강남 달나산(達拏山)으로 가서 살았는데 그 산이 매우 험준하여 내왕하는 자가 드물었다. 혜현은 조용히 앉아 수양을 하다가 산중에서 세상을 마쳤다. 같이 공부하던 이가 그의 시체를 석굴 속에 두었더니 범이 다 먹어버리고 다만 머리와 혀만 남았는데 3년이 지나도록 혀는 붉고 연하였다. 얼마 뒤에야 변하여 검붉고 굳어져 돌과 같이 되매 중들과 속인들이 이를 공경하여 돌탑에 간직하니 인간의 나이로는 58세로서 즉 정관(貞觀) 초년이었다. 혜현은 서방에 유학하지 않고 고요히 은퇴하여 죽었지만 그의 이름은 중국에까지 전파되어 전기가 씌어졌으니 당나라에서 명성이 드러났던 것이다.

또 고려의 중 파야(波若)가 중국의 천태산(天台山)에 들어가 지자교관(智者敎觀)을 공부하여 신령스럽다는 소문으로 산중에서 드날리다가 죽었는데 「당승전」에 역시 실려 있어 영험 있는 본보기가 많다.

찬미하는 시에 일렀다.

귀중한 경전 공부 한바탕 끝내고,
그동안 얻은 지식 높이 간직하였네.

---

45) 삼론종(三論宗)의 불서.

▲ **단속사 터의 당간지주.** 단속사 터 앞의 밭에 부러진 채로 쓰러져 있던 당간지주를 1984년에 다시 세운 것이다.

죽어도 혀만은 연꽃인 양 붉은데,
드러난 이름은 멀리 세간의 청사에 전하도다.

## 신충(信忠)이 벼슬을 그만두다

효성왕이 아직 왕위에 오르지 않았을 때에 한번은 신충이라는 어진 선비를 데리고 바둑을 두면서 말하기를, "이 다음에 그대를 잊어버린다면 저 잣나무를 두고 맹세를 하겠다"고 하매 신충이 일어나서 절을 하였다.

몇 달 뒤에 왕이 즉위하여 공로 있는 신하들을 표창하면서 신충을 잊어버리고 차례에 넣지 않았다. 신충이 원망스러워서 노래를 지어 잣나무에 붙였더니 나무가 갑자기 누렇게 시들어버렸다.

왕이 괴상하게 여겨 알아보도록 하였더니 노래를 가져다가 바쳤다. 왕이 깜짝 놀라 말하기를, "정사에 바쁘다보니 가깝게 지내던 사람을 잊어버릴 뻔하였구나!"라고 하고 곧 그를 불러 벼슬을 주니 잣나무가 그만 도

▶ **단속사 터의 삼층석탑.** 단속사 터는 산청군 단성면 운리에 있다. 절터에는 다행히도 삼층석탑 두 기가 남아 있다. 그 탑 근처는 정리를 했으나 금당 터와 그밖의 건물 터에는 민가들이 들어앉아 있다.

로 살아났다. 노래에 일렀으되

| | |
|---|---|
| 한창 무성한 잣나무 | 한창 무성한 잣나무 |
| 가을이 되어도 이울지 않으니 | 가을이 되어도 이울지 않으니 |
| 너 어찌 잊으랴 하시던 | 너를 어찌 잊으랴 하신 |
| 우러르던 그 낯이 고쳐질 줄이야 | 우러르던 그 낯이 변하실 줄이야 |
| 달 그림자 고인 옛 못의 | 달 그림자 내린 연못가 |
| 흐르는 물결이 모래를 이기듯 | 흐르는 물결에 모래가 일렁이듯 |
| 그분의 모양은 바라보나 | 모습이야 바라보지만 |
| 세상도 그대로 되는 데야 | 세상 모든 것 여읜 처지여! |

라고 하였는데 뒷구절은 없어졌다. 이로부터 그는 두 왕대에 걸쳐 왕의 총애로 높은 벼슬을 하였다.

경덕왕[46] 22년 계묘(763)에 신충이 두 친구와 서로 약속하고 벼슬을 그만두고 남악으로 들어가매 왕이 다시 불렀으나 가지 않고 머리를 깎고 중이 되었다. 그는 왕을 위하여 단속사(斷俗寺)를 세우고 그곳에 살면서 종신토록 속세를 떠나 왕의 복을 빌겠다고 청하니 왕이 이를 허락하였다. 그의 화상은 이 절의 법당 뒷벽에 있다. 절 남쪽에 있는 마을 이름이 속휴(俗休)인데 지금은 잘못 불러 소화리(小花里)라고 한다.[47]

또 다른 기록에는 "경덕왕 시대에 직장(直長) 이준(李俊)[48]이 일찍부터 나이 50이 되면 꼭 중이 되어 절을 세우기를 발원하였다. 천보(天寶) 7년 무사(748)에 50이 되었다. 조연(槽淵)에 있던 작은 절을 고쳐 큰 절로 만들어 이름을 단속사라 하고 자신도 머리를 깎고 중이 되어 이름을 공굉장로(孔宏長老)라고 하면서 이 절에서 20년 동안 살다가 죽었다"고 하였다.

앞에 있는 「삼국사」에 실린 기록과는 같지 않으나 두 쪽 모두 기록하고 의심스러운 점은 제쳐둔다.

---

46) 경덕왕은 바로 효성왕의 아우이다.
47) 「삼화상전(三和尙傳)」에 보면 신충봉성사라는 절이 있어 이 절과 서로 혼동되고 있다. 그러나 거기에 따라 신문왕 시대를 계산하면 경덕왕과는 벌써 100여 년이나 차이가 있고 더군다나 신문왕과 신충은 지난 세상 사람인즉 이 신충이 아님이 명백하다. 잘 알아 밝혀야 할 것이다.
48) 「고승전」에는 이순(李純)이라고 하였다.

찬미하는 시에 일렀다.

> 공명을 못다 누렸으되 귀밑이 먼저 세었구나.
> 임금 은총 많다 해도 백 년이 잠깐일세.
> 세속을 격한 저 절 꿈에도 나타나니
> 나는 가서 향화 피워 우리 임금 복 빌리라.

## 포산(包山)의 두 성인

신라 시대에 관기(觀機)와 도성(道成)이라고 하는 두 거룩한 중이 있었는데 어떤 사람인지를 알 수 없었으나 함께 포산[49]에 숨어 살았다. 관기는 남쪽 고개에 암자를 정하였고 도성은 북쪽 바위 구멍에 자리를 잡아 서로 떨어진 거리가 10여 리쯤 되었는데 구름을 헤치고 달을 노래하면서 매양 서로 찾아다녔다. 도성이 관기를 청하려고 하면 산중의 나무들이 모두 남쪽을 향하여 엎어져서 마주 환영하는 것처럼 되어 관기가 이것을 보고는 갔으며, 관기가 도성을 맞을 때도 역시 이와 같이 하여 나무가 모두 북쪽으로 쓰러지면 도성이 곧 왔으니 이렇게 하기를 여러 해가 되었다. 도성은 그가 사는 곳 뒤에 있는 높은 바위 위에 언제나 조용히 앉아 있었는데, 하루는 바위틈으로부터 몸이 뛰쳐나가 전신이 공중으로 올라가버리니 간 곳을 알지 못하였다. 혹은 말하기를 수창군(壽昌郡)[50]에 와서 죽었다 하고 관기도 그 뒤를 따라 죽었다고 한다. 지금도 두 스님의 이름으로써 살던 터를 이름지었고 모두들 유적이 있다. 도성암(道成巖)의 높이는 두어 길이나 되는데 뒷날 사람들이 돌구멍 밑에 절을 세웠다.

태평흥국(太平興國) 7년 임오(982)에 성범(成梵)이라는 중이 있어 처음으로 절에 와서 살면서 만일미타도량(萬日彌陀道場)을 열고 50여 년 동안 부지런히 도를 닦아 특별한 조짐들이 여러 번 있었다. 이때에 현풍(玄風)에 사는 신도 20여 명이 해마다 사(社)[51]를 모으고 향나무를 주워다가 절에

▶**도성암**은 대구광역시 달성군 현풍면의 비슬산에 있다. 지금의 도성암 자리에 옛날의 도성암이 있었을 것으로 짐작들을 한다. 그 앞마당에서는 현풍 일대의 들판이 잘 내려다보인다. 근처에는 관기봉이라는 이름을 가진 산봉우리도 있다.

---

49) 그 지방 사람들은 소슬산(所瑟山 : 현재는 琵瑟山으로 불림)이라고 불렀으니 바로 인도말로 '싸다[包]'는 뜻이다.
50) 수성군(壽城郡).
51) 모임이라는 의미로서 계와 같은 것.

바치는데 매양 산에 들어가 향나무를 캐서 쪼개어 씻어서 발[箔]에 널어 두었다. 그 나무가 밤이 되면 촛불처럼 광명을 뿜었다. 이로 말미암아 고을 사람들이 향을 바치는 무리에게 시주를 하고 광명이 나타난 해를 축하하였으니, 이는 두 성인의 영감이요 혹은 산신의 도움이라고 한다. 산신의 이름은 정성천왕(靜聖天王)인데, 일찍이 가섭불 시대에 부처님의 부탁을 받아 발원 맹세를 하고 산중에서 1,000명의 수도자가 출현하기를 기다려 남은 과보를 받게 된 것이라고 하였다.

현재 산중에는 아홉 성인이 남긴 행적이 있으나 자세히 알 수 없다. 그 아홉은 관기(觀機), 도성(道成), 반사(搬師), 첩사(牒師), 도의(道義)[52], 자양(子陽), 성범(成梵), 금물녀(今勿女), 백우사(白牛師) 들이다.

찬미하는 시에 일렀다.

> 달밤에 거닐어 산수를 즐기던,
> 두 분 늙은이의 풍류 생활은 몇백 년이었던가.
> 이내 낀 골짜기의 고목들은
> 흔들흔들 찬 그림자 아직도 날 맞는 양.

搬 자의 음은 반(般)이니 우리말로 비나무라고 이르며, 牒 자의 음은 첩(牒)이니 우리말로 갈나무이다. 이는 두 분 스님이 오랫동안 바위 너덜에 숨어 살면서 인간세상과 사귀지 않고 모두 나뭇잎을 엮어서 추위와 더위를 넘기며 비를 막고 앞을 가렸을 뿐이니, 이 때문에 나무 이름으로 호를 지었다. 일찍이 들으매 금강산에도 이런 이름 이야기가 있으니 이로써 옛날에 은둔생활을 한 인사들의 숨은 취미를 알 수 있으나 본받기는 어려운 일이다.

내가 일찍이 포산에 살면서 두 스님이 남긴 아름다운 행적에 관해서 쓴 글이 있기에 지금에 이를 함께 적는다.

> 붉고 푸른 풀로 배를 채웠고,
> 입은 옷은 나뭇잎, 길쌈한 베 아니더라.

---

52) 백암사(柏巖寺)의 터가 있다.

솔바람 차게 불고 바위는 험한데
해 저문 숲속으로 나뭇짐 돌아오네.
한밤중 달빛 향해 도사리고 앉으매,
반신(半身)은 시원하게 바람 부는 대로 날도다.
해진 거적 자리에 가로누워 단잠 들자니,
꿈속에도 티끌 세상 갈 바 있으랴.
두 암자 빈 터에는 구름도 이제 가고,
사슴은 오르건만 인적은 드무네.

## 영재(永才)가 도적을 만나다

중 영재는 성질이 익살스럽고 물욕에 구애없이 살며 향가를 잘 지었다. 늙바탕에 남악에 들어가서 은거하고자 가던 차에 대현령(大峴嶺)에 이르러 도적 60여 명을 만났다. 그들은 영재를 죽이려고 하였으나 영재는 칼을 받으면서도 무서운 기색이 없이 태연하게 대하였다. 도적이 괴이쩍어 그의 이름을 물으니 영재라고 하였다. 도적들은 평소 영재라는 이름을 들었으므로 바로 노래를 지으라고 명하였다.

그 노래의 사연은 이러하였다.

| | |
|---|---|
| 제 마음의 하는 짓 모르던 날 | 내 마음의 형해(形骸)를 벗어나려던 날 |
| 멀리 □□ 지나치고 | 멀리 □□ 지나치고 |
| 이제는 숨으러 가나이다 | 이제는 숨어서 가고 있네 |
| 오직 옳지 않은 파계주(破戒主)의 | 오직 그릇된 파계승(破戒僧)이여 |
| 무서운 모습에 다시금 돌릴러라 | 놀라게 한들 다시 또 돌아가리 |
| 이런 무기야 아무렇지 않으오 | 이 칼을 맞는다면 |
| 좋은 날을 물리더니 | 좋은 날이 오리니 |
| 아아, 오직 이 오름직한 선 두둑은 | 아아, 요만한 선업(善業)으로야 |
| 못 들어갈 큰 집이 아니외다 | 극락에는 아직 턱도 없습니다 |

도적들이 그 노래의 뜻에 감동되어 비단 두 끗을 선사하니 영재가 웃으

면서 앞으로 나와 사례하기를, "재물이 지옥의 장본이 된다는 것을 알고 장차 깊은 산중으로 피하여 한평생을 보내려고 하는데 어떻게 감히 그런 것을 받겠소" 하고는 이것을 땅바닥에 던졌다. 도적들이 또 그 말에 감동되어 모두 칼을 놓고 창을 던지며 머리를 깎고 제자들이 되어 함께 지리산에 숨어 다시는 세상에 나오지 않았다. 영재는 거의 아흔 살이나 살았으니 원성대왕 시대였다.

찬미하는 시에 일렀다.

> 지팡이 잡고 산으로 돌아갈 제 감개는 한결 깊다,
> 비단이며 보물이 어찌 이 마음을 움직이랴.
> 밤이슬 맞는 분네 그런 선물 그만 두소.
> 몇 푼 재물이라도 지옥 갈 밑천이라오.

## 물계자(勿稽子)

제10대 내해왕(奈解王) 17년 임진(212)에 보라국(保羅國), 고자국(古自國),[53] 사물국(史勿國)[54] 등 여덟 나라가 힘을 합하여 신라의 변경을 침범하였다. 왕이 태자 내음(㮈音)과 장군 일벌(一伐) 등을 시켜 군사를 거느리고 가서 대항케 하여 여덟 나라가 모두 항복하였다. 이 당시 물계자의 군공이 제일이었으나 태자가 미워하는 바가 되어 그 공로를 표상하지 않았다.

누가 물계자에게 말하기를, "이번 전쟁에서 공로를 세우기는 오직 그대뿐인데 그대에게 상이 돌아오지 않으니, 태자가 그대를 미워하는 것이 원망스럽지 않은가?"라고 하니 물계자가 말하기를, "나라 임금님이 위에 계시는데 신하로서 무슨 원망이 있을 것인가?"라고 하였다. 더러는 말하기를, "임금님께 아뢰는 것이 좋을 것이다"라고 하니 물계자가 말하기를, "제 공로를 자랑하고 복록을 다투며 자기를 추켜세우고 다른 사람을 덮어 묻는 것은 뜻 있는 선비의 할 바가 아니다. 자기를 독려하고 때를 기다릴 뿐이다"라고 하였다.

---

53) 고성(固城).
54) 사천(泗川).

10년 을미에 골포국(骨浦國)⁵⁵⁾ 등 세 나라의 임금이 각각 군사를 거느리고 와서 갈화(竭火)⁵⁶⁾를 치매 왕이 친히 군사를 데리고 나가 막았다. 세 나라가 모두 패하고 물계자가 죽여서 얻은 적의 머리가 수십 개나 되었으나 사람들은 이 공로를 말하지 않았다. 물계자는 아내에게 말하였다.

"내가 듣기에 임금을 섬기는 도리는 위기를 만나면 목숨을 바치고, 어려운 고비를 당하여 제 몸을 잊고, 절조와 의리를 지켜 생사를 돌보지 않는 것을 충성이라고 한다. 보라(保羅)⁵⁷⁾와 갈화의 싸움이야말로 정말 나라의 어려운 고비였다. 임금이 위기에 처하였는데도 나는 아직 제 몸을 잊어버리고 목숨을 바치는 용기를 가져본 적이 없었으니 이것은 바로 매우 충성스럽지 못한 일이다. 벌써 충성이 없이 임금을 섬긴다는 것은 누가 아버지에게까지 미치는 것이니 이것이 효도라고 할 수 있겠는가? 이미 충성과 효도를 잃어버렸으니 무슨 얼굴로 다시 조정과 시정에 나설 수 있겠는가?"

그는 곧 머리를 풀고 거문고를 진 채 사체산(師彘山)⁵⁸⁾으로 들어가 대나무의 곧은 성질이 병통임을 슬퍼하면서 여기에 비겨서 노래를 짓고 개울 물 소리에 비겨서 거문고를 뜯어 곡조를 짓고 숨어 살면서 다시는 세상에 나타나지 않았다.

### 영여사(迎如師)

실제사(實際寺)의 중 영여는 그 가문이 자세하지 않으나 덕행이 아주 장하였다. 경덕왕이 그를 맞아 공양을 드리고자 사람을 시켜 불렀다. 그가 대궐로 들어와 재를 마치고 돌아가려 하는데 왕이 사람을 시켜 그를 절까지 바래다주었더니 절문에 들어서자 곧 숨어버리고 그가 간 곳을 알지 못하였다. 갔던 사람이 와서 왕께 아뢰니 왕이 이상히 여겨 그를 국사로 추봉하였다. 그후로 다시 세상에 나타나지 않았으니 지금까지 그 절을 국사방(國師房)이라고 부른다.

---

55) 합포(合浦).
56) 굴불(屈佛)로서 울주(蔚州: 지금의 울산).
57) 발라(發羅)로서 나주(羅州).
58) 자세히 알 수 없다.

## 포천산(布川山)의 다섯 중 — 경덕왕 시대

삽량주의 동북쪽 20리가량 되는 곳에 포천산이 있는데 그곳의 석굴이 기이하게 생겨 마치 사람의 손으로 깎은 듯하였다. 성명을 알 수 없는 중 다섯 명이 있어 거기에 와서 살면서 염불을 하며 극락을 구한 지 몇십 년 만에 홀연히 보살들이 서방으로부터 와서 맞았다.

여기에서 다섯 명의 중들은 각기 연화대에 앉아 허공을 타고 갔는데 통도사 절문 밖에 이르러 머물렀다. 하늘의 풍악이 간간이 울렸다. 절의 중들이 나가보니 다섯 중은 인생이 무상하고 괴롭고 허무하다는 이치를 설교하면서 유해(遺骸)를 벗어던지고 큰 광명을 뿜으면서 서쪽으로 향하여 가버렸다. 유해를 버린 곳에 절의 중들이 정각을 짓고 이름을 치루(置樓)라고 하였으니 지금도 남아 있다.

## 염불사(念佛師)

남산(南山)의 동쪽 기슭에 피리촌(避里村)이라는 마을이 있고 마을에는 절이 있는데 마을 이름을 따서 피리사라고 이름지었다. 절에는 범상찮은 중이 있어 성명을 말하지 아니하고 언제나 염불을 외워 그 소리가 성중에까지 들려 360동리 17만 호치고 안 들리는 데가 없었다. 염불 소리는 높고 낮음이 없이 그냥 옥과 같은 소리가 한결같았다. 이로써 이상하게들 여겨 누구나 정성껏 공경하고 모두가 염불 스님[念佛師]이라고 이름붙였다. 그가 죽은 후에 흙으로 그의 형상을 빚어 민장사(敏藏寺) 가운데 모시고, 그가 본래 살던 피리사는 염불사(念佛寺)로 이름을 고쳤다. 절 옆에 또 절이 있어 이름을 양피사(讓避寺)라고 하였으니 마을 이름에 따라 이름 짓게 된 것이다.

# 효도와 선행 제9

## 진정사(眞定師)의 효도와 선행

　법사 진정은 신라 사람이다. 중이 되기 전에 군졸로 적을 두고 집이 가난하여 장가를 들지 못하였다. 부역하는 틈을 타서 곡식을 받고 품을 팔아 홀어미를 봉양하는데 집안에 살림이라고는 다만 다리 부러진 솥 한 개가 있을 뿐이었다. 하루는 웬 중이 문 앞에 와서 절 지을 쇠붙이 시주를 청하니 그 어머니가 솥을 내어 시주하였다. 얼마 안 되어 진정이 밖에서 돌아왔더니 그 어머니는 사정을 말하고 아들의 뜻이 어떨지 걱정하였다.
　진정은 기뻐하는 기색을 보이면서 말하기를, "불공에 시주하는 것이 얼마나 좋은 일이겠습니까? 솥이 없다 한들 또 무슨 걱정될 것이 있습니까?" 하고는 곧 질그릇 동이로 솥을 삼아 밥을 지어서 어머니를 봉양하였다.
　그는 일찍이 군대에 있을 때 사람들로부터 의상법사가 태백산에 있으면서 불법을 설교하고 사람을 위하여 좋은 일을 한다는 이야기를 들었던바 당장에 따를 생각이 있어 어머니에게 고하기를, "어머님께 효도를 마친 뒤에는 꼭 의상법사에게 몸을 부쳐 머리를 깎고 불도를 배우겠나이다"라고 하였다.
　어머니가 말하기를, "불법이란 만나기 어려운 것이요, 인생은 몹시도 빠른데 네가 말하는 '효도를 마친 뒤'라면 이미 늦지 않겠느냐. 어찌 내 생전에 네가 가서 도를 배웠다는 말을 듣는 것만 같겠느냐. 부디 주저하지 말고 빨리 가는 것이 옳으니라"고 하니 진정이 말하기를, "어머님 만년에 홀로 제가 곁을 모실 뿐인데 어찌 어머님을 버리고 집을 나서 중이 되겠습니까?"라고 하였다.
　다시 어머니가 말하기를, "답답하구나! 나를 위하여 중이 못 된다면 나로 하여금 바로 지옥에 빠뜨림이니 비록 살아서 가지가지 고기 반찬[三牢七鼎]으로 떠받든들 어찌 효도라고 할 것이랴! 내가 옷과 밥을 남의 집 문간에서 비럭질을 하더라도 역시 제 명대로 살 만하니 꼭 나에게 효도를 하겠거든 아예 그런 소릴랑 마라!"고 하니 진정이 오랫동안 생각에 잠겼다.

어머니가 즉시 일어나 쌀자루를 거꾸로 터니 쌀 일곱 되가 있어 그날로 밥을 다 짓고 말하기를, "네가 도중에 밥을 지어 먹으면서 가자면 청처짐할 것이 염려된다. 내 눈앞에서 당장 그 하나는 먹고 나머지 여섯은 싸가지고 빨리빨리 가라"고 하니 진정이 눈물을 삼키면서 굳이 사양하고 말하기를, "어머님을 버리고 집을 나가는 것도 사람의 자식으로 차마하기 어려운 일인데 더군다나 며칠분의 양식마저 모조리 싸가지고 간다면 하늘과 땅이 나를 뭐라고 하겠습니까?"라고 세 번 사양하였으나 어머니도 세 번 권하였다.

　진정이 어머니의 뜻을 어기기 어려워 길을 떠나 밤을 도와 사흘 만에 태백산에 이르러 의상에게 의탁하여 머리를 깎고 제자가 되어 이름을 진정이라고 하였다. 여기서 산 지 3년 만에 어머니의 부고가 왔다. 진정은 가부좌를 틀고 선정(禪定)에 들어가 이레 만에야 일어났다. 이것을 설명하는 자는 말하기를 추모하는 슬픔이 지극하였던 나머지 아마도 견디지 못하겠으므로 입정(入定)[59]을 하여 물로 씻은 듯이 하였다고 하고, 더러는 말하기를 입정을 하여 그 어머니가 환생한 곳을 보았음이라 하고, 더러는 말하기를 이와 같이 함은 어머니의 명복을 빈 것이라고 하였다.

　입정에서 나오게 되자 진정은 이 사실을 의상에게 고하였다. 의상은 제자들을 데리고 소백산의 추동(錐洞)에 들어가 풀을 엮어 초막을 짓고 무리 3,000을 모아 약 90일 동안「화엄대전」을 강의하였다. 의상의 문인인 지통(智通)은 그가 강의하는 대로 요지를 뽑아 책 두 권을 만들어 이름을「추동기」라고 하여 세상에 펴냈다. 강의를 마치자 그 어머니가 현몽하여 말하기를, "나는 이미 하늘에서 환생하였노라"고 하였다.

### 대성(大城)이 두 세상 부모에게 효도하다 —— 신문왕 시대

　모량리(牟梁里)[60]의 가난한 여자 경조(慶祖)에게 아이가 있었는데 머리가 크고 이마가 편편하여 성처럼 생겼으므로 이름을 대성(大城)이라고 하였다. 집안이 군색하여 길러내기가 어려웠으므로 부자 복안(福安)의 집에 품팔이를 하였는데 그 집에서 밭 몇 묘를 나누어주어 의식(衣食)의 밑천으

---

59) 참선에서 정신이 완전히 통일된 상태.
60) 부운촌(浮雲村)이라고도 한다.

로 삼았다.

이때에 덕망 있는 중[開士] 점개(漸開)가 흥륜사에서 육륜회(六輪會)를 배설코자 복안의 집에 와서 권선을 하였더니 베 50필을 시주하였다. 점개가 주문으로 축원하기를, "신도님네 시주를 좋아하시니 천신이 언제나 보호하시리. 하나를 시주하면 만 갑절을 얻으리. 안락을 누리고 수명이 길게 되리라"고 하였다.

대성이 이것을 듣고 뛰어들어와 그의 어머니께 말하기를, "내가 문간에서 중이 외우는 소리를 들으니 하나를 시주하면 만 갑절을 얻는다고 하더이다. 생각컨대 우리가 전생에 일정한 적선이 없었기 때문에 지금 이렇게 가난한 것입니다. 이생에서 또 시주를 않다가는 오는 세상에서 더욱 가난할 것이니 내가 품팔이로 얻은 밭을 법회에 시주하여 후생의 과보를 도모함이 어떠리까?"라고 하매 어머니가 "좋다!"고 하여 점개에게 밭을 시주하였다.

얼마 못 되어 대성이 죽었는데 이날 밤 재상 김문량(金文亮)의 집에서는 하늘로부터 외치는 소리가 있어 이르기를, "모량리의 대성이라는 아이가 이제 너의 집에 태어날 것이다!"고 하였다. 집안 사람들이 모두 놀라 사람을 시켜서 모량리를 뒤졌더니 과연 대성이 죽었다. 하늘에서 외치는 소리가 있던 한날 한시에 그 집에서는 아기를 배어 낳으니 아기가 왼손을 쥐고 펴지 않다가 이레 만에야 펴니 "대성(大城)"이라고 새긴 금 패쪽을 쥐고 있으므로 이것으로 이름을 짓고 그의 예전 어머니를 이 집으로 맞아 함께 봉양하였다.

아이가 장성하매 사냥을 좋아하였다. 하루는 토함산에 올라가 곰 한 마리를 잡고 산 밑 마을에서 묵더니 꿈에 그 곰이 귀신으로 화하여 시비를 걸어 말하기를, "네가 무엇 때문에 나를 죽였느냐. 내가 환생하여 너를 잡아먹으리라!"고 하니 대성이 무서워 떨면서 용서를 빌었다. 귀신이 말하기를, "나를 위하여 절을 세울 수 있겠느냐?"고 하여 대성이 그러겠다고 맹세하고 깨어보니 땀이 흘러 요를 적셨다.

이로부터 그는 사냥을 금하고 곰을 위하여 장수사(長壽寺)를 곰을 잡았던 자리에 세웠다. 이로 하여 마음에 감동되는 바 있어 자비로운 결심[悲願]이 한결 더하여 곧 이생의 양친을 위하여 불국사를 세우고, 전생의 부모를 위하여는 석불사(石佛寺)⁶¹⁾를 세워서 신림(神琳), 표훈(表訓) 두 스님을 청하여 각각 살게 하였으며, 부모의 소상들을 성대히 세워 양육한 은혜를 갚았다. 한 몸으로써 두 세상의 부모에게 효도를 한 것은 또한 드문 일일 것이니 어찌 착한 시주의 영험을 믿지 않겠는가!

대성이 장차 석불을 조각코자 큰 돌 한 개를 다듬어 석불을 안치할 탑 뚜껑을 만드는데 갑자기 돌이 세 토막으로 갈라졌다. 대성이 통분하면서 잠도 들지 않고 있던 차에 천신이 밤중에 강림하여 다 만들어놓고 돌아갔다. 대성은 막 자리에서 일어나자 남쪽 고개로 내달려가 향나무 불을 피워서 천신을 공양하였다. 이 때문에 그곳을 향고개[香嶺]라고 하였다. 저 불국사의 구름다리나 돌탑이나 돌과 나무를 새기고 물리고 한 기교는 동방의 여러 절들로서는 이보다 나은 데가 없다.

지방에서 전하는 옛 기록[古鄕傳]에 실린 사적은 이상과 같으나 절의 기록[寺中記]에는 일렀으되 "경덕왕 시대에 대상(大相) 대성이 천보 10년 신묘(751)에 비로소 불국사를 세웠고 혜공왕 시대를 거쳐 대력(大歷) 9년 갑인(774) 12월 2일에 대성이 죽었으므로 나라에서 이 역사를 완성시켰다. 처음에 유가종(瑜伽宗)의 중 항마(降魔)를 청하여 이 절에 살게 하고 계속하여 오늘에 이르렀다"고 하였다. 이 기록은 고전(古傳)과 맞지 않으니 어느 것이 옳은지 자세하지 않다. 찬미하는 시에 일렀다.

> 모량 마을 봄철에 세 이랑 밭을 바쳤더니
> 향고개 가을에 만금을 거두었네.
> 어머님 한평생엔 빈부 귀신 겪어났고
> 재상*은 한바탕 꿈속에서 내세와 현세를 오갔네.
> * 김대성을 말함.

**향득(向得) 사지가 다리살을 베어 아버지를 공양하다 ── 경덕왕 시대**

웅천주에 사지(舍知) 향득이라는 이가 있어 흉년으로 그 아버지가 거의 굶어죽게 되자 자신의 넓적다리를 베어 봉양하였다. 고을 사람들이 자세

---
61) 석굴암(石窟庵).

히 사실을 보고하여 아뢰니 경덕왕이 벼 500석을 주었다.

## 손순(孫順)이 아이를 묻다 —— 흥덕왕 시대

손순[62]이라는 자는 모량리 사람으로 아버지는 학산(鶴山)이다. 아버지가 죽은 후 손순은 아내와 함께 남의 집에 품을 팔아[63] 곡식을 얻어 늙은 어머니를 봉양하였으니 어머니의 이름은 운오(運烏)라고 하였다.

손순에게는 어린아이가 있어 매양 그 할머니가 먹는 것을 빼앗아 먹으므로 손순이 이것을 난처하게 여겨 아내에게 말하기를, "자식은 또 얻을 수 있지만 어머니는 두 번 구할 수 없는데 잡수시는 것을 빼앗고 보니 어머님이 얼마나 배고파하시랴! 우선 이 아이를 묻어버려서 어머님이 배부르시도록 하자"고 하였다.

그들은 곧 아이를 업고 취산(醉山)[64] 북쪽 들판으로 가서 땅을 파다가 문득 매우 이상한 돌종[石鐘]을 얻었다. 부부는 놀랍고 괴이하여 잠시 나무 위에 걸고 한번 쳐보았더니 그 소리가 은은하여 들을 만하였다.

아내가 말하기를, "이상한 물건을 얻은 것은 아마도 이 아이의 복이니 아이를 묻어서는 안 되겠소"라고 하니 남편도 역시 그렇게 생각하고 곧 아이를 업고 종을 가지고 집으로 돌아와 종을 들보에 달아놓고 쳤더니 소리가 대궐까지 들렸다.

흥덕왕이 이 소리를 듣고 측근자들에게 말하기를, "서쪽 교외에서 이상한 종소리가 나는데 맑고 온온한 품이 보통이 아니니 빨리 알아보라"고 하였다. 임금의 사자가 그 집에 와서 알아보고 자세한 사실을 아뢰었다. 왕이 말하기를, "옛날에 곽거(郭巨)[65]가 아이를 묻으니 하늘이 금솥을 주었고 지금에 손순이 아이를 묻으매 땅에서 돌종이 솟아났구나. 전대와 후대의 효도가 한 하늘 아래 같은 본보기가 되었도다"라며 곧 집 한 채를 주고 해마다 메벼 50석을 주어 지극한 효도를 숭상케 하였다.

---

**62)** 옛 책에는 "順"을 "舜"으로 썼다.
**63)** 원문의 "但傳"은 "傭作"의 오자.
**64)** 모량리 서북쪽에 있다.
**65)** 중국 한나라 때 인물.

손순은 옛집을 절로 만들어 이름을 홍효사(弘孝寺)라 하고 돌종을 여기에 안치하였다. 진성여왕 시대에 후백제의 고약한 도적이 이 마을에 들어와 종은 없어지고 절만 남았다. 이 종을 얻은 곳의 지명이 완호평(完乎坪)이었는데, 지금은 와전되어 지량평(枝良坪)으로 부른다.

### 가난한 여자가 어머니를 봉양하다

효종화랑(孝宗花郎)이 남산의 포석정(鮑石亭)[66]에 나가 노는데, 문하의 식객들이 그곳으로 빨리들 달려가 모였으나 유독 두 사람이 뒤늦게 왔다. 낭이 그 까닭을 물었더니 그들이 대답하였다.

"분황사 동쪽 마을에 나이 스물 안팎쯤 된 여자가 눈먼 어머니를 껴안고 마주 소리쳐 울어 마을 사람들에게 연유를 물었더니 그들이 말하였습니다. 이 여자의 집이 가난하여 몇 해를 두고 비럭질을 하여 어머니를 봉양하더니 마침 흉년이 들어 문전걸식도 어려워 남의 집에 품값으로 몸을 잡히고 곡식 30섬을 얻어 이것을 부잣집에 맡겨두고 일을 하면서 해가 저물면 쌀을 전대에 넣어 집으로 와서 밥을 지어 어머니를 봉양하고는 함께 자고 새벽이면 부잣집에 가서 일하기를 며칠이 되었답니다. 그 어머니가 말하기를, '이전에는 겨죽을 먹어도 마음이 편하더니 요즘은 쌀밥을 먹는데도 가슴을 찌르는 듯이 마음이 불편하니 무슨 까닭일꼬?' 하여 딸이 사실을 말하였더니 그 어머니는 통곡하고 딸은 자기가 다만 부모의 구복(口腹)을 봉양할 줄만 알고 부모의 마음을 살필 줄 모른 것을 한탄하였답니다. 이 때문에 마주 붙들고 울기에 이것을 보느라고 지체되었소이다."

낭이 이 말을 듣고 눈물을 지으면서 곡식 100석을 보내고 낭의 양친도 바지저고리 한 벌을 보내주었으며 낭의 수많은 무리들도 벼 1,000석을 거두어 보냈다. 이 일이 국왕께 알려지자 당시의 진성여왕이 곡식 500석과 아울러 집 한 채를 주고 군사들을 보내어 그 집을 호위하여 도적을 막게 하였다. 동리에는 정문(旌門)[67]을 세워 효양(孝養) 마을이라고 하였으며, 뒤에는 그 집을 희사하여 절을 만들고 이름을 양존사(兩尊寺)라고 하였다.

---

[66] 혹은 삼화술(三花述)이라고 한다.
[67] 미행(美行)을 표창하는 기념구조물.

# 발문

우리 동방 삼국의 「본사(本史)」와 「유사(遺事)」 두 책이 다른 곳에서는 간행한 것이 없고 오직 우리 고을에만 있으나, 세월이 오래되매 자획이 떨어지고 이지러져 한 줄에 알아볼 만한 글자가 겨우 네댓 자이다. 내가 생각하매 선비가 세상에 나서 여러 가지 역사를 두루 읽어 천하 정치의 잘잘못과 흥망이며 이와 함께 여러 가지 이적마저 오히려 널리 알고 싶어하겠거늘, 더군다나 이 나라에 살면서 이 나라의 사적을 모르는 것을 옳다고 하랴? 따라서 이 책을 고쳐서 간행코자 완전한 대본을 널리 구한 지 몇 해가 되었건만 얻지 못하였다. 그것은 일찍부터 이 책이 세상에 드물어 사람들이 쉽게 얻어보지 못하였던 것임을 알게 한다. 만약 지금에 고쳐서 간행을 못한다면 장차 실전되어 동방의 지난날 사적을 후대의 학도들은 마침내 알 수 없게 될 것이니 한탄할 만한 일이다. 다행히 우리 유학도(儒學徒) 성주목사(星州牧使) 권주(權輳)는 내가 이 책을 구한다는 말을 듣고 완본을 얻어서 나에게 보냈다. 나는 기쁘게 받아 감사(監司) 상국 안당(安瑭)과 도사(都事) 박전(朴佺)에게 자세히 사실을 고하였더니 모두가 좋다고 하였다. 이에 여러 고을에 나누어 각판을 시켜 우리 고을에 돌려서 건사하도록 하였다.

슬프다! 사물은 오래되면 반드시 없어지고 없어지면 반드시 생기는 것이니 생겼다가 없어지고 없어졌다가 생기는 것은 떳떳한 이치이다. 이 떳떳한 이치를 알아서 어느 적당한 시기에 이런 사업이 다시 진행되어 이 책이 영원히 전해질 것은 역시 앞으로도 학계에 기여할 인사들에게 촉망되는 바 있다고 본다.

명나라 정덕(正德) 임신(1512) 12월 부윤 추성정난공신 가선대부 경주진병마절제사 전평군(全平君) 이계복(李繼福)은 삼가 쓴다.

생 원 이산보(李山甫)
교정생원 최기동(崔起潼)
중훈대부 행경주부판관 경주진병마절제도위 이 류(李 瑠)
봉직랑 수경상도도사 박 전(朴 佺)
추성정난공신 가정대부 경상도관찰사 겸 병마수군절도사 안 당(安 瑭)

# 교열을 마치고

「삼국유사」가 우리 민족의 고전임을 부인할 사람은 아무도 없을 것이다. 이 책이 우리나라 역사뿐만 아니라 민속, 언어, 종교, 문학 등의 연구에 귀중한 자료가 되고 있음은 널리 알려진 사실이다. 지금까지「삼국유사」에 관한 연구 논문과 저서의 목록만 나열하더라도 책 한 권은 충분히 될 테니 말이다.

「삼국유사」의 가치는 연구자들에게만 있는 것이 아니다. 일반 독자들에게는 훌륭한 이야기책으로서 손색이 없다. 고대 국가들의 건국 신화에서부터 승려들의 기이한 일화에 이르기까지 수많은 이야기를 담고 있는 이 책은 훌륭한 문학 작품이자 민족 얼이 살아 숨쉬는 우리 문화의 보고이다. 청소년이 읽어야 할 고전이나 대학생의 교양도서 목록에서 빠지지 않고 등장하는 것은 이 책의 성가를 잘 보여주는 실례이다.

그러나 아쉬운 점은「삼국유사」를 제대로 읽은 사람을 찾기가 힘들다는 것이다. 전문 연구자를 제외하고「삼국유사」의 원뜻을 제대로 파악하며 읽은 사람이 얼마나 될까.「삼국유사」가 널리 알려져 있으면서도 제대로 읽히지 않는 데에는 이 책이 가지고 있는 텍스트로서의 한계가 큰 원인으로 꼽힌다.

「삼국유사」에서 우리는 고문헌, 금석문, 설화 등 가공되지 않는 자료를 곳곳에서 발견할 수 있다. 이들 자료는 때론 난삽하게 짜깁기되어 있으며 간혹 오자와 탈자도 있어 해석하기가 쉽지 않다. 해방 이후 출간된 번역본이 10여 종에 달하지만 정본으로 내세울 만한 이렇다 할 번역서를 찾을 수 없는 것은 그만큼「삼국유사」의 번역이 어렵다는 것을 반증한다.

이 책은 1960년 북한에서 출간된 리상호 역주본을 저본으로 삼았다. 흔히 북한의 고전 번역은 쉽게 풀어쓰고 있어 일반인이 읽기에 적합하다는 평을 듣고 있다. 리상호 역주본 역시 남한에서 출간된「삼국유사」번역본에 비해 잘 읽힌다는 장점이 있다. 또 문장에 운율을 살리고 전문 용어들을 쉽게 풀어써 일반 독자들이 읽기에 적합하다. 이와 함께 "청처짐하다", "모꼬지", "돌띠맺음", "늙바탕", "재인바치" 등과 같은 순우리말을 자주 사용한 점은 큰 미덕이 아닐 수 없다. 그러나 문장이 지나치게 길고, 종종 널리 통용되는 한자말이나 제도 용어까지 친절하게 번역하는 바람에 오히려 의미 전달을 방해하는 경우도 있다. 이를테면 단군신화에 나오는 풍백(風伯), 우사(雨師), 운사(雲師)를 바람 맡은 어른, 비 맡은 어른, 구름 맡은 어른으로 풀어쓰고 있으며, 의관(衣冠)을 의복과 쓰개로 적고 있다. 심지어는 고유명사로 굳어진 만파식적(萬波息笛)을 "거센 물결을 잠재우는 젓대"로, 향가의 제목인 풍요(風謠)를 "유행하는 노래"로 기술하고 있다. 이 책에서는 북한 번역의 장점을 살리되 지나치게 풀어쓴 것은 괄호에 한자를 넣어 의미가 쉽게 통하도록 하였고 뜻이 잘 통하지 않는 우리말 단어들도 극히 소수의 경우 다른 말로 바꾸기도 하였다. 또한 문장이 너무나 길어 의미 전달이 불분명한 부분은 짧게 나누기도 하고 명백한 오역은 수정하기도 하였다.

북한 번역본에 나타난 오역이나 의미가 불명확한 곳은 다른 번역서의 도움을 받아 수정하였다. 참고한 번역서로는 이재호 역주본(솔출판사), 이병도 역주본(명문당), 일본어 역주본 『삼국유사고증』(塙書房) 등이다.

오역되었거나 의미 전달이 부정확하다고 생각되어 바로잡은 사례를 몇 가지만 들면 다음과 같다. 먼저 "탑과 불상"편에 나오는 무의자(無衣子)의 시 "문도황룡재탑일연소일면시무간(聞道皇龍災塔日 連燒一面示無間)"을 리상호 역주본에서는 "황룡사 탑 불났을 때, 불엔 탄 돌솥 한쪽 면은 지옥이 그렇다는 것 보여주네"라고 하였는데, 이재호 역주본을 따라서 "황룡사 탑이 불타던 날에 연이어 탄 일면에도 틈난 데가 없었네"로 고쳤다. 이차돈(異次頓)을 설명하면서 쓴 "내양자(內養者)"를 "궁중에서 길러낸 자"라고 번역하였는데, 일본어 역주본을 따라서 "마음을 수양하여 행동으로 옮기는 자"로 하였다. 원광법사(圓光法師) 기사에 보이는 "사이금의정동관국(事異錦衣情同觀國)"은 "형식은 일반 관리와 다르나, 사정은 재상과 같아서"라고 하였으나 "비단옷을 입은 고귀한 신분은 아니었으되, 실제로는 국정을 보는 자와 다름 없어서"라고 수정하였다. 또 "의해(義解)"편 "원효의 대담성[元曉不羈]"에 나오는 "우상인송분구어백송(又甞因訟分軀於百松)"이란 구절을 "(원효가) 또 일찍이 그의 몸을 백 개의 소나무로 갈랐다고 말하였는 바"라고 하였으나 의미가 통하지 않아 "또 일찍이 송사 때문에 매우 바빴으니"라는 일본어 역주본 『삼국유사고증』의 해석을 좇았다.

북한의 「삼국유사」 번역본에 나타난 오역이나 잘못된 표현을 모두 바로잡는다는 것은 번역을 새로 하는 것만큼 어려운 일이다. 이는 또한 교열자의 능력 밖의 일이기도 하다. 그래도 교열자의 눈으로 보기에 미흡하다고 생각되는 부분은 원문을 대조하고 나른 번역서를 참조하면서 가능한 한 원래의 뜻에 충실하려고 노력하였다.

특히 향가 해석의 경우, 「한국 고전 시가선」(임형택·고미숙 공편)의 향가 번역을 병기함으로써 큰 편차가 있는 남한과 북한의 향가 해석을 비교할 수 있도록 하였다. 게재를 허락해주신 두 분의 공편자에게 깊은 고마움의 뜻을 올린다.

「삼국유사」 번역의 어려움은 텍스트가 한문 원전이라는 점 이외에 「삼국유사」의 초간본이 존재하지 않는다는 데에도 있다. 현존하는 「삼국유사」의 고판본은 조선 중종 때 간행된 정덕본(正德本)을 비롯하여 극히 소수에 지나지 않는다. 더구나 고판본에는 오탈자뿐만 아니라 이체자(異體字), 벽자(僻字) 등이 많아 여러 판본을 대조, 교감하여 정본 텍스트를 만드는 작업은 번역의 선결 조건이 되어왔다. 다행히 최근 들어 이에 대한 연구가 활발히 이루어져 많은 성과를 남겨놓았다. 대표적인 교감 작업으로는 최남선의 『증보 삼국유사』(서문문화사)를 비롯하여 『교감 삼국유사』(이동환 교감, 민족문화추진회), 『삼국유사 인득』(김용옥 편, 통나무), 『삼국유사 교감연구』(하정룡·이근직 저, 신서원) 등을 들 수 있다.

이 책에서 한자음과 이체자를 확정하는 데는 선행 연구자들의 도움이 컸다. 이에 따라 리상호 역주본의 지림사(祇林寺)는 기림사(祇林寺)로 고쳤으며, 세규사(世逵寺)는 세달사(世達寺), 삽관법(鍤觀法)은 정관법(淨觀法), 낙붕구(樂鵬龜)는 악붕귀 등으로 바꾸었다.

그리고 이야기처럼 술술 읽도록 가독성을 높이기 위해서 본문에 포함되어 있는 일연의 주까지도 각주로서 처리하는 "잘못"을 범하였다.

교열에 큰 참고가 된 『삼국유사고증』은 일본의 삼국유사연구회가 1995년 완성한, 모두 다섯 권으로 된 「삼국유사」 역주본이다. 일본에 우리나라 역사서인 「삼국유사」를 전문으로 연구하는 학술모임이 있다는 사실도 놀랍지만, 그렇게 긴 기간 동안 한 권의 책을 파고들었다는 점은 더욱 놀랍다. 삼국유사연구회원들은 40여 년 동안 지속적으로 「삼국유사」를 강독하며 연구해왔다고 한다. 『삼국유사고증』은 이러한 노력의 산물로, 원문 교감은 물론 번역문의 서너 배에 달하는 상세한 주석은 혀를 내두르게 한다. 그들은 왜 이웃나라의 역사서에 그토록 공을 들였을까? 삼국유사연구회는 미시나 아키히데(三品彰英)에 의해서 1959년에 창설되었으며, 지금은 그의 제자뻘인 와카야마 대학의 무라카미 요시오(村上四男) 교수가 이끌고 있다고 한다.

옛 사람들은 책을 교열하는 일을 가리켜 "소진(掃塵)"이라고 하였다. 여러 번 쓸어도 먼지를 다 없애지는 못하는 것처럼 몇번씩 원고를 보아도 오류가 눈에 띈다는 이야기이다. 이 책도 여기서 크게 벗어나지 않을까 싶어 염려된다. 독자들의 질정을 바란다.

1999년 4월
조운찬

# 사진을 마치고
—— 그곳들은 아직도 그윽하다

　어떤 일에는 그 일을 하기에 알맞은 때가 있다. 그것은 그 일의 때일 수도 있고, 그 일을 하는 사람의 때일 수도 있다. 다행히도 눈과 마음이 조금 더 넓게 열려진 때에「삼국유사」의 여러 유서 깊은 현장들을 찾아보게 되었다. 그런 때 한 일이라고 하여 결과가 꼭 좋을 것이라는 보장은 없다. 다만 일을 서두르지 않고, 천천히 그 현장과 그 주변을 꼼꼼하게 바라보고, 찍는 것보다 그곳에 머무는 것을 더 즐기면서 시간을 끌었다. 어쨌건 찍을 것이었지만 미룰 수 있을 때까지 미루다가 찍기도 하였고 어떤 곳은 몇번씩 계절마다 가보기도 하였다. 1995년 여름부터 찍기 시작해서 1999년 봄까지 끌었다. 인적 없는 숲속이나 부서져 뒹구는 석물들이 있는 호젓한 곳에서 혼자 서성거려도 시간은 잘 흘러갔다.

　천년이라는 세월, 그 아득해 보이는 시간도 감히 말하자면 별것 아닌 것 같다.「삼국유사」에 나오는 황당한 허구 같은 이야기, 그 신화마다에는 그러나 거의 그곳이 어디라는 지명이 나온다. 그 지명을 묻고 물어서 찾아가보면 그곳은 실제로 있었다! 그곳에 있는 석물들이나 변하지 않고 고스란히 남아 있는 지형들을 보면 천년 세월이 남긴 흔적이란 그리 뚜렷하지 않은 수가 많았다. 말하자면 천년 세월이 별것 아닌 것이 아니라 사람의 백년도 못 되는 일생이 별것 아니라는 것을 그곳들은 말하고 있는 듯했다. 그러나 신화의 현장에서 파괴된 구조물들이나 알아볼 수 없도록 뒤죽박죽이 된 지형들은 거개가 자연 현상에 의해서가 아니라 그 별것 아닌 기간 동안 머물다 갈 뿐인 못난 사람들의 짓이었다. 그러나 그 폐허가 된 신화의 현장에는「삼국유사」에 요목조목 씌어 있는 여러 자잘한 구조물들의 잔해들이 부서진 채로라도 남아 있는 수가 많았다. 그런 것을 감동 없이 바라보기란 쉽지가 않았다.

　「삼국유사」의 현장에 접근하기로는 아마도 문학이 가장 알맞을 것이다.「삼국유사」에 나오는 중요하거나 구구절절 감동을 주는 여러 장면들을 찾아가서 감동하면 될 터이므로. 그러나 사진은 다르다. 중요하고 감동적인 이야기의 현장이라고 해서 보기에 아름답게까지는 아니라도 그 글에서 받은 좋은 느낌을 깨지 않을 만큼이라도 남아 있지 않은 경우에는 어떻게 해볼 도리가 없다. 그렇다고 그 중요하거나 감동적인 장면을 억지로 꾸며 만들어 찍는다는 것은 있을 수 없는 이야기이다.

　현장을 찾기 시작한 지 다섯 해에 내 마음에 "작은 앙금"이 지금도 하나 남아 있다면, 그것은 눈이 오거나 눈에 덮인 유적을 담을 수 없었다는 것이다. 인간의 과학과 기술이 경주 주변을 어떻게나 지형적으로 기후적으로 변화시켰는지, 이제 눈은 천년 고도와는 인연이 멀기만한 듯하였다. 작년 1월 말에는 20년 만의 대설이 경주에 내렸다는 뉴스를 듣고 신새벽에 곧장 달려가기도 하였으나, 포근한 한겨울 날씨는 봄비 같은 비를 뿌려 찾아간 곳은 "엉망" 진창이 되어 있었다. 그러나 천년 전 그 자리에는 어느 겨울날 자욱하게 눈이 내려 쌓여 있기도 하였을 것이다.

이야기의 내용에 관계 없이「삼국유사」에 나오는 지명은 일단 모두 정리한 뒤에 대체로 그것이 나오는 순서에 따라 찾아가서 기웃거렸다. 이 책의 사진들은 그 기웃거리고 서성댄 결과이다. 이 사진들은 천년 시간이 쓰다듬고 지나간, 현시점의 현장이다. 그러므로 헛될 것이라는 점을 뻔히 내다보면서도 지금보다는 지나간 시간에 정서적으로 더 가까워지려고 애썼다.

1999년 4월<br>
강운구